# 코레일
## 한국철도공사

## 철도관련법령

# 코레일(한국철도공사)

## 철도관련법령

| | |
|---|---|
| 초판 발행 | 2024년 7월 26일 |
| 개정판 발행 | 2025년 1월 24일 |

편 저 자 | 취업적성연구소
발 행 처 | ㈜서원각
등록번호 | 1999-1A-107호
주　　소 | 경기도 고양시 일산서구 덕산로 88-45(가좌동)
교재주문 | 031-923-2051
팩　　스 | 031-923-3815
교재문의 | 카카오톡 플러스 친구[서원각]
홈페이지 | goseowon.com

# PREFACE

우리나라 기업들은 1960년대 이후 현재까지 비약적인 발전을 이루었다. 이렇게 급속한 성장을 이룰 수 있었던 배경에는 우리나라 국민들의 근면성 및 도전정신이 있었다. 그러나 빠르게 변화하는 세계 경제의 환경에 적응하기 위해서는 근면성과 도전정신 이외에 또 다른 성장 요인이 필요하다.

최근 많은 공사·공단에서는 기존의 직무 관련성에 대한 고려 없이 인·적성, 지식 중심으로 치러지던 필기전형을 탈피하고, 산업현장에서 직무를 수행하기 위해 요구되는 능력을 산업부문별·수준별로 체계화 및 표준화한 NCS를 기반으로 하여 채용공고 단계에서 제시되는 '직무 설명자료'상의 직업기초능력과 직무수행능력을 측정하기 위한 직업기초능력평가, 직무수행능력평가 등을 도입하고 있다.

한국철도공사에서는 2024년 하반기부터 필기시험을 NCS 직업기초능력과 직무별 전공필기 외에 철도관련법령에 대한 시험을 치르는 것으로 채용제도를 변경하였다. 이에 따라 본서는 신입사원 채용대비를 위한 필독서로 철도관련법령인 철도산업발전기본법·시행령과 한국철도공사법·시행령, 철도사업법·시행령을 철저히 분석하여 응시자들이 보다 쉽게 관련법령을 이해하고 암기할 수 있도록 구성하였다.

**신념을 가지고 도전하는 사람은 반드시 그 꿈을 이룰 수 있습니다. 처음에 품은 신념과 열정이 취업 성공의 그 날까지 빛바래지 않도록 서원각이 수험생 여러분을 응원합니다.**

# STRUCTURE

## 🖋 제1회 | 실전모의고사

**1** 다음은 「철도산업발전기본법」의 목적으로 볼 수 없는 것은?

① 철도산업의 경쟁력을 높인다.
② 철도산업의 발전기반을 조성한다.
③ 국민의 교통편의를 제공하고 국가경제에 이바지한다.
④ 철도산업의 공익성과 효율성을 향상시킨다.

## 🖋 정답 및 해설

### 제1회

| 1 | ③ | 2 | ③ | 3 | ① | 4 | ④ | 5 | ④ |
|---|---|---|---|---|---|---|---|---|---|
| 6 | ④ | 7 | ② | 8 | ③ | 9 | ② | 10 | ① |

**1** ③

**철도산업발전기본법의 목적** … 이 법은 철도산○○
쟁력을 높이고 발전기반을 조성함으로써 ○○
효율성 및 공익성의 향상과 국민경제○○
○○ 목적으로 한다〈철도산○○

---

## chapter 01 총칙

### ❶ 목적과 적용범위

#### ① 목적(법 제1조)
철도산업발전기본법은 철도산업의 경쟁력을 높이고 발전기반을 조성함으로써 철도산업의 효율성 및 공익성의 향상과 국민경제의 발전에 이바지함을 목적으로 한다.

#### ② 적용범위(제2조)
ⓐ 국가 및 한국고속철도건설공단법에 의하여 설립된 한국고속철도건설공단(이하 "고속철도건설공단"이라 한다)이 소유·건설·운영 또는 관리하는 철도
ⓑ 국가철도공단 및 한국철도공사가 소유·건설·운영 또는 관리하는 철도
ⓒ 제2장의 규정은 모든 철도에 대하여 적용한다.

> ※ **한국고속철도건설공단과 국가철도공단**
> ⓐ 한국고속철도건설공단 … 철도교통망의 확충을 위한 고속철도를 효율적으로 건설함으로써 국민의 교통편의를 증진하고 국민경제의 건전한 발전에 이바지하고자 설립되었던 법인이다.
> ⓑ 국가철도공단 … 철도 상하분리 정책에 따른 대한민국 철도의 건설 및 시설관리와 국유철도 재산관리 전문 조직으로 2004년 1월 1일 설립된 국토교통부 산하 준정부기관이다. 2004년 1월 1일 철도청 건설·시설분야와 한국고속철도건설공단이 하나로 통합되면서 전국의 국가철도를 위탁 관리하게 되었다.

### ❷ 용어의 정의(법 제3조)

① 철도 : 여객 또는 화물을 운송하는 데 필요한 철도시설과 철도차량 및 이와 관련된 운영·지원체계가 유기적으로 구성된 운송체계를 말한다.
② 철도시설 : 다음의 어느 하나에 해당하는 시설(부지를 포함한다)을 말한다.
ⓐ 철도의 선로(선로에 부대되는 시설을 포함한다), 역시설(물류시설·환승시설 및 편의시설 등을 포함한다) 및 철도운영을 위한 건축물·건축설비
ⓑ 선로 및 철도차량을 보수·정비하기 위한 선로보수기지, 차량정비기지 및 차량유치시설
ⓒ 철도의 전철전력설비, 정보통신설비, 신호 및 열차제어설비
ⓓ 철도노선 간 또는 다른 교통수단과의 연계운영에 필요한 시설
ⓔ 철도기술의 개발·시험 및 연구를 위한 시설

---

## 법조문 핵심 요약정리

◆ 최신 철도관련법령의 내용을 반영하여 이해와 암기가 편리하도록 일목요연하게 정리하여 수록하였습니다.
◆ 법조문 암기를 위해 챕터별로 핵심 조문 빈칸 채우기를 수록하여 정리할 수 있도록 하였습니다.

## 출제예상문제

◆ 최근 철도관련법령 기출문제를 일부 복원하여 수록하였습니다.
◆ 철도관련법령에서 출제가 예상되는 각 법령의 내용을 집중 분석한 후 문제를 구성하였습니다.
◆ 챕터별 다양한 난이도와 유형의 문제를 구성·수록하여 학습효율을 높일 수 있도록 하였습니다.

## 💡 출제예상문제 05. 철도산업구조개혁의 추진

**1** 다음 중 철도산업구조개혁의 기본방향에 관한 설명으로 옳지 않은 것은?

① 철도시설 부문과 철도운영 부문 간의 상호 협력체계를 구축하도록 필요한 조치를 마련해야 한다.
② 철도산업의 구조개혁을 위해 철도시설 부문의 일부를 철수해야 한다.
③ 철도산업의 경쟁력을 강화하기 위해 철도시설 부문과 철도운영 부문을 분리해야 한다.
④ 철도시설 부문과 철도운영 부문은 상호 보완적 기능이 발휘될 수 있도록 협력체계를 구축해야 한다.

**2** 다음 중 철도산업 구조 개혁의 기본방향에 대한 설명으로 옳지 않은 것은?

① 철도산업의 경쟁력을 강화하기 위하여 국가가 추진해야 한다.
② 철도운영 및 시설 부문 간의 상호 보완적 기능이 발휘될 수 있도록 국토교통부장관령으로 정하는 바에 의하여 필요한 조치를 마련해야 한다.
③ 철도운영 부문과 철도시설 부문을 분리하는 철도산업의 구조 개혁을 추진해야 한다.
④ 국토교통부장관은 선로배분지침을 수립·고시해야 한다.

**ANSWER** 1.② 2.②

1 ①② 국가는 철도산업의 경쟁력을 강화하고 발전기반을 조성하기 위하여 철도시설 부문과 철도운영 부문을 분리하는 철도산업의 구조개혁을 추진하여야 한다〈철도산업발전기본법 제17조 제1항〉.

2 ② 국가는 철도시설 부문과 철도운영 부문 간의 상호 보완적 기능이 발휘될 수 있도록 대통령령으로 정하는 바에 의하여 상호협력체계 구축 등 필요한 조치를 마련하여야 한다〈철도산업발전기본법 제17조 제2항〉.
  ①③ 철도산업발전기본법 제17조 제1항
  ④ 철도산업발전기본법 시행령 제24조 제1항

05. 철도산업구조개혁의 기본시책 **63**

**ANSWER** 1.② 2.②

1 ①② 국가는 철도산업의 경쟁력을 강화하고 발전기... 도산업의 구조개혁을 추진하여야 한다〈철도산업발전...

2 ② 국가는 철도시설 부문과 철도운영 부문 간의 상호 상호협력체계 구축 등 필요한 조치를 마련하여야...
  ①③ 철도산업발전기본법 제17조 제1항
  ④ 철도산업발전기본법 시행령 제24조 제1항

## 01 철도산업발전기본법

1 철도산업발전기본법은 철도산업의 경쟁력을 높이고 발전기반을 조성... 역성의 향상과 교통환경의 발전에 이바지함을 목적으로 한다. (  )

2 철도 함은 여객 또는 화물을 운송하는 데 필요한 철도시설과 철도... 계가 유기적으로 구성된 운송체계를 말한다. (  )

3 철도산업발전기본법에서 철도차량이라 함은 선로를 운행할 목적으로... 물자동차를 말한다. (  )

4 철도산업이라 함은 철도운송·철도시설·철도차량 관련산업과 철... 개발·이용·관리와 관련된 산업을 말한다. (  )

5 철도운영자라 함은 한국철도공사 등 철도운영에 관한 업무...

국가는 철도산업시책을 수립하여 시행하는 경우 요율...
...부장관은 철도산업의 육성과 발...

## 실전 모의고사와 OX 문제

◆ 기본 핵심이론과 예상문제를 통하여 학습한 내용을 평가할 수 있도록 모의고사를 5회분 수록하였습니다.
◆ 수험생 스스로 최종점검이 가능하도록 OX 문제를 수록하였습니다.

## 상세하고 세심한 해설

◆ 매 문제마다 상세한 해설을 수록함으로써 별도의 법조문 없이도 학습이 가능하도록 구성하였습니다.
◆ 최신 법조문과 상세한 해설로 최종 마무리 학습에 만전을 기할 수 있도록 구성하였습니다.

# CONTENTS

PART

I

기출복원
문제

**1** 「철도산업발전기본법」상 다음 용어의 정의로 옳지 않은 것은?

① "철도"라 함은 여객 또는 화물을 운송하는 데 필요한 철도시설과 철도차량 및 이와 관련된 운영·지원체계가 유기적으로 구성된 운송체계를 말한다.

② "철도차량"이라 함은 선로를 운행할 목적으로 제작된 동력차·객차·화차이며 특수차는 제외한다.

③ "철도시설"이라 함은 철도노선간 또는 다른 교통수단과의 연계운영에 필요한 시설에 해당하는 시설(부지를 포함한다)을 말한다.

④ "선로"라 함은 철도차량을 운행하기 위한 궤도와 이를 받치는 노반 또는 공작물로 구성된 시설을 말한다.

**TIP** ② "철도차량"이라 함은 선로를 운행할 목적으로 제작된 동력차·객차·화차 및 특수차를 말한다〈철도산업발전기본법 제3조 제4호〉.

**2** 「철도산업발전기본법령」상 철도산업위원회의 심의를 거쳐 수립된 기본계획을 변경할 때 대통령령으로 정하는 경미한 변경에 해당하지 않는 것은?

① 철도시설투자사업 규모의 100분의 1의 범위 안에서의 변경

② 철도시설투자사업 건설의 100분의 1의 범위 안에서의 변경

③ 철도시설투자사업 기간의 2년의 기간 내에서의 변경

④ 철도시설투자사업 총투자비용의 100분의 1의 범위 안에서의 변경

**TIP** 철도산업발전기본계획의 경미한 변경〈철도산업발전기본법시행령 제4조〉
ㄱ 철도시설투자사업 규모의 100분의 1의 범위 안에서의 변경
ㄴ 철도시설투자사업 총투자비용의 100분의 1의 범위 안에서의 변경
ㄷ 철도시설투자사업 기간의 2년의 기간 내에서의 변경

**Answer** 1.② 2.②

**3** 「철도산업발전기본법령」상 다음 빈칸에 들어가는 것으로 적절한 것은?

> (   )은 제34조에 따른 특정 노선 및 역의 폐지와 이와 관련된 철도서비스의 제한 또는 중지에 대한 승인을 하고자 하는 때에는 청문을 실시하여야 한다.

① 철도시설관리자
② 지방자치단체 장
③ 국토교통부장관
④ 철도사업자

**TIP** 국토교통부장관은 특정 노선 및 역의 폐지와 이와 관련된 철도서비스의 제한 또는 중지에 대한 승인을 하고자 하는 때에는 청문을 실시하여야 한다〈철도산업발전기본법 제39조〉.

**4** 「한국철도공사법령」에 대한 설명으로 옳지 않은 것은?

① 공사의 주된 사무소의 소재지는 정관으로 정한다.
② 공사의 자본금은 22조원으로 하고, 그 전부를 정부가 출자한다.
③ 정관으로 정하는 바에 따라 사장이 지정한 공사의 직원은 사장을 대신하여 공사의 업무에 관한 재판상 또는 재판 외의 모든 행위를 할 수 있다.
④ 공사가 하부조직을 설치한 때에는 주된 사무소의 소재지에 있어서는 3주일 이내에 등기하여야 한다.

**TIP** ④ 주된 사무소의 소재지에 있어서는 2주일 이내에 새로이 설치된 하부조직의 명칭 및 소재지를 등기하여야 한다〈한국철도공사법 시행령 제3조 제1호〉.
① 한국철도공사법 제3조 제1항 ② 한국철도공사법 제4조 제1항 ③ 한국철도공사법 제7조(대리·대행)

**5** 「한국철도공사법」상 사업연도 결산 결과 이익금이 생기면 가장 먼저 처리해야하는 것은?

① 자본금과 같은 액수가 될 때까지 이익금의 10분의 2 이상을 사업확장적립금으로 적립
② 자본금의 2분의 1이 될 때까지 이익금의 10분의 2 이상을 이익준비금으로 적립
③ 이월결손금의 보전(補塡)
④ 국고에 납입

**TIP** 공사는 매 사업연도 결산 결과 이익금이 생기면 이월결손금의 보전(補塡), 자본금의 2분의 1이 될 때까지 이익금의 10분의 2 이상을 이익준비금으로 적립, 자본금과 같은 액수가 될 때까지 이익금의 10분의 2 이상을 사업확장적립금으로 적립, 국고에 납입 순서로 처리하여야 한다〈한국철도공사법 제10조 제1항〉.

**Answer** 3.③ 4.④ 5.③

**6** 「한국철도공사법」에 따라 사채의 발행에 대한 설명으로 틀린 것은?

① 공사는 이사회의 의결을 거쳐 사채를 발행할 수 있다.

② 사채의 발행액은 공사의 자본금과 적립금을 합한 금액의 6배를 초과하지 못한다.

③ 국가는 공사가 발행하는 사채의 원리금 상환을 보증할 수 있다.

④ 사채의 소멸시효는 원금은 5년, 이자는 2년이 지나면 완성한다.

> **TIP** 사채의 발행 등〈한국철도공사법 제11조〉
> ① 공사는 이사회의 의결을 거쳐 사채를 발행할 수 있다.
> ② 사채의 발행액은 공사의 자본금과 적립금을 합한 금액의 5배를 초과하지 못한다.
> ③ 국가는 공사가 발행하는 사채의 원리금 상환을 보증할 수 있다.
> ④ 사채의 소멸시효는 원금은 5년, 이자는 2년이 지나면 완성한다.

**7** 「철도사업법」상 국토교통부장관은 철도사업자가 사업계획의 변경을 제한할 수 있는 경우로 틀린 것은?

① 국토교통부장관이 지정한 날 또는 기간에 운송을 시작하지 아니한 경우

② 노선 운행중지를 수반하는 사업계획 변경명령을 받은 후 1년이 지난 경우

③ 개선명령을 받고 이행하지 아니한 경우

④ 직전 연도의 열차운행거리 100만 킬로미터당 철도사고로 인한 사망자수가 최근 5년간 평균 보다 10분의 2 이상 증가한 경우

> **TIP** ② 노선 운행중지, 운행제한, 감차(減車) 등을 수반하는 사업계획 변경명령을 받은 후 1년이 지나지 아니한 경우에 해당한다〈철도사업법 제12조 제2항 제2호〉.

**8** 「철도사업법령」상 다음 중 2년 이하의 징역 또는 2천만 원 이하의 벌금형에 해당하는 자는?

① 면허를 받지 아니하고 철도사업을 경영한 자

② 등록을 하지 아니하고 전용철도를 운영한 자

③ 거짓이나 그 밖의 부정한 방법으로 전용철도의 등록을 한 자

④ 국토교통부장관의 인가를 받지 아니하고 공동운수협정을 체결하거나 변경한 자

> **TIP** ②③ 1년 이하의 징역 또는 1천만 원 이하의 벌금에 처한다〈철도사업법 제49조 제2항〉.
> ④ 1천만 원 이하의 벌금에 처한다〈철도사업법 제49조 제3항〉.

**Answer** 6.② 7.② 8.①

**9** 「철도사업법령」상 다음 빈칸에 들어가는 것으로 적절한 것은?

> 철도사업의 면허가 취소된 후 그 취소일부터 (     )이 지나지 아니한 법인은 철도사업의 면허를 받을 수 없다.

① 6개월
② 1년
③ 2년
④ 3년

**TIP** 결격사유〈철도사업법 제7조〉… 다음의 어느 하나에 해당하는 법인은 철도사업의 면허를 받을 수 없다.
ㄱ 법인의 임원 중 다음의 어느 하나에 해당하는 사람이 있는 법인
    가. 피성년후견인 또는 피한정후견인
    나. 파산선고를 받고 복권되지 아니한 사람
    다. 철도사업법 또는 대통령령으로 정하는 철도 관계 법령을 위반하여 금고 이상의 실형을 선고받고 그 집행이 끝나거나(끝난 것으로 보는 경우를 포함한다) 면제된 날부터 2년이 지나지 아니한 사람
    라. 철도사업법 또는 대통령령으로 정하는 철도 관계 법령을 위반하여 금고 이상의 형의 집행유예를 선고받고 그 유예 기간 중에 있는 사람
ㄴ 철도사업의 면허가 취소된 후 그 취소일부터 2년이 지나지 아니한 법인. 다만, ㄱ의 가목 또는 나목에 해당하여 철도사업의 면허가 취소된 경우는 제외한다.

**10** 「철도사업법」상 다음 빈칸에 들어가는 것으로 적절한 것은?

> 여객 운임·요금을 감면하는 경우에는 그 시행 (     ) 이전에 감면 사항을 인터넷 홈페이지, 관계 역·영업소 및 사업소 등 일반인이 잘 볼 수 있는 곳에 게시하여야 한다. 다만, 긴급한 경우에는 미리 게시하지 아니할 수 있다.

① 1일
② 2일
③ 3일
④ 7일

**TIP** 여객 운임·요금의 감면〈철도사업법 제9조의2〉… 철도사업자는 제1항에 따라 여객 운임·요금을 감면하는 경우에는 그 시행 3일 이전에 감면 사항을 인터넷 홈페이지, 관계 역·영업소 및 사업소 등 일반인이 잘 볼 수 있는 곳에 게시하여야 한다. 다만, 긴급한 경우에는 미리 게시하지 아니할 수 있다.

**Answer**    9.③   10.③

PART

## II

# 철도산업발전
# 기본법

# chapter 01 총칙

## 1 목적과 적용범위

① **목적**〈법 제1조〉

철도산업발전기본법은 철도산업의 경쟁력을 높이고 발전기반을 조성함으로써 철도산업의 효율성 및 공익성의 향상과 국민경제의 발전에 이바지함을 목적으로 한다.

② **적용범위**(제2조)

　㉠ 국가 및 한국고속철도건설공단법에 의하여 설립된 한국고속철도건설공단(이하 "고속철도건설공단"이라 한다)이 소유·건설·운영 또는 관리하는 철도

　㉡ 국가철도공단 및 한국철도공사가 소유·건설·운영 또는 관리하는 철도

　㉢ 제2장의 규정은 모든 철도에 대하여 적용한다.

　　※ **한국고속철도건설공단과 국가철도공단**

　　　㉠ **한국고속철도건설공단** … 철도교통망의 확충을 위한 고속철도를 효율적으로 건설함으로써 국민의 교통편의를 증진하고 국민경제의 건전한 발전에 이바지하고자 설립되었던 법인이다.

　　　㉡ **국가철도공단** … 철도 상하분리 정책에 따른 대한민국 철도의 건설 및 시설관리와 국유철도 재산관리 전문조직으로 2004년 1월 1일 설립된 국토교통부 산하 준정부기관이다. 2004년 1월 1일 철도청 건설·시설분야와 한국고속철도건설공단이 하나로 통합되면서 전국의 국가철도를 위탁 관리하게 되었다.

## 2 용어의 정의〈법 제3조〉

① **철도** : 여객 또는 화물을 운송하는 데 필요한 철도시설과 철도차량 및 이와 관련된 운영·지원체계가 유기적으로 구성된 운송체계를 말한다.

② **철도시설** : 다음의 어느 하나에 해당하는 시설(부지를 포함한다)을 말한다.

　㉠ 철도의 선로(선로에 부대되는 시설을 포함한다), 역시설(물류시설·환승시설 및 편의시설 등을 포함한다) 및 철도운영을 위한 건축물·건축설비

　㉡ 선로 및 철도차량을 보수·정비하기 위한 선로보수기지, 차량정비기지 및 차량유치시설

　㉢ 철도의 전철전력설비, 정보통신설비, 신호 및 열차제어설비

　㉣ 철도노선 간 또는 다른 교통수단과의 연계운영에 필요한 시설

　㉤ 철도기술의 개발·시험 및 연구를 위한 시설

ⓗ 철도경영연수 및 철도전문인력의 교육훈련을 위한 시설

ⓢ 그 밖에 철도의 건설 · 유지보수 및 운영을 위한 시설로서 <u>대통령령으로 정하는 시설</u>

> **대통령령으로 정하는 사항〈시행령 제2조〉**
> • 철도의 건설 및 유지보수에 필요한 자재를 가공 · 조립 · 운반 또는 보관하기 위하여 당해 사업기간 중에 사용되는 시설
> • 철도의 건설 및 유지보수를 위한 공사에 사용되는 진입도로 · 주차장 · 야적장 · 토석채취장 및 사토장과 그 설치 또는 운영에 필요한 시설
> • 철도의 건설 및 유지보수를 위하여 당해 사업기간 중에 사용되는 장비와 그 정비 · 점검 또는 수리를 위한 시설
> • 그 밖에 철도안전관련시설 · 안내시설 등 철도의 건설 · 유지보수 및 운영을 위하여 필요한 시설로서 국토교통부장관이 정하는 시설

※ **부지(敷地)** … 건물을 세우거나 도로를 만들기 위하여 마련한 땅을 말한다.

③ **철도운영** : 철도와 관련된 다음의 어느 하나에 해당하는 것을 말한다.
  ㉠ 철도 여객 및 화물 운송
  ㉡ 철도차량의 정비 및 열차의 운행관리
  ㉢ 철도시설 · 철도차량 및 철도부지 등을 활용한 부대사업개발 및 서비스

④ **철도차량** : 선로를 운행할 목적으로 제작된 동력차 · 객차 · 화차 및 특수차를 말한다.

⑤ **선로** : 철도차량을 운행하기 위한 궤도와 이를 받치는 노반 또는 공작물로 구성된 시설을 말한다.

⑥ **철도시설의 건설** : 철도시설의 신설과 기존 철도시설의 직선화 · 전철화 · 복선화 및 현대화 등 철도시설의 성능 및 기능향상을 위한 철도시설의 개량을 포함한 활동을 말한다.

⑦ **철도시설의 유지보수** : 기존 철도시설의 현상유지 및 성능향상을 위한 점검 · 보수 · 교체 · 개량 등 일상적인 활동을 말한다.

⑧ **철도산업** : 철도운송 · 철도시설 · 철도차량 관련산업과 철도기술개발관련산업 그 밖에 철도의 개발 · 이용 · 관리와 관련된 산업을 말한다.

⑨ **철도시설관리자** : 철도시설의 건설 및 관리 등에 관한 업무를 수행하는 자로서 다음의 어느 하나에 해당하는 자를 말한다.
  ㉠ 철도의 관리청(국토교통부장관)
  ㉡ 국가철도공단
  ㉢ 철도시설관리권을 설정 받은 자
  ㉣ ㉠부터 ㉢까지의 자로부터 철도시설의 관리를 대행 · 위임 또는 위탁받은 자

⑩ **철도운영자** : 한국철도공사 등 철도운영에 관한 업무를 수행하는 자를 말한다.

⑪ **공익서비스** : 철도운영자가 영리목적의 영업활동과 관계없이 국가 또는 지방자치단체의 정책이나 공공목적 등을 위하여 제공하는 철도서비스를 말한다.

## 암기요약 ··· 핵심조문 빈칸 채우기

(1) 철도시설관리자
  ㉠ _____
  ㉡ _____
  ㉢ 철도시설관리권을 설정 받은 자
  ㉣ ㉠부터 ㉢까지의 자로부터 철도시설의 관리를 대행·위임 또는 위탁받은 자

(2) 철도시설(부지를 포함)
  ㉠ _____(선로에 부대되는 시설 포함), _____(물류시설·환승시설 및 편의시설 등 포함) 및 철도운영을 위한 건축물·건축설비
  ㉡ 선로 및 철도차량을 보수·정비하기 위한 선로보수기지, 차량정비기지 및 차량유치시설
  ㉢ 철도의 전철전력설비, 정보통신설비, 신호 및 열차제어설비
  ㉣ 철도노선간 또는 다른 교통수단과의 연계운영에 필요한 시설
  ㉤ 철도기술의 개발·시험 및 연구를 위한 시설
  ㉥ 철도경영연수 및 철도전문인력의 교육훈련을 위한 시설
  ㉦ 그 밖에 철도의 건설·유지보수 및 운영을 위한 시설로서 대통령령으로 정하는 시설

(3) 철도운영
  ㉠ _____ 및 _____
  ㉡ 철도차량의 정비 및 열차의 운행관리
  ㉢ 철도시설·철도차량 및 철도부지 등을 활용한 부대사업개발 및 서비스

(4) 철도운영자 ··· 설립된 _____ 등 철도운영에 관한 업무를 수행하는 자를 말한다.

(5) 철도차량 ··· 선로를 운행할 목적으로 제작된 _____ 및 특수차를 말한다.

(6) 철도시설의 건설 ··· 철도시설의 신설과 기존 철도시설의 _____ 및 현대화 등 철도시설의 성능 및 기능향상을 위한 철도시설의 개량을 포함한 활동을 말한다.

(7) 철도시설의 유지보수 ··· 기존 철도시설의 현상유지 및 성능향상을 위한 _____ 등 일상적인 활동을 말한다.

(8) 철도산업 ··· 철도운송·철도시설·철도차량 관련 산업과 철도기술개발 관련 산업 그 밖에 철도의 _____와 관련된 산업을 말한다.

(9) 철도 ··· 여객 또는 화물을 운송하는 데 필요한 _____과 _____ 및 이와 관련된 운영·지원체계가 유기적으로 구성된 운송체계를 말한다.

(10) 공익서비스 ··· 철도운영자가 영리목적의 영업활동과 관계없이 국가 또는 지방자치단체의 정책이나 공공목적 등을 위하여 제공하는 _____를 말한다.

### 정답 및 해설

(1) 관리청, 국가철도공단
(2) 철도의 선로, 역시설
(3) 철도여객, 화물운송
(4) 한국철도공사
(5) 동력차·객차·화차
(6) 직선화·전철화·복선화
(7) 점검·보수·교체·개량
(8) 개발·이용·관리
(9) 철도시설, 철도차량
(10) 철도서비스

**1** 다음은 철도산업발전기본법의 목적이다. 빈칸에 들어갈 수 있는 용어가 아닌 것은?

> 제1조(목적) 철도산업발전기본법은 ＿＿＿의 경쟁력을 높이고 ＿＿＿을 조성함으로써 ＿＿＿의 효율성 및 공익성의 향상과 ＿＿＿의 발전에 이바지함을 목적으로 한다.

① 철도산업　　　　　　　　　　　② 국가이익
③ 국민경제　　　　　　　　　　　④ 발전기반


**2** 철도산업발전기본법이 지향하는 바가 아닌 것은?

① 국민경제의 발전에 이바지
② 철도산업의 발전기반 조성
③ 철도산업의 규제 강화를 통해 안전성 확보
④ 철도산업의 경쟁력 향상


**ANSWER** 1.② 2.③

**1** **철도산업발전기본법의 목적** … 철도산업발전기본법은 <u>철도산업</u>의 경쟁력을 높이고 <u>발전기반</u>을 조성함으로써 <u>철도산업의</u> 효율성 및 공익성의 향상과 <u>국민경제</u>의 발전에 이바지함을 목적으로 한다〈철도산업발전기본법 제1조〉.

**2** **철도산업발전기본법의 목적**〈철도산업발전기본법 제1조〉
ㄱ 철도산업의 경쟁력 향상
ㄴ 철도산업의 발전기반 조성
ㄷ 철도산업의 효율성 및 공익성의 향상
ㄹ 국민경제의 발전에 이바지함

**3** 다음에서 설명하는 용어로 올바른 것은?

> 여객 또는 화물을 운송하는 데 필요한 철도시설과 철도차량 및 이와 관련된 운영·지원체계가 유기적으로 구성된 운송체계를 말한다.

① 철도시설　　　　　　　　　　② 철도차량
③ 선로　　　　　　　　　　　　④ 철도

**4** 철도시설에 대한 설명으로 옳지 않은 것은?

① 역시설에는 물류시설도 포함된다.
② 철도시설에는 철도의 운영을 위한 시설로서 국토교통부령으로 정하는 시설도 포함된다.
③ 철도부지도 철도시설에 포함된다.
④ 철도경영연수를 위한 시설도 철도시설에 포함된다.

**5** 철도운영에 해당하지 않는 것은?

① 철도 여객
② 철도시설 및 철도부지 등을 활용한 부대사업개발 및 서비스
③ 열차의 운행관리 및 철도차량의 정비
④ 객차 및 특수차

**ANSWER**　3.④　4.②　5.④
.................................................................................................

**3**　철도에 대한 설명이다〈철도산업발전기본법 제3조 제1호〉.

**4**　② 그 밖에 철도의 건설·유지보수 및 운영을 위한 시설로서 대통령령으로 정하는 시설은 철도시설에 포함된다〈철도산업발전기본법 제3조 제2호 사목〉.

**5**　철도운영〈철도산업발전기본법 제3조 제3호〉
　　ⓐ 철도 여객 및 화물 운송
　　ⓑ 철도차량의 정비 및 열차의 운행관리
　　ⓒ 철도시설·철도차량 및 철도부지 등을 활용한 부대사업개발 및 서비스

**6** 철도산업발전기본법상 철도시설에 포함되지 않는 것은?

① 철도차량을 보수 · 정비하기 위한 차량유치시설
② 철도여객을 위한 오락시설
③ 철도의 전철전력설비
④ 철도기술의 개발 · 시험 및 연구를 위한 시설

**7** 다음 (    ) 안에 들어갈 내용으로 적절한 것은?

> 철도시설의 (    )라 함은 기존 철도시설의 현상유지 및 성능향상을 위한 점검 · 보수 · 교체 · 개량 등 일상적인 활동을 말한다.

① 유지보수                    ② 유지관리
③ 운송관리                    ④ 현대화

---

**ANSWER** 6.② 7.①

**6** 철도시설(부지 포함)〈철도산업발전기본법 제3조 제2호〉
ㄱ 철도의 선로(선로에 부대되는 시설 포함), 역시설(물류시설 · 환승시설 및 편의시설 등을 포함) 및 철도운영을 위한 건축물 · 건축설비
ㄴ 선로 및 철도차량을 보수 · 정비하기 위한 선로보수기지, 차량정비기지 및 차량유치시설
ㄷ 철도의 전철전력설비, 정보통신설비, 신호 및 열차제어설비
ㄹ 철도노선간 또는 다른 교통수단과의 연계운영에 필요한 시설
ㅁ 철도기술의 개발 · 시험 및 연구를 위한 시설
ㅂ 철도경영연수 및 철도전문인력의 교육훈련을 위한 시설
ㅅ 그 밖에 철도의 건설 · 유지보수 및 운영을 위한 시설로서 대통령령으로 정하는 시설

**7** 철도시설의 유지보수 … 기존 철도시설의 현상유지 및 성능향상을 위한 점검 · 보수 · 교체 · 개량 등 일상적인 활동을 말한다〈철도산업발전기본법 제3조 제7호〉.

**8**  다음 용어 중 옳지 않은 것은?

① 철도차량이란 선로를 운행할 목적으로 제작된 동력차·객차·화차 및 특수차를 말한다.
② 철도운영자란 한국철도공사 등 철도의 관리청을 말한다.
③ 선로란 철도차량을 운행하기 위한 궤도와 이를 받치는 노반 또는 공작물로 구성된 시설을 말한다.
④ 공익서비스란 철도운영자가 영리목적의 영업활동과 관계없이 국가 또는 지방자치단체의 정책이나 공공목적 등을 위하여 제공하는 철도서비스를 말한다.


**9**  다음 중 철도시설관리자로 옳지 않은 것은?

① 국토교통부장관
② 철도시설관리권을 설정 받은 자
③ 시·도지사
④ 국가철도공단으로부터 철도시설의 관리를 위탁받은 자


**10**  다음 철도시설의 건설에 대한 설명으로 옳지 않은 것은?

① 철도시설의 신설을 포함한다.
② 기존 철도시설의 직선화 및 전철화를 포함한 활동이다.
③ 철도시설의 개량을 포함한 성능 및 기능향상을 위한 활동이다.
④ 철도시설의 유지보수를 포함한 활동이다.

---

**ANSWER**  8.② 9.③ 10.④

**8**  **철도운영자** … 한국철도공사 등 철도운영에 관한 업무를 수행하는 자를 말한다〈철도산업발전기본법 제3조 제10호〉.

**9**  **철도시설관리자** … 철도시설의 건설 및 관리 등에 관한 업무를 수행하는 자로서 다음의 어느 하나에 해당하는 자를 말한다〈철도산업발전기본법 제3조 제9호〉.
ⓐ 철도의 관리청(국토교통부장관)
ⓑ 국가철도공단
ⓒ 철도시설관리권을 설정 받은 자
ⓓ ⓐ부터 ⓒ까지의 자로부터 철도시설의 관리를 대행·위임 또는 위탁받은 자

**10**  **철도시설의 건설** … 철도시설의 신설과 기존 철도시설의 직선화·전철화·복선화 및 현대화 등 철도시설의 성능 및 기능향상을 위한 철도시설의 개량을 포함한 활동을 말한다〈철도산업발전기본법 제3조 제6호〉.

**11** 다음 중 철도운영자로 가장 바른 주체는?

① 국토교통부장관
② 국가철도공단 이사장이 지명하는 자
③ 한국철도공사
④ 실무위원회의 위원장이 위촉하는 자

**12** 다음 중 선로가 아닌 것은?

① 철도차량을 운행하기 위한 궤도
② 궤도를 받치는 노반
③ 철도역의 승강장
④ 궤도를 받치는 공작물

**13** 다음 중 철도시설의 유지보수로 볼 수 없는 것은?

① 철도시설의 개량 및 교체
② 철도시설의 성능향상을 위한 점검
③ 낙후된 철도시설의 신설
④ 기존 철도시설의 현상유지

**ANSWER** 11.③  12.③  13.③

11 **철도운영자** … 한국철도공사 등 철도운영에 관한 업무를 수행하는 자를 말한다〈철도산업발전기본법 제3조 제10호〉.

12 **선로** … 철도차량을 운행하기 위한 궤도와 이를 받치는 노반 또는 공작물로 구성된 시설을 말한다〈철도산업발전기본법 제3조 제5호〉.

13 **철도시설의 유지보수** … 기존 철도시설의 현상유지 및 성능향상을 위한 점검 · 보수 · 교체 · 개량 등 일상적인 활동을 말한다.

# chapter 02 철도산업시책의 수립 및 추진체제

## 1 철도산업시책의 수립 및 추진체제

① 시책의 기본방향〈법 제4조〉

　㉠ **효율성과 공익적 기능 고려** : 국가는 철도산업시책을 수립하여 시행하는 경우 효율성과 공익적 기능을 고려하여야 한다.

　㉡ **철도산업발전을 위한 시책 마련** : 국가는 에너지이용의 효율성, 환경친화성 및 수송효율성이 높은 철도의 역할이 국가의 건전한 발전과 국민의 교통편익 증진을 위하여 필수적인 요소임을 인식하여 적정한 철도 수송분담의 목표를 설정하여 유지하고 이를 위한 철도시설을 확보하는 등 철도산업발전을 위한 여러 시책을 마련하여야 한다.

　㉢ **필요한 조직과 인원 확보** : 국가는 철도산업시책과 철도투자 · 안전 등 관련 시책을 효율적으로 추진하기 위하여 필요한 조직과 인원을 확보하여야 한다.

② 철도산업발전기본계획의 수립〈법 제5조〉

　㉠ **기본계획 수립 · 시행** : 국토교통부장관은 철도산업의 육성과 발전을 촉진하기 위하여 5년 단위로 철도산업발전기본계획(이하 "기본계획"이라 한다)을 수립하여 시행하여야 한다.

　㉡ 기본계획에 포함되어야 할 사항

　　• 철도산업 육성시책의 기본방향에 관한 사항
　　• 철도산업의 여건 및 동향전망에 관한 사항
　　• 철도시설의 투자 · 건설 · 유지보수 및 이를 위한 재원확보에 관한 사항
　　• 각종 철도간의 연계수송 및 사업조정에 관한 사항
　　• 철도운영체계의 개선에 관한 사항
　　• 철도산업 전문인력의 양성에 관한 사항
　　• 철도기술의 개발 및 활용에 관한 사항
　　• 그 밖에 철도산업의 육성 및 발전에 관한 사항으로서 <u>대통령령으로 정하는 사항</u>

> ▌**대통령령으로 정하는 사항**〈시행령 제3조〉
> • 철도 수송분담의 목표
> • 철도안전 및 철도서비스에 관한 사항
> • 다른 교통수단과의 연계수송에 관한 사항
> • 철도산업의 국제협력 및 해외시장 진출에 관한 사항
> • 철도산업시책의 추진체계
> • 그 밖에 철도산업의 육성 및 발전에 관한 사항으로서 국토교통부장관이 필요하다고 인정하는 사항

ⓒ 기본계획 수립 시 조화를 이루도록 해야 하는 계획
- 국가기간교통망계획
- 중기 교통시설투자계획
- 국토교통과학기술 연구개발 종합계획

ⓔ 기본계획을 수립 시 협의 및 심의
- 국토교통부장관은 기본계획을 수립하고자 하는 때에는 미리 기본계획과 관련이 있는 행정기관의 장과 협의한 후 철도산업위원회의 심의를 거쳐야 한다.
- 수립된 기본계획을 변경(대통령령으로 정하는 경미한 변경은 제외한다)할 때에도 또한 같다.

> **■ 대통령령으로 정하는 경미한 변경〈시행령 제4조〉**
> - 철도시설투자사업 규모의 100분의 1의 범위 안에서의 변경
> - 철도시설투자사업 총투자비용의 100분의 1의 범위 안에서의 변경
> - 철도시설투자사업 기간의 2년의 기간 내에서의 변경

ⓜ 관보에 고시 : 국토교통부장관은 기본계획을 수립 또는 변경한 때에는 이를 관보에 고시하여야 한다.
ⓗ 추진실적 제출 : 관계행정기관의 장은 수립·고시된 기본계획에 따라 연도별 시행계획을 수립·추진하고, 해당 연도의 계획 및 전년도의 추진실적을 국토교통부장관에게 제출하여야 한다.
ⓢ 시행계획의 수립 및 시행절차 : 연도별 시행계획의 수립 및 시행절차에 관하여 필요한 사항은 대통령령으로 정한다.

> **■ 철도산업발전시행계획의 수립절차〈시행령 제5조〉**
> - 관계행정기관의 장은 당해 연도의 시행계획을 전년도 11월말까지 국토교통부장관에게 제출하여야 한다.
> - 관계행정기관의 장은 전년도 시행계획의 추진실적을 매년 2월말까지 국토교통부장관에게 제출하여야 한다.

③ 철도산업위원회〈법 제6조〉
ⓐ 위원회 설치 : 철도산업에 관한 기본계획 및 중요정책 등을 심의·조정하기 위하여 국토교통부에 철도산업위원회(이하 "위원회"라 한다)를 둔다.
ⓑ 위원회의 심의·조정 사항
- 철도산업의 육성·발전에 관한 중요정책 사항
- 철도산업구조개혁에 관한 중요정책 사항
- 철도시설의 건설 및 관리 등 철도시설에 관한 중요정책 사항
- 철도안전과 철도운영에 관한 중요정책 사항
- 철도시설관리자와 철도운영자간 상호협력 및 조정에 관한 사항
- 이 법 또는 다른 법률에서 위원회의 심의를 거치도록 한 사항
- 그 밖에 철도산업에 관한 중요한 사항으로서 위원장이 회의에 부치는 사항
ⓒ 분과위원회의 구성 및 기능
- 위원회에 상정할 안건을 미리 검토하고 위원회가 위임한 안건을 심의하기 위하여 위원회에 분과위원회를 둔다.

- 철도산업발전기본법에서 규정한 사항 외에 위원회 및 분과위원회의 구성·기능 및 운영에 관하여 필요한 사항은 대통령령으로 정한다.
  ㉣ 철도산업위원회의 구성〈시행령 제6조〉
  - 위원장 : 국토교통부장관
  - 위원구성 : 위원회는 위원장을 포함한 25인 이내의 위원으로 구성
  - 위원회의 위원
    - 기획재정부차관·교육부차관·과학기술정보통신부차관·행정안전부차관·산업통상자원부차관·고용노동부차관·국토교통부차관·해양수산부차관 및 공정거래위원회부위원장
    - 국가철도공단(이하 "국가철도공단"이라 한다)의 이사장
    - 한국철도공사(이하 "한국철도공사"라 한다)의 사장
    - 철도산업에 관한 전문성과 경험이 풍부한 자 중에서 위원회의 위원장이 위촉하는 자
  - 위원의 임기 : 위원의 임기는 2년으로 하되, 연임할 수 있다.
  ㉤ 위원의 해촉〈시행령 제6조의2〉
  - 해촉권자 : 위원회의 위원장
  - 해촉대상 : 철도산업에 관한 전문성과 경험이 풍부한 자 중에서 위원회의 위원장이 위촉한 자
  - 해촉사유
    - 심신장애로 인하여 직무를 수행할 수 없게 된 경우
    - 직무와 관련된 비위사실이 있는 경우
    - 직무태만, 품위손상이나 그 밖의 사유로 인하여 위원으로 적합하지 아니하다고 인정되는 경우
    - 위원 스스로 직무를 수행하는 것이 곤란하다고 의사를 밝히는 경우
  ㉥ 위원회의 위원장의 직무〈시행령 제7조〉
  - 위원회의 위원장은 위원회를 대표하며, 위원회의 업무를 총괄한다.
  - 위원회의 위원장이 부득이한 사유로 직무를 수행할 수 없는 때에는 위원회의 위원장이 미리 지명한 위원이 그 직무를 대행한다.
  ㉦ 회의〈시행령 제8조〉
  - 소집 : 위원회의 위원장은 위원회의 회의를 소집하고, 그 의장이 된다.
  - 의결 : 위원회의 회의는 재적위원 과반수의 출석과 출석위원 과반수의 찬성으로 의결한다.
  - 회의록 작성 : 위원회는 회의록을 작성·비치하여야 한다.
  ㉧ 간사〈시행령 제9조〉
  - 위원회에 간사 1인을 둔다.
  - 국토교통부장관이 국토교통부소속공무원 중에서 지명한다.

④ 실무위원회의
  ㉠ 실무위원회의 구성〈시행령 제10조〉
  - 실무위원회 : 위원회의 심의·조정사항과 위원회에서 위임한 사항의 실무적인 검토를 위하여 위원회에 실무위원회를 둔다.

- 구성 : 실무위원회는 위원장을 포함한 20인 이내의 위원으로 구성한다.
- 위원장 지명 : 실무위원회의 위원장은 국토교통부장관이 국토교통부의 3급 공무원 또는 고위공무원단에 속하는 일반직 공무원 중에서 지명한다.
- 실무위원회의 위원은 다음의 자가 된다.
  - 기획재정부 · 교육부 · 과학기술정보통신부 · 행정안전부 · 산업통상자원부 · 고용노동부 · 국토교통부 · 해양수산부 및 공정거래위원회의 3급 공무원, 4급 공무원 또는 고위공무원단에 속하는 일반직공무원 중 그 소속기관의 장이 지명하는 자 각 1인
  - 국가철도공단의 임직원 중 국가철도공단이사장이 지명하는 자 1인
  - 한국철도공사의 임직원 중 한국철도공사사장이 지명하는 자 1인
  - 철도산업에 관한 전문성과 경험이 풍부한 자중에서 실무위원회의 위원장이 위촉하는 자
- 임기 : 위원의 임기는 2년으로 하되, 연임할 수 있다.
- 간사 : 실무위원회에 간사 1인을 두되, 간사는 국토교통부장관이 국토교통부소속 공무원 중에서 지명한다.

ⓒ 실무위원회 위원의 해촉〈시행령 제10조의2〉
- 제10조 제4항 제1호부터 제3호까지의 규정에 따라 위원을 지명한 자는 위원이 다음의 어느 하나에 해당하는 경우에는 그 지명을 철회할 수 있다.
  - 심신장애로 인하여 직무를 수행할 수 없게 된 경우
  - 직무와 관련된 비위사실이 있는 경우
  - 직무태만, 품위손상이나 그 밖의 사유로 인하여 위원으로 적합하지 아니하다고 인정되는 경우
  - 위원 스스로 직무를 수행하는 것이 곤란하다고 의사를 밝히는 경우

> **조문참고** 제10조 제4항 제1호부터 제3호
> 1. 기획재정부 · 교육부 · 과학기술정보통신부 · 행정안전부 · 산업통상자원부 · 고용노동부 · 국토교통부 · 해양수산부 및 공정거래위원회의 3급 공무원, 4급 공무원 또는 고위공무원단에 속하는 일반직공무원중 그 소속기관의 장이 지명하는 자 각 1인
> 2. 국가철도공단의 임직원 중 국가철도공단이사장이 지명하는 자 1인
> 3. 한국철도공사의 임직원중 한국철도공사사장이 지명하는 자 1인

- 실무위원회의 위원장은 제10조 제4항 제4호에 따른 위원이 제1항 각 호의 어느 하나에 해당하는 경우에는 해당 위원을 해촉할 수 있다.

> **조문참고** 제10조 제4항 제4호
> 4. 철도산업에 관한 전문성과 경험이 풍부한 자중에서 실무위원회의 위원장이 위촉하는 자

⑤ **철도산업구조개혁기획단의 구성**〈시행령 제11조〉
  ㉠ 소속 : 국토교통부장관소속하에 철도산업구조개혁기획단(이하 "기획단"이라 한다)을 둔다.
  ㉡ 위원회의 활동을 지원하고 철도산업의 구조개혁 그 밖에 철도정책과 관련되어 지원 · 수행하여야 하는 업무
  - 철도산업구조개혁기본계획 및 분야별 세부추진계획의 수립

- 철도산업구조개혁과 관련된 철도의 건설 · 운영주체의 정비
- 철도산업구조개혁과 관련된 인력조정 · 재원확보대책의 수립
- 철도산업구조개혁과 관련된 법령의 정비
- 철도산업구조개혁추진에 따른 철도운임 · 철도시설사용료 · 철도수송시장 등에 관한 철도산업정책의 수립
- 철도산업구조개혁추진에 따른 공익서비스비용의 보상, 세제 · 금융지원 등 정부지원정책의 수립
- 철도산업구조개혁추진에 따른 철도시설건설계획 및 투자재원조달대책의 수립
- 철도산업구조개혁추진에 따른 전기 · 신호 · 차량 등에 관한 철도기술개발정책의 수립
- 철도산업구조개혁추진에 따른 철도안전기준의 정비 및 안전정책의 수립
- 철도산업구조개혁추진에 따른 남북철도망 및 국제철도망 구축정책의 수립
- 철도산업구조개혁에 관한 대외협상 및 홍보
- 철도산업구조개혁추진에 따른 각종 철도의 연계 및 조정
- 그 밖에 철도산업구조개혁과 관련된 철도정책 전반에 관하여 필요한 업무
- ⓒ **구성** : 단장 1인과 단원으로 구성한다.
- ⓔ **기획단의 단장**
  - 임명 : 국토교통부장관
  - 국토교통부의 3급 공무원 또는 고위공무원단에 속하는 일반직공무원 중에서 임명
- ⓜ **파견의 요청** : 국토교통부장관은 기획단의 업무수행을 위하여 필요하다고 인정하는 때에는 관계 행정기관, 한국철도공사 등 관련 공사, 국가철도공단 등 특별법에 의하여 설립된 공단 또는 관련 연구기관에 대하여 소속 공무원 · 임직원 또는 연구원을 기획단으로 파견하여 줄 것을 요청할 수 있다.
- ⓗ **조직 및 운영** : 기획단의 조직 및 운영에 관하여 필요한 세부적인 사항은 국토교통부장관이 정한다.

⑥ **협조요청, 수당 및 운영세칙**
- ⓐ **관계행정기관 등에의 협조요청〈시행령 제12조〉** : 위원회 및 실무위원회는 그 업무를 수행하기 위하여 필요한 때에는 관계행정기관 또는 단체 등에 대하여 자료 또는 의견의 제출 등의 협조를 요청하거나 관계공무원 또는 관계전문가 등을 위원회 및 실무위원회에 참석하게 하여 의견을 들을 수 있다.
- ⓑ **수당〈시행령 제13조〉** : 위원회와 실무위원회의 위원 중 공무원이 아닌 위원 및 위원회와 실무위원회에 출석하는 관계전문가에 대하여는 예산의 범위 안에서 수당 · 여비 그 밖의 필요한 경비를 지급할 수 있다.
- ⓒ **운영세칙〈시행령 제14조〉** : 이 영에서 규정한 사항 외에 위원회 및 실무위원회의 운영에 관하여 필요한 사항은 위원회의 의결을 거쳐 위원회의 위원장이 정한다.

(1) 국가는 철도산업시책을 수립하여 시행하는 경우 _____과 _____을 고려하여야 한다.

(2) 국토교통부장관은 철도산업의 육성과 발전을 촉진하기 위하여 ___ 단위로 기본계획을 수립하여 시행하여야 한다.

(3) _____에 포함되어야 할 사항
  ㉠ 철도산업 육성시책의 기본방향에 관한 사항
  ㉡ 철도산업의 여건 및 동향전망에 관한 사항
  ㉢ 철도시설의 투자 · 건설 · 유지보수 및 이를 위한 재원확보에 관한 사항
  ㉣ 각종 철도간의 연계수송 및 사업조정에 관한 사항
  ㉤ 철도운영체계의 개선에 관한 사항
  ㉥ 철도산업 전문인력의 양성에 관한 사항
  ㉦ 철도기술의 개발 및 활용에 관한 사항
  ㉧ 그 밖에 철도산업의 육성 및 발전에 관한 사항으로서 대통령령으로 정하는 사항

(4) _____의 심 · 조정 사항
  ㉠ 철도산업의 육성 · 발전에 관한 중요정책 사항
  ㉡ 철도산업구조개혁에 관한 중요정책 사항
  ㉢ 철도시설의 건설 및 관리 등 철도시설에 관한 중요정책 사항
  ㉣ 철도안전과 철도운영에 관한 중요정책 사항
  ㉤ 철도시설관리자와 철도운영자간 상호협력 및 조정에 관한 사항
  ㉥ 이 법 또는 다른 법률에서 위원회의 심의를 거치도록 한 사항
  ㉦ 그 밖에 철도산업에 관한 중요한 사항으로서 위원장이 회의에 부치는 사항

(5) 위원회는 위원장을 포함한 _____의 위원으로 구성한다.

(6) 위원회 및 분과위원회의 구성 · 기능 및 운영에 관하여 필요한 사항은 _____으로 정한다.

(7) _____의 경미한 변경
  ㉠ 철도시설투자사업 규모의 100분의 1의 범위안에서의 변경
  ㉡ 철도시설투자사업 총투자비용의 100분의 1의 범위안에서의 변경
  ㉢ 철도시설투자사업 기간의 2년의 기간내에서의 변경

(8) 관계행정기관의 장은 당해 연도의 시행계획을 _____까지 국토교통부장관에게 제출하여야 한다.

(9) 관계행정기관의 장은 전년도 시행계획의 추진실적을 _____까지 국토교통부장관에게 제출하여야 한다.

(10) 실무위원회는 위원장을 포함한 _____의 위원으로 구성한다.

(11) 기획단은 _____으로 구성한다.

(1) 효율성, 공익적 기능
(2) 5년
(3) 기본계획
(4) 철도산업위원회
(5) 25인 이내
(6) 대통령령
(7) 철도산업발전기본계획
(8) 전년도 11월말
(9) 매년 2월말
(10) 20인 이내
(11) 단장 1인과 단원

**1** 다음 중 국가가 철도산업시책을 수립하고 시행할 때 기본방향으로 옳지 않은 것은?

① 철도산업과 관련된 조직과 인원을 확보하여 철도투자 및 안전 시책을 효율적으로 추진해야 한다.
② 철도산업시책 수립 시 다른 교통수단의 발전을 함께 고려해야 한다.
③ 철도의 효율성과 공익적 기능을 동시에 고려해야 한다.
④ 철도의 에너지이용의 효율성과 환경친화성을 높이기 위한 목표를 설정하고 이를 유지해야 한다.

**2** 다음 중 철도산업시책의 기본방향에 대한 설명으로 옳지 않은 것은?

① 철도산업시책과 철도투자·안전 등 관련 시책을 효율적으로 추진하기 위하여 조직과 인원을 국토교통부장관이 확보해야 한다.
② 효율성과 공익적 기능을 고려하여 철도산업시책을 수립하여 시행하여야 한다.
③ 적정한 철도 수송분담의 목표를 설정하여 유지하기 위한 철도시설을 확보하는 등 철도산업발전을 위한 시책을 마련해야 한다.
④ 국가는 에너지이용의 효율성, 환경친화성 및 수송효율성이 높은 철도의 역할이 국가의 건전한 발전과 국민의 교통편익 증진을 위한 필수적인 요소임을 인식해야 한다.

**ANSWER** 1.② 2.①

**1** ② 철도산업시책 수립 시 다른 교통수단의 발전을 함께 고려할 필요는 없다.
①③④ 철도산업발전기본법 제4조

**2** ① 국가는 철도산업시책과 철도투자·안전 등 관련 시책을 효율적으로 추진하기 위하여 필요한 조직과 인원을 확보하여야 한다〈철도산업발전기본법 제4조 제3항〉.
② 철도산업발전기본법 제4조 제1항
③④ 철도산업발전기본법 제4조 제2항

**3** 철도산업발전기본법령상 기본계획의 수립 시 조화를 이루도록 해야 하는 계획이 아닌 것은?

① 중기 교통시설투자계획

② 지방자치단체 도시계획

③ 국토교통과학기술 연구개발 종합계획

③ 국가기간교통망계획

**4** 철도산업발전기본법령상 철도산업발전기본계획에 포함되어야 할 사항이 아닌 것은?

① 철도산업 전문인력의 양성에 관한 사항

② 철도시설의 투자·건설·유지보수 및 이를 위한 재원확보에 관한 사항

③ 철도산업의 육성 및 발전에 관한 사항으로서 국토교통부령으로 정하는 사항

④ 철도산업 육성시책의 기본방향에 관한 사항

---

**ANSWER** 3.② 4.③

**3** 기본계획의 수립 시 조화를 이루어야 하는 계획〈철도산업발전기본법 제5조 제3항〉.
- ㉠ 국가기간교통망계획
- ㉡ 중기 교통시설투자계획
- ㉢ 국토교통과학기술 연구개발 종합계획

**4** ③ 철도산업의 육성 및 발전에 관한 사항으로서 대통령령으로 정하는 사항이다〈철도산업발전기본법 제5조 제2항 제8호〉.
- ※ **기본계획에 포함되어야 할 사항**〈철도산업발전기본법 제5조 제2항〉
  - ㉠ 철도산업 육성시책의 기본방향에 관한 사항
  - ㉡ 철도산업의 여건 및 동향전망에 관한 사항
  - ㉢ 철도시설의 투자·건설·유지보수 및 이를 위한 재원확보에 관한 사항
  - ㉣ 각종 철도간의 연계수송 및 사업조정에 관한 사항
  - ㉤ 철도운영체계의 개선에 관한 사항
  - ㉥ 철도산업 전문 인력의 양성에 관한 사항
  - ㉦ 철도기술의 개발 및 활용에 관한 사항
  - ㉧ 그 밖에 철도산업의 육성 및 발전에 관한 사항으로서 대통령령으로 정하는 사항

**5** 다음 중 철도산업발전기본법 제5조 제4항의 대통령령으로 정하는 경미한 변경이 아닌 것은?

① 철도시설투자사업 총투자비용의 100분의 1의 범위 안에서의 변경
② 철도시설투자사업 규모의 100분의 1의 범위 안에서의 변경
③ 철도시설투자사업 기간의 1년의 기간 내에서의 변경
④ 철도시설투자사업 기간의 2년의 기간 내에서의 변경

**6** 다음 중 철도산업발전기본법령상 철도산업위원회에 대한 설명으로 옳은 것은?

① 위원회는 위원장을 포함한 15인 이내의 위원으로 구성한다.
② 철도산업에 관하여 위원장이 회의에 부치는 사항도 위원회의 심의·조정 사항에 포함된다.
③ 위원장은 국가철도공단의 이사장이다.
④ 공정거래위원회부위원장은 위원회의 위원이 될 수 없다.

---

**ANSWER** 5.③  6.②

**5** 대통령령으로 정하는 경미한 변경〈철도산업발전기본법 시행령 제4조〉
ㄱ 철도시설투자사업 규모의 100분의 1의 범위 안에서의 변경
ㄴ 철도시설투자사업 총투자비용의 100분의 1의 범위 안에서의 변경
ㄷ 철도시설투자사업 기간의 2년의 기간 내에서의 변경

**6** ① 위원회는 위원장을 포함한 25인 이내의 위원으로 구성한다〈철도산업발전기본법 제6조 제3항〉.
③ 철도산업위원회의 위원장은 국토교통부장관이 된다〈철도산업발전기본법 시행령 제6조 제1항〉.
④ 공정거래위원회부위원장은 위원회의 위원이 된다〈철도산업발전기본법 시행령 제6조 제1항〉.
② 철도산업발전기본법 제6조 제2항 제7호

**7** 철도산업발전기본법령상 철도산업위원회의 위원이 아닌 사람은?

① 교육부차관
② 환경부차관
③ 고용노동부차관
④ 국가철도공단의 이사장

**8** 철도산업발전기본법령상 철도산업위원회의 심의·조정 사항으로 틀린 것은?

① 철도산업구조개혁에 관한 중요정책 사항
② 철도운영체계의 개선에 관한 사항
③ 철도운영과 철도안전에 관한 중요정책 사항
④ 다른 법률에서 위원회의 심의를 거치도록 한 사항

---

**ANSWER** 7.② 8.②

**7** 철도산업위원회의 위원 구성〈철도산업발전기본법 시행령 제6조 제2항〉
ㄱ 기획재정부차관·교육부차관·과학기술정보통신부차관·행정안전부차관·산업통상자원부차관·고용노동부차관·국토
교통부차관·해양수산부차관 및 공정거래위원회부위원장
ㄴ 국가철도공단의 이사장
ㄷ 한국철도공사의 사장
ㄹ 철도산업에 관한 전문성과 경험이 풍부한 자 중에서 위원회의 위원장이 위촉하는 자

**8** ②는 철도산업발전기본계획의 수립시 포함되어야 할 사항이다〈철도산업발전기본법 제5조 제2항 제5호〉.
※ **철도산업위원회의 심의·조정 사항**〈철도산업발전기본법 제6조 제2항〉
ㄱ 철도산업의 육성·발전에 관한 중요정책 사항
ㄴ 철도산업구조개혁에 관한 중요정책 사항
ㄷ 철도시설의 건설 및 관리 등 철도시설에 관한 중요정책 사항
ㄹ 철도안전과 철도운영에 관한 중요정책 사항
ㅁ 철도시설관리자와 철도운영자간 상호협력 및 조정에 관한 사항
ㅂ 철도산업발전기본법 또는 다른 법률에서 위원회의 심의를 거치도록 한 사항
ㅅ 그 밖에 철도산업에 관한 중요한 사항으로서 위원장이 회의에 부치는 사항

**9** 다음에서 철도산업발전기본법령상 위원회의 구성위원을 모두 고르면?

> ㉠ 한국철도공사의 사장
> ㉡ 기획재정부차관
> ㉢ 해양수산부차관
> ㉣ 국민권익위원회부위원장
> ㉤ 철도산업에 관한 전문성과 경험이 풍부한 자 중에서 위원회의 위원장이 위촉하는 자

① ㉠㉡㉢㉤　　　　　　　　　　② ㉠㉡㉢㉣
③ ㉠㉢㉣㉤　　　　　　　　　　④ ㉠㉡㉢㉣㉤

**10** 다음 중 철도산업위원회에 대한 설명으로 가장 바른 것은?

① 철도산업에 관한 기본계획 및 중요정책 등의 업무를 수행하기 위하여 위원회를 둔다.
② 위원회의 구성·기능 및 운영에 관하여 필요한 사항은 국토교통부령으로 정한다.
③ 위원의 임기는 2년이며 연임할 수 없다.
④ 국토교통부장관이 위촉하는 자는 위원회의 위원이 될 수 있다.

---

**ANSWER** 9.① 10.④

**9** 위원회의 실무위원회 위원은 ㉠㉡㉢㉤ 외에 교육부차관, 과학기술정보통신부차관, 행정안전부차관, 산업통상자원부차관, 고용노동부차관, 국토교통부차관 및 공정거래위원회부위원장, 국가철도공단의 이사장 등이 있다〈철도산업발전기본법 시행령 제6조 제2항〉.

**10** ① 철도산업에 관한 기본계획 및 중요정책 등을 심의·조정하기 위하여 국토교통부에 철도산업위원회를 둔다〈철도산업발전기본법 제6조 제1항〉.
② 철도산업발전기본법에서 규정한 사항 외에 위원회 및 분과위원회의 구성·기능 및 운영에 관하여 필요한 사항은 대통령령으로 정한다〈철도산업발전기본법 제6조 제5항〉.
③ 위원의 임기는 2년으로 하되, 연임할 수 있다〈철도산업발전기본법 시행령 제6조 제3항〉.
④ 철도산업에 관한 전문성과 경험이 풍부한 자중에서 위원회의 위원장이 위촉하는 자는 위원이 된다〈철도산업발전기본법 시행령 제6조 제2항 제4호〉.

**11** 철도산업위원회의 심의 · 조정 사항을 모두 고르면?

> ㉠ 철도시설의 건설 및 관리 등 철도시설에 관한 중요정책 사항
> ㉡ 철도안전과 철도운영에 관한 중요정책 사항
> ㉢ 철도시설관리자와 철도운영자간 상호협력에 관한 사항
> ㉣ 철도산업구조개혁에 관한 중요정책 사항
> ㉤ 운임 · 요금 징수 방식에 관한 중요정책 사항

① ㉠㉡㉢
② ㉠㉢㉣㉤
③ ㉠㉡㉢㉣
④ ㉠㉡㉢㉣㉤

**12** 다음 중 철도산업발전기본법령상 철도산업위원회가 위임한 안건을 심의하기 위한 기구는?

① 기획단
② 간사
③ 실무위원회
④ 분과위원회

---

**11** 철도산업위원회의 심의 · 조정 사항⟨철도산업발전기본법 제6조 제2항⟩
  ㉠ 철도산업의 육성 · 발전에 관한 중요정책 사항
  ㉡ 철도산업구조개혁에 관한 중요정책 사항
  ㉢ 철도시설의 건설 및 관리 등 철도시설에 관한 중요정책 사항
  ㉣ 철도안전과 철도운영에 관한 중요정책 사항
  ㉤ 철도시설관리자와 철도운영자간 상호협력 및 조정에 관한 사항
  ㉥ 이 법 또는 다른 법률에서 위원회의 심의를 거치도록 한 사항
  ㉦ 그 밖에 철도산업에 관한 중요한 사항으로서 위원장이 회의에 부치는 사항

**12** 위원회에 상정할 안건을 미리 검토하고 위원회가 위임한 안건을 심의하기 위하여 위원회에 분과위원회를 둔다⟨철도산업발전기본법 제6조 제4항⟩

**13** 다음 중 위원회의 위원장이 위원을 해촉할 수 있는 경우로 옳지 않은 것은?

① 장기간 해외출장으로 외국에 근무 중인 경우
② 품위손상으로 인하여 위원으로 적합하지 아니하다고 인정되는 경우
③ 심신장애로 인하여 직무를 수행할 수 없게 된 경우
④ 직무와 관련된 비위사실이 있는 경우

**14** 다음 중 철도산업위원회의 위원장에 대한 설명으로 틀린 것은?

① 위원장은 위원에도 포함이 된다.
② 위원장의 임기는 국토교통부장관의 임기와 동일하다.
③ 위원장은 위원회의 위원을 수시로 해촉할 수 있다.
④ 위원장이 직무를 수행할 수 없는 경우 위원장이 지명한 위원이 그 직무를 대행할 수 있다.

---

**ANSWER** 13.① 14.③

**13** 위원장이 위촉한 위원을 해촉할 수 있는 경우〈철도산업발전기본법 시행령 제6조의2〉
  ㉠ 심신장애로 인하여 직무를 수행할 수 없게 된 경우
  ㉡ 직무와 관련된 비위사실이 있는 경우
  ㉢ 직무태만, 품위손상이나 그 밖의 사유로 인하여 위원으로 적합하지 아니하다고 인정되는 경우
  ㉣ 위원 스스로 직무를 수행하는 것이 곤란하다고 의사를 밝히는 경우

**14** ③ 위원회의 위원장이 위촉한 위원이 해촉사유에 해당하는 경우에만 해당 위원을 해촉할 수 있다〈철도산업발전기본법 시행령 제6조의2〉.
  ① 위원회의 위원장은 국토교통부장관이 되며, 위원장을 포함한 25인 이내의 위원으로 구성한다〈철도산업발전기본법 시행령 제6조 제1항 및 철도산업발전기본법 제6조 제3항〉.
  ② 위원회의 위원장은 국토교통부장관이 된다〈철도산업발전기본법 시행령 제6조 제1항〉.
  ④ 위원회의 위원장이 부득이한 사유로 직무를 수행할 수 없는 때에는 위원회의 위원장이 미리 지명한 위원이 그 직무를 대행한다〈철도산업발전기본법 시행령 제7조 제2항〉.

**15** 철도산업위원회의 회의에 대한 설명으로 옳지 않은 것은?

① 위원회의 회의 소집은 위원장이 한다.　② 회의의결 정족수는 재적위원 과반수이다.

③ 출석위원 3분의 2 이상의 찬성으로 의결한다.　④ 위원회는 회의록을 작성·비치하여야 한다.

**16** 철도산업위원회의 간사에 대한 설명으로 옳은 것은?

① 간사는 국토교통부장관이 위촉한다.

② 국토교통부 소속 공무원 중에서 간사를 지명한다.

③ 간사의 임기는 3년으로 한다.

④ 간사는 3인 이내로 둘 수 있다.

**17** 철도산업위원회의 실무위원회의에 대한 설명으로 틀린 것은?

① 실무위원회 구성 목적은 위원회에서 위임한 사항의 실무적인 검토와 위원회의 심의·조정사항을 위함이다.

② 실무위원회의 위원장은 공무원 중에서 지명한다.

③ 위원장이 위촉한 위원의 임기는 2년이다.

④ 실무위원회는 위원장을 포함한 25인 이내의 위원으로 구성한다.

---

**ANSWER** 15.③  16.②  17.④

**15** ① 위원회의 위원장은 위원회의 회의를 소집하고, 그 의장이 된다〈철도산업발전기본법 시행령 제8조 제1항〉.

②③ 위원회의 회의는 재적위원 과반수의 출석과 출석위원 과반수의 찬성으로 의결한다〈철도산업발전기본법 시행령 제8조 제2항〉.

④ 철도산업발전기본법 시행령 제8조 제3항

**16** 위원회에 간사 1인을 두되, 간사는 국토교통부장관이 국토교통부 소속 공무원 중에서 지명한다〈철도산업발전기본법 시행령 제9조〉.

**17** ④ 실무위원회는 위원장을 포함한 20인 이내의 위원으로 구성한다〈철도산업발전기본법 시행령 제10조 제2항〉.

① 철도산업발전기본법 시행령 제10조 제1항

② 실무위원회의 위원장은 국토교통부장관이 국토교통부의 3급 공무원 또는 고위공무원단에 속하는 일반직공무원 중에서 지명한다〈철도산업발전기본법 시행령 제10조 제3항〉.

③ 위원의 임기는 2년으로 하되, 연임할 수 있다〈철도산업발전기본법 시행령 제10조 제5항〉.

**18** 철도산업발전기본법령상 실무위원회의 위원이 될 수 없는 사람은?

① 철도산업에 관한 전문성과 경험이 풍부한 자 중 국토부장관이 위촉하는 자
② 고위공무원단에 속하는 일반직 공무원 중 그 소속기관의 장이 지명하는 자 각 1인
③ 국가철도공단의 임직원 중 국가철도공단이사장이 지명하는 자 1인
④ 한국철도공사의 임직원 중 한국철도공사사장이 지명하는 자 1인


**19** 철도산업발전기본법령상 실무위원회의 위원의 자격이 없는 사람은?

① 고용노동부 소속의 3급 공무원
② 고위 공무원단에 속하는 일반직 공무원 중 그 소속기관의 장이 지명한 공무원
③ 국토교통부의 5급 국가 공무원
④ 과학기술정보통신부 소속의 3급 공무원


**ANSWER** 18.① 19.③

**18** ① 철도산업에 관한 전문성과 경험이 풍부한 자중에서 실무위원회의 위원장이 위촉하는 자 이어야 한다〈철도산업발전기본법 시행령 제10조 제4항 제4호〉.
  ② 기획재정부 · 교육부 · 과학기술정보통신부 · 행정안전부 · 산업통상자원부 · 고용노동부 · 국토교통부 · 해양수산부 및 공정거래위원회의 3급 공무원, 4급 공무원 또는 고위공무원단에 속하는 일반직 공무원 중 그 소속기관의 장이 지명하는 자 각 1인〈철도산업발전기본법 시행령 제10조 제4항 제1호〉
  ③ 철도산업발전기본법 시행령 제10조 제4항 제2호
  ④ 철도산업발전기본법 시행령 제10조 제4항 제3호

**19** 실무위원회 위원의 자격〈철도산업발전기본법 시행령 제10조 제4항〉
  ㉠ 기획재정부 · 교육부 · 과학기술정보통신부 · 행정안전부 · 산업통상자원부 · 고용노동부 · 국토교통부 · 해양수산부 및 공정거래위원회의 3급 공무원
  ㉡ 4급 공무원 또는 고위공무원단에 속하는 일반직 공무원 중 그 소속기관의 장이 지명하는 자 각 1인
  ㉢ 국가철도공단의 임직원 중 국가철도공단이사장이 지명하는 자 1인
  ㉣ 한국철도공사의 임직원 중 한국철도공사사장이 지명하는 자 1인
  ㉤ 철도산업에 관한 전문성과 경험이 풍부한 자중에서 실무위원회의 위원장이 위촉하는 자

**20** 철도산업발전기본법령상 실무위원회의 회의 및 간사에 대한 설명으로 옳은 것은?

① 실무위원회의 회의는 출석위원 3분의 2 이상의 찬성으로 의결한다.
② 실무위원회에 간사 1인을 둔다.
③ 실무위원회의 간사는 실무위원회 위원장이 지명한다.
④ 실무위원회의 간사는 한국철도공사의 임직원 중에서 지명한다.

**21** 철도산업발전기본법령상 심신장애로 인하여 직무를 수행할 수 없게 된 실무위원회 위원의 지명을 철회할 수 있는 대상을 고르면?

> ㉠ 기획재정부 및 교육부의 3급 공무원 중 그 소속기관의 장이 지명한 사람
> ㉡ 국가철도공단의 임직원 중 국가철도공단이사장이 지명한 사람
> ㉢ 고위공무원단에 속하는 일반직공무원 중 그 소속기관의 장이 지명한 사람
> ㉣ 한국철도공사의 임직원 중 한국철도공사사장이 지명한 사람
> ㉤ 고용노동부 및 해양수산부의 3급 공무원 중 그 소속기관의 장이 지명한 사람
> ㉥ 국가철도공단의 임직원 중 국토교통부장관이 지명한 사람

① ㉠㉡㉢㉣
② ㉠㉡㉢㉣㉤
③ ㉠㉡㉣㉤㉥
④ ㉠㉡㉢㉣㉤㉥

---

**20** ① 위원회의 회의 규정을 준용한다〈철도산업발전기본법 시행령 제10조 제7항〉. 위원회의 회의는 재적위원 과반수의 출석과 출석위원 과반수의 찬성으로 의결한다〈철도산업발전기본법 시행령 제8조 제2항〉.
　②③④ 실무위원회에 간사 1인을 두되, 간사는 국토교통부장관이 국토교통부소속 공무원 중에서 지명한다〈철도산업발전기본법 시행령 제10조 제6항〉.

**21** ㉥은 실무위원회의 위원이 될 수 없다〈철도산업발전기본법 시행령 제10조의2 제2항〉.
　※ **지명을 철회할 수 있는 사람**〈철도산업발전기본법 시행령 제10조의2 제1항〉
　　㉠ 기획재정부·교육부·과학기술정보통신부·행정안전부·산업통상자원부·고용노동부·국토교통부·해양수산부 및 공정거래위원회의 3급 공무원, 4급 공무원 또는 고위공무원단에 속하는 일반직공무원 중 그 소속기관의 장이 지명하는 자 각 1인
　　㉡ 국가철도공단의 임직원 중 국가철도공단이사장이 지명하는 자 1인
　　㉢ 한국철도공사의 임직원 중 한국철도공사사장이 지명하는 자 1인

**22** 철도산업발전기본법령상 위원회 및 실무위원회의 위원 해촉이나 지명을 철회할 수 있는 경우를 모두 고르면?

> ㉠ 직무와 관련된 비위사실이 있는 경우
> ㉡ 직무태만으로 인하여 위원으로 적합하지 아니하다고 인정되는 경우
> ㉢ 위원 스스로 직무를 수행하는 것이 곤란하다고 의사를 밝히는 경우
> ㉣ 품위손상으로 인하여 위원으로 적합하지 아니하다고 인정되는 경우

① ㉠㉡㉢
② ㉠㉡㉣
③ ㉡㉢㉣
④ ㉠㉡㉢㉣

**23** 철도산업발전기본법령상 철도산업구조개혁기획단(이하 "기획단"이라 함)에 대한 설명으로 틀린 것은?

① 기획단은 위원회의 활동을 지원한다.
② 기획단은 국토교통부장관소속하에 둔다.
③ 기획단은 단장 1인, 부단장 1인과 단원으로 구성한다.
④ 기획단은 철도산업의 구조개혁 등 철도정책과 관련되는 업무를 지원하고 수행한다.

---

**ANSWER** 22.④ 23.③

**22** 위원회 및 실무위원회 위원의 해촉 사유〈철도산업발전기본법 시행령 제6조의2 및 제10조의2 제1항〉
㉠ 심신장애로 인하여 직무를 수행할 수 없게 된 경우
㉡ 직무와 관련된 비위사실이 있는 경우
㉢ 직무태만, 품위손상이나 그 밖의 사유로 인하여 위원으로 적합하지 아니하다고 인정되는 경우
㉣ 위원 스스로 직무를 수행하는 것이 곤란하다고 의사를 밝히는 경우

**23** ③ 기획단은 단장 1인과 단원으로 구성한다〈철도산업발전기본법 시행령 제11조 제2항〉.
①②④ 위원회의 활동을 지원하고 철도산업의 구조개혁 그 밖에 철도정책과 관련되는 업무를 지원·수행하기 위하여 국토교통부장관소속하에 철도산업구조개혁기획단(이하 "기획단"이라 한다)을 둔다〈철도산업발전기본법 시행령 제11조 제1항〉.

**24** 철도산업발전기본법령상 철도산업구조개혁기획단 단장의 임명권자는?

① 대통령
② 국무총리
③ 국토교통부장관
④ 한국철도공사 사장

**25** 철도산업발전기본법령상 철도산업구조개혁기획단에 대한 설명 중 틀린 것은?

① 기획단의 업무 중에는 철도산업구조개혁 기본계획 및 분야별 세부추진계획의 수립이 있다.
② 기획단의 단장은 고위 공무원단에 속하는 일반직 공무원 중에서 임명할 수 있다.
③ 기획단의 조직 및 운영에 관하여 필요한 사항은 대통령령으로 정한다.
④ 국토교통부장관은 관계 행정기관에 대하여 소속 임직원을 기획단으로 파견하여 줄 것을 요청할 수 있다.

---

**ANSWER** 24.③  25.③

**24** 기획단의 단장은 국토교통부장관이 국토교통부의 3급 공무원 또는 고위공무원단에 속하는 일반직공무원 중에서 임명한다〈철도산업발전기본법 시행령 제11조 제3항〉.

**25** ③ 기획단의 조직 및 운영에 관하여 필요한 세부적인 사항은 국토교통부장관이 정한다〈철도산업발전기본법 시행령 제11조 제5항〉.
① 철도산업발전기본법 시행령 제11조 제1항 제1호
② 기획단의 단장은 국토교통부의 3급 공무원 또는 고위공무원단에 속하는 일반직 공무원 중에서 임명한다〈철도산업발전기본법 시행령 제11조 제3항〉.
④ 철도산업발전기본법 시행령 제11조 제4항

**26** 국토교통부장관은 기획단의 업무수행을 위하여 소속 공무원·임직원 또는 연구원을 파견 요청할 수 있다. 이 때 파견 요청할 수 있는 기관으로 볼 수 없는 곳은?

① 관계 행정기관
② 한국철도공사
③ 철도관련 민간 연구기관
④ 국가철도공단

**27** 다음 중 철도산업구조개혁기획단의 지원·수행 업무를 모두 고르면?

> ⊙ 철도산업의 여건 및 동향전망에 관한 사항 수립
> ⓒ 철도산업구조개혁과 관련된 인력조정·재원확보대책의 수립
> ⓒ 철도산업구조개혁과 관련된 법령의 정비
> ⓔ 철도산업구조개혁추진에 따른 전기·신호·차량 등에 관한 철도기술개발정책의 수립
> ⑩ 각종 철도간의 연계수송 및 사업조정에 관한 사항 수립
> ⑭ 철도산업구조개혁에 관한 대외협상 및 홍보

① ⊙ⓒⓒⓔ
② ⓒⓒⓔ⑭
③ ⓒⓒⓔ⑩⑭
④ ⊙ⓒⓒⓔ⑩⑭

---

**ANSWER** 26.③ 27.②

**26** 소속 공무원·임직원 또는 연구원을 기획단으로의 파견 요청〈철도산업발전기본법 시행령 제11조 제4항〉
⊙ 요청 : 국토교통부장관
ⓒ 요청목적 : 기획단의 업무수행을 위하여 필요하다고 인정하는 때
ⓒ 요청이 가능한 기관
　• 관계 행정기관
　• 한국철도공사 등 관련 공사
　• 국가철도공단 등 특별법에 의하여 설립된 공단
　• 특별법에 의하여 설립된 관련 연구기관

**27** ⊙⑩은 철도산업발전기본계획을 수립·시행하여야 할 사항이다〈철도산업발전기본법 제5조 제2항 제2호 및 제4호〉.

**28** 철도산업발전기본법령상 철도산업구조개혁기획단의 지원·수행 업무라고 볼 수 없는 것은?

① 철도산업구조개혁추진에 따른 철도운임에 관한 철도산업정책의 수립
② 철도산업구조개혁추진에 따른 공익서비스비용의 세제·금융지원 등 정부지원정책의 수립
③ 철도산업 전문인력의 양성에 관한 사항 수립
④ 철도산업구조개혁과 관련된 철도의 건설·운영주체의 정비

**29** 철도산업발전기본법 시행령에서 규정한 사항 외의 위원회 및 실무위원회에 관하여 필요한 사항을 정하는 주체는?

① 대통령령
② 국토부장관령
③ 위원회의 위원장
④ 한국철도공사 사장

**ANSWER** 28.③ 29.③

**28** ③은 철도산업발전기본계획을 수립·시행하여야 할 사항이다〈철도산업발전기본법 제5조 제2항 제6호〉.
※ **철도산업구조개혁기획단이 지원·수행해야 할 업무**〈철도산업발전기본법 시행령 제11조 제1항〉
ㄱ 철도산업구조개혁기본계획 및 분야별 세부추진계획의 수립
ㄴ 철도산업구조개혁과 관련된 철도의 건설·운영주체의 정비
ㄷ 철도산업구조개혁과 관련된 인력조정·재원확보대책의 수립
ㄹ 철도산업구조개혁과 관련된 법령의 정비
ㅁ 철도산업구조개혁추진에 따른 철도운임·철도시설사용료·철도수송시장 등에 관한 철도산업정책의 수립
ㅂ 철도산업구조개혁추진에 따른 공익서비스비용의 보상, 세제·금융지원 등 정부지원정책의 수립
ㅅ 철도산업구조개혁추진에 따른 철도시설건설계획 및 투자재원조달대책의 수립
ㅇ 철도산업구조개혁추진에 따른 전기·신호·차량 등에 관한 철도기술개발정책의 수립
ㅈ 철도산업구조개혁추진에 따른 철도안전기준의 정비 및 안전정책의 수립
ㅊ 철도산업구조개혁추진에 따른 남북철도망 및 국제철도망 구축정책의 수립
ㅋ 철도산업구조개혁에 관한 대외협상 및 홍보
ㅌ 철도산업구조개혁추진에 따른 각종 철도의 연계 및 조정
ㅍ 그 밖에 철도산업구조개혁과 관련된 철도정책 전반에 관하여 필요한 업무

**29** 운영세칙 … 철도산업발전기본법 시행령에서 규정한 사항 외에 위원회 및 실무위원회의 운영에 관하여 필요한 사항은 위원회의 의결을 거쳐 위원회의 위원장이 정한다〈철도산업발전기본법 시행령 제14조〉.

# chapter 03 철도산업의 육성

## 1 철도시설 투자의 확대 및 전문인력의 교육·훈련

① **철도시설 투자의 확대**〈법 제7조〉
  ㉠ 국가는 철도시설 투자를 추진하는 경우 사회적·환경적 편익을 고려하여야 한다.
  ㉡ 국가는 각종 국가계획에 철도시설 투자의 목표치와 투자계획을 반영하여야 하며, 매년 교통시설 투자예산에서 철도시설 투자예산의 비율이 지속적으로 높아지도록 노력하여야 한다.

② **철도산업의 지원**〈법 제8조〉
  ㉠ 지원기관 : 국가 및 지방자치단체
  ㉡ 지원 : 국가 및 지방자치단체는 철도산업의 육성·발전을 촉진하기 위하여 철도산업에 대한 재정·금융·세제·행정상의 지원을 할 수 있다.

③ **철도산업 전문인력의 교육·훈련**〈법 제9조〉
  ㉠ 교육·훈련방안 마련 : 국토교통부장관은 철도산업에 종사하는 자의 자질향상과 새로운 철도기술 및 그 운영기법의 향상을 위한 교육·훈련방안을 마련하여야 한다.
  ㉡ 행정적·재정적 지원 : 국토교통부장관은 국토교통부령으로 정하는 바에 의하여 철도산업 전문연수기관과 협약을 체결하여 철도산업에 종사하는 자의 교육·훈련프로그램에 대한 행정적·재정적 지원 등을 할 수 있다.
  ㉢ 전문인력 수요조사 실시 : 철도산업 전문연수기관은 매년 전문인력 수요조사를 실시하고 그 결과와 전문인력의 수급에 관한 의견을 국토교통부장관에게 제출할 수 있다.
  ㉣ 투자 권고 : 국토교통부장관은 새로운 철도기술과 운영기법의 향상을 위하여 특히 필요하다고 인정하는 때에는 정부투자기관·정부출연기관 또는 정부가 출자한 회사 등으로 하여금 새로운 철도기술과 운영기법의 연구·개발에 투자하도록 권고할 수 있다.

**②** 철도산업교육과정의 확대 및 철도기술의 진흥

① 철도산업교육과정의 확대〈법 제10조〉
- ㉠ 확대요청 : 국토교통부장관은 철도산업 전문인력의 수급의 변화에 따라 철도산업교육과정의 확대 등 필요한 조치를 관계중앙행정기관의 장에게 요청할 수 있다.
- ㉡ 시책의 수립·시행 : 국가는 철도산업종사자의 자격제도를 다양화하고 질적 수준을 유지·발전시키기 위하여 필요한 시책을 수립·시행하여야 한다.
- ㉢ 교육기관 운영·지원 : 국토교통부장관은 철도산업 전문 인력의 원활한 수급 및 철도산업의 발전을 위하여 특성화된 대학 등 교육기관을 운영·지원할 수 있다.

② 철도기술의 진흥〈법 제11조〉
- ㉠ 연구 및 개발에 노력 : 국토교통부장관은 철도기술의 진흥 및 육성을 위하여 철도기술전반에 대한 연구 및 개발에 노력하여야 한다.
- ㉡ 기관 또는 단체 지도·육성 : 국토교통부장관은 연구 및 개발을 촉진하기 위하여 이를 전문으로 연구하는 기관 또는 단체를 지도·육성하여야 한다.
- ㉢ 대부·양여 및 사용·수익 : 국가는 철도기술의 진흥을 위하여 철도시험·연구개발시설 및 부지 등 국유재산을 과학기술분야 정부출연연구기관 등의 설립·운영 및 육성에 관한 법률에 의한 한국철도기술연구원에 무상으로 대부·양여하거나 사용·수익하게 할 수 있다.

**③** 철도산업의 정보화 촉진 및 철도산업정보센터 설치·운영자 지원

① 철도산업의 정보화 촉진〈법 제12조 제1항〉
- ㉠ 철도산업정보화기본계획 수립·시행 : 국토교통부장관은 철도산업에 관한 정보를 효율적으로 처리하고 원활하게 유통하기 위하여 대통령령으로 정하는 바에 의하여 철도산업정보화기본계획을 수립·시행하여야 한다.
- ㉡ 철도산업정보화기본계획에 포함되어야 할 사항〈시행령 제15조〉
  - 철도산업정보화의 여건 및 전망
  - 철도산업정보화의 목표 및 단계별 추진계획
  - 철도산업정보화에 필요한 비용
  - 철도산업정보의 수집 및 조사계획
  - 철도산업정보의 유통 및 이용활성화에 관한 사항
  - 철도산업정보화와 관련된 기술개발의 지원에 관한 사항
  - 그 밖에 국토교통부장관이 필요하다고 인정하는 사항
  - ※ 국토교통부장관은 철도산업정보화기본계획을 수립 또는 변경하고자 하는 때에는 위원회의 심의를 거쳐야 한다.

② 철도산업정보센터를 설치·운영자 등에게 지원〈법 제12조 제2항〉
  ㉠ 지원방법 : 철도산업에 관한 정보를 효율적으로 수집·관리 및 제공하기 위하여 대통령령으로 정하는
    바에 의하여 철도산업정보센터를 설치·운영하거나 철도산업에 관한 정보를 수집·관리 또는 제공하
    는 자 등에게 필요한 지원을 할 수 있다.
  ㉡ 철도산업정보센터의 업무〈시행령 제16조〉
    • 철도산업정보의 수집·분석·보급 및 홍보
    • 철도산업의 국제동향 파악 및 국제협력사업의 지원
  ㉢ 비용지원 : 국토교통부장관은 철도산업에 관한 정보를 수집·관리 또는 제공하는 자에게 예산의 범위
    안에서 운영에 소요되는 비용을 지원할 수 있다.


**④ 국제협력 및 철도협회**

① 국제협력 및 해외진출 촉진〈법 제13조〉
  ㉠ 국제협력의 촉진
    • 촉진기관 : 국토교통부장관
    • 철도산업에 관한 국제적 동향을 파악하고 국제협력을 촉진하여야 한다.
  ㉡ 철도산업의 국제협력 및 해외시장 진출을 추진하기 위한 지원
    • 지원기관 : 국가
    • 철도산업의 국제협력 및 해외시장 진출을 추진하기 위하여 지원할 수 있는 사업
    - 철도산업과 관련된 기술 및 인력의 국제교류
    - 철도산업의 국제 표준화와 국제공동연구개발
    - 그 밖에 국토교통부장관이 철도산업의 국제협력 및 해외시장 진출을 촉진하기 위하여 필요하다고
      인정하는 사업

② 협회의 설립〈법 제13조의2〉
  ㉠ 협회설립
    • 설립할 수 있는 자 : 철도산업에 관련된 기업, 기관 및 단체와 이에 관한 업무에 종사하는 자
    • 설립목적 : 철도산업의 건전한 발전과 해외진출을 도모하기 위하여 철도협회(이하 "협회"라 한다)를
      설립할 수 있다.
  ㉡ 설립등기
    • 협회는 법인으로 한다.
    • 협회는 국토교통부장관의 인가를 받아 주된 사무소의 소재지에 설립등기를 함으로써 성립한다.
  ㉢ 철도 분야에 관한 협회의 업무
    • 정책 및 기술개발의 지원
    • 정보의 관리 및 공동활용 지원

- 전문인력의 양성 지원
- 해외철도 진출을 위한 현지조사 및 지원
- 조사 · 연구 및 간행물의 발간
- 국가 또는 지방자치단체 위탁사업
- 그 밖에 정관으로 정하는 업무

② 예산의 지원
- 지원기관 : 국가, 지방자치단체 및 철도 분야 공공기관
- 지원 : 협회에 위탁한 업무의 수행에 필요한 비용의 전부 또는 일부를 예산의 범위에서 지원할 수 있다.

⑩ 협회의 정관
- 인가 : 협회의 정관은 국토교통부장관의 인가를 받아야 한다.
- 정관의 기재사항과 협회의 운영 등에 필요한 사항은 대통령령으로 정한다.

⑪ 규정의 준용 : 협회에 관하여 이 법에 규정한 것 외에는 「민법」 중 사단법인에 관한 규정을 준용한다.

## 암기요약 … 핵심조문 빈칸 채우기

(1) 국가는 철도시설 투자를 추진하는 경우 _____을 고려하여야 한다.

(2) 국가 및 _____는 철도산업의 육성·발전을 촉진하기 위하여 철도산업에 대한 재정·금융·세제·행정상의 지원을 할 수 있다.

(3) 국토교통부장관은 철도산업에 종사하는 자의 자질향상과 새로운 _____의 향상을 위한 교육·훈련 방안을 마련하여야 한다.

(4) 국토교통부장관은 철도산업전문인력의 수급의 변화에 따라 철도산업교육과정의 확대 등 필요한 조치를 _____의 장에게 요청할 수 있다.

(5) 국토교통부장관은 철도기술의 진흥 및 육성을 위하여 철도기술전반에 대한 _____에 노력하여야 한다.

(6) 국토교통부장관은 철도산업에 관한 정보를 효율적으로 처리하고 원활하게 유통하기 위하여 _____으로 정하는 바에 의하여 철도산업정보화기본계획을 수립·시행하여야 한다.

(7) _____에 포함되어야 할 사항
  ㉠ 철도산업정보화의 여건 및 전망
  ㉡ 철도산업정보화의 목표 및 단계별 추진계획
  ㉢ 철도산업정보화에 필요한 비용
  ㉣ 철도산업정보의 수집 및 조사계획
  ㉤ 철도산업정보의 유통 및 이용활성화에 관한 사항
  ㉥ 철도산업정보화와 관련된 기술개발의 지원에 관한 사항
  ㉦ 그 밖에 국토교통부장관이 필요하다고 인정하는 사항

(8) _____의 업무
  ㉠ 철도산업정보의 수집·분석·보급 및 홍보
  ㉡ 철도산업의 국제동향 파악 및 국제협력사업의 지원

(9) 국가가 철도산업의 _____을 추진하기 위하여 지원할 수 있는 사업
  ㉠ 철도산업과 관련된 기술 및 인력의 국제교류
  ㉡ 철도산업의 국제표준화와 국제공동연구개발
  ㉢ 그 밖에 국토교통부장관이 철도산업의 국제협력 및 해외시장 진출을 촉진하기 위하여 필요하다고 인정하는 사업

(10) 철도산업에 관련된 기업, 기관 및 단체와 이에 관한 업무에 종사하는 자는 철도산업의 건전한 발전과 _____을 도모하기 위하여 철도협회를 설립할 수 있다.

(11) 협회는 ____으로 한다.

(12) 협회는 _____의 인가를 받아 주된 사무소의 소재지에 설립등기를 함으로써 성립한다.

### 정답 및 해설

(1) 사회적·환경적 편익
(2) 지방자치단체
(3) 철도기술 및 그 운영기법
(4) 관계중앙행정기관
(5) 연구 및 개발
(6) 대통령령
(7) 철도산업정보화기본계획
(8) 철도산업정보센터
(9) 국제협력 및 해외시장 진출
(10) 해외진출
(11) 법인
(12) 국토교통부장관

**1** 다음은 철도산업발전기본법령상 철도시설 투자의 확대 및 철도산업의 지원에 관한 설명이다. 국가가 해야 할 사항으로 옳지 않은 것은?

① 철도시설 투자를 추진하는 경우 환경적 편익을 고려해야 한다.
② 각종 국가계획에 철도시설 투자의 투자계획을 반영해야 한다.
③ 매년 교통시설 투자예산에서 철도시설 투자예산의 비율이 지속적으로 높아지도록 노력해야 한다.
④ 철도산업의 육성·발전을 촉진하기 위하여 철도시설의 건설을 지방자치단체에 요청 할 수 있다.

**2** 다음 중 철도기술의 진흥 및 육성을 위하여 철도기술전반에 대한 연구 및 개발에 노력하여야 하는 주체는?

① 국가
② 지방자치단체의 장
③ 국토교통부장관
④ 한국철도공사 사장

---

**ANSWER** 1.④ 2.③

**1** 철도시설 투자의 확대〈철도산업발전기본법 제7조〉
ㄱ 국가는 철도시설 투자를 추진하는 경우 사회적·환경적 편익을 고려하여야 한다.
ㄴ 국가는 각종 국가계획에 철도시설 투자의 목표치와 투자계획을 반영하여야 하며, 매년 교통시설 투자예산에서 철도시설 투자예산의 비율이 지속적으로 높아지도록 노력하여야 한다.
※ **철도산업의 지원** … 국가 및 지방자치단체는 철도산업의 육성·발전을 촉진하기 위하여 철도산업에 대한 재정·금융·세제·행정상의 지원을 할 수 있다〈철도산업발전기본법 제8조〉.

**2** 국토교통부장관은 철도기술의 진흥 및 육성을 위하여 철도기술전반에 대한 연구 및 개발에 노력하여야 한다〈철도산업발전기본법 제11조 제1항〉.

**3** 다음 중 철도산업 전문인력의 교육 · 훈련에 대한 설명으로 틀린 것은?

① 국토교통부장관은 새로운 철도기술의 향상을 위해 정부출연기관으로 하여금 새로운 철도기술과 운영기법의 연구 · 개발에 투자하도록 권고할 수 있다.

② 국토교통부장관은 대통령령으로 정하는 바에 따라 철도산업에 종사하는 자의 교육 · 훈련프로그램에 대한 행정적 · 재정적 지원 등을 할 수 있다

③ 철도산업 전문연수기관은 전문인력의 수급에 관한 의견을 국토교통부장관에게 제출할 수 있다.

④ 국토교통부장관은 교육 · 훈련방안을 마련하여야 한다.

**4** 다음 중 철도산업교육과정의 확대를 위해 국토교통부장관이 시행해야 할 사항으로 옳지 않은 것은?

① 철도산업교육과정의 확대 등 필요한 조치를 관계중앙행정기관의 장에게 요청할 수 있다.

② 철도산업의 발전을 위하여 특성화된 대학 등 교육기관을 운영 · 지원할 수 있다.

③ 철도산업종사자의 자격제도를 다양화하고 질적 수준을 유지 · 발전시키기 위하여 필요한 시책을 수립 · 시행하여야 한다.

④ 철도산업 전문인력의 원활한 수급을 위하여 특성화된 대학 등 교육기관을 운영 · 지원할 수 있다.

---

**ANSWER** 3.② 4.③

**3** ② 국토교통부장관은 국토교통부령으로 정하는 바에 의하여 철도산업 전문연수기관과 협약을 체결하여 철도산업에 종사하는 자의 교육 · 훈련프로그램에 대한 행정적 · 재정적 지원 등을 할 수 있다〈철도산업발전기본법 제9조 제2항〉.
  ① 국토교통부장관은 새로운 철도기술과 운영기법의 향상을 위하여 특히 필요하다고 인정하는 때에는 정부투자기관 · 정부출연기관 또는 정부가 출자한 회사 등으로 하여금 새로운 철도기술과 운영기법의 연구 · 개발에 투자하도록 권고할 수 있다〈철도산업발전기본법 제9조 제4항〉.
  ③ 철도산업 전문연수기관은 매년 전문인력 수요조사를 실시하고 그 결과와 전문인력의 수급에 관한 의견을 국토교통부장관에게 제출할 수 있다〈철도산업발전기본법 제9조 제3항〉.
  ④ 국토교통부장관은 철도산업에 종사하는 자의 자질향상과 새로운 철도기술 및 그 운영기법의 향상을 위한 교육 · 훈련방안을 마련하여야 한다〈철도산업발전기본법 제9조 제1항〉.

**4** ③은 국가가 수립 · 시행하여야 할 시책이다〈철도산업발전기본법 제10조 제2항〉.
  ※ **철도산업교육과정의 확대**〈철도산업발전기본법 제10조〉
    ㉠ 국토교통부장관은 철도산업 전문인력의 수급의 변화에 따라 철도산업교육과정의 확대 등 필요한 조치를 관계중앙행정기관의 장에게 요청할 수 있다.
    ㉡ 국가는 철도산업종사자의 자격제도를 다양화하고 질적 수준을 유지 · 발전시키기 위하여 필요한 시책을 수립 · 시행하여야 한다.
    ㉢ 국토교통부장관은 철도산업 전문인력의 원활한 수급 및 철도산업의 발전을 위하여 특성화된 대학 등 교육기관을 운영 · 지원할 수 있다.

**5** 철도산업발전기본법령상 철도기술 진흥 및 육성과 관련된 국토교통부장관의 역할로 옳지 않은 것은?

① 국토교통부장관은 철도기술의 진흥을 위하여 국유재산을 한국철도기술연구원에 무상으로 대부·양여할 수 있다.

② 국토교통부장관은 철도기술의 연구 및 개발에 노력하여야 한다.

③ 국토교통부장관은 철도기술전반에 대한 연구 및 개발을 촉진하기 위하여 노력하여야 한다.

④ 국토교통부장관은 철도기술 연구를 전문으로 하는 기관 또는 단체를 지도·육성하여야 한다.

**6** 철도산업발전기본법령상 철도산업의 정보처리 및 원활한 유통에 관한 설명으로 옳지 않은 것은?

① 국토교통부장관은 철도산업위원회와 심의를 거쳐 철도산업정보센터 설치·운영에 관한 지원을 할 수 있다.

② 철도산업에 관한 정보를 효율적으로 처리하고 원활한 유통을 위하여 대통령령으로 정하는 바에 따른 조치를 취하여야 한다.

③ 국토교통부장관은 철도산업정보화기본계획을 수립·시행하여야 한다.

④ 국토교통부장관은 철도산업에 관한 정보를 효율적으로 제공하기 위하여 철도산업에 관한 정보를 제공하는 자에게 필요한 지원을 할 수 있다.

---

**ANSWER** 5.① 6.①

**5** ①은 국가의 역할이다. 국가는 철도기술의 진흥을 위하여 철도시험·연구개발시설 및 부지 등 국유재산을 한국철도기술연구원에 무상으로 대부·양여하거나 사용·수익하게 할 수 있다〈철도산업발전기본법 제11조 제3항〉.
②③④ 철도산업발전기본법 제11조 제1항 및 제2항

**6** ① 국토교통부장관은 철도산업에 관한 정보를 효율적으로 수집·관리 및 제공하기 위하여 대통령령으로 정하는 바에 의하여 철도산업정보센터를 설치·운영하거나 철도산업에 관한 정보를 수집·관리 또는 제공하는 자 등에게 필요한 지원을 할 수 있다〈철도산업발전기본법 제12조 제2항〉.
②③ 철도산업발전기본법 제12조 제1항
④ 철도산업발전기본법 제12조 제2항

**7** 철도산업발전기본법령상 철도산업의 정보화 촉진을 위한 설명으로 틀린 것은?

① 철도산업정보화기본계획은 국토교통부장관이 수립·시행하여야 한다.
② 철도산업정보화기본계획 수립·시행의 목적은 철도산업에 관한 정보를 효율적으로 처리하고 원활하게 유통하기 위함이다.
③ 철도산업에 관한 정보를 효율적으로 수집·관리하기 위하여 국토교통부령으로 정하는 바에 의하여 철도산업정보센터를 설치·운영하여야 한다.
④ 국토교통부장관은 철도산업에 관한 정보를 수집·관리 또는 제공하는 자 등에게 필요한 지원을 할 수 있다.


**8** 철도산업발전기본법령상 철도산업정보화기본계획의 내용에 포함되는 사항이 아닌 것은?

① 철도산업정보화의 육성시책 및 시설건설에 관한 사항
② 철도산업정보화의 여건 및 전망
③ 철도산업정보의 유통 및 이용활성화에 관한 사항
④ 철도산업정보의 수집 및 조사계획

---

**ANSWER** 7.③  8.①

**7** ③④ 국토교통부장관은 철도산업에 관한 정보를 효율적으로 수집·관리 및 제공하기 위하여 대통령령으로 정하는 바에 의하여 철도산업정보센터를 설치·운영하거나 철도산업에 관한 정보를 수집·관리 또는 제공하는 자 등에게 필요한 지원을 할 수 있다〈철도산업발전기본법 제12조 제2항〉.
①② 국토교통부장관은 철도산업에 관한 정보를 효율적으로 처리하고 원활하게 유통하기 위하여 대통령령으로 정하는 바에 의하여 철도산업정보화기본계획을 수립·시행하여야 한다〈철도산업발전기본법 제12조 제1항〉.

**8** 철도산업정보화기본계획에 포함되어야 할 내용〈철도산업발전기본법 시행령 제15조 제1항〉
㉠ 철도산업정보화의 여건 및 전망
㉡ 철도산업정보화의 목표 및 단계별 추진계획
㉢ 철도산업정보화에 필요한 비용
㉣ 철도산업정보의 수집 및 조사계획
㉤ 철도산업정보의 유통 및 이용활성화에 관한 사항
㉥ 철도산업정보화와 관련된 기술개발의 지원에 관한 사항
㉦ 그 밖에 국토교통부장관이 필요하다고 인정하는 사항

**9** 다음 중 철도산업정보화기본계획을 수립 또는 변경하고자 할 때 거쳐야 하는 단계는?

① 대통령령에 따라야 한다.
② 국토교통부장관의 승인을 얻어야 한다.
③ 실무위원회의 심의를 거쳐야 한다.
④ 철도산업위원회의 심의를 거쳐야 한다.

**10** 다음 중 철도산업정보센터의 업무가 아닌 것은?

① 철도산업정보의 수집 및 분석
② 철도산업의 필요한 이용활성화에 대한 분석
③ 철도산업의 국제동향 파악
④ 철도산업의 국제협력사업의 지원

**11** 다음 중 철도산업의 국제협력 및 해외진출 추진 사업을 지원할 수 있는 주체는?

① 국가　　　　　　　　　　　② 국토교통부장관
③ 지방자치단체의 장　　　　　④ 한국철도공사 사장

---

**ANSWER**　9.④　10.②　11.①

**9** 국토교통부장관은 철도산업정보화기본계획을 수립 또는 변경하고자 하는 때에는 위원회의 심의를 거쳐야 한다〈철도산업 발전기본법 시행령 제15조 제2항〉.

**10** **철도산업정보센터의 업무**〈철도산업발전기본법 시행령 제16조 제1항〉
　㉠ 철도산업정보의 수집·분석·보급 및 홍보
　㉡ 철도산업의 국제동향 파악 및 국제협력사업의 지원

**11** ① 국가는 철도산업의 국제협력 및 해외시장 진출을 추진하기 위한 사업을 지원할 수 있다〈철도산업발전기본법 제13조 제2항〉.
　※ 국토교통부장관은 철도산업에 관한 국제적 동향을 파악하고 국제협력을 촉진하여야 한다〈철도산업발전기본법 제13조 제1항〉.

**12** 철도산업발전기본법령상 철도산업의 국제협력 및 해외시장 진출을 추진하기 위하여 지원할 수 있는 사업이 아닌 것은?

① 철도산업과 관련된 기술 및 인력의 국제교류
② 철도산업의 국제공동연구개발
③ 해외 철도 진출을 위한 현지조사 및 지원
④ 철도산업의 국제표준화

**13** 철도산업발전기본법령상 철도협회의 설립 목적으로 타당한 것은?

① 철도산업의 전문인력 해외연수 지원
② 철도산업의 건전한 발전과 해외진출 도모
③ 철도산업의 여건 및 동향전망을 위함
④ 철도운영체계의 개선 도모

**14** 다음은 철도산업발전기본법령상 철도협회에 대한 설명이다. 옳지 않은 것은?

① 철도산업에 관련된 기업이나 기관은 협회를 설립할 수 있다.
② 협회는 법인으로 설립하여야 한다.
③ 지방자치단체는 위탁에 관련한 비용의 일부를 협회에 지원할 수 있다.
④ 협회는 대통령령으로 정하는 바에 따라 설립한다.

---

**ANSWER** 12.③ 13.② 14.④

**12** 철도산업의 국제협력 및 해외시장 진출을 추진을 위해 지원할 수 있는 사업〈철도산업발전기본법 제13조 제2항〉
  ⊙ 철도산업과 관련된 기술 및 인력의 국제교류
  ⓒ 철도산업의 국제표준화와 국제공동연구개발
  ⓒ 그 밖에 국토교통부장관이 철도산업의 국제협력 및 해외시장 진출을 촉진하기 위하여 필요하다고 인정하는 사업
  ※ ③은 철도협회의 업무이다〈철도산업발전기본법 제13조의2 제4항 제4호〉.

**13** 철도산업의 건전한 발전과 해외진출 도모하기 위하여 철도협회를 설립할 수 있다〈철도산업발전기본법 제13조의2 제1항〉.

**14** ④ 협회는 국토교통부장관의 인가를 받아 주된 사무소의 소재지에 설립등기를 함으로써 성립한다〈철도산업발전기본법 제13조의2 제3항〉.
  ① 철도산업발전기본법 제13조의2 제1항
  ② 철도산업발전기본법 제13조의2 제2항
  ③ 철도산업발전기본법 제13조의2 제5항

**15** 철도산업발전기본법령상 철도협회에 대한 설명으로 틀린 것은?

① 철도 분야에 대한 국가 또는 지방자치단체 위탁사업은 협회의 업무에 속한다.
② 협회에 관하여 이 법에 규정한 것 외에는 「민법」 중 사단법인에 관한 규정을 준용한다.
③ 협회의 정관은 국토교통부장관의 인가를 받아야 한다.
④ 정관의 기재사항과 협회의 운영 등에 필요한 사항은 국토교통부령으로 정한다.


**16** 철도산업발전기본법령상 철도협회의 업무를 고르면?

┌─────────────────────────────────────────────────────┐
│ ㉠ 협회 정관으로 정하는 업무                            │
│ ㉡ 정책 및 기술개발의 지원                              │
│ ㉢ 해외철도 진출을 위한 현지조사 및 지원                │
│ ㉣ 철도운영의 기술지원에 관한 업무                      │
│ ㉤ 지방자치단체의 위탁사업                              │
│ ㉥ 철도산업의 개혁에 관한 정책 업무                     │
└─────────────────────────────────────────────────────┘

① ㉠㉡㉢㉣                         ② ㉡㉢㉣㉤㉥
③ ㉠㉡㉢㉤                         ④ ㉠㉡㉢㉣㉤㉥


---

**ANSWER** 15.④  16.③

**15** ③④ 협회의 정관은 국토교통부장관의 인가를 받아야 하며, 정관의 기재사항과 협회의 운영 등에 필요한 사항은 대통령령으로 정한다〈철도산업발전기본법 제13조의2 제6항〉.
 ① 철도산업발전기본법 제13조의2 제4항 제6호
 ② 철도산업발전기본법 제13조의2 제7항

**16** 철도협회의 업무〈철도산업발전기본법 제13조의2 제4항〉
 ㉠ 정책 및 기술개발의 지원
 ㉡ 정보의 관리 및 공동활용 지원
 ㉢ 전문인력의 양성 지원
 ㉣ 해외철도 진출을 위한 현지조사 및 지원
 ㉤ 조사 · 연구 및 간행물의 발간
 ㉥ 국가 또는 지방자치단체 위탁사업
 ㉦ 그 밖에 정관으로 정하는 업무

# 철도안전 및 이용자 보호

**1** **철도안전**〈법 제14조〉

① 필요한 재원확보
    ㉠ 확보 : 국가
    ㉡ 재원확보 : 국가는 국민의 생명·신체 및 재산을 보호하기 위하여 철도안전에 필요한 법적·제도적 장치를 마련하고 이에 필요한 재원을 확보하도록 노력하여야 한다.

② 안전확보
    ㉠ 확보 : 철도시설관리자
    ㉡ 안전확보에 필요한 조치 : 철도시설관리자는 그 시설을 설치 또는 관리할 때에 법령에서 정하는 바에 따라 해당 시설의 안전한 상태를 유지하고, 해당 시설과 이를 이용하려는 철도차량간의 종합적인 성능검증 및 안전상태 점검 등 안전확보에 필요한 조치를 하여야 한다.

③ 구조·설비 및 장치의 안전성 확보
    ㉠ 확보 : 철도운영자 또는 철도차량 및 장비 등의 제조업자
    ㉡ 안전성 확보와 향상을 위한 노력 : 철도운영자 또는 철도차량 및 장비 등의 제조업자는 법령에서 정하는 바에 따라 철도의 안전한 운행 또는 그 제조하는 철도차량 및 장비 등의 구조·설비 및 장치의 안전성을 확보하고 이의 향상을 위하여 노력하여야 한다.

④ 전담기구와 전문인력의 확보
    ㉠ 확보 : 국가
    ㉡ 전담기구와 전문인력 확보 : 국가는 객관적이고 공정한 철도사고조사를 추진하기 위한 전담기구와 전문인력을 확보하여야 한다.

**2** **철도서비스의 품질개선**〈법 제15조〉

① 철도서비스의 품질 개선
    ㉠ 개선 : 철도운영자
    ㉡ 품질개선의 노력 : 철도운영자는 그가 제공하는 철도서비스의 품질을 개선하기 위하여 노력하여야 한다.

② 철도서비스의 품질 평가 시책에 반영
  ㉠ 반영 : 국토교통부장관
  ㉡ 시책에 반영 : 국토교통부장관은 철도서비스의 품질을 개선하고 이용자의 편익을 높이기 위하여 철도서비스의 품질을 평가하여 시책에 반영하여야 한다.

③ 철도서비스의 품질평가방법
  ㉠ 절차 및 활용 : 철도서비스 품질평가의 절차 및 활용 등에 관하여 필요한 사항은 국토교통부령으로 정한다.
  ㉡ 품질평가방법〈시행규칙 제3조〉
    • 국토교통부장관은 철도서비스의 품질평가를 2년마다 실시한다.
    • 필요한 경우에는 품질평가일 2주전까지 철도운영자에게 품질평가계획을 통보한 후 수시품질평가를 실시할 수 있다.
    • 국토교통부장관은 객관적인 품질평가를 위하여 적정 철도서비스의 수준, 평가항목 및 평가지표를 정하여야 한다.
    • 국토교통부장관은 품질평가의 결과를 확정하기 전에 법 제6조의 규정에 의한 철도산업위원회의 심의를 거쳐야 한다.


**3 철도이용자의 권익보호**〈법 제16조〉

① 시책강구 : 국가는 철도이용자의 권익을 보호를 위한 시책을 강구해야 한다.

② 국가가 철도이용자의 권익보호를 위하여 강구해야 할 시책
  ㉠ 철도이용자의 권익보호를 위한 홍보 · 교육 및 연구
  ㉡ 철도이용자의 생명 · 신체 및 재산상의 위해 방지
  ㉢ 철도이용자의 불만 및 피해에 대한 신속 · 공정한 구제조치
  ㉣ 그 밖에 철도이용자 보호와 관련된 사항

## 암기요약 … 핵심조문 빈칸 채우기

(1) ___는 국민의 생명·신체 및 재산을 보호하기 위하여 철도안전에 필요한 _____를 마련하고 이에 필요한 재원을 확보하도록 노력하여야 한다.

(2) _____는 그 시설을 설치 또는 관리할 때에 법령에서 정하는 바에 따라 해당 시설의 안전한 상태를 유지하고, 해당 시설과 이를 이용하려는 철도차량간의 종합적인 성능검증 및 안전상태 점검 등 _____에 필요한 조치를 하여야 한다.

(3) _____ 또는 철도차량 및 장비 등의 제조업자는 법령에서 정하는 바에 따라 철도의 안전한 운행 또는 그 제조하는 철도차량 및 장비 등의 구조·설비 및 장치의 안전성을 확보하고 이의 향상을 위하여 노력하여야 한다.

(4) ___는 객관적이고 공정한 철도사고조사를 추진하기 위한 전담기구와 전문인력을 확보하여야 한다.

(5) _____는 그가 제공하는 철도서비스의 품질을 개선하기 위하여 노력하여야 한다.

(6) _____은 철도서비스의 품질을 개선하고 이용자의 편익을 높이기 위하여 철도서비스의 품질을 평가하여 시책에 반영하여야 한다.

(7) 철도서비스 품질평가의 절차 및 활용 등에 관하여 필요한 사항은 _____으로 정한다.

(8) 국가가 철도이용자의 _____를 위하여 강구해야 할 시책
   ㉠ 철도이용자의 권익보호를 위한 홍보·교육 및 연구
   ㉡ 철도이용자의 생명·신체 및 재산상의 위해 방지
   ㉢ 철도이용자의 불만 및 피해에 대한 신속·공정한 구제조치
   ㉣ 그 밖에 철도이용자 보호와 관련된 사항

### 정답 및 해설

(1) 국가, 법적·제도적 장치
(2) 철도시설관리자, 안전확보
(3) 철도운영자
(4) 국가
(5) 철도운영자
(6) 국토교통부장관
(7) 국토교통부령
(8) 권익보호

**1** 다음 중 국민의 생명·신체 및 재산을 보호하기 위하여 철도안전에 필요한 법적·제도적 장치와 이에 필요한 재원을 확보하도록 노력해야 하는 기관은?

① 국가
② 철도시설관리자
③ 국토교통부
④ 철도운영자

**2** 철도산업발전기본법령상 철도안전에 관한 설명으로 옳지 않은 것은?

① 국가는 철도안전에 필요한 법적·제도적 장치를 마련하고 재원을 확보하도록 노력하여야 한다.
② 철도시설관리자는 해당 시설과 이를 이용하려는 철도차량 간의 성능검증 및 안전상태 점검 등 안전확보에 필요한 조치를 하여야 한다.
③ 철도운영자는 철도차량 및 장비 등의 안전성을 확보하고 이를 향상시키기 위해 노력하여야 한다.
④ 철도사고조사를 위한 전담기구와 전문 인력은 국토교통부장관이 확보하여야 한다.

---

**ANSWER** 1.① 2.④

**1** 국가는 국민의 생명·신체 및 재산을 보호하기 위하여 철도안전에 필요한 법적·제도적 장치를 마련하고 이에 필요한 재원을 확보하도록 노력하여야 한다〈철도산업발전기본법 제14조 제1항〉.

**2** ④ 철도사고조사를 위한 전담기구와 전문 인력은 국가가 확보해야 한다.
　국가는 객관적이고 공정한 철도사고조사를 추진하기 위한 전담기구와 전문 인력을 확보하여야 한다〈철도산업발전기본법 제14조 제4항〉.
　① 철도산업발전기본법 제14조 제1항
　② 철도산업발전기본법 제14조 제2항
　③ 철도산업발전기본법 제14조 제3항

**3** 다음은 철도산업발전기본법 제14조 철도안전에 관한 법조항이다. 다음에 해당하는 노력을 해야 하는 주체로 볼 수 없는 자는?

> 법령에서 정하는 바에 따라 철도의 안전한 운행 또는 그 제조하는 철도차량 및 장비 등의 구조·설비 및 장치의 안전성을 확보하고 이의 향상을 위하여 노력하여야 한다.

① 철도시설관리자
② 철도운영자
③ 철도차량의 제조업자
④ 철도장비의 제조업자


**4** 철도산업발전기본법령상 철도안전을 위한 철도시설관리자의 역할이 아닌 것은?

① 시설을 설치 또는 관리할 때에 법령에서 정하는 바에 따라 해당 시설의 안전한 상태를 유지하여야 한다.
② 철도차량 간의 종합적인 성능검증 등으로 안전 확보에 필요한 조치를 하여야 한다.
③ 객관적이고 공정한 철도사고조사를 추진하기 위한 전담기구와 전문 인력을 확보하여야 한다.
④ 철도시설의 종합적인 안전상태 점검 등 안전 확보에 대한 필요한 조치를 하여야 한다.


**ANSWER** 3.① 4.③

---

**3** 철도운영자 또는 철도차량 및 장비 등의 제조업자는 법령에서 정하는 바에 따라 철도의 안전한 운행 또는 그 제조하는 철도차량 및 장비 등의 구조·설비 및 장치의 안전성을 확보하고 이의 향상을 위하여 노력하여야 한다〈철도산업발전기본법 제14조 제3항〉.

**4** ③은 국가의 역할이다.
국가는 객관적이고 공정한 철도사고조사를 추진하기 위한 전담기구와 전문 인력을 확보하여야 한다〈철도산업발전기본법 제14조 제4항〉.
　※ **철도시설관리자의 역할** … 철도시설관리자는 그 시설을 설치 또는 관리할 때에 법령에서 정하는 바에 따라 해당 시설의 안전한 상태를 유지하고, 해당 시설과 이를 이용하려는 철도차량간의 종합적인 성능검증 및 안전상태 점검 등 안전 확보에 필요한 조치를 하여야 한다〈철도산업발전기본법 제14조 제2항〉.

**5** 철도산업발전기본법령상 철도운영자 또는 철도차량 및 장비 등의 제조업자가 법령에서 정하는 바에 따라 수행해야 할 사항으로 옳지 않은 것은?

① 제조하는 철도차량 및 장비 등의 구조·설비 및 장치의 안전성 확보
② 철도차량 및 장비 편의성을 위한 디자인 향상
③ 철도의 안전한 운행을 위한 조치
④ 철도차량 및 장비 등의 안전성 향상을 위한 노력

**6** 철도산업발전기본법령상 철도서비스의 품질개선과 관련된 설명으로 가장 바르지 않은 것은?

① 철도서비스 품질평가의 절차 및 활용 등에 관한 사항은 국토교통부령으로 정한다.
② 철도운영자는 철도서비스의 품질 개선을 위해 국토교통부장관의 승인을 받아야 한다.
③ 철도운영자는 철도서비스의 품질을 개선하기 위해 노력해야 한다.
④ 국토교통부장관은 철도서비스의 품질을 평가하고 이를 시책에 반영해야 한다.

**ANSWER** 5.② 6.②

**5** 철도운영자 또는 철도차량 및 장비 등의 제조업자는 법령에서 정하는 바에 따라 철도의 안전한 운행 또는 그 제조하는 철도차량 및 장비 등의 구조·설비 및 장치의 안전성을 확보하고 이의 향상을 위하여 노력하여야 한다〈철도산업발전기본법 제14조 제3항〉.

**6** ② 철도운영자가 철도서비스의 품질 개선을 위해 국토교통부장관의 승인을 받아야 한다는 규정은 없으며, 철도운영자는 그가 제공하는 철도서비스의 품질을 개선하기 위하여 노력하여야 한다〈철도산업발전기본법 제15조 제1항〉.
①③④ 철도산업발전기본법 제15조

**7** 다음 ( ) 안에 들어갈 내용으로 알맞은 것은?

---

철도산업발전기본법 제15조(철도서비스의 품질개선 등)

• 철도운영자는 그가 제공하는 ( ㉠ )의 품질을 개선하기 위하여 노력하여야 한다.
• 국토부장관은 철도서비스의 품질을 개선하고 ( ㉡ )을 높이기 위하여 철도서비스의 품질을 평가하여 시책에 반영하여야 한다.

---

① ㉠ 철도시설   ㉡ 이용자의 편익
② ㉠ 철도서비스  ㉡ 이용자의 편익
③ ㉠ 철도서비스  ㉡ 품질향상
④ ㉠ 철도시설   ㉡ 품질향상

**8** 철도산업발전기본법령상 철도이용자의 권익보호를 위해 강구해야 할 시책으로 옳지 않은 것은?

① 철도이용자의 생명·신체 및 재산상의 위해 방지
② 철도이용자의 불만 및 피해에 대한 신속·공정한 구제조치
③ 철도이용자의 요구에 따른 철도운영체계의 개선에 관한 연구
④ 철도이용자의 권익보호를 위한 홍보·교육 및 연구

---

**ANSWER** 7.② 8.③

**7** 철도서비스의 품질개선〈철도산업발전기본법 제15조〉
  ㉠ 철도운영자는 그가 제공하는 철도서비스의 품질을 개선하기 위하여 노력하여야 한다.
  ㉡ 국토교통부장관은 철도서비스의 품질을 개선하고 이용자의 편익을 높이기 위하여 철도서비스의 품질을 평가하여 시책에 반영하여야 한다.
  ㉢ 철도서비스 품질평가의 절차 및 활용 등에 관하여 필요한 사항은 국토교통부령으로 정한다.

**8** 철도이용자의 권익보호를 위해 강구해야 할 시책으로는 ①②④ 외에 그 밖에 철도이용자 보호와 관련된 사항이 있다〈철도산업발전기본법 제16조〉.
  ※ 국가가 철도이용자의 권익보호를 위하여 시책을 강구하여야 한다.

**9** 다음에서 철도산업발전기본법령상 철도이용자의 권익보호를 위하여 강구해야 할 시책만을 고르면?

> ㉠ 철도이용자의 불만에 대한 신속하고 공정한 구제조치
> ㉡ 철도이용자의 권익보호를 위한 홍보와 교육
> ㉢ 철도이용자를 위한 철도기술의 개발 및 활용에 관한 교육
> ㉣ 철도이용자 보호와 관련된 사항
> ㉤ 철도이용자의 철도시설의 건설 및 관리 등에 관한 중요정책 연구
> ㉥ 철도이용자의 재산상의 위해 방지

① ㉠㉡㉢㉣                           ② ㉡㉢㉣㉤
③ ㉠㉡㉣㉥                           ④ ㉠㉡㉢㉣㉤㉥

**9** 철도이용자의 권익보호를 위해 강구해야 할 시책〈철도산업발전기본법 제16조〉
  ㉠ 철도이용자의 권익보호를 위한 홍보·교육 및 연구
  ㉡ 철도이용자의 생명·신체 및 재산상의 위해 방지
  ㉢ 철도이용자의 불만 및 피해에 대한 신속·공정한 구제조치
  ㉣ 그 밖에 철도이용자 보호와 관련된 사항

# chapter 05 철도산업구조개혁의 기본시책

## ① 기본시책

① 철도산업 구조개혁의 기본방향〈법 제17조〉

　　㉠ 개혁추진 : 국가는 철도산업의 경쟁력을 강화하고 발전기반을 조성하기 위하여 철도시설 부문과 철도
운영 부문을 분리하는 철도산업의 구조개혁을 추진하여야 한다.

　　㉡ 상호협력체계 구축 : 국가는 철도시설 부문과 철도운영 부문 간의 상호 보완적 기능이 발휘될 수 있도
록 대통령령으로 정하는 바에 의하여 상호협력체계 구축 등 필요한 조치를 마련하여야 한다.

> **대통령령으로 정하는 바〈시행령 제23조〉**
> • 철도시설관리자와 철도운영자는 철도시설관리와 철도운영에 있어 상호협력이 필요한 분야에 대하여 업무절차
> 서를 작성하여 정기적으로 이를 교환하고, 이를 변경한 때에는 즉시 통보하여야 한다.
> • 철도시설관리자와 철도운영자는 상호협력이 필요한 분야에 대하여 정기적으로 합동점검을 하여야 한다.

② 선로배분지침의 수립〈시행령 제24조〉

　　㉠ 선로배분지침의 수립 · 고시 : 국토교통부장관은 철도시설관리자와 철도운영자가 안전하고 효율적으로
선로를 사용할 수 있도록 하기 위하여 선로용량의 배분에 관한 지침(이하 "선로배분지침"이라 한다)
을 수립 · 고시하여야 한다.

　　㉡ 선로배분지침에 포함되어야 할 사항
- 여객열차와 화물열차에 대한 선로용량의 배분
- 지역 간 열차와 지역 내 열차에 대한 선로용량의 배분
- 선로의 유지보수 · 개량 및 건설을 위한 작업시간
- 철도차량의 안전운행에 관한 사항
- 그 밖에 선로의 효율적 활용을 위하여 필요한 사항
　　※ 철도시설관리자 · 철도운영자 등 선로를 관리 또는 사용하는 자는 선로배분지침을 준수하여야 한다.

　　㉢ 철도교통 관제시설 설치 · 운영
- 설치 · 운영 : 국토교통부장관
- 철도교통 관제시설 설치 · 운영 : 국토교통부장관은 철도차량 등의 운행정보의 제공, 철도차량 등에
대한 운행통제, 적법운행 여부에 대한 지도 · 감독, 사고발생시 사고복구 지시 등 철도교통의 안전과
질서를 유지하기 위하여 필요한 조치를 할 수 있도록 철도교통관제시설을 설치 · 운영하여야 한다.

③ 철도산업 구조개혁 기본계획의 수립〈법 제18조〉

  ㉠ 수립 : 국토교통부장관은 철도산업의 구조개혁을 효율적으로 추진하기 위하여 철도산업 구조개혁 기본계획(이하 "구조개혁계획"이라 한다)을 수립하여야 한다.

  ㉡ 구조개혁계획에 포함되어야 할 사항

- 철도산업구조개혁의 목표 및 기본방향에 관한 사항
- 철도산업구조개혁의 추진방안에 관한 사항
- 철도의 소유 및 경영구조의 개혁에 관한 사항
- 철도산업구조개혁에 따른 대내외 여건조성에 관한 사항
- 철도산업구조개혁에 따른 자산·부채·인력 등에 관한 사항
- 철도산업구조개혁에 따른 철도관련 기관·단체 등의 정비에 관한 사항
- 그 밖에 철도산업구조개혁을 위하여 필요한 사항으로서 <u>대통령령으로 정하는 사항</u>

    **대통령령으로 정하는 사항〈시행령 제25조〉**

- 철도서비스 시장의 구조 개편에 관한 사항
- 철도요금·철도시설사용료 등 가격정책에 관한 사항
- 철도안전 및 서비스향상에 관한 사항
- 철도산업구조개혁의 추진체계 및 관계기관의 협조에 관한 사항
- 철도산업구조개혁의 중장기 추진방향에 관한 사항
- 그 밖에 국토교통부장관이 철도산업구조개혁의 추진을 위하여 필요하다고 인정하는 사항

  ㉢ 위원회의 심의

- 국토교통부장관은 구조개혁계획을 수립하고자 하는 때에는 미리 구조개혁계획과 관련이 있는 행정기관의 장과 협의한 후 위원회의 심의를 거쳐야 한다.
- 수립한 구조개혁계획을 변경(<u>대통령령으로 정하는 경미한 변경</u>은 제외한다)하고자 하는 경우에도 또한 같다.

    **대통령령으로 정하는 경미한 변경〈시행령 제26조〉**

- 철도산업구조개혁기본계획 추진기간이 1년의 기간 내에서의 변경을 말한다.

  ㉣ 관보 고시 및 추진실적 제출

- 국토교통부장관은 구조개혁계획을 수립 또는 변경한 때에는 이를 관보에 고시하여야 한다.
- 관계행정기관의 장은 수립·고시된 구조개혁계획에 따라 연도별 시행계획을 수립·추진하고, 그 연도의 계획 및 전년도의 추진실적을 국토교통부장관에게 제출하여야 한다.

  ㉤ 시행계획 수립 및 시행

- 연도별 시행계획의 수립 및 시행 등에 관하여 필요한 사항은 대통령령으로 정한다.
- 철도산업구조개혁시행계획의 수립절차〈시행령 제27조〉
- 시행계획 제출 : 관계행정기관의 장은 당해 연도의 시행계획을 전년도 11월말까지 국토교통부장관에게 제출하여야 한다.
- 시행계획 추진실적 제출 : 관계행정기관의 장은 전년도 시행계획의 추진실적을 매년 2월말까지 국토교통부장관에게 제출하여야 한다.

④ 관리청〈법 제19조〉

　㉠ 관리청 : 철도의 관리청은 국토교통부장관으로 한다.

　㉡ 업무의 대행

　　• 국토교통부장관은 철도산업발전기본법과 그 밖의 철도에 관한 법률에 규정된 철도시설의 건설 및 관리 등에 관한 그의 업무의 일부를 대통령령으로 정하는 바에 의하여 국가철도공단으로 하여금 대행하게 할 수 있다.

　　• 이 경우 대행하는 업무의 범위·권한의 내용 등에 관하여 필요한 사항은 대통령령으로 정한다.

　㉢ 관리청 업무의 대행범위〈시행령 제28조〉

　　• 국가가 추진하는 철도시설 건설사업의 집행

　　• 국가 소유의 철도시설에 대한 사용료 징수 등 관리업무의 집행

　　• 철도시설의 안전유지, 철도시설과 이를 이용하는 철도차량간의 종합적인 성능검증·안전상태점검 등 철도시설의 안전을 위하여 국토교통부장관이 정하는 업무

　　• 그 밖에 국토교통부장관이 철도시설의 효율적인 관리를 위하여 필요하다고 인정한 업무

　㉣ 법률적용 시 : 국가철도공단은 국토교통부장관의 업무를 대행하는 경우에 그 대행하는 범위 안에서 이 법과 그 밖의 철도에 관한 법률을 적용할 때에는 그 철도의 관리청으로 본다.

⑤ 철도시설 및 국가철도공단 설립〈법 제20조〉

　㉠ 철도시설소유 : 철도산업의 구조개혁을 추진하는 경우 철도시설은 국가가 소유하는 것을 원칙으로 한다.

　㉡ 국가철도공단의 설립 : 국가는 철도시설 관련 업무를 체계적이고 효율적으로 추진하기 위하여 그 집행조직으로서 철도청 및 고속철도건설공단의 관련 조직을 통·폐합하여 특별법에 의하여 국가철도공단을 설립한다.

　㉢ 국토교통부장관이 철도시설에 대하여 수립·시행해야 할 시책

　　• 철도시설에 대한 투자 계획수립 및 재원조달

　　• 철도시설의 건설 및 관리

　　• 철도시설의 유지보수 및 적정한 상태유지

　　• 철도시설의 안전관리 및 재해대책

　　• 그 밖에 다른 교통시설과의 연계성확보 등 철도시설의 공공성 확보에 필요한 사항

⑥ 철도운영 및 한국철도공사 설립〈법 제21조〉

　㉠ 국가 외의 자가 영위 : 철도산업의 구조개혁을 추진하는 경우 철도운영 관련 사업은 시장경제원리에 따라 국가 외의 자가 영위하는 것을 원칙으로 한다.

　㉡ 국토교통부장관이 철도운영에 대하여 수립·시행해야 할 시책

　　• 철도운영부문의 경쟁력 강화

　　• 철도운영서비스의 개선

　　• 열차운영의 안전진단 등 예방조치 및 사고조사 등 철도운영의 안전 확보

　　• 공정한 경쟁여건의 조성

　　• 그 밖에 철도이용자 보호와 열차운행원칙 등 철도운영에 필요한 사항

ⓒ 한국철도공사 설립
 • 설립기관 : 국가
 • 설립 : 국가는 철도운영 관련 사업을 효율적으로 경영하기 위하여 철도청 및 고속철도건설공단의 관련조직을 전환하여 특별법에 의하여 한국철도공사(이하 "철도공사"라 한다)를 설립한다.

## 암기요약 … 핵심조문 빈칸 채우기

(1) 국가는 철도산업의 경쟁력을 강화하고 발전기반을 조성하기 위하여 철도시설 부문과 철도운영 부문을 분리하는 철도산업의 _____을 추진하여야 한다.

(2) _____ 수립 시 포함되어야 할 사항
  ㉠ 철도산업구조개혁의 목표 및 기본방향에 관한 사항
  ㉡ 철도산업구조개혁의 추진방안에 관한 사항
  ㉢ 철도의 소유 및 경영구조의 개혁에 관한 사항
  ㉣ 철도산업구조개혁에 따른 대내외 여건조성에 관한 사항
  ㉤ 철도산업구조개혁에 따른 자산·부채·인력 등에 관한 사항
  ㉥ 철도산업구조개혁에 따른 철도관련 기관·단체 등의 정비에 관한 사항
  ㉦ 그 밖에 철도산업구조개혁을 위하여 필요한 사항으로서 대통령령으로 정하는 사항

(3) 철도의 관리청은 _____으로 한다.

(4) 국토교통부장관은 철도시설의 건설 및 관리 등에 관한 그의 업무의 일부를 _____으로 정하는 바에 의하여 설립되는 _____으로 하여금 대행하게 할 수 있다.

(5) 철도산업의 구조개혁을 추진하는 경우 철도시설은 _____하는 것을 원칙으로 한다.

(6) 국토교통부장관이 _____에 대하여 수립·시행해야 할 시책
  ㉠ 철도시설에 대한 투지 계획수립 및 재원조달
  ㉡ 철도시설의 건설 및 관리
  ㉢ 철도시설의 유지보수 및 적정한 상태유지
  ㉣ 철도시설의 안전관리 및 재해대책
  ㉤ 그 밖에 다른 교통시설과의 연계성확보 등 철도시설의 공공성 확보에 필요한 사항

(7) 철도산업의 구조개혁을 추진하는 경우 철도운영 관련 사업은 시장경제원리에 따라 _____하는 것을 원칙으로 한다.

(8) 국토교통부장관이 _____에 대하여 수립·시행해야 할 시책
  ㉠ 철도운영부문의 경쟁력 강화
  ㉡ 철도운영서비스의 개선
  ㉢ 열차운영의 안전진단 등 예방조치 및 사고조사 등 철도운영의 안전확보
  ㉣ 공정한 경쟁여건의 조성
  ㉤ 그 밖에 철도이용자 보호와 열차운행원칙 등 철도운영에 필요한 사항

(9) 관계행정기관의 장은 당해 연도의 시행계획을 _____까지 전년도 시행계획의 추진실적을 _____까지 국토교통부장관에게 제출하여야 한다.

### 정답 및 해설

(1) 구조개혁
(2) 구조개혁계획
(3) 국토교통부장관
(4) 대통령령, 국가철도공단
(5) 국가가 소유

(6) 철도시설
(7) 국가외의 자가 영위
(8) 철도운영
(9) 전년도 11월말, 매년 2월말

**1**  다음 중 철도산업구조개혁의 기본방향에 관한 설명으로 옳지 않은 것은?

① 철도시설 부문과 철도운영 부문 간의 상호 협력체계를 구축하도록 필요한 조치를 마련해야 한다.
② 철도산업의 구조개혁을 위해 철도시설 부문의 일부를 철수해야 한다.
③ 철도산업의 경쟁력을 강화하기 위해 철도시설 부문과 철도운영 부문을 분리해야 한다.
④ 철도시설 부문과 철도운영 부문은 상호 보완적 기능이 발휘될 수 있도록 협력체계를 구축해야 한다.

**2**  다음 중 철도산업구조개혁의 기본방향에 대한 설명으로 가장 바르지 않은 것은?

① 철도산업의 경쟁력을 강화하기 위하여 국가가 추진해야 한다.
② 철도운영 및 시설 부문 간의 상호 보완적 기능이 발휘될 수 있도록 국토교통부령으로 정하는 바에 의하여 필요한 조치를 마련해야 한다.
③ 철도운영 부문과 철도시설 부문을 분리하는 철도산업의 구조 개혁을 추진해야 한다.
④ 국토교통부장관은 선로배분지침을 수립·고시해야 한다.

---

**ANSWER** 1.② 2.②

**1**  ①② 국가는 철도산업의 경쟁력을 강화하고 발전기반을 조성하기 위하여 철도시설 부문과 철도운영 부문을 분리하는 철도산업의 구조개혁을 추진하여야 한다〈철도산업발전기본법 제17조 제1항〉.

**2**  ② 국가는 철도시설 부문과 철도운영 부문 간의 상호 보완적 기능이 발휘될 수 있도록 대통령령으로 정하는 바에 의하여 상호협력체계 구축 등 필요한 조치를 마련하여야 한다〈철도산업발전기본법 제17조 제2항〉.
①③ 철도산업발전기본법 제17조 제1항
④ 철도산업발전기본법 시행령 제24조 제1항

**3** 철도산업발전기본법령상 철도시설관리자와 철도운영자가 철도시설관리와 철도운영에 있어 상호협력이 필요한 분야에 대한 내용을 작성하여 정기적으로 교환하여야 하는 것은?

① 선로배분지침서            ② 안전운행지침서
③ 구조개혁절차서            ④ 업무절차서

**4** 다음 중 국가가 철도산업의 상호 보완적 기능을 발휘하기 위해 마련해야 할 조치로 옳지 않은 것은?

① 철도시설 부문과 철도운영 부문의 분리
② 대통령령으로 정하는 바에 따른 필요한 조치 마련
③ 필요 시 철도운영 부문에 대한 독립적인 운영과 관리
④ 철도시설 부문과 철도운영 부문 간의 상호 협력체계 구축

**5** 철도산업발전기본법령상 국토교통부장관이 설치 · 운영해야 하는 철도교통관제시설의 목적에 부합하지 않는 것은?

① 적법운행 여부에 대한 지도 · 감독
② 철도차량 등의 운행정보의 제공
③ 선로의 유지보수 · 개량 및 건설정보의 제공
④ 철도차량 등에 대한 운행통제

---

**ANSWER** 3.④ 4.③ 5.③

**3** 철도시설관리자와 철도운영자는 철도시설관리와 철도운영에 있어 상호협력이 필요한 분야에 대하여 업무절차서를 작성하여 정기적으로 이를 교환하고, 이를 변경한 때에는 즉시 통보하여야 한다〈철도산업발전기본법 시행령 제23조 제1항〉.

**4** ③ 국가는 철도산업의 경쟁력을 강화하고 발전기반을 조성하기 위하여 철도시설 부문과 철도운영 부문을 분리하는 철도산업의 구조 개혁을 추진하여야 한다〈철도산업발전기본법 제17조 제1항〉.

**5** 국토교통부장관은 철도차량 등의 운행정보의 제공, 철도차량 등에 대한 운행통제, 적법운행 여부에 대한 지도 · 감독, 사고발생시 사고복구 지시 등 철도교통의 안전과 질서를 유지하기 위하여 필요한 조치를 할 수 있도록 철도교통관제시설을 설치 · 운영하여야 한다〈철도산업발전기본법 시행령 제24조 제4항〉.

**6** 철도산업발전기본법령상 철도교통관제시설의 설치 · 운영 사유에 해당하는 것을 모두 고르면?

> ㉠ 적법운행 여부에 대한 지도 · 감독　　㉡ 사고발생시 사고복구 지시
> ㉢ 철도차량 등의 운행정보의 제공　　　 ㉣ 철도차량 등에 대한 운행통제

① ㉠㉡㉢　　　　　　　　　　　　② ㉡㉢㉣
③ ㉠㉢㉣　　　　　　　　　　　　④ ㉠㉡㉢㉣

**7** 철도산업발전기본법령상 철도산업구조개혁기본계획(이하 "구조개혁계획"이라 한다)의 수립에 대한 설명으로 옳지 않은 것은?

① 구조개혁계획은 국토교통부장관이 수립한다.
② 철도산업구조개혁을 위하여 필요한 사항으로서 국토교통부령으로 정하는 사항이 포함되어야 한다.
③ 구조개혁계획은 철도산업의 구조 개혁을 효율적으로 추진하기 위하여 수립한다.
④ 관계행정기관의 장은 수립 · 고시된 구조개혁계획에 따라 연도별 시행계획을 수립 · 추진하여야 한다.

---

**ANSWER** 6.④　7.②

**6** 철도교통 관제시설 설치 · 운영〈철도산업발전기본법 시행령 제24조 제4항〉
　㉠ 설치 · 운영권자 : 국토교통부장관
　㉡ 설치 · 운영의 목적
　　• 철도차량 등의 운행정보의 제공
　　• 철도차량 등에 대한 운행통제
　　• 적법운행 여부에 대한 지도 · 감독
　　• 사고발생시 사고복구 지시
　　• 철도교통의 안전과 질서 유지

**7** ② 철도산업구조개혁을 위하여 필요한 사항으로서 대통령령으로 정하는 사항이 포함되어야 한다〈철도산업발전기본법 제18조 제1항 제7호〉.
　①③ 국토교통부장관은 철도산업의 구조개혁을 효율적으로 추진하기 위하여 구조개혁계획을 수립하여야 한다〈철도산업발전기본법 제18조 제1항〉.
　④ 철도산업발전기본법 제18조 제5항

**8** 철도산업발전기본법령상 구조개혁계획의 수립에 포함되어야 할 사항으로 옳지 않은 것은?

① 철도산업구조개혁에 따른 자산 · 부채 · 인력 등에 관한 사항
② 해외철도 진출을 위한 현지조사 및 지원에 관한 사항
③ 국토교통부장관이 철도산업구조개혁의 추진을 위하여 필요하다고 인정하는 사항
④ 철도산업구조개혁의 추진방안에 관한 사항


**9** 철도산업발전기본법령상 구조개혁계획의 수립 시 철도산업구조개혁을 위하여 필요한 사항으로서 대통령령으로 정하는 사항이 아닌 것은?

① 철도산업구조개혁에 따른 대내외 여건조성에 관한 사항
② 철도안전 및 서비스향상에 관한 사항
③ 철도산업구조개혁의 추진체계 및 관계기관의 협조에 관한 사항
④ 철도산업구조개혁의 중장기 추진방향에 관한 사항

---

**ANSWER** 8.② 9.①

......................................................................................................................................................

**8** ②는 철도협회의 철도분야에 관한 업무이다〈철도산업발전기본법 제13조의2 제4항 제4호〉.
　③은 철도산업구조개혁을 위하여 필요한 사항으로서 대통령령으로 정하는 사항에 포함된다〈철도산업발전기본법 시행령 제25조 제6호〉.
　※ **구조개혁계획의 수립에 포함되어야 할 사항**〈철도산업발전기본법 제18조 제2항〉
　　㉠ 철도산업구조개혁의 목표 및 기본방향에 관한 사항
　　㉡ 철도산업구조개혁의 추진방안에 관한 사항
　　㉢ 철도의 소유 및 경영구조의 개혁에 관한 사항
　　㉣ 철도산업구조개혁에 따른 대내외 여건조성에 관한 사항
　　㉤ 철도산업구조개혁에 따른 자산 · 부채 · 인력 등에 관한 사항
　　㉥ 철도산업구조개혁에 따른 철도관련 기관 · 단체 등의 정비에 관한 사항
　　㉦ 그 밖에 철도산업구조개혁을 위하여 필요한 사항으로서 대통령령으로 정하는 사항

**9** ①은 구조개혁계획의 수립에 포함되어야 할 사항이다〈철도산업발전기본법 제18조 제2항 제4호〉
　※ **구조개혁계획을 위하여 필요한 사항으로 대통령령으로 정하는 사항**〈철도산업발전기본법 시행령 제25조〉
　　㉠ 철도서비스 시장의 구조 개편에 관한 사항
　　㉡ 철도요금 · 철도시설사용료 등 가격정책에 관한 사항
　　㉢ 철도안전 및 서비스향상에 관한 사항
　　㉣ 철도산업구조개혁의 추진체계 및 관계기관의 협조에 관한 사항
　　㉤ 철도산업구조개혁의 중장기 추진방향에 관한 사항
　　㉥ 그 밖에 국토교통부장관이 철도산업구조개혁의 추진을 위하여 필요하다고 인정하는 사항

**10** 다음은 철도산업발전기본법령상 구조개혁계획의 수립에 대한 설명이다. 옳지 않은 것은?

① 구조개혁계획을 수립 또는 변경한 때에는 이를 관보에 고시하여야 한다.
② 국토교통부장관은 구조개혁계획을 수립하고자 하는 때에는 위원회의 심의를 거쳐야 한다.
③ 수립한 구조개혁계획의 추진기간을 6개월로 변경하는 경우에는 미리 구조개혁계획과 관련이 있는 행정기관의 장과 협의하여야 한다.
④ 연도별 시행계획의 수립 및 시행 등에 관하여 필요한 사항은 대통령령으로 정한다.

**11** 다음은 철도산업발전기본법령상 철도산업구조개혁시행계획의 수립절차에 관한 법령이다. (    ) 안에 알맞은 것은?

---

• 관계행정기관의 장은 당해 연도의 시행계획을 전년도 (  ㉠  )말까지 국토교통부장관에게 제출하여야 한다.
• 관계행정기관의 장은 전년도 시행계획의 추진실적을 매년 (  ㉡  )말까지 국토교통부장관에게 제출하여야 한다.

---

① ㉠ 6월 ㉡ 2월                    ② ㉠ 6월 ㉡ 3월
③ ㉠ 11월 ㉡ 2월                   ④ ㉠ 12월 ㉡ 3월

---

**ANSWER** 10.③   11.③
..............................................................................................................................................

**10** ③ 대통령령으로 정하는 경미한 변경(구조개혁계획의 추진기간이 1년의 기간 내에서의 변경)은 제외한다〈철도산업발전기본법 시행령 제26조〉.
① 철도산업발전기본법 제18조 제4항
② 국토교통부장관은 구조개혁계획을 수립하고자 하는 때에는 미리 구조개혁계획과 관련이 있는 행정기관의 장과 협의한 후 위원회의 심의를 거쳐야 한다〈철도산업발전기본법 제18조 제3항〉.
④ 〈철도산업발전기본법 제18조 제6항〉

**11** 철도산업구조개혁시행계획의 수립절차〈철도산업발전기본법 시행령 제27조〉
㉠ 관계행정기관의 장은 당해 연도의 시행계획을 전년도 11월말까지 국토교통부장관에게 제출하여야 한다.
㉡ 관계행정기관의 장은 전년도 시행계획의 추진실적을 매년 2월말까지 국토교통부장관에게 제출하여야 한다.

**12** 철도산업발전기본법령상 철도의 관리청은?

① 국토교통부장관      ② 국가철도공단

③ 철도청      ④ 한국철도공사

**13** 철도산업발전기본법령상 철도의 관리청에 관한 설명으로 가장 바르지 않은 것은?

① 업무의 대행 범위 · 권한 등에 관한 필요한 사항은 대통령령으로 정한다.
② 국토교통부장관은 철도시설의 건설 및 관리에 관한 업무의 일부를 국가철도공단에 대행하게 할 수 있다.
③ 국토교통부장관은 철도의 관리청 역할을 지방자치단체장에게 위임할 수 있다.
④ 국가철도공단이 국토교통부장관의 업무를 대행하는 경우, 그 범위 내에서 철도의 관리청으로 간주된다.

**14** 철도산업발전기본법령상 국가철도공단의 설립 목적에 관한 설명으로 옳지 않은 것은?

① 국가철도공단은 특별법에 의하여 설립한다.
② 철도시설 관련 업무를 체계적이고 효율적으로 추진하기 위함이다.
③ 철도청 및 고속철도건설공단의 관련 조직을 통 · 폐합하여 설립한다.
④ 국가철도공단은 철도운영 전반을 담당하기 위해 설립한다.

---

**ANSWER** 12.① 13.③ 14.④

**12** 철도의 관리청은 국토교통부장관으로 한다〈철도산업발전기본법 제19조 제1항〉.

**13** ①② 철도산업발전기본법 제19조 제2항
④ 철도산업발전기본법 제19조 제3항

**14** 국가는 철도시설 관련 업무를 체계적이고 효율적으로 추진하기 위하여 그 집행조직으로서 철도청 및 고속철도건설공단의 관련 조직을 통 · 폐합하여 특별법에 의하여 국가철도공단을 설립한다〈철도산업발전기본법 제20조 제3항〉.

**15** 철도산업발전기본법령상 국토교통부장관이 국가철도공단으로 하여금 대행하게 할 수 있는 업무가 아닌 것은?

① 국가 또는 지방자치단체의 위탁사업
② 국가가 추진하는 철도시설 건설사업의 집행
③ 국토교통부장관이 철도시설의 효율적인 관리를 위하여 필요하다고 인정한 업무
④ 국가 소유의 철도시설에 대한 사용료 징수 등 관리업무의 집행

**16** 철도산업발전기본법령상 국토교통부장관이 철도시설에 대하여 수립·시행해야 할 시책을 모두 고르면?

> ㉠ 철도시설관리자와 철도운영자간 상호협력 방안수립
> ㉡ 철도시설에 대한 투자 계획수립
> ㉢ 철도시설의 재해대책
> ㉣ 철도시설의 건설 및 관리
> ㉤ 다른 교통시설과의 연계성확보

① ㉠㉡㉢㉣
② ㉡㉢㉣㉤
③ ㉠㉡㉣㉤
④ ㉠㉡㉢㉣㉤

---

ANSWER 15.① 16.②

**15** 관리청 업무의 대행 범위〈철도산업발전기본법 시행령 제28조〉
㉠ 국가가 추진하는 철도시설 건설사업의 집행
㉡ 국가 소유의 철도시설에 대한 사용료 징수 등 관리업무의 집행
㉢ 철도시설의 안전유지, 철도시설과 이를 이용하는 철도차량간의 종합적인 성능검증·안전상태점검 등 철도시설의 안전을 위하여 국토교통부장관이 정하는 업무
㉣ 그 밖에 국토교통부장관이 철도시설의 효율적인 관리를 위하여 필요하다고 인정한 업무

**16** 국토교통부장관이 철도시설에 대하여 수립·시행해야 할 시책〈철도산업발전기본법 제20조 제2항〉
㉠ 철도시설에 대한 투자 계획수립 및 재원조달
㉡ 철도시설의 건설 및 관리
㉢ 철도시설의 유지보수 및 적정한 상태유지
㉣ 철도시설의 안전관리 및 재해대책
㉤ 그 밖에 다른 교통시설과의 연계성확보 등 철도시설의 공공성 확보에 필요한 사항

**17** 철도산업발전기본법령상 철도시설의 소유자는?

① 국가

② 국토교통부

③ 지방자치단체

④ 국가철도공단

**18** 철도산업발전기본법령상 철도운영 관련 사업을 효율적으로 경영하기 위하여 철도청 및 고속철도건설공단의 관련조직을 전환하여 특별법에 의하여 설립된 기관은?

① 철도청

② 국가철도공단

③ 고속철도건설공단

④ 한국철도공사

**19** 철도산업발전기본법령상 국토교통부장관이 철도운영에 대하여 수립·시행해야 할 시책을 다음에서 모두 고르면?

> ㉠ 철도운영서비스의 개선
> ㉡ 사고조사 등 철도운영의 안전 확보
> ㉢ 공정한 경쟁여건의 조성
> ㉣ 철도이용자의 생명·신체 및 재산상의 위해 방지
> ㉤ 철도이용자 보호와 열차운행원칙 등 철도운영에 필요한 사항

① ㉠㉡㉢㉣

② ㉡㉢㉣㉤

③ ㉠㉡㉢㉤

④ ㉠㉡㉢㉣㉤

---

**ANSWER** 17.① 18.④ 19.③

**17** 철도산업의 구조 개혁을 추진하는 경우 철도시설은 국가가 소유하는 것을 원칙으로 한다〈철도산업발전기본법 제20조 제1항〉.

**18** 국가는 철도운영 관련 사업을 효율적으로 경영하기 위하여 철도청 및 고속철도건설공단의 관련조직을 전환하여 특별법에 의하여 한국철도공사(이하 "철도공사"라 한다)를 설립한다〈철도산업발전기본법 제21조 제3항〉.

**19** ㉠㉡㉢㉤외에 철도운영부문의 경쟁력 강화, 열차운영의 안전진단 등 예방조치가 있다〈철도산업발전기본법 제21조 제2항〉

**20** 다음 중 국토교통부장관이 철도운영에 대하여 수립·시행해야 할 시책이 아닌 것은?

① 철도이용자 보호와 열차운행원칙 등 철도운영에 필요한 사항
② 열차운영의 안전진단 등 예방조치 및 사고조사 등 철도운영의 안전 확보
③ 철도운영체계의 개선에 관한 사항
④ 철도운영부문의 경쟁력 강화

---

**ANSWER** 20.③

**20** 국토교통부장관이 철도운영에 대하여 수립·시행해야 할 시책〈철도산업발전기본법 제21조 제2항〉
ㄱ 철도운영부문의 경쟁력 강화
ㄴ 철도운영서비스의 개선
ㄷ 열차운영의 안전진단 등 예방조치 및 사고조사 등 철도운영의 안전 확보
ㄹ 공정한 경쟁여건의 조성
ㅁ 그 밖에 철도이용자 보호와 열차운행원칙 등 철도운영에 필요한 사항

# chapter 06 자산 · 부채 및 인력의 처리

## 1 철도자산

① **철도자산의 구분〈법 제22조〉**

　㉠ **구분** : 국토교통부장관은 철도산업의 구조개혁을 추진하는 경우 철도청과 고속철도건설공단의 철도자산을 다음과 같이 구분하여야 한다.

　　• **운영자산** : 철도청과 고속철도건설공단이 철도운영 등을 주된 목적으로 취득하였거나 관련 법령 및 계약 등에 의하여 취득하기로 한 재산 · 시설 및 그에 관한 권리

　　• **시설자산** : 철도청과 고속철도건설공단이 철도의 기반이 되는 시설의 건설 및 관리를 주된 목적으로 취득하였거나 관련 법령 및 계약 등에 의하여 취득하기로 한 재산 · 시설 및 그에 관한 권리

　　• **기타자산** : 운영자산 및 시설자산의 철도자산을 제외한 자산

　㉡ **기획재정부장관과 협의** : 국토교통부장관은 철도자산을 구분하는 때에는 기획재정부장관과 미리 협의하여 그 기준을 정한다.

② **철도자산의 처리〈법 제23조〉**

　㉠ **위원회의 심의를 거쳐 수립** : 국토교통부장관은 대통령령으로 정하는 바에 의하여 철도산업의 구조개혁을 추진하기 위한 철도자산의 처리계획(이하 "철도자산처리계획"이라 한다)을 위원회의 심의를 거쳐 수립하여야 한다.

　㉡ **철도자산처리계획에 포함되어야 할 내용〈시행령 제29조〉**

　　• 철도자산의 개요 및 현황에 관한 사항

　　• 철도자산의 처리방향에 관한 사항

　　• 철도자산의 구분기준에 관한 사항

　　• 철도자산의 인계 · 이관 및 출자에 관한 사항

　　• 철도자산처리의 추진일정에 관한 사항

　　• 그 밖에 국토교통부장관이 철도자산의 처리를 위하여 필요하다고 인정하는 사항

　㉢ **운영자산 현물출자**

　　• **현물출자** : 국가는 철도자산처리계획에 의하여 철도공사에 운영자산을 현물 출자한다.

　　• **권리와 의무의 포괄 승계** : 철도공사는 현물 출자 받은 운영자산과 관련된 권리와 의무를 포괄하여 승계한다.

② 철도자산의 이관 및 위탁
- 국토교통부장관은 철도자산처리계획에 의하여 철도청장으로부터 다음의 철도자산을 이관 받는다.
  - 철도청의 시설자산(건설 중인 시설자산은 제외한다)
  - 철도청의 기타자산
- 이관 받은 철도자산의 관리업무를 국가철도공단, 철도공사, 관련 기관 및 단체 또는 <u>대통령령으로 정하는 민간법인</u>에 위탁하거나 그 자산을 사용·수익하게 할 수 있다.

  ▌대통령령으로 정하는 민간법인〈시행령 제30조 제1항〉
  - 민법에 의하여 설립된 비영리법인
  - 상법에 의하여 설립된 주식회사

  ※ 국토교통부장관이 철도청장으로부터 위탁 받은 자산을 위탁이나 사용·수익하게 할 수 있는 기관
    ㉠ 국가철도공단
    ㉠ 철도공사
    ㉢ 관련 기관 및 단체
    ㉣ 민법에 의해 설립된 비영리법인
    ㉤ 상법에 의해 설립된 주식회사

⑩ 철도자산 관리업무의 민간위탁계획 방법〈시행령 제30조〉
- 민간위탁계획 수립 : 국토교통부장관은 철도자산의 관리업무를 민간법인에 위탁하고자 하는 때에는 위원회의 심의를 거쳐 민간위탁계획을 수립하여야 한다.
- 민간위탁계획에 포함하여야 할 사항
  - 위탁대상 철도자산
  - 위탁의 필요성·범위 및 효과
  - 수탁기관의 선정절차
- 민간위탁계획 수립 고시 : 국토교통부장관이 민간위탁계획을 수립한 때에는 이를 고시하여야 한다.

⑭ 민간위탁계약의 체결〈시행령 제31조〉
- 민간위탁자 선정 : 국토교통부장관은 철도자산의 관리업무를 위탁하고자 하는 때에는 고시된 민간위탁계획에 따라 사업계획을 제출한 자 중에서 당해 철도자산을 관리하기에 적합하다고 인정되는 자를 선정하여 위탁계약을 체결하여야 한다.
- 위탁계약 시 포함되어야 할 사항
  - 위탁대상 철도자산
  - 위탁대상 철도자산의 관리에 관한 사항
  - 위탁계약기간(계약기간의 수정·갱신 및 위탁계약의 해지에 관한 사항을 포함한다)
  - 위탁대가의 지급에 관한 사항
  - 위탁업무에 대한 관리 및 감독에 관한 사항
  - 위탁업무의 재위탁에 관한 사항
  - 그 밖에 국토교통부장관이 필요하다고 인정하는 사항

ⓐ 철도자산 및 권리와 의무 포괄승계
- 포괄승계 : 국가철도공단은 철도자산처리계획에 의하여 철도자산과 그에 관한 권리와 의무를 포괄하여 승계한다.
- 포괄 승계되는 자산
- 철도청이 건설 중인 시설자산 : 철도자산이 완공된 때에는 국가에 귀속된다.
- 고속철도건설공단이 건설 중인 시설자산 및 운영자산 : 철도자산이 완공된 때에는 국가에 귀속된다.
- 고속철도건설공단의 기타자산
- 국토교통부장관의 승인 : 철도청장 또는 고속철도건설공단이사장이 철도자산의 인계·이관 등을 하고자 하는 때에는 그에 관한 서류를 작성하여 국토교통부장관의 승인을 얻어야 한다.
- 철도자산의 인계·이관 등의 시기와 해당 철도자산 등의 평가방법 및 평가기준일 등에 관한 사항은 대통령령으로 정한다.

③ 철도자산의 인계·이관 등의 절차 및 시기〈시행령 제32조〉
- ㉠ 서류제출
  - 제출기관 : 국토교통부장관
  - 제출시기 : 철도청장 또는 한국고속철도건설공단이사장은 철도자산의 인계·이관 등에 관한 승인을 얻고자 하는 때
  - 제출서류
  - 인계·이관 자산의 범위·목록 및 가액이 기재된 승인신청서
  - 인계·이관에 필요한 서류 첨부
- ㉡ 철도자산의 인계·이관시기
  - 한국철도공사가 철도자산을 출자 받는 시기 : 한국철도공사의 설립등기일
  - 국토교통부장관이 철도자산을 이관 받는 시기 : 2004년 1월 1일
  - 국가철도공단이 철도자산을 인계 받는 시기 : 2004년 1월 1일
- ㉢ 철도자산의 평가기준일
  - 인계·이관 등의 대상이 되는 철도자산의 평가기준일 : 인계·이관 등을 받는 날의 전일로 한다.
  - 한국철도공사에 출자되는 철도자산의 평가기준일 : 「국유재산법」이 정하는 바에 의한다.
    ※ **국유재산법의 설립목적** … 국유재산법은 국유재산에 관한 기본적인 사항을 정함으로써 국유재산의 적정한 보호와 효율적인 관리·처분을 목적으로 한다.
- ㉣ 철도자산의 평가가액
  - 인계·이관 등의 대상이 되는 철도자산의 평가가액 : 평가기준일의 자산의 장부가액으로 한다.
  - 한국철도공사에 출자되는 철도자산의 평가방법 : 「국유재산법」이 정하는 바에 의한다.

**②** 철도부채 및 고용승계

① 철도부채의 처리〈법 제24조〉

   ⊙ **철도부채의 구분** : 국토교통부장관은 기획재정부장관과 미리 협의하여 철도청과 고속철도건설공단의 철도부채를 다음과 같이 구분하여야 한다.

     • 운영부채
     −운영자산과 직접 관련된 부채
     −철도공사가 포괄하여 승계
     • 시설부채
     −시설자산과 직접 관련된 부채
     −시설부채는 국가철도공단이 포괄하여 승계
     • 기타부채
     −운영부채와 시설부채를 제외한 부채로서 철도사업특별회계가 부담하고 있는 철도부채 중 공공자금관리기금에 대한 부채
     −일반회계가 포괄하여 승계

   ⊙ **국토교통부장관의 승인** : 철도청장 또는 고속철도건설공단이사장이 철도부채를 인계하고자 하는 때에는 인계에 관한 서류를 작성하여 국토교통부장관의 승인을 얻어야 한다.

   © **철도부채의 인계절차** : 철도부채를 인계하는 시기와 인계하는 철도부채 등의 평가방법 및 평가기준일 등에 관한 사항은 <u>대통령령으로 정한다.</u>

> ▎**대통령령으로 정하는 사항〈시행령 제33조〉**
> • 철도청장 또는 한국고속철도건설공단이사장이 철도부채의 인계에 관한 승인을 얻고자 하는 때에는 인계 부채의 범위·목록 및 가액이 기재된 승인신청서에 인계에 필요한 서류를 첨부하여 국토교통부장관에게 제출하여야 한다.

   ㉣ **철도부채의 인계시기〈시행령 제33조 제2항〉**
     • 한국철도공사가 운영부채를 인계받는 시기 : 한국철도공사의 설립등기일
     • 국가철도공단이 시설부채를 인계받는 시기 : 2004년 1월 1일
     • 일반회계가 기타부채를 인계받는 시기 : 2004년 1월 1일

   ㉤ **평가기준일 및 평가가액**
     • 인계하는 철도부채의 평가기준일 : 인계일(2004년 1월 1일)의 전일로 한다.
     • 인계하는 철도부채의 평가가액 : 평가기준일의 부채의 장부가액으로 한다.

② 고용승계〈법 제25조〉

   ⊙ **포괄승계** : 철도공사 및 국가철도공단은 철도청 직원 중 공무원 신분을 계속 유지하는 자를 제외한 철도청 직원 및 고속철도건설공단 직원의 고용을 포괄하여 승계한다.

   © **국가의 조치** : 국가는 철도청 직원 중 철도공사 및 국가철도공단 직원으로 고용이 승계되는 자에 대하여는 근로여건 및 퇴직급여의 불이익이 발생하지 않도록 필요한 조치를 한다.

(1) 국토교통부장관이 철도산업의 구조개혁을 추진할 경우 철도청과 고속철도건설공단의 _____ 구분방법
　㉠ _____ : 철도청과 고속철도건설공단이 철도운영 등을 주된 목적으로 취득하였거나 관련 법령 및 계약 등에 의하여 취득하기로 한 재산·시설 및 그에 관한 권리
　㉡ _____ : 철도청과 고속철도건설공단이 철도의 기반이 되는 시설의 건설 및 관리를 주된 목적으로 취득하였거나 관련 법령 및 계약 등에 의하여 취득하기로 한 재산·시설 및 그에 관한 권리
　㉢ 기타자산 : ㉠ 및 ㉡의 철도자산을 제외한 자산

(2) 국토교통부장관은 _____으로 정하는 바에 의하여 철도산업의 구조개혁을 추진하기 위한 철도자산의 처리계획을 _____를 거쳐 수립하여야 한다.

(3) 국가는 「국유재산법」에도 불구하고 철도자산처리계획에 의하여 철도공사에 운영자산을 _____한다.

(4) 국토교통부장관은 철도자산처리계획에 의하여 철도청장으로부터 철도자산을 이관 받으면 그 관리업무를 국가철도공단, 철도공사, 관련 기관 및 단체 또는 _____으로 정하는 _____에 위탁하거나 그 자산을 사용·수익하게 할 수 있다.

(5) 철도자산이 완공된 때 _____되는 자산
　㉠ 철도청이 건설중인 시설자산
　㉡ 고속철도건설공단이 건설중인 시설자산 및 운영자산

(6) 국토교통부장관이 _____과 미리 협의하여 구분한 철도청과 고속철도건설공단의 철도부채
　㉠ 운영부채 : 운영자산과 직접 관련된 부채
　㉡ 시설부채 : 시설자산과 직접 관련된 부채
　㉢ 기타부채 : 철도부채를 제외한 부채로서 철도사업특별회계가 부담하고 있는 철도부채중 공공자금관리기금에 대한 부채

(7) 운영부채는 _____가, 시설부채는 국가철도공단이 각각 포괄하여 승계하고, 기타부채는 _____가 포괄하여 승계한다.

(8) 철도청장 또는 고속철도건설공단이사장이 철도부채를 인계하고자 할 때에는 _____의 승인을 얻어야 한다.

(9) 철도공사 및 국가철도공단은 철도청 직원중 공무원 신분을 계속 유지하는 자를 제외한 철도청 직원 및 고속철도건설공단 직원의 고용을 ___하여 ___한다.

(10) _____에 포함되어야 할 사항
　㉠ 위탁대상 철도자산
　㉡ 위탁의 필요성·범위 및 효과
　㉢ 수탁기관의 선정절차

---

### 정답 및 해설

| | |
|---|---|
| (1) 철도자산, 운영자산, 시설자산 | (6) 기획재정부장관 |
| (2) 대통령령, 위원회의 심의 | (7) 철도공사, 일반회계 |
| (3) 현물출자 | (8) 국토교통부장관 |
| (4) 대통령령, 민간법인 | (9) 포괄, 승계 |
| (5) 국가에 귀속 | (10) 민간위탁계획 |

**1** 철도산업발전기본법령상 철도자산으로 볼 수 없는 것은?

① 운영자산            ② 시설자산

③ 재고자산            ④ 기타자산

**2** 철도산업발전기본법령상 다음에서 설명하는 철도자산은?

> 철도청과 고속철도건설공단이 철도운영 등을 주된 목적으로 취득하였거나 관련 법령 및 계약 등에 의하여 취득하기로 한 재산·시설 및 그에 관한 권리를 말한다.

① 시설자산            ② 취득자산

③ 운영자산            ④ 기타자산

---

**ANSWER** 1.③ 2.③

**1** 국토교통부장관은 철도산업의 구조 개혁을 추진하는 경우 철도청과 고속철도건설공단의 철도자산을 운영자산, 시설자산, 기타자산으로 구분하여야 한다〈철도산업발전기본법 제22조 제1항〉.

**2** 철도자산의 구분〈철도산업발전기본법 제22조 제1항〉
- ㉠ **운영자산** : 철도청과 고속철도건설공단이 철도운영 등을 주된 목적으로 취득하였거나 관련 법령 및 계약 등에 의하여 취득하기로 한 재산·시설 및 그에 관한 권리
- ㉡ **시설자산** : 철도청과 고속철도건설공단이 철도의 기반이 되는 시설의 건설 및 관리를 주된 목적으로 취득하였거나 관련 법령 및 계약 등에 의하여 취득하기로 한 재산·시설 및 그에 관한 권리
- ㉢ **기타자산** : 운영자산 및 시설자산을 제외한 자산

**3** 철도산업발전기본법령상 철도자산을 구분하는 기준을 정함에 있어 미리 협의해야 하는 기관은?

① 국토교통부장관
② 기획재정부장관
③ 국가철도공단
④ 한국철도공사

**4** 철도산업발전기본법령상 철도자산의 관리에 대한 설명으로 옳지 않은 것은?

① 국가는 「국유재산법」에 의하여 철도공사에 운영자산을 현물 출자한다.
② 국토교통부장관은 철도산업의 구조 개혁을 추진하기 위한 철도자산처리계획을 수립할 때 위원회의 심의를 거쳐야 한다.
③ 철도공사는 현물 출자 받은 운영자산과 관련된 권리와 의무를 포괄하여 승계한다.
④ 국토교통부장관은 철도자산처리계획을 대통령령으로 정하는 바에 따라 수립하여야 한다.

---

**ANSWER** 3.② 4.①

**3** 국토교통부장관은 철도자산을 구분하는 때에는 기획재정부장관과 미리 협의하여 그 기준을 정한다〈철도산업발전기본법 제22조 제2항〉.

**4** ① 국가는 「국유재산법」에도 불구하고 철도자산처리계획에 의하여 철도공사에 운영자산을 현물 출자한다〈철도산업발전기본법 제23조 제2항〉.
②④ 철도산업발전기본법 제23조 제1항
③ 철도산업발전기본법 제23조 제3항

**5** 국토교통부장관이 철도청장으로부터 이관 받은 철도청의 시설자산을 위탁할 수 없는 기관은?

① 철도공사                              ② 국가철도공단

③ 민법에 의해 설립된 영리법인         ④ 상법에 의해 설립된 주식회사

**6** 다음 중 국토교통부장관이 철도청장으로부터 이관 받은 시설자산을 사용·수익하게 할 수 있는 기관을 모두 고르면?

| | |
|---|---|
| ㉠ 국가철도공단 | ㉡ 철도공사 |
| ㉢ 관련 기관 및 단체 | ㉣ 고속철도건설공단 |
| ㉤ 민법에 의해 설립된 비영리법인 | ㉥ 상법에 의해 설립된 주식회사 |

① ㉠㉡㉢㉣㉤                          ② ㉡㉢㉣㉤㉥

③ ㉠㉡㉢㉤㉥                          ④ ㉠㉡㉢㉣㉤㉥

---

**ANSWER**   5.③   6.③

**5** 국토교통부장관이 철도청장으로부터 위탁 받은 자산을 위탁이나 사용·수익하게 할 수 있는 기관〈철도산업발전기본법 제23조 제4항〉
    ㉠ 국가철도공단
    ㉠ 철도공사
    ㉢ 관련 기관 및 단체
    ㉣ 민법에 의해 설립된 비영리법인
    ㉤ 상법에 의해 설립된 주식회사
    ※ **국토교통부장관이 철도청장으로부터 이관 받을 수 있는 자산**〈철도산업발전기본법 제23조 제4항〉
       ㉠ 철도청의 시설자산(건설 중인 시설자산은 제외한다)
       ㉡ 철도청의 기타자산

**6** 국토교통부장관은 철도자산처리계획에 의하여 철도청장으로부터 철도청의 시설자산(건설 중인 시설자산은 제외)과 철도청의 기타자산을 이관 받으며, 그 관리업무를 국가철도공단, 철도공사, 관련 기관 및 단체 또는 대통령령으로 정하는 민간법인에 위탁하거나 그 자산을 사용·수익하게 할 수 있다〈철도산업발전기본법 제23조 제4항〉.
    ※ **대통령령이 정하는 민간법인** … 「민법」에 의하여 설립된 비영리법인과 상법에 의하여 설립된 주식회사를 말한다〈철도산업발전기본법 시행령 제30조 제1항〉.

**7** 철도산업발전기본법령상 국가철도공단이 철도자산처리계획에 의하여 철도자산의 권리와 의무를 포괄하여 승계할 수 있는 자산이 아닌 것은?

① 고속철도건설공단이 건설 중인 시설자산 및 운영자산
② 철도공사가 건설 중인 운영자산
③ 철도청이 건설 중인 시설자산
④ 고속철도건설공단의 기타자산

**8** 철도자산처리계획에 의하여 국가철도공단이 철도자산의 권리와 의무를 포괄하여 승계할 경우 철도자산이 완공된 후 국가에 귀속되는 자산으로 바르지 않은 것은?

① 고속철도건설공단이 건설 중인 시설자산
② 고속철도건설공단이 건설 중인 운영자산
③ 철도청이 건설 중인 시설자산
④ 고속철도건설공단의 기타자산

---

**ANSWER** 7.② 8.④

**7** 국가철도공단이 철도자산처리계획에 의하여 권리와 의무를 포괄하여 승계하는 철도자산〈철도산업발전기본법 제23조 제5항〉
  ㉠ 철도청이 건설 중인 시설자산
  ㉡ 고속철도건설공단이 건설 중인 시설자산 및 운영자산
  ㉢ 고속철도건설공단의 기타자산

**8** ④ 고속철도건설공단의 기타자산은 국가에 귀속되지 않는다〈철도산업발전기본법 제23조 제5항〉.
  ①②③의 철도자산이 완공된 때에는 국가에 귀속된다.

**9** 철도산업발전기본법령상 철도자산의 인계·이관 등에 대한 설명으로 옳지 않은 것은?

① 철도자산의 인계·이관 등을 하고자 할 때에는 국토교통부장관에게 신고하여야 한다.
② 철도자산의 인계·이관 등의 시기와 평가방법 및 평가기준일 등에 관한 사항은 대통령령으로 정한다.
③ 철도자산의 인계·이관을 하고자 할 때에는 관련 서류를 제출하여 승인을 받아야 한다.
④ 철도자산의 인계·이관을 해야 하는 대상은 철도청장 또는 고속철도건설공단 이사장이 된다.

**10** 철도산업발전기본법령상 철도자산처리계획에 포함되어야 할 내용으로 옳지 않은 것은?

① 철도자산의 인계·이관 및 출자에 관한 사항
② 철도자산처리의 추진일정에 관한 사항
③ 철도자산의 수탁기관 선정절차에 관한 사항
④ 철도자산의 개요 및 현황에 관한 사항

---

**ANSWER** 9.① 10.③

**9** ①③④ 철도청장 또는 고속철도건설공단이사장이 철도자산의 인계·이관 등을 하고자 하는 때에는 그에 관한 서류를 작성하여 국토교통부장관의 승인을 얻어야 한다〈철도산업발전기본법 제23조 제6항〉.
② 철도산업발전기본법 제23조 제7항

**10** 철도자산처리계획에 포함되어야 할 내용〈철도산업발전기본법 시행령 제29조〉
㉠ 철도자산의 개요 및 현황에 관한 사항
㉡ 철도자산의 처리방향에 관한 사항
㉢ 철도자산의 구분기준에 관한 사항
㉣ 철도자산의 인계·이관 및 출자에 관한 사항
㉤ 철도자산처리의 추진일정에 관한 사항
㉥ 그 밖에 국토교통부장관이 철도자산의 처리를 위하여 필요하다고 인정하는 사항

**11** 다음에서 철도산업발전기본법령상 철도자산처리계획에 포함되어야 할 사항만을 고르면?

> ㉠ 철도자산의 인계 · 이관에 관한 사항
> ㉡ 철도자산의 현황에 관한 사항
> ㉢ 철도자산의 사용료 징수 등 관리업무에 관한 사항
> ㉣ 철도자산의 출자에 관한 사항
> ㉤ 국토교통부장관이 철도자산의 처리를 위하여 필요하다고 인정하는 사항
> ㉥ 철도자산의 개요에 관한 사항

① ㉠㉡㉢㉣㉤
② ㉠㉡㉣㉤㉥
③ ㉠㉢㉣㉤㉥
④ ㉠㉡㉢㉣㉤㉥

**12** 철도산업발전기본법령상 철도자산 관리업무의 민간위탁계획에 대한 설명으로 바르지 않은 것은?

① 민간위탁계획에는 위탁대상 철도자산, 위탁의 필요성 · 범위 및 효과, 수탁기관의 선정절차 등의 사항이 포함되어야 한다.
② 국토교통부장관은 철도자산의 관리업무를 민간법인에 위탁하고자 할 때, 위원회의 심의를 거쳐 민간위탁계획을 수립하여야 한다.
③ 대통령령이 정하는 민간법인은 민법에 의하여 설립된 비영리법인과 상법에 의하여 설립된 주식회사를 말한다.
④ 민간위탁계획을 수립한 경우, 국토교통부장관은 이를 국회에 보고하여야 한다.

---

**ANSWER** 11.② 12.④

**11** 철도자산처리계획에 포함되어야 할 내용〈철도산업발전기본법 시행령 제29조〉
㉠ 철도자산의 개요 및 현황에 관한 사항
㉡ 철도자산의 처리방향에 관한 사항
㉢ 철도자산의 구분기준에 관한 사항
㉣ 철도자산의 인계 · 이관 및 출자에 관한 사항
㉤ 철도자산처리의 추진일정에 관한 사항
㉥ 그 밖에 국토교통부장관이 철도자산의 처리를 위하여 필요하다고 인정하는 사항

**12** ④ 국토교통부장관이 민간위탁계획을 수립한 때에는 이를 고시하여야 한다〈철도산업발전기본법 시행령 제30조 제4항〉.
① 철도산업발전기본법 시행령 제30조 제3항
② 철도산업발전기본법 시행령 제30조 제2항
③ 철도산업발전기본법 시행령 제30조 제1항

**13** 철도산업발전기본법령상 철도자산 관리업무의 민간위탁계획을 수립·고시해야 하는 기관은?

① 국가

② 국토교통부장관

③ 국가철도공단, 철도공사

④ 철도공사

**14** 철도자산 관리업무의 민간위탁계획에 포함하여야 할 사항으로 틀린 것은 것은?

① 수탁기관의 선정절차

② 공정한 경쟁여건의 조성여부

③ 위탁대상 철도자산

④ 위탁의 필요성·범위 및 효과

**15** 철도산업발전기본법령상 국토교통부장관이 민간위탁계약을 체결하고자 할 때 포함되어야 할 사항이 아닌 것은?

① 위탁업무에 대한 관리 및 감독에 관한 사항

② 위탁계약기간

③ 위탁대상 철도자산의 관리에 관한 사항

④ 대통령령으로 필요하다고 인정하여 정하는 사항

---

**ANSWER** 13.② 14.② 15.④

**13** 국토교통부장관은 철도자산의 관리업무를 민간법인에 위탁하고자 하는 때에는 위원회의 심의를 거쳐 민간위탁계획을 수립하여야 한다〈철도산업발전기본법 시행령 제30조 제2항〉.
※ 국토교통부장관이 민간위탁계획을 수립한 때에는 이를 고시하여야 한다〈철도산업발전기본법 시행령 제30조 제4항〉.

**14** 민간위탁계획에 포함하여야 할 사항〈철도산업발전기본법 시행령 제30조 제3항〉
㉠ 위탁대상 철도자산
㉡ 위탁의 필요성·범위 및 효과
㉢ 수탁기관의 선정절차

**15** ④ 국토교통부장관이 필요하다고 인정하는 사항이다〈철도산업발전기본법 시행령 제31조 제2항 제7호〉.

**16** 철도산업발전기본법령상 민간위탁계약의 체결에 대한 설명으로 옳지 않은 것은?

① 민간위탁계약 체결 시 별도의 심의를 거치지 않고 바로 위탁계약을 체결할 수 있다.
② 국토교통부장관은 철도자산의 관리업무를 위탁할 수 있다.
③ 민간위탁계획은 국토교통부장관이 체결한다.
④ 위탁계약을 체결하기 위해서는 사업계획을 제출한 자 중 철도자산을 관리하기에 적합한 자를 선정하여 해야 한다.


**17** 다음 중 철도산업발전기본법령상 위탁계약 시 포함되어야 할 사항을 모두 고르면?

> ㉠ 위탁계약기간의 수정·갱신에 관한 사항
> ㉡ 위탁대상 철도자산
> ㉢ 위탁자산의 부채·인력 등에 관한 사항
> ㉣ 위탁업무의 재 위탁에 관한 사항
> ㉤ 위탁대상 철도자산의 유지보수 및 이를 위한 재원확보에 관한 사항
> ㉥ 위탁대가의 지급에 관한 사항

① ㉠㉡㉢㉣
② ㉠㉡㉣㉥
③ ㉡㉢㉣㉥
④ ㉡㉢㉣㉤㉥

---

**ANSWER** 16.① 17.②

**16** 민간위탁계약의 체결 … 국토교통부장관은 철도자산의 관리업무를 위탁하고자 하는 때에는 고시된 민간위탁계획에 따라 사업계획을 제출한 자중에서 당해 철도자산을 관리하기에 적합하다고 인정되는 자를 선정하여 위탁계약을 체결하여야 한다〈철도산업발전기본법 시행령 제31조 제1항〉.

**17** 위탁계약 시 포함되어야 할 사항〈철도산업발전기본법 시행령 제31조 제2항〉
  ㉠ 위탁대상 철도자산
  ㉡ 위탁대상 철도자산의 관리에 관한 사항
  ㉢ 위탁계약기간(계약기간의 수정·갱신 및 위탁계약의 해지에 관한 사항을 포함한다)
  ㉣ 위탁대가의 지급에 관한 사항
  ㉤ 위탁업무에 대한 관리 및 감독에 관한 사항
  ㉥ 위탁업무의 재 위탁에 관한 사항
  ㉦ 그 밖에 국토교통부장관이 필요하다고 인정하는 사항

**18** 철도산업발전기본법령상 철도자산의 인계·이관 절차에 대한 설명으로 옳지 않은 것은?

① 철도청장 또는 고속철도건설공단이사장이 철도자산을 인계·이관하고자 할 때에는 국토교통부장관에게 승인신청서를 제출한 후 승인을 얻어야 한다.

② 승인신청서에는 인계·이관 자산의 범위·목록 및 가액이 기재되어 있어야 한다.

③ 인계·이관에 관하여 필요한 서류는 국토교통부령으로 정한다.

④ 철도자산의 인계·이관에 관한 평가방법 및 평가기준일 등은 대통령령으로 정한다.


**19** 철도산업발전기본법령상 국가철도공단이 철도자산을 인계 받는 시기는?

① 국가철도공단의 설립등기일  　　　　　② 2004년 1월 1일

③ 2004년 6월 30일  　　　　　　　　　　④ 2004년 12월 31일


**20** 철도산업발전기본법령상 철도자산의 인계·이관 등의 시기가 바르게 연결되지 않은 것은?

① 한국철도공사가 철도자산을 출자 받는 시기 : 한국철도공사의 설립등기일

② 국토교통부장관이 철도자산을 이관 받는 시기 : 2004년 1월 1일

③ 철도청 철도자산을 이관 받는 시기 : 2004년 1월 1일

④ 국가철도공단이 철도자산을 인계 받는 시기 : 2004년 1월 1일


---

**ANSWER** 18.③　19.②　20.③

**18** 철도청장 또는 한국고속철도건설공단이사장은 철도자산의 인계·이관 등에 관한 승인을 얻고자 하는 때에는 인계·이관 자산의 범위·목록 및 가액이 기재된 승인신청서에 인계·이관에 필요한 서류를 첨부하여 국토교통부장관에게 제출하여야 한다〈철도산업발전기본법 시행령 제32조 제1항〉.

④ 철도자산의 인계·이관 등의 시기와 해당 철도자산 등의 평가방법 및 평가기준일 등에 관한 사항은 대통령령으로 정한다〈철도산업발전기본법 제23조 제7항〉.

**19** 국가철도공단이 철도자산을 인계받는 시기 … 2004년 1월 1일〈철도산업발전기본법 시행령 제32조 제2항 제3호〉

**20** 철도자산의 인계·이관 등의 시기〈철도산업발전기본법 시행령 제32조 제2항〉
　㉠ 한국철도공사가 철도자산을 출자 받는 시기 : 한국철도공사의 설립등기일
　㉡ 국토교통부장관이 철도자산을 이관 받는 시기 : 2004년 1월 1일
　㉢ 국가철도공단이 철도자산을 인계받는 시기 : 2004년 1월 1일

**21** 철도산업발전기본법령상 철도자산의 인계 및 이관 시기에 대한 설명으로 옳지 않은 것은?

① 한국철도공사에 출자되는 철도자산의 평가기준일은 인계·이관을 받는 날의 전일로 한다.
② 인계·이관의 대상이 되는 철도자산의 평가가액은 평가기준일 자산의 장부가액으로 한다.
③ 한국철도공사에 출자되는 철도자산의 평가방법은 「국유재산법」이 정하는 바에 의한다.
④ 한국철도공사가 철도자산을 출자 받는 시기는 한국철도공사의 설립등기일이다.


**22** 철도산업발전기본법령상 시설자산과 직접 관련된 부채는?

① 유동부채
② 비유동부채
③ 운영부채
④ 시설부채


**23** 철도산업발전기본법령상 철도부채의 처리에 대한 설명으로 옳지 않은 것은?

① 운영부채는 철도공사가 포괄하여 승계한다.
② 시설부채는 국가철도공단이 포괄하여 승계한다.
③ 기타부채는 철도공사가 포괄하여 승계한다.
④ 철도부채를 인계하고자 할 때에는 국토교통부장관의 승인을 얻어야 한다.


**ANSWER** 21.① 22.④ 23.③

**21** ① 인계·이관 등의 대상이 되는 철도자산의 평가기준일은 인계·이관 등을 받는 날의 전일로 한다. 다만, 한국철도공사에 출자되는 철도자산의 평가기준일은 「국유재산법」이 정하는 바에 의한다〈철도산업발전기본법 시행령 제32조 제3항〉.
②③ 인계·이관 등의 대상이 되는 철도자산의 평가가액은 제3항의 규정에 의한 평가기준일의 자산의 장부가액으로 한다. 다만, 법 제23조 제2항의 규정에 의하여 한국철도공사에 출자되는 철도자산의 평가방법은 「국유재산법」이 정하는 바에 의한다〈철도산업발전기본법 시행령 제32조 제4항〉.
④ 철도산업발전기본법 시행령 제32조 제2항 제1호

**22** 시설부채〈철도산업발전기본법 제24조 제1항 제2호〉
㉠ 시설자산과 직접 관련된 부채를 말한다.
㉡ 시설부채는 국가철도공단이 포괄하여 승계한다.

**23** ③ 기타부채는 일반회계가 포괄하여 승계한다〈철도산업발전기본법 제24조 제2항〉.
④ 철도산업발전기본법 제24조 제3항

**24** 철도산업발전기본법령상 철도부채의 인계절차 및 시기에 대한 설명으로 바르지 않은 것은?

① 철도청장 또는 한국고속철도건설공단 이사장은 철도부채 인계에 관한 승인은 국토교통부장관에게 받아야 한다.
② 인계하는 철도부채의 평가기준일은 부채를 인계받은 인계일로 한다.
③ 한국철도공사의 설립등기일을 한국철도공사가 운영부채를 인계받는 시기로 한다.
④ 인계하는 철도부채의 평가가액은 평가기준일의 부채의 장부가액으로 한다.


**25** 철도산업발전기본법령상 철도공사 및 국가철도공단 직원의 고용승계에 대한 설명으로 틀린 것은?

① 철도청 직원 및 고속철도건설공단 직원의 고용을 포괄하여 승계한다.
② 철도청 직원 중 공무원 신분을 유지하고 있는 직원의 고용도 포괄하여 승계한다.
③ 국가는 철도청 직원 중 철도공사 및 국가철도공단 직원으로 고용이 승계되는 직원의 근로여건에 불이익이 발생하지 않도록 한다.
④ 철도청 직원 중 고용이 승계되는 직원의 퇴직급여에 불이익이 없도록 국가가 필요한 조치를 한다.

**24** ② 인계하는 철도부채의 평가기준일은 제2항의 규정에 의한 인계일의 전일로 한다〈철도산업발전기본법 시행령 제33조 제3항〉.
① 철도산업발전기본법 시행령 제33조 제1항
③ 철도산업발전기본법 시행령 제33조 제2항 제1호
④ 철도산업발전기본법 시행령 제33조 제4항
※ **철도부채의 인계시기**〈철도산업발전기본법 시행령 제33조 제2항〉
ㄱ 한국철도공사가 운영부채를 인계받는 시기 : 한국철도공사의 설립등기일
ㄴ 국가철도공단이 시설부채를 인계받는 시기 : 2004년 1월 1일
ㄷ 일반회계가 기타부채를 인계받는 시기 : 2004년 1월 1일

**25** ①② 철도공사 및 국가철도공단은 철도청 직원 중 공무원 신분을 계속 유지하는 자를 제외한 철도청 직원 및 고속철도건설공단 직원의 고용을 포괄하여 승계한다〈철도산업발전기본법 제25조 제1항〉.
③④ 국가는 철도청 직원 중 철도공사 및 국가철도공단 직원으로 고용이 승계되는 자에 대하여는 근로여건 및 퇴직급여의 불이익이 발생하지 않도록 필요한 조치를 한다〈철도산업발전기본법 제25조 제2항〉.

# chapter 07 철도시설관리권

## ① 철도시설관리권 및 저당권

① 철도시설관리권〈법 제26조〉
  ㉠ 설정 : 철도시설관리권 설정 : 국토교통부장관은 철도시설을 관리하고 그 철도시설을 사용하거나 이용하는 자로부터 사용료를 징수할 수 있는 권리(이하 "철도시설관리권"이라 한다)를 설정할 수 있다.
  ㉡ 등록 : 철도시설관리권의 설정을 받은 자는 대통령령으로 정하는 바에 따라 국토교통부장관에게 등록하여야 한다. 등록한 사항을 변경하고자 하는 때에도 또한 같다.

  ### 대통령령으로 정하는 바〈철도시설관리권등록령〉
  • 철도시설관리권등록령의 목적 … 철도시설관리권과 철도시설관리권을 목적으로 하는 저당권의 등록 등에 관하여 필요한 사항을 규정함을 목적으로 한다.
  • 등록신청서류〈철도시설관리권등록령 24조〉
    1. 신청서
    2. 등록원인을 증명하는 서류
    3. 등록의무자의 권리에 관한 등록필증
    4. 등록의 원인에 대하여 제3자의 승낙 또는 동의를 필요로 하는 경우에는 이를 증명하는 서류
    5. 대리인이 등록을 신청하는 경우에는 그 권한을 증명하는 서류
    6. 그 밖에 이 영에서 정하는 서류

② 철도시설관리권의 성질 및 저당권 설정의 특례, 권리의 변동
  ㉠ 철도시설관리권의 성질〈법 제27조〉
    • 철도시설관리권은 이를 물권으로 본다.
    • 철도산업발전기본법에 특별한 규정이 있는 경우를 제외하고는 민법 중 부동산에 관한 규정을 준용한다.
  ㉡ 저당권 설정의 특례〈법 제28조〉 : 저당권이 설정된 철도시설관리권은 그 저당권자의 동의가 없으면 처분할 수 없다.
  ㉢ 권리의 변동〈법 제29조〉
    • 철도시설관리권 또는 철도시설관리권을 목적으로 하는 저당권의 설정·변경·소멸 및 처분의 제한은 국토교통부에 비치하는 철도시설관리권등록부에 등록함으로써 그 효력이 발생한다.
    • 철도시설관리권의 등록에 관하여 필요한 사항은 대통령령으로 정한다.

    ### 대통령령으로 정한다〈철도시설관리권등록령〉
    • 대통령령으로 정한다. → 철도시설관리권등록령을 말한다.

## ② 철도시설 관리대장 및 사용료

### ① 철도시설 관리대장〈법 제30조〉

   ㉠ 작성 · 비치
- 작성 · 비치자 : 철도시설을 관리하는 자
- 철도시설을 관리하는 자는 그가 관리하는 철도시설의 관리대장을 작성 · 비치하여야 한다.

   ㉡ 철도시설 관리대장의 작성 · 비치 및 기재사항
- 철도시설 관리대장의 작성 · 비치 및 기재사항 등에 관하여 필요한 사항은 국토교통부령으로 정한다.
- 철도시설관리대장 기재사항〈시행규칙 제4조〉
  - 철도노선 및 철도시설의 현황 및 도면
  - 철도시설의 신설 · 증설 · 개량 등의 변동현황
  - 그 밖에 철도시설의 관리를 위하여 필요한 사항

### ② 철도시설 사용료〈법 제31조〉

   ㉠ **승낙 후 사용** : 철도시설을 사용하고자 하는 자는 대통령령으로 정하는 바에 따라 관리청의 허가를 받거나 철도시설관리자와 시설사용계약을 체결하거나 그 시설사용계약을 체결한 자(이하 "시설사용계약자"라 한다)의 승낙을 얻어 사용할 수 있다.

   ㉡ **사용료의 징수 및 면제**
- 사용료의 징수 : 철도시설관리자 또는 시설사용계약자는 철도시설을 사용하는 자로부터 사용료를 징수할 수 있다.
- 사용료의 면제 : 지방자치단체가 직접 공용 · 공공용 또는 비영리 공익사업용으로 철도시설을 사용하고자 하는 경우에는 대통령령으로 정하는 바에 따라 그 사용료의 전부 또는 일부를 면제할 수 있다.

   ㉢ **형평성고려** : 철도시설 사용료를 징수하는 경우 철도의 사회경제적 편익과 다른 교통수단과의 형평성 등이 고려되어야 한다.

   ㉣ **징수기준 및 절차** : 철도시설 사용료의 징수기준 및 절차 등에 관하여 필요한 사항은 대통령령으로 정한다.

### ③ 시설사용의 허가 및 허가에 따른 사용료

   ㉠ **허가의 기준과 방법〈시행령 제34조〉** : 관리청의 허가 기준 · 방법 · 절차 · 기간 등에 관한 사항은 「국유재산법」에 따른다.

   ㉡ **사용허가에 따른 철도시설의 사용료〈시행령 제34조의2〉**
- 철도시설의 사용료 : 철도시설을 사용하려는 자가 관리청의 허가를 받아 철도시설을 사용하는 경우 관리청이 징수할 수 있는 철도시설의 사용료는 「국유재산법」 제32조에 따른다.

> **조문참고** 국유재산법 제32조(사용료)
> ① 행정재산을 사용허가한 때에는 대통령령으로 정하는 요율(料率)과 산출방법에 따라 매년 사용료를 징수한다. 다만, 연간 사용료가 대통령령으로 정하는 금액 이하인 경우에는 사용허가기간의 사용료를 일시에 통합 징수할 수 있다.

② 사용료는 대통령령으로 정하는 바에 따라 나누어 내게 할 수 있다. 이 경우 연간 사용료가 대통령령으로 정하는 금액 이상인 경우에는 사용허가(허가를 갱신하는 경우를 포함한다)할 때에 그 허가를 받는 자에게 대통령령으로 정하는 금액의 범위에서 보증금을 예치하게 하거나 이행보증조치를 하도록 하여야 한다.

③ 중앙관서의 장이 사용허가에 관한 업무를 지방자치단체의 장에게 위임한 경우에는 제42조 제6항을 준용한다.

④ 사용료를 일시에 통합 징수하는 경우에 사용허가기간 중의 사용료가 증가 또는 감소되더라도 사용료를 추가로 징수하거나 반환하지 아니한다.

- 사용료 면제 : 관리청은 따라 지방자치단체가 직접 공용 · 공공용 또는 비영리 공익사업용으로 철도시설을 사용하려는 경우에는 다음의 구분에 따른 기준에 따라 사용료를 면제할 수 있다.
- 철도시설을 취득하는 조건으로 사용하려는 경우로서 사용허가기간이 1년 이내인 사용허가의 경우 : 사용료의 전부
- 위에서 정한 사용허가 외의 사용허가의 경우 : 사용료의 100분의 60
- 사용료 징수기준 및 절차 : 사용허가에 따른 철도시설 사용료의 징수기준 및 절차 등에 관하여 이 영에서 규정된 것을 제외하고는 「국유재산법」에 따른다.

## ③ 선로등의 사용계약

① 선로등의 사용계약

ㄱ 철도시설의 사용계약에 포함되어야 할 사항〈시행령 제35조 제1항〉
- 사용기간 · 대상시설 · 사용조건 및 사용료
- 대상 시설의 제3자에 대한 사용승낙의 범위 · 조건
- 상호책임 및 계약위반 시 조치사항
- 분쟁 발생 시 조정절차
- 비상사태 발생 시 조치
- 계약의 갱신에 관한 사항
- 계약내용에 대한 비밀누설금지에 관한 사항

ㄴ 선로등의 사용계약 시 충족해야 하는 기준〈시행령 제35조 제2항〉
- 해당 선로등을 여객 또는 화물운송 목적으로 사용하려는 경우일 것
- 사용기간이 5년을 초과하지 않을 것
  ※ 선로등 및 선로등사용계약
    ㄱ 선로등 : 철도산업발전기본법 제3조 제2호 가목부터 라목까지에서 규정한 철도시설
    ㄴ 선로등사용계약 : 선로등에 대한 사용계약

[조문참고] 철도산업발전기본법 제3조 제2호 가목부터 라목까지에서 규정한 철도시설(이하 "선로등"이라 한다)
    가. 철도의 선로(선로에 부대되는 시설을 포함한다), 역시설(물류시설 · 환승시설 및 편의시설 등을 포함한다) 및 철도운영을 위한 건축물 · 건축설비

나. 선로 및 철도차량을 보수·정비하기 위한 선로보수기지, 차량정비기지 및 차량유치시설

　　다. 철도의 전철전력설비, 정보통신설비, 신호 및 열차제어설비

　　라. 철도노선 간 또는 다른 교통수단과의 연계운영에 필요한 시설

ⓒ 선로등에 대한 사용기간·대상시설·사용조건 및 사용료에 따른 사용조건에 포함되어야 할 사항〈시행령 제35조 제3항〉

• 투입되는 철도차량의 종류 및 길이

• 철도차량의 일일운행횟수·운행개시시각·운행종료시각 및 운행간격

• 출발역·정차역 및 종착역

• 철도운영의 안전에 관한 사항

• 철도여객 또는 화물운송서비스의 수준

　※ 사용조건은 선로배분지침에 위반되는 내용이어서는 안 된다.

ⓔ 철도시설 사용공고〈시행령 제35조 제4항〉

• 공고의무자 : 철도시설관리자

• 공고 : 철도시설관리자는 철도시설을 사용하려는 자와 사용계약을 체결하여 철도시설을 사용하게 하려는 경우에는 미리 그 사실을 공고해야 한다.

② 사용계약에 따른 선로등의 사용료〈시행령 제36조〉

ⓐ 사용료 결정 : 철도시설관리자는 선로등의 사용료를 정하는 경우에는 다음의 한도를 초과하지 않는 범위에서 선로등의 유지보수비용 등 관련 비용을 회수할 수 있도록 해야 한다. 다만, 「사회기반시설에 대한 민간투자법」에 따라 사회기반시설관리운영권을 설정받은 철도시설관리자는 같은 법에서 정하는 바에 따라 선로등의 사용료를 정해야 한다.

• 국가 또는 지방자치단체가 건설사업비의 전액을 부담한 선로등 : 해당 선로등에 대한 유지보수비용의 총액

• 기타 선로등 : 해당 선로등에 대한 유지보수비용 총액과 총건설사업비(조사비·설계비·공사비·보상비 및 그 밖에 건설에 소요된 비용의 합계액에서 국가·지방자치단체 또는 수익자가 부담한 비용을 제외한 금액을 말한다)의 합계액

ⓑ 철도시설관리자는 ⓐ의 각 사용료 외의 부분 본문에 따라 선로등의 사용료를 정하는 경우에는 다음의 사항을 고려할 수 있다.

• 선로등급·선로용량 등 선로등의 상태

• 운행하는 철도차량의 종류 및 중량

• 철도차량의 운행시간대 및 운행횟수

• 철도사고의 발생빈도 및 정도

• 철도서비스의 수준

• 철도관리의 효율성 및 공익성

③ 선로등사용계약 체결의 절차〈시행령 제37조〉
  ㉠ **사용계약신청서 제출** : 선로등 사용계약을 체결하고자 하는 자(이하 "사용신청자"라 한다)는 선로 등의 사용목적을 기재한 선로등 사용계약신청서에 다음의 서류를 첨부하여 철도시설관리자에게 제출하여야 한다.
    • 철도여객 또는 화물운송사업의 자격을 증명할 수 있는 서류
    • 철도여객 또는 화물운송사업계획서
    • 철도차량·운영시설의 규격 및 안전성을 확인할 수 있는 서류
  ㉡ **협의일정 통보** : 철도시설관리자는 선로등사용계약신청서를 제출받은 날부터 1월 이내에 사용신청자에게 선로등사용계약의 체결에 관한 협의일정을 통보하여야 한다.
  ㉢ **자료제공의 요청** : 철도시설관리자는 사용신청자가 철도시설에 관한 자료의 제공을 요청하는 경우에는 특별한 이유가 없는 한 이에 응하여야 한다.
  ㉣ **국토교통부장관의 승인**
    • 철도시설관리자는 사용신청자와 선로등사용계약을 체결하고자 하는 경우에는 미리 국토교통부장관의 승인을 받아야 한다.
    • 선로등사용계약의 내용을 변경하는 경우에도 또한 같다.

④ 선로등사용계약의 갱신〈시행령 제38조〉
  ㉠ **갱신** : 선로등사용계약을 체결하여 선로등을 사용하고 있는 자(이하 "선로등사용계약자"라 한다)는 그 선로등을 계속하여 사용하고자 하는 경우에는 사용기간이 만료되기 10월전까지 선로등사용계약의 갱신을 신청하여야 한다.
  ㉡ **우선협의** : 철도시설관리자는 선로등사용계약자가 선로등사용계약의 갱신을 신청한 때에는 특별한 사유가 없는 한 그 선로등의 사용에 관하여 우선적으로 협의하여야 한다. 이 경우 제35조 제4항의 규정은 이를 적용하지 아니한다.

  > 조문참고 **철도산업발전기본법 시행령 제35조 제4항**
  > 철도시설관리자는 철도시설을 사용하려는 자와 사용계약을 체결하여 철도시설을 사용하게 하려는 경우에는 미리 그 사실을 공고해야 한다.

⑤ 철도시설의 사용승낙〈시행령 제39조〉
  ㉠ **사용승낙** : 철도시설의 사용계약을 체결한 자(이하 이 조에서 "시설사용계약자"라 한다)는 그 사용계약을 체결한 철도시설의 일부에 대하여 제3자에게 그 사용을 승낙할 수 있다. 이 경우 철도시설관리자와 미리 협의하여야 한다.
  ㉡ **사용승낙의 통보** : 시설사용계약자는 제3자에게 사용승낙을 한 경우에는 그 내용을 철도시설관리자에게 통보하여야 한다.

## 암기요약 … 핵심조문 빈칸 채우기

(1) 국토교통부장관은 철도시설을 관리하고 그 철도시설을 사용하거나 이용하는 자로부터 사용료를 징수할 수 있는 권리(이하 "_____"이라 한다)를 설정할 수 있다.

(2) 철도시설관리권의 설정을 받은 자는 _____으로 정하는 바에 따라 _____에게 등록하여야 한다. 등록한 사항을 변경하고자 하는 때에도 또한 같다.

(3) 철도시설관리권의 성질
  ㉠ 철도시설관리권은 이를 ____으로 본다.
  ㉡ 이 법에 특별한 규정이 있는 경우를 제외하고는 ____ 중 부동산에 관한 규정을 준용한다.

(4) 철도시설관리권의 등록에 관하여 필요한 사항은 _____으로 정한다.

(5) 철도시설 관리대장의 작성 · 비치 및 기재사항 등에 관하여 필요한 사항은 _____으로 정한다.

(6) 철도시설을 사용하고자 하는 자는 대통령령으로 정하는 바에 따라 관리청의 허가를 받거나 철도시설관리자와 시설사용계약을 체결하거나 그 시설사용계약을 체결한 자(이하 "_____"라 한다)의 승낙을 얻어 사용할 수 있다.

(7) 철도시설 사용료의 징수기준 및 절차 등에 관하여 필요한 사항은 _____으로 정한다.

(8) 관리청의 철도시설의 허가 기준 · 방법 · 절차 · 기간 등에 관한 사항은 _____에 따른다.

(9) 철도시설을 사용하려는 자가 관리청의 허가를 받아 철도시설을 사용하는 경우 관리청이 징수할 수 있는 철도시설의 사용료는 _____에 따른다.

(10) 관리청은 지방자치단체가 직접 공용 · 공공용 또는 비영리 공익사업용으로 철도시설을 취득하는 조건으로 사용하려는 경우로서 사용허가기간이 1년 이내인 사용허가의 경우에는 _____를 면제할 수 있다.

(11) _____을 체결하려는 경우 충족해야 하는 기준
  ㉠ 해당 선로등을 여객 또는 화물운송 목적으로 사용하려는 경우일 것
  ㉡ 사용기간이 5년을 초과하지 않을 것

(12) 선로등사용계약자는 그 선로등을 계속하여 사용하고자 하는 경우에는 사용기간이 만료되기 _____까지 선로등사용계약의 갱신을 신청하여야 한다.

(13) 철도시설관리자는 선로등사용계약자가 선로등사용계약의 갱신을 신청한 때에는 특별한 사유가 없는 한 그 선로등의 사용에 관하여 _____하여야 한다.

(14) 시설사용계약자는 그 사용계약을 체결한 철도시설의 일부에 대하여 _____에게 그 사용을 승낙할 수 있다. 이 경우 철도시설관리자와 미리 협의하여야 한다.

(15) 시설사용계약자는 제3자에게 사용승낙을 한 경우에는 그 내용을 _____에게 통보하여야 한다.

---

### 정답 및 해설

| | | |
|---|---|---|
| (1) 철도시설관리권 | (6) 시설사용계약자 | (11) 선로등사용계약 |
| (2) 대통령령, 국토교통부장관 | (7) 대통령령 | (12) 10월전 |
| (3) 물권, 민법 | (8) 국유재산법 | (13) 우선적으로 협의 |
| (4) 대통령령 | (9) 국유재산법 | (14) 제3자 |
| (5) 국토교통부령 | (10) 사용료의 전부 | (15) 철도시설관리자 |

**1** 철도산업발전기본법령상 철도시설관리권이란?

① 철도청이 건설 중인 시설자산 및 고속철도건설공단이 건설 중인 시설자산의 이전·관리할 수 있는 권리를 말한다.
② 철도시설을 관리하고 그 철도시설을 사용하거나 이용하는 자로부터 사용료를 징수할 수 있는 권리를 말한다.
③ 철도청과 고속철도건설공단이 철도운영 등을 주된 목적으로 취득한 재산·시설에 관한 권리를 말한다.
④ 철도시설을 건설하고 그 철도시설을 관리하는 권리를 말한다.

**2** 철도산업발전기본법령상 철도시설관리권을 설정할 수 있는 기관은?

① 국토교통부장관
② 대통령령으로 정하는 기관
③ 지방자치단체장
④ 국가철도공단

**ANSWER** 1.② 2.①

**1** 철도시설관리권 … 국토교통부장관이 철도시설을 관리하고 그 철도시설을 사용하거나 이용하는 자로부터 사용료를 징수할 수 있는 권리를 말한다〈철도산업발전기본법 제26조 제1항〉.

**2** 국토교통부장관은 철도시설관리권을 설정할 수 있다〈철도산업발전기본법 제26조 제1항〉.

**3** 철도산업발전기본법령상 철도시설관리권에 대한 설명으로 옳지 않은 것은?

① 철도시설을 사용하거나 이용하는 자로부터 사용료를 징수할 수 있다.
② 철도시설관리권의 설정을 받은 자는 국토교통부장관에게 등록하여야 한다.
③ 국토교통부장관은 철도시설관리권을 설정할 수 있다.
④ 등록한 사항을 변경하고자 할 때에는 국토교통부령에 따라 등록하여야 한다.

**4** 다음 중 철도시설관리권에 대한 설명으로 바르지 않은 것은?

① 철도산업발전기본법에 특별한 규정이 있는 경우를 제외하고는 「민법」의 일부 규정을 준용할 수 있다.
② 저당권이 설정된 철도시설관리권일지라도 법원의 판결을 통하여 처분할 수 없다.
③ 철도시설관리권을 목적으로 하는 저당권의 설정·변경·소멸 및 처분의 제한은 국토교통부에 비치하는 철도시설관리권등록부에 등록함으로써 그 효력이 발생한다.
④ 철도시설을 관리하는 자는 그가 관리하는 철도시설의 관리대장을 작성·비치하여야 한다.

---

**ANSWER** 3.④ 4.②

**3** **철도시설관리권**〈철도산업발전기본법 제26조〉
　㉠ 국토교통부장관은 철도시설관리권을 설정할 수 있다.
　㉡ 철도시설관리권의 설정을 받은 자는 대통령령으로 정하는 바에 따라 국토교통부장관에게 등록하여야 한다.
　㉢ 등록한 사항을 변경하고자 하는 때에도 또한 같다.

**4** ② 저당권이 설정된 철도시설관리권은 그 저당권자의 동의가 없으면 처분할 수 없다〈철도산업발전기본법 제28조〉.
　① 철도시설관리권은 이를 물권으로 본다. 철도산업발전기본법에 특별한 규정이 있는 경우를 제외하고는 민법 중 부동산에 관한 규정을 준용한다〈철도산업발전기본법 제27조〉.
　③ 철도산업발전기본법 제29조 제1항
　④ 철도산업발전기본법 제30조 제1항

**5** 철도산업발전기본법령상 철도시설의 사용료를 받을 수 있는 시설사용계약자로 볼 수 없는 자는?

① 대통령령으로 정하는 바에 따라 관리청의 허가를 받은 자
② 국토교통부령으로 정하는 바에 따라 철도시설을 건설한 자
③ 철도시설관리자와 시설사용계약을 체결한 자
④ 대통령령으로 정하는 바에 따라 철도시설사용계약을 체결한 자

**6** 다음은 철도산업발전기본법 시행령의 법조항이다. (    ) 안에 알맞은 것은?

> 제34조(철도시설의 사용허가) 법 제31조 제1항에 따른 관리청의 허가 기준 · 방법 · 절차 · 기간 등에 관한 사항은 (    )에 따른다.

① 「철도산업발전기본법」        ② 「철도사업법」
③ 「철도안전법」        ④ 「국유재산법」

**7** 다음 중 지방자치단체가 직접 공용 · 공공용으로 철도시설을 취득하는 조건으로 사용하려는 경우로서 사용허가기간이 1년 이상인 사용허가의 경우의 사용료 면제기준은?

① 사용료의 100분의 30        ② 사용료의 100분의 50
③ 사용료의 100분의 60        ④ 사용료의 전부

---

**ANSWER** 5.② 6.④ 7.③

**5** 철도시설을 사용하고자 하는 자는 대통령령으로 정하는 바에 따라 관리청의 허가를 받거나 철도시설관리자와 시설사용계약을 체결하거나 그 시설사용계약을 체결한 자(이하 "시설사용계약자"라 한다)의 승낙을 얻어 사용할 수 있다〈철도산업발전기본법 제31조 제1항〉.

**6** 관리청의 허가 기준 · 방법 · 절차 · 기간 등에 관한 사항은 「국유재산법」에 따른다〈철도산업발전기본법 시행령 제34조〉.

**7** 관리청은 지방자치단체가 직접 공용 · 공공용 또는 비영리 공익사업용으로 철도시설을 취득하는 조건으로 사용하려는 경우로서 사용허가기간이 1년 이내 외 사용허가의 경우에는 사용료의 100분의 60을 면제할 수 있다〈철도산업발전기본법 시행령 제34조의2 제2항 제2호〉.

**8** 철도산업발전기본법령상 철도시설 사용료에 대한 설명으로 옳지 않은 것은?

① 시설사용계약자는 철도시설의 사용자로부터 사용료를 징수할 수 있다.
② 지방자치단체가 직접 공용으로 철도시설을 사용하고자 할 경우 사용료를 면제할 수 있다.
③ 사용료를 징수할 경우 철도의 사회경제적 편익과 다른 교통수단과의 형평성 등이 고려되어야 한다.
④ 철도시설 사용료의 징수기준 및 절차 등에 관하여 필요한 사항은 국토교통부령으로 정한다.

**9** 철도산업발전기본법령상 지방자치단체가 직접 공용·공공용 또는 비영리 공익사업용으로 철도시설을 사용할 경우의 사용료면제기준으로 올바른 설명은?

① 철도시설을 취득하는 조건으로 사용할 경우 사용허가 기간이 5년 이내일 경우에는 사용료의 100분의 30을 면제할 수 있다.
② 철도시설을 취득하는 조건으로 사용할 경우 사용허가 기간이 3년 이내일 경우에는 사용료의 100분의 50을 면제할 수 있다.
③ 철도시설을 취득하는 조건으로 사용할 경우 사용허가 기간이 2년 이내일 경우에는 사용료의 100분의 70을 면제할 수 있다.
④ 철도시설을 취득하는 조건으로 사용할 경우 사용허가 기간이 1년 이내일 경우에는 사용료의 전부를 면제할 수 있다.

---

**ANSWER** 8.④ 9.④

8 ④ 철도시설 사용료의 징수기준 및 절차 등에 관하여 필요한 사항은 대통령령으로 정한다〈철도산업발전기본법 제31조 제4항〉.
①② 철도산업발전기본법 제31조 제1항
③ 철도산업발전기본법 제31조 제3항

9 철도시설을 취득하는 조건으로 사용하려는 경우로서 사용허가 기간이 1년 이내인 사용 허가의 경우에는 사용료의 전부를 면제할 수 있다〈철도산업발전기본법 시행령 제34조의2 제2항 제1호〉.

**10** 철도산업발전기본법령상 철도시설의 사용계약에 포함되어야 할 사항을 모두 고르면?

> ㉠ 대상 시설의 제3자에 대한 사용승낙의 범위·조건
> ㉡ 계약자산의 추진일정에 관한 사항
> ㉢ 분쟁 발생시 조정절차
> ㉣ 상호책임 및 계약위반시 조치사항
> ㉤ 계약의 갱신에 관한 사항
> ㉥ 사용기간·대상시설·사용조건 및 사용료

① ㉠㉡㉢㉣  ② ㉠㉡㉢㉣㉤
③ ㉠㉢㉣㉤㉥  ④ ㉠㉡㉢㉣㉤㉥

**11** 철도산업발전기본법령상 철도시설의 사용계약에 포함되어야 할 사항이 아닌 것은?

① 사용계약 자산의 개요 및 현황
② 사용기간·대상시설·사용조건 및 사용료
③ 계약내용에 대한 비밀누설금지에 관한 사항
④ 대상 시설의 제3자에 대한 사용승낙의 범위·조건

**ANSWER** 10.③ 11.①

**10** ㉠㉢㉣㉤㉥ 외에 비상사태 발생 시 조치와 계약내용에 대한 비밀누설금지에 관한 사항이 추가되어야 한다〈철도산업발전기본법 시행령 제35조 제1항〉.

**11** 철도시설의 사용계약에 포함되어야 할 사항〈철도산업발전기본법 시행령 제35조 제1항〉
㉠ 사용기간·대상시설·사용조건 및 사용료
㉡ 대상 시설의 제3자에 대한 사용승낙의 범위·조건
㉢ 상호책임 및 계약위반 시 조치사항
㉣ 분쟁 발생 시 조정절차
㉤ 비상사태 발생 시 조치
㉥ 계약의 갱신에 관한 사항
㉦ 계약내용에 대한 비밀누설금지에 관한 사항

**12** 철도시설(선로등)에 대하여 선로등사용계약을 체결하려는 경우 충족해야 하는 사용기간은?

① 1년을 초과하지 않을 것　　　　　　② 3년을 초과하지 않을 것

③ 5년을 초과하지 않을 것　　　　　　④ 7년을 초과하지 않을 것

**13** 철도산업발전기본법령상 철도시설의 사용계약에 있어서 선로등에 대한 사용조건에 포함되어야 할 사항을 모두 고르면?

> ㉠ 투입되는 철도차량의 종류 및 길이
> ㉡ 철도운영의 안전에 관한 사항
> ㉢ 투입되는 철도차량의 속도
> ㉣ 철도여객 또는 화물운송서비스의 수준

① ㉠㉡㉢　　　　　　　　　　　　② ㉠㉡㉣

③ ㉡㉢㉣　　　　　　　　　　　　④ ㉠㉡㉢㉣

---

**12** 선로등사용계약을 체결할 경우 충족해야 할 기준〈철도산업발전기본법 시행령 제35조 제2항〉

　㉠ 해당 선로등을 여객 또는 화물운송 목적으로 사용하려는 경우일 것

　㉡ 사용기간이 5년을 초과하지 않을 것

**13** ㉠㉡㉣ 외에 다음사항이 추가되어야 한다〈철도산업발전기본법 시행령 제35조 제3항〉.

- 철도차량의 일일운행횟수 · 운행개시시각 · 운행종료시각 및 운행간격
- 출발역 · 정차역 및 종착역

**14** 철도산업발전기본법령상 철도시설의 사용계약에 있어서 선로등에 대한 사용조건에 포함되어야 할 사항이 아닌 것은?

① 철도차량의 일일운행횟수 · 운행개시시각 · 운행종료시각 및 운행간격
② 출발역 · 정차역 및 종착역
③ 철도여객 또는 화물운송서비스의 수준
④ 비상사태 발생 시 조치

**15** 철도산업발전기본법령상 사회기반시설관리운영권을 설정 받은 철도시설관리자가 선로등의 사용료를 정할 경우 준용해야 하는 법령은?

① 철도산업발전기본법
② 철도사업법
③ 사회기반시설에 대한 민간투자법
④ 국유재산법

---

**14** 철도시설의 사용계약 시 선로등에 대한 사용조건에 포함되어야 할 사항〈철도산업발전기본법 시행령 제35조 제3항〉
　㉠ 투입되는 철도차량의 종류 및 길이
　㉡ 철도차량의 일일운행횟수 · 운행개시시각 · 운행종료시각 및 운행간격
　㉢ 출발역 · 정차역 및 종착역
　㉣ 철도운영의 안전에 관한 사항
　㉤ 철도여객 또는 화물운송서비스의 수준
　※ 사용조건에는 선로배분지침에 위반되는 내용이어서는 안 된다.

**15** 「사회기반시설에 대한 민간투자법」에 따라 사회기반시설관리운영권을 설정 받은 철도시설관리자는 같은 법에서 정하는 바에 따라 선로등의 사용료를 정해야 한다〈철도산업발전기본법 시행령 제36조 제1항〉.

**16** 철도산업발전기본법령상 건설사업비의 전액을 지방자치단체가 부담한 선로등의 사용료를 정하는 경우 최고 한도는?

① 해당 선로등에 대한 유지보수비용의 총액
② 해당 선로등에 대한 유지보수비용 총액과 조사비·설계비·공사비용의 합계액
③ 해당 선로등에 대한 유지보수비용 총액에서 수익자가 부담한 비용을 제외한 금액
④ 해당 선로등에 대한 유지보수비용 총액과 총건설사업비의 합계액

**17** 철도산업발전기본법령상 철도시설관리자가 선로등의 사용료를 정할 경우 고려할 수 있는 사항을 다음에서 모두 고르면?

> ㉠ 철도관리의 효율성 및 공익성      ㉢ 철도차량의 운행시간대 및 운행횟수
> ㉡ 철도서비스의 수준      ㉣ 선로등급·선로용량 등 선로등의 상태
> ㉤ 철도사고의 발생빈도 및 정도      ㉥ 운행하는 철도차량의 종류 및 중량

① ㉠㉡㉢㉣
② ㉠㉢㉣㉤㉥
③ ㉠㉡㉢㉤㉥
④ ㉠㉡㉢㉣㉤㉥

---

**ANSWER** 16.① 17.④

**16** ① 철도시설관리자는 선로등의 사용료를 정하는 경우에는 국가 또는 지방자치단체가 건설사업비의 전액을 부담한 선로등은 해당 선로등에 대한 유지보수비용의 총액의 한도를 초과하지 않는 범위에서 선로등의 유지보수비용 등 관련 비용을 회수할 수 있도록 해야 한다〈철도산업발전기본법 시행령 제36조 제1항 제1호〉.
※ **국가 또는 지방자치단체가 건설사업비의 전액을 부담한 선로등 외의 한도** … 해당 선로등에 대한 유지보수비용 총액과 총건설사업비(조사비·설계비·공사비·보상비 및 그 밖에 건설에 소요된 비용의 합계액에서 국가·지방자치단체 또는 수익자가 부담한 비용을 제외한 금액을 말한다)의 합계액〈철도산업발전기본법 시행령 제36조 제1항 제2호〉

**17** 철도시설관리자가 시행령 제36조 제1항 각 호 외의 부분 본문에 따라 선로등의 사용료를 정하는 경우에는 ㉠㉡㉢㉣㉤㉥의 사항을 고려할 수 있다〈철도산업발전기본법 시행령 제36조 제2항〉.

**18** 철도산업발전기본법령상 선로등사용계약을 체결하고자 하는 경우 신청서와 함께 첨부해야 할 서류로 옳지 않은 것은?

① 화물운송사업의 자격을 증명할 수 있는 서류
② 철도차량 · 운영시설의 규격 및 안전성을 확인할 수 있는 서류
③ 철도여객 또는 화물운송사업계획서
④ 현금흐름표 등 회계관련 서류

**19** 철도산업발전기본법령상 철도시설관리자가 선로등사용계약신청서를 제출받은 경우 사용신청자에게 선로등사용계약 체결에 관한 협의일정을 통보해야 할 기간은?

① 15일 이내                    ② 1개월 이내
③ 45일 이내                    ④ 2개월 이내

**20** 철도산업발전기본법령상 선로등사용계약자가 선로등사용계약갱신을 신청할 경우 신청기간은?

① 만료되기 3월 전까지            ② 만료되기 5월 전까지
③ 만료되기 6월 전까지            ④ 만료되기 10월 전까지

---

**ANSWER** 18.④  19.②  20.④

**18** 선로등사용계약신청서에 첨부하여야 할 서류〈철도산업발전기본법 시행령 제37조 제1항〉
　㉠ 철도여객 또는 화물운송사업의 자격을 증명할 수 있는 서류
　㉡ 철도여객 또는 화물운송사업계획서
　㉢ 철도차량 · 운영시설의 규격 및 안전성을 확인할 수 있는 서류

**19** 철도시설관리자는 선로등사용계약신청서를 제출받은 날부터 1월 이내에 사용신청자에게 선로등사용계약의 체결에 관한 협의일정을 통보하여야 한다〈철도산업발전기본법 시행령 제37조 제2항〉.

**20** 선로등사용계약을 체결하여 선로등을 사용하고 있는 자(이하 "선로등사용계약자"라 한다)는 그 선로등을 계속하여 사용하고자 하는 경우에는 사용기간이 만료되기 10월전까지 선로등사용계약의 갱신을 신청하여야 한다〈철도산업발전기본법 시행령 제38조 제1항〉.

**21** 철도산업발전기본법령상 철도시설의 사용승낙에 대한 설명으로 옳지 않은 것은?

① 시설사용계약자는 사용계약을 체결한 철도시설의 일부에 대하여 제3자에게 사용을 승낙할 수 있다.

② 시설사용계약자란 철도시설의 사용계약을 체결한 자를 말한다.

③ 철도시설 일부 사용을 제3자에게 승낙할 경우 철도시설관리자에게 통보하여야 한다.

④ 시설사용계약자는 사용승낙 후 철도시설을 사용하는 자로부터 사용료를 징수할 수 있다.

---

**ANSWER** 21.③

**21** 철도시설의 사용승낙〈철도산업발전기본법 시행령 제39조〉
　㉠ 철도시설의 사용계약을 체결한 자(이하 이 조에서 "시설사용계약자"라 한다)는 그 사용계약을 체결한 철도시설의 일부에 대하여 제3자에게 그 사용을 승낙할 수 있다. 이 경우 철도시설관리자와 미리 협의하여야 한다.
　㉡ 시설사용계약자는 제3자에게 사용승낙을 한 경우에는 그 내용을 철도시설관리자에게 통보하여야 한다.
　※ 철도시설을 사용하고자 하는 자는 대통령령으로 정하는 바에 따라 관리청의 허가를 받거나 철도시설관리자와 시설사용계약을 체결하거나 그 시설사용계약을 체결한 자(이하 "시설사용계약자"라 한다)의 승낙을 얻어 사용할 수 있다〈철도산업발전기본법 제31조 제1항〉.

# chapter 08 공익적 기능의 유지

## 1 공익서비스

① 공익서비스비용의 부담〈법 제32조〉

    ㉠ 부담 : 철도운영자의 공익서비스 제공으로 발생하는 비용(이하 "공익서비스비용"이라 한다)은 대통령령으로 정하는 바에 따라 국가 또는 해당 철도서비스를 직접 요구한 자(이하 "원인제공자"라 한다)가 부담하여야 한다.

    ㉡ 원인제공자가 부담하는 공익서비스비용의 범위

      • 철도운영자가 다른 법령에 의하거나 국가정책 또는 공공목적을 위하여 철도운임·요금을 감면할 경우 그 감면액

      • 철도운영자가 경영개선을 위한 적절한 조치를 취하였음에도 불구하고 철도이용수요가 적어 수지균형의 확보가 극히 곤란하여 벽지의 노선 또는 역의 철도서비스를 제한 또는 중지하여야 되는 경우로서 공익목적을 위하여 기초적인 철도서비스를 계속함으로써 발생되는 경영손실

      • 철도운영자가 국가의 특수목적사업을 수행함으로써 발생되는 비용

② 공익서비스비용 보상예산의 확보〈시행령 제40조〉

    ㉠ 국가부담비용추정서 제출 : 철도운영자는 매년 3월말까지 국가가 다음 연도에 부담하여야 하는 공익서비스비용(이하 "국가부담비용"이라 한다)의 추정액, 당해 공익서비스의 내용 그 밖의 필요한 사항을 기재한 국가부담비용추정서를 국토교통부장관에게 제출하여야 한다. 이 경우 철도운영자가 국가부담비용의 추정액을 산정함에 있어서는 보상계약 등을 고려하여야 한다.

    ㉡ 국가부담비용 계상 : 국토교통부장관은 국가부담비용추정서를 제출받은 때에는 관계행정기관의 장과 협의하여 다음 연도의 국토교통부소관 일반회계에 국가부담비용을 계상하여야 한다.

    ㉢ 고려해야 할 사항 : 국토교통부장관은 국가부담비용을 정하는 때에는 국가부담비용의 추정액, 전년도에 부담한 국가부담비용, 관련법령의 규정 또는 보상계약 등을 고려하여야 한다.

## 2 국가부담비용

① 국가부담비용의 지급〈시행령 제41조〉

    ㉠ 신청 : 철도운영자는 국가부담비용의 지급을 신청하고자 하는 때에는 국토교통부장관이 지정하는 기간 내에 국가부담비용지급신청서에 다음의 서류를 첨부하여 국토교통부장관에게 제출하여야 한다.

- 국가부담비용지급신청액 및 산정내역서
- 당해 연도의 예상수입·지출명세서
- 최근 2년간 지급받은 국가부담비용내역서
- 원가계산서

ⓛ 지급 : 국토교통부장관은 국가부담비용지급신청서를 제출받은 때에는 이를 검토하여 매 반기마다 반기 초에 국가부담비용을 지급하여야 한다.

② **국가부담비용의 정산**〈시행령 제42조〉

ㄱ 서류제출 : 국가부담비용을 지급받은 철도운영자는 당해 반기가 끝난 후 30일 이내에 국가부담비용정산서에 다음서류를 첨부하여 국토교통부장관에게 제출하여야 한다.
- 수입·지출명세서
- 수입·지출증빙서류
- 그 밖에 현금흐름표 등 회계관련 서류

ⓛ 국가부담비용정산서의 확인 : 국토교통부장관은 국가부담비용정산서를 제출받은 때에는 전문기관 등으로 하여금 이를 확인하게 할 수 있다.

> **전문기관의 지정**〈철도산업발전기본법 시행규칙 제7조〉
> - 주식회사의외부감사에관한법률 감사인의 자격이 있는 회계법인
> - 정부출연연구기관등의설립·운영및육성에관한법률에 의한 정부출연연구기관 중 교통관련 연구기관

### 3 회계 및 보상계약의 체결

① **회계의 구분**〈시행령 제43조〉

ㄱ 경리 : 국가부담비용을 지급받는 철도운영자는 노선 및 역에 대한 회계를 다른 회계와 구분하여 경리하여야 한다.

ⓛ 회계연도 : 국가부담비용을 지급받는 철도운영자의 회계연도는 정부의 회계연도에 따른다.

※ 국가의 회계연도는 매년 1월 1일에 시작하여 12월 31일에 종료한다〈국가재정법 제2조〉.

② **보상계약의 체결**〈법 제33조〉

ㄱ 체결 : 원인제공자는 철도운영자와 공익서비스비용의 보상에 관한 계약(이하 "보상계약"이라 한다)을 체결하여야 한다.

ⓛ 보상계약에 포함되어야 할 사항
- 철도운영자가 제공하는 철도서비스의 기준과 내용에 관한 사항
- 공익서비스 제공과 관련하여 원인제공자가 부담하여야 하는 보상내용 및 보상방법 등에 관한 사항
- 계약기간 및 계약기간의 수정·갱신과 계약의 해지에 관한 사항
- 그 밖에 원인제공자와 철도운영자가 필요하다고 합의하는 사항

ⓒ 협의 : 원인제공자는 철도운영자와 보상계약을 체결하기 전에 계약내용에 관하여 국토교통부장관 및 기획재정부장관과 미리 협의하여야 한다.

ⓔ 산정 및 평가 : 국토교통부장관은 공익서비스비용의 객관성과 공정성을 확보하기 위하여 필요한 때에는 국토교통부령으로 정하는 바에 의하여 전문기관을 지정하여 그 기관으로 하여금 공익서비스비용의 산정 및 평가 등의 업무를 담당하게 할 수 있다.

ⓜ 조정 : 보상계약체결에 관하여 원인제공자와 철도운영자의 협의가 성립되지 아니하는 때에는 원인제공자 또는 철도운영자의 신청에 의하여 위원회가 이를 조정할 수 있다.

## 암기요약 … 핵심조문 빈칸 채우기

(1) 공익서비스비용은 _____으로 정하는 바에 따라 국가 또는 해당 철도서비스를 직접 요구한 자(이하 "원인제공자"라 한다)가 부담하여야 한다.

(2) 원인제공자는 철도운영자와 공익서비스비용의 _____을 체결하여야 한다.

(3) 원인제공자는 철도운영자와 보상계약을 체결하기 전에 계약내용에 관하여 국토교통부장관 및 _____과 미리 협의하여야 한다.

(4) _____에 포함되어야 할 사항
  ㉠ 철도운영자가 제공하는 철도서비스의 기준과 내용에 관한 사항
  ㉡ 공익서비스 제공과 관련하여 원인제공자가 부담하여야 하는 보상내용 및 보상방법 등에 관한 사항
  ㉢ 계약기간 및 계약기간의 수정 · 갱신과 계약의 해지에 관한 사항
  ㉣ 그 밖에 원인제공자와 철도운영자가 필요하다고 합의하는 사항

(5) 국토교통부장관은 공익서비스비용의 객관성과 공정성을 확보하기 위하여 필요한 때에는 _____으로 정하는 바에 의하여 전문기관을 지정하여 그 기관으로 하여금 공익서비스비용의 산정 및 평가 등의 업무를 담당하게 할 수 있다.

(6) 보상계약체결에 관하여 원인제공자와 철도운영자의 협의가 성립되지 아니하는 때에는 원인제공자 또는 철도운영자의 신청에 의하여 _____가 이를 ___할 수 있다.

(7) 철도운영자는 매년 ____까지 국가가 다음 연도에 부담하여야 하는 공익서비스비용(이하 "_____"이라 한다)의 추정액, 당해 공익서비스의 내용 그 밖의 필요한 사항을 기재한 국가부담비용추정서를 국토교통부장관에게 제출하여야 한다. 이 경우 철도운영자가 국가부담비용의 추정액을 산정함에 있어서는 보상계약 등을 고려하여야 한다.

(8) 철도운영자는 국가부담비용의 지급을 신청하고자 하는 때에는 _____이 지정하는 기간 내에 국가부담비용지급신청서에 서류를 첨부하여 국토교통부장관에게 제출하여야 한다.

(9) 국가부담비용지급신청서에 첨부해야 하는 서류
  ㉠ 국가부담비용지급신청액 및 산정내역서
  ㉡ 당해 연도의 예상수입 · 지출명세서
  ㉢ 최근 ____ 지급받은 국가부담비용내역서
  ㉣ _____

(10) 국토교통부장관은 국가부담비용지급신청서를 제출받은 때에는 이를 검토하여 _____에 국가부담비용을 지급하여야 한다.

(11) 국가부담비용을 지급받은 철도운영자는 당해 반기가 끝난 후 _____에 국가부담비용정산서에 수입 · 지출명세서, 수입 · 지출증빙서류, 그 밖에 현금흐름표 등 회계관련 서류를 첨부하여 _____에게 제출하여야 한다.

### 정답 및 해설

(1) 대통령령
(2) 보상계약
(3) 기획재정부장관
(4) 보상계약
(5) 국토교통부령

(6) 위원회, 조정
(7) 3월말, 국가부담비용
(8) 국토교통부장관
(9) 2년간, 원가계산서
(10) 매 반기마다 반기초

(11) 30일 이내, 국토교통부장관

**1** 철도산업발전기본법령상 공익서비스비용의 부담에 대한 설명으로 가장 바르지 않은 것은?

① 공익서비스비용이란 철도운영자의 공익서비스 제공으로 발생하는 비용을 말한다.
② 공익서비스비용은 대통령령으로 정하는 바에 따라 부담한다.
③ 철도운영자가 국가의 특수목적사업을 수행함으로써 발생되는 비용은 공익서비스비용의 범위에 포함되지 않는다.
④ 철도운영자는 매년 3월말까지 국가부담비용추정서를 국토교통부장관에게 제출하여야 한다.

**2** 철도산업발전기본법령상 철도운영자의 공익서비스 제공으로 발생하는 비용에 대한 설명으로 옳지 않은 것은?

① 공익서비스비용은 대통령령으로 정하는 바에 따라 국가가 부담하여야 한다.
② 공익서비스비용은 해당 철도서비스를 직접 요구한 자가 부담하여야 한다.
③ 공익서비스비용은 철도운영자가 전적으로 부담하여야 한다.
④ 공익서비스비용은 원인제공자가 부담할 수 있다.

---

**ANSWER** 1.③ 2.③

**1** ③은 원인제공자가 부담하는 공익서비스비용의 범위에 포함된다〈철도산업발전기본법 제32조 제2항 제3호〉.
①② 철도산업발전기본법 제32조 제1항
④ 철도산업발전기본법 시행령 제40조 제1항

**2** 철도운영자의 공익서비스 제공으로 발생하는 비용(이하 "공익서비스비용"이라 한다)은 대통령령으로 정하는 바에 따라 국가 또는 해당 철도서비스를 직접 요구한 자(이하 "원인제공자"라 한다)가 부담하여야 한다〈철도산업발전기본법 제32조 제1항〉.

**3** 다음 중 철도산업발전기본법령상 공익서비스비용의 부담에 있어서 원인제공자가 부담하는 공익서비스비용범위에 해당하지 않는 것은?

① 철도운영자가 다른 법령에 의하거나 국가정책 또는 공공목적을 위하여 철도운임·요금을 감면할 경우 그 감면액
② 철도운영자가 국가의 특수목적사업을 수행함으로써 발생되는 비용
③ 공익목적을 위하여 기초적인 철도서비스를 계속함으로써 발생되는 경영손실
④ 원인제공자와 철도운영자가 필요하다고 합의하는 사항

**4** 철도산업발전기본법령상 공익서비스비용 보상예산에 대한 설명으로 옳지 않은 것은?

① 국가부담비용추정서는 철도운영자가 국토교통부장관에게 제출한다.
② 국가부담비용추정서에는 국가부담비용의 추정액, 당해 공익서비스의 내용 그 밖의 필요한 사항을 기재한다.
③ 국토교통부장관은 기획재정부장관과 협의하여 다음 연도의 국토교통부소관 일반회계에 국가부담비용을 계상한다.
④ 국토교통부장관은 국가부담비용을 정하는 때에는 관련법령의 규정 등을 고려하여야 한다.

---

**ANSWER** 3.④ 4.③

**3** 원인제공자가 부담하는 공익서비스비용의 범위〈철도산업발전기본법 제32조 제2항〉
㉠ 철도운영자가 다른 법령에 의하거나 국가정책 또는 공공목적을 위하여 철도운임·요금을 감면할 경우 그 감면액
㉡ 철도운영자가 경영개선을 위한 적절한 조치를 취하였음에도 불구하고 철도이용수요가 적어 수지균형의 확보가 극히 곤란하여 벽지의 노선 또는 역의 철도서비스를 제한 또는 중지하여야 되는 경우로서 공익목적을 위하여 기초적인 철도서비스를 계속함으로써 발생되는 경영손실
㉢ 철도운영자가 국가의 특수목적사업을 수행함으로써 발생되는 비용

**4** ③ 국토교통부장관은 국가부담비용추정서를 제출받은 때에는 관계행정기관의 장과 협의하여 다음 연도의 국토교통부소관 일반회계에 국가부담비용을 계상하여야 한다〈철도산업발전기본법 시행령 제40조 제2항〉.
①② 철도산업발전기본법 시행령 제40조 제1항
④ 철도산업발전기본법 시행령 제40조 제3항

**5**  철도산업발전기본법령상 철도운영자가 제출해야 하는 국가부담비용추정서의 제출 시기는?

① 매년 3월말까지

② 매년 6월말까지

③ 매년 9월말까지

④ 매년 12월말까지


**6**  철도산업발전기본법령상 국가부담비용을 정할 때 국토교통부장관이 고려하여야 하는 사항에 포함되지 않는 것은?

① 전년도에 부담한 국가부담비용

② 철도운영자와 공익서비스비용의 보상에 관한 계약

③ 철도산업정보화에 필요한 비용

④ 국가부담비용의 추정액


**7**  철도산업발전기본법령상 국가부담비용지급신청서 제출 시 첨부 서류로 옳지 않은 것은?

① 당해 연도의 예상수입 · 지출명세서

② 최근 3년간 지급받은 국가부담비용내역서

③ 국가부담비용지급신청액 및 산정내역서

④ 원가계산서


**ANSWER** 5.① 6.③ 7.②

**5**  철도운영자는 매년 3월말까지 국가가 다음 연도에 부담하여야 하는 공익서비스비용(이하 "국가부담비용"이라 한다)의 추정액, 당해 공익서비스의 내용 그 밖의 필요한 사항을 기재한 국가부담비용추정서를 국토교통부장관에게 제출하여야 한다〈철도산업발전기본법 시행령 제40조 제1항〉.

**6**  국토교통부장관은 국가부담비용을 정하는 때에는 국가부담비용의 추정액, 전년도에 부담한 국가부담비용, 관련법령의 규정 또는 법 제33조 제1항의 규정에 의한 보상계약 등을 고려하여야 한다〈철도산업발전기본법 시행령 제40조 제3항〉.
　※ **철도산업발전기본법 제33조 제1항** ··· 원인제공자는 철도운영자와 공익서비스비용의 보상에 관한 계약(이하 "보상계약"이라 한다)을 체결하여야 한다.

**7**  국가부담비용지급신청서 제출시 첨부서류〈철도산업발전기본법 시행령 제41조 제1항〉
　㉠ 국가부담비용지급신청액 및 산정내역서
　㉡ 당해 연도의 예상수입 · 지출명세서
　㉢ 최근 2년간 지급받은 국가부담비용내역서
　㉣ 원가계산서

**8** 철도산업발전기본법령상 국가부담비용 지급 시기는?

① 매 상반기마다 상반기 초
② 매 하반기마다 하반기 초
③ 매 반기마다 반기 초
④ 매년 1월 초

**9** 철도산업발전기본법령상 국토교통부장관이 제출 받은 국가부담비용정산서를 확인하게 할 수 있는 기관은?

① 감사원
② 국세청
③ 대통령령으로 정한 기관
④ 국토교통부령으로 정하는 바에 의하여 지정된 전문기관

**10** 철도산업발전기본법령상 국가부담비용정산서 제출시 첨부할 서류로 옳지 않은 것은?

① 현금흐름표 등 회계 관련 서류
② 수입 · 지출명세서
③ 수입 · 지출증빙서류
④ 분기별 세금계산서 발행내역서

---

**ANSWER** 8.③ 9.④ 10.④

**8** 국토교통부장관은 국가부담비용지급신청서를 제출받은 때에는 이를 검토하여 매 반기마다 반기 초에 국가부담비용을 지급하여야 한다〈철도산업발전기본법 시행령 제41조 제2항〉.

**9** 국토교통부장관은 국가부담비용정산서를 제출받은 때에는 전문기관 등으로 하여금 이를 확인하게 할 수 있다〈철도산업발전기본법 시행령 제42조 제2항〉.
※ 국토교통부장관은 공익서비스비용의 객관성과 공정성을 확보하기 위하여 필요한 때에는 국토교통부령으로 정하는 바에 의하여 전문기관을 지정하여 그 기관으로 하여금 공익서비스비용의 산정 및 평가 등의 업무를 담당하게 할 수 있다〈철도산업발전기본법 제33조 제4항〉.

**10** 국가부담비용정산서 제출 시 첨부해야 할 서류〈철도산업발전기본법 시행령 제42조 제1항〉
㉠ 수입 · 지출명세서
㉡ 수입 · 지출증빙서류
㉢ 그 밖에 현금흐름표 등 회계 관련 서류

**11** 다음은 철도산업발전기본법 시행령 제42조 제1항 이다. (   ) 안에 알맞은 것은?

> 제41조 제2항의 규정에 의하여 국가부담비용을 지급받은 철도운영자는 당해 반기가 끝난 후 (      )일 이내에 국가부담비용정산서에 법이 정한 서류를 첨부하여 국토교통부장관에게 제출하여야 한다.

① 7                                        ② 15
③ 30                                       ④ 60


**12** 철도산업발전기본법령상 국가부담비용을 지급받는 철도운영자의 회계연도는?

① 1월 1일에 시작해 동년 6월 30일
② 7월 1일에 시작해 동년 12월 31일
③ 4월 1일에 시작해 다음 년 3월 31일
④ 1월 1일에 시작해 동년 12월 31일


**13** 철도산업발전기본법령상 원인제공자가 공익서비스비용의 보상에 관한 계약을 체결해야 하는 상대은?

① 국토부장관                              ② 철도시설이용자
③ 철도시설관리자                          ④ 철도운영자


---

**ANSWER** 11.③  12.④  13.④

**11** 국가부담비용을 지급받은 철도운영자는 당해 반기가 끝난 후 30일 이내에 국가부담비용정산서에 서류를 첨부하여 국토교통부장관에게 제출하여야 한다〈철도산업발전기본법 시행령 제42조 제1항〉.

**12** 회계의 구분〈철도산업발전기본법 시행령 제43조〉
 ㉠ 국가부담비용을 지급받는 철도운영자는 노선 및 역에 대한 회계를 다른 회계와 구분하여 경리하여야 한다.
 ㉡ 국가부담비용을 지급받는 철도운영자의 회계연도는 정부의 회계연도에 따른다.
 ※ 국가의 회계연도는 매년 1월 1일에 시작하여 12월 31일에 종료한다〈국가재정법 제2조〉.

**13** 원인제공자는 철도운영자와 공익서비스비용의 보상에 관한 계약(이하 "보상계약"이라 한다)을 체결하여야 한다〈철도산업발전기본법 제33조 제1항〉.

**14** 철도산업발전기본법령상 공익서비스 제공에 따른 보상계약 체결에 관한 설명으로 틀린 것은?

① 보상계약이란 원인제공자와 철도운영자가 공익서비스비용의 보상에 관하여 체결하는 계약이다.

② 보상계약을 체결하기 전에 계약내용에 관하여 미리 국토교통부장관 및 기획재정부장관의 승인을 받아야 한다.

③ 보상계약체결에 관하여 협의가 성립되지 않을 경우 신청에 의하여 위원회가 이를 조정할 수 있다

④ 공익서비스 제공과 관련하여 원인제공자가 부담하여야 하는 보상내용 및 보상방법 등에 관한 사항도 보상계약에 포함하여야 한다.

**15** 철도산업발전기본법령상 보상계약에 포함되어야 할 사항이 아닌 것은?

① 원인제공자와 철도운영자가 필요하다고 합의하는 사항

② 계약기간 및 계약기간의 수정·갱신과 계약의 해지에 관한 사항

③ 국토교통부장관이 제안한 보상내용 및 보상방법 등에 관한 사항

④ 철도운영자가 제공하는 철도서비스의 기준과 내용에 관한 사항

---

**ANSWER** 14.② 15.③

---

**14** ② 원인제공자는 철도운영자와 보상계약을 체결하기 전에 계약내용에 관하여 국토교통부장관 및 기획재정부장관과 미리 협의하여야 한다〈철도산업발전기본법 제33조 제3항〉.
  ① 원인제공자는 철도운영자와 공익서비스비용의 보상에 관한 계약(이하 "보상계약"이라 한다)을 체결하여야 한다〈철도산업발전기본법 제33조 제1항〉.
  ③ 보상계약체결에 관하여 원인제공자와 철도운영자의 협의가 성립되지 아니하는 때에는 원인제공자 또는 철도운영자의 신청에 의하여 위원회가 이를 조정할 수 있다〈철도산업발전기본법 제33조 제5항〉.
  ④ 철도산업발전기본법 제33조 제2항 제2호

**15** 보상계약에 포함되어야 할 사항〈철도산업발전기본법 제33조 제2항〉
  ㉠ 철도운영자가 제공하는 철도서비스의 기준과 내용에 관한 사항
  ㉡ 공익서비스 제공과 관련하여 원인제공자가 부담하여야 하는 보상내용 및 보상방법 등에 관한 사항
  ㉢ 계약기간 및 계약기간의 수정·갱신과 계약의 해지에 관한 사항
  ㉣ 그 밖에 원인제공자와 철도운영자가 필요하다고 합의하는 사항

**16** 다음은 철도산업발전기본법 제33조 제4항이다. (    ) 안에 알맞은 것은?

> 국토교통부장관은 공익서비스비용의 객관성과 공정성을 확보하기 위하여 필요한 때에는 국토교통부령
> 으로 정하는 바에 의하여 전문기관을 지정하여 그 기관으로 하여금 (    ) 등의 업무를 담당하게 할 수
> 있다.

① 철도서비스의 시설비용의 산정 기준
② 공익서비스비용의 산정 및 평가
③ 계약기간의 수정·갱신과 계약의 해지
④ 원인제공자와 철도운영자의 협의가 성립되지 아니할 때 조정

---

**ANSWER** 16.②

**16** 국토교통부장관은 공익서비스비용의 객관성과 공정성을 확보하기 위하여 필요한 때에는 국토교통부령으로 정하는 바에
의하여 전문기관을 지정하여 그 기관으로 하여금 공익서비스비용의 산정 및 평가 등의 업무를 담당하게 할 수 있다〈철도
산업발전기본법 제33조 제4항〉.

# chapter 09 특정노선의 폐지

## 1 특정노선의 폐지의 승인 및 제한

① 특정노선 폐지의 승인〈법 제34조〉

　㉠ 승인신청 : 철도시설관리자와 철도운영자(이하 "승인신청자"라 한다)는 다음의 어느 하나에 해당하는 경우에 국토교통부장관의 승인을 얻어 특정노선 및 역의 폐지와 관련 철도서비스의 제한 또는 중지 등 필요한 조치를 취할 수 있다.

　　• 승인신청자가 철도서비스를 제공하고 있는 노선 또는 역에 대하여 철도의 경영개선을 위한 적절한 조치를 취하였음에도 불구하고 수지균형의 확보가 극히 곤란하여 경영상 어려움이 발생한 경우

　　• 보상계약체결에도 불구하고 공익서비스비용에 대한 적정한 보상이 이루어지지 아니한 경우

　　• 원인제공자가 공익서비스비용을 부담하지 아니한 경우

　　• 원인제공자가 제33조 제5항에 따른 조정에 따르지 아니한 경우

> **조문참고** 철도산업발전기본법 제33조 제5항
> 보상계약체결에 관하여 원인제공자와 철도운영자의 협의가 성립되지 아니하는 때에는 원인제공자 또는 철도운영자의 신청에 의하여 위원회가 이를 조정할 수 있다.

　㉡ 신청서제출 : 승인신청자는 다음의 사항이 포함된 승인신청서를 국토교통부장관에게 제출하여야 한다.

　　• 폐지하고자 하는 특정 노선 및 역 또는 제한·중지하고자 하는 철도서비스의 내용

　　• 특정 노선 및 역을 계속 운영하거나 철도서비스를 계속 제공하여야 할 경우의 원인제공자의 비용부담 등에 관한 사항

　　• 그 밖에 특정 노선 및 역의 폐지 또는 철도서비스의 제한·중지 등과 관련된 사항

② 승인신청서 제출 시 첨부서류〈시행령 제44조〉

　㉠ 제출기관 : 국토교통부장관

　㉡ 제출 시 첨부서류

　　• 승인신청 사유

　　• 등급별·시간대별 철도차량의 운행 빈도, 역수, 종사자 수 등 운영현황

　　• 과거 6월 이상의 기간 동안의 1일 평균 철도서비스 수요

　　• 과거 1년 이상의 기간 동안의 수입·비용 및 영업손실액에 관한 회계보고서

　　• 향후 5년 동안의 1일 평균 철도서비스 수요에 대한 전망

　　• 과거 5년 동안의 공익서비스비용의 전체규모 및 원인제공자가 부담한 공익서비스 비용의 규모

　　• 대체수송수단의 이용가능성

09. 특정노선의 폐지 **121**

ⓔ 관보에 공고 : 국토교통부장관은 승인신청서가 제출된 경우 원인제공자 및 관계 행정기관의 장과 협의한 후 위원회의 심의를 거쳐 승인여부를 결정하고 그 결과를 승인신청자에게 통보하여야 한다. 이 경우 승인하기로 결정된 때에는 그 사실을 관보에 공고하여야 한다.

ⓜ 대체수송수단의 마련 : 국토교통부장관 또는 관계행정기관의 장은 승인신청자가 특정 노선 및 역을 폐지하거나 철도서비스의 제한 · 중지 등의 조치를 취하고자 하는 때에는 대통령령으로 정하는 바에 의하여 대체수송수단의 마련 등 필요한 조치를 하여야 한다.

## ❷ 실태조사 및 특정노선의 폐지공고

① 실태조사〈시행령 제45조〉
　　㉠ 실태조사 실시 : 국토교통부장관은 승인신청을 받은 때에는 당해 노선 및 역의 운영현황 또는 철도서비스의 제공현황에 관하여 실태조사를 실시하여야 한다.
　　㉡ 지방자치단체 또는 관련 전문기관 참여 : 국토교통부장관은 필요한 경우에는 관계 지방자치단체 또는 관련 전문기관을 실태조사에 참여시킬 수 있다.
　　㉢ 위원회에 보고 : 국토교통부장관은 실태조사의 결과를 위원회에 보고하여야 한다.

② 특정노선 폐지 등의 공고〈시행령 제46조〉
　　㉠ 공고 : 국토교통부장관은 특정노선 폐지 승인을 한 때에는 그 승인이 있은 날부터 1월 이내에 폐지되는 특정노선 및 역 또는 제한 · 중지되는 철도서비스의 내용과 그 사유를 국토교통부령이 정하는 바에 따라 공고하여야 한다.
　　㉡ 방법〈시행규칙 제8조〉 : 공고는 관보 또는 보급지역을 전국으로 하여 등록한 2 이상의 일반일간신문에 게재하는 방법에 의한다.

## ❸ 수송대책의 수립 및 신규운영자 선정

① 특정노선 폐지 등에 따른 수송대책의 수립〈시행령 제47조〉
　　㉠ 수송대책을 수립 · 시행 : 국토교통부장관 또는 관계행정기관의 장은 특정노선 및 역의 폐지 또는 철도서비스의 제한 · 중지 등의 조치로 인하여 영향을 받는 지역 중에서 대체수송수단이 없거나 현저히 부족하여 수송서비스에 심각한 지장이 초래되는 지역에 대하여는 수송대책을 수립 · 시행하여야 한다.
　　㉡ 수송대책 수립 · 시행에 포함되어야 할 사항
　　　　• 수송여건 분석
　　　　• 대체수송수단의 운행횟수 증대, 노선조정 또는 추가투입
　　　　• 대체수송에 필요한 재원조달
　　　　• 그 밖에 수송대책의 효율적 시행을 위하여 필요한 사항

② 철도서비스의 제한 또는 중지에 따른 신규운영자의 선정〈시행령 제48조〉
  ㉠ 선정 : 국토교통부장관은 철도운영자인 승인신청자(이하 이 조에서 "기존운영자"라 한다)가 제한 또는 중지하고자 하는 특정 노선 및 역에 관한 철도서비스를 새로운 철도운영자(이하 이 조에서 "신규운영자"라 한다)로 하여금 제공하게 하는 것이 타당하다고 인정하는 때에는 신규운영자를 선정할 수 있다.
  ㉡ 경쟁에 의한 방법으로 신규운영자 선정 : 국토교통부장관은 신규운영자를 선정하고자 하는 때에는 원인제공자와 협의하여 경쟁에 의한 방법으로 신규운영자를 선정하여야 한다.
  ㉢ 보상계약 체결 : 원인제공자는 신규운영자와 보상계약을 체결하여야 하며, 기존운영자는 당해 철도서비스 등에 관한 인수인계서류를 작성하여 신규운영자에게 제공하여야 한다.
  ㉣ 선정방법 및 인수인계절차 : 신규운영자 선정의 구체적인 방법, 인수인계절차 그 밖의 필요한 사항은 국토교통부령으로 정한다.

## ④ 승인제한 및 비상사태 시 처분

① 승인의 제한〈법 제35조〉
  ㉠ 승인제한 : 국토교통부장관은 다음의 어느 하나에 해당하는 경우에는 승인을 하지 아니할 수 있다.
    • 노선 폐지 등의 조치가 공익을 현저하게 저해한다고 인정하는 경우
    • 노선 폐지 등의 조치가 대체교통수단 미흡 등으로 교통서비스 제공에 중대한 지장을 초래한다고 인정하는 경우
  ㉡ 손실보상 : 국토교통부장관은 승인을 하지 아니함에 따라 철도운영자인 승인신청자가 경영상 중대한 영업손실을 받은 경우에는 그 손실을 보상할 수 있다.

② 비상사태 시 처분〈법 제36조〉
  ㉠ 처분대상 : 철도시설관리자 · 철도운영자 또는 철도이용자
  ㉡ 처분조치 : 국토교통부장관은 천재 · 지변 · 전시 · 사변, 철도교통의 심각한 장애 그 밖에 이에 준하는 사태의 발생으로 인하여 철도서비스에 중대한 차질이 발생하거나 발생할 우려가 있다고 인정하는 경우에는 필요한 범위 안에서 철도시설관리자 · 철도운영자 또는 철도이용자에게 조정 · 명령 그 밖의 필요한 조치를 할 수 있다.
  ㉢ 조정 · 명령 등 필요한 조치를 할 수 있는 사항
    • 지역별 · 노선별 · 수송대상별 수송 우선순위 부여 등 수송통제
    • 철도시설 · 철도차량 또는 설비의 가동 및 조업
    • 대체수송수단 및 수송로의 확보
    • 임시열차의 편성 및 운행
    • 철도서비스 인력의 투입
    • 철도이용의 제한 또는 금지

- 그 밖에 철도서비스의 수급안정을 위하여 <u>대통령령으로 정하는 사항</u>

<blockquote>
**대통령령으로 정하는 사항〈철도산업발전기본법 시행령 제49조〉**

- 철도시설의 임시사용
- 철도시설의 사용제한 및 접근 통제
- 철도시설의 긴급복구 및 복구지원
- 철도역 및 철도차량에 대한 수색 등
</blockquote>

ⓔ **협조요청 및 해제**
- 국토교통부장관은 조치의 시행을 위하여 관계행정기관의 장에게 필요한 협조를 요청할 수 있으며, 관계행정기관의 장은 이에 협조하여야 한다.
- 국토교통부장관은 조치를 한 사유가 소멸되었다고 인정하는 때에는 지체 없이 이를 해제하여야 한다.

## 암기요약 … 핵심조문 빈칸 채우기

(1) 국토교통부장관의 ___을 얻어 특정노선 및 역의 폐지와 관련 철도서비스의 _____ 등 필요한 조치를 취할 수 있는 경우
 ㉠ 승인신청자가 철도서비스를 제공하고 있는 노선 또는 역에 대하여 철도의 경영개선을 위한 적절한 조치를 취하였음에도 불구하고 수지균형의 확보가 극히 곤란하여 경영상 어려움이 발생한 경우
 ㉡ 보상계약체결에도 불구하고 공익서비스비용에 대한 적정한 보상이 이루어지지 아니한 경우
 ㉢ 원인제공자가 공익서비스비용을 부담하지 아니한 경우
 ㉣ 원인제공자가 조정에 따르지 아니한 경우

(2) 승인신청자가 _____에게 승인신청서 제출 시 포함해야 할 내용
 ㉠ 폐지하고자 하는 특정 노선 및 역 또는 제한·중지하고자 하는 철도서비스의 내용
 ㉡ 특정 노선 및 역을 계속 운영하거나 철도서비스를 계속 제공하여야 할 경우의 원인제공자의 비용부담 등에 관한 사항
 ㉢ 그 밖에 특정 노선 및 역의 폐지 또는 철도서비스의 제한·중지 등과 관련된 사항

(3) 국토교통부장관은 승인신청서가 제출된 경우 원인제공자 및 관계 행정기관의 장과 협의한 후 _____를 거쳐 승인여부를 결정하고 그 결과를 승인신청자에게 통보하여야 한다. 승인하기로 결정된 때에는 그 사실을 ___에 공고하여야 한다.

(4) 국토교통부장관 또는 관계행정기관의 장은 승인신청자가 특정 노선 및 역을 폐지하거나 철도서비스의 제한·중지 등의 조치를 취하고자 할 때에는 _____으로 정하는 바에 의하여 _____의 마련 등 필요한 조치를 해야 한다.

(5) _____이 승인을 제한 할 수 있는 경우
 ㉠ 노선 폐지 등의 조치가 공익을 현저하게 저해한다고 인정하는 경우
 ㉡ 노선 폐지 등의 조치가 대체교통수단 미흡 등으로 교통서비스 제공에 중대한 지장을 초래한다고 인정하는 경우

(6) 국토교통부장관은 승인을 하지 아니함에 따라 철도운영자인 승인신청자가 경영상 중대한 영업손실을 받은 경우에는 그 _____할 수 있다.

(7) _____이 천재·지변·전시·사변 등 비상사태시 처분할 수 있는 조정·명령 등의 조치 사항
 ㉠ 지역별·노선별·수송대상별 수송 우선순위 부여 등 수송통제
 ㉡ 철도시설·철도차량 또는 설비의 가동 및 조업
 ㉢ 대체수송수단 및 수송로의 확보
 ㉣ 임시열차의 편성 및 운행
 ㉤ 철도서비스 인력의 투입
 ㉥ 철도이용의 제한 또는 금지
 ㉦ 그 밖에 철도서비스의 수급안정을 위하여 대통령령으로 정하는 사항

### 정답 및 해설

(1) 승인, 제한 또는 중지
(2) 국토교통부장관
(3) 위원회의 심의, 관보
(4) 대통령령, 대체수송수단
(5) 국토교통부장관

(6) 손실을 보상
(7) 국토교통부장관

**1** 철도산업발전기본법령상 원인제공자가 공익서비스비용을 부담하지 않은 경우 특정 노선이나 역을 폐지할 수 있는 주체는?

① 지방자치단체장      ② 철도운영자

③ 국토교통부장관      ④ 선로등사용계약자

**2** 철도산업발전기본법령상 특정노선 폐지의 승인에 관한 설명으로 옳지 않는 것은?

① 승인신청자는 국토교통부장관의 승인을 얻어 특정 노선이나 역을 폐지할 수 있다.

② 승인하기로 결정된 때에는 국토교통부장관이 관보에 공고하여야 한다.

③ 승인신청서가 제출된 경우 철도산업구조개혁기획단의 심의를 거쳐 승인여부를 결정해야 한다.

④ 특정 노선 및 역을 폐지하는 경우에는 대통령령으로 정하는 바에 따라 필요한 조치를 하여야 한다.

---

**ANSWER** 1.② 2.③

**1** 철도시설관리자와 철도운영자(이하 "승인신청자"라 한다)는 원인제공자가 공익서비스비용을 부담하지 아니한 경우에 해당하는 경우 국토교통부장관의 승인을 얻어 특정노선 및 역의 폐지와 관련 철도서비스의 제한 또는 중지 등 필요한 조치를 취할 수 있다〈철도산업발전기본법 제34조 제1항〉.

**2** ②③ 국토교통부장관은 승인신청서가 제출된 경우 원인제공자 및 관계 행정기관의 장과 협의한 후 위원회의 심의를 거쳐 승인여부를 결정하고 그 결과를 승인신청자에게 통보하여야 한다. 이 경우 승인하기로 결정된 때에는 그 사실을 관보에 공고하여야 한다〈철도산업발전기본법 제34조 제3항〉.
  ① 철도산업발전기본법 제34조 제1항
  ④ 국토교통부장관 또는 관계행정기관의 장은 승인신청자가 특정 노선 및 역을 폐지하거나 철도서비스의 제한·중지 등의 조치를 취하고자 하는 때에는 대통령령으로 정하는 바에 의하여 대체수송수단의 마련 등 필요한 조치를 하여야 한다〈철도산업발전기본법 제34조 제4항〉.

**3** 철도산업발전기본법령상 국토교통부장관의 승인을 얻어 철도서비스의 제한 또는 중지를 취할 수 있는 경우가 아닌 것은?

① 수지균형의 확보가 극히 곤란하여 경영상 어려움이 발생한 경우
② 공익서비스비용에 대한 적정한 보상이 이루어지지 아니한 경우
③ 공익서비스비용을 원인제공자가 부담하지 아니한 경우
④ 철도사고의 발생빈도가 높고 공익성이 부족한 경우

**4** 철도산업발전기본법령상 승인신청서가 제출된 경우 국토교통부장관이 승인여부를 결정하기 위해 거쳐야 하는 절차로 바르지 않은 것은?

① 원인제공자 및 관계 행정기관의 장과 협의
② 위원회의 심의
③ 승인 여부 결정 후 승인신청자에게 결과 통보
④ 대통령의 최종 승인

**ANSWER** 3.④  4.④

**3** 국토교통부장관의 승인을 얻어 특정노선 및 역의 폐지와 관련 철도서비스의 제한 또는 중지 등 필요한 조치를 취할 수 있는 경우〈철도산업발전기본법 제34조 제1항〉
  ㉠ 승인신청자가 철도서비스를 제공하고 있는 노선 또는 역에 대하여 철도의 경영개선을 위한 적절한 조치를 취하였음에도 불구하고 수지균형의 확보가 극히 곤란하여 경영상 어려움이 발생한 경우
  ㉡ 보상계약체결에도 불구하고 공익서비스비용에 대한 적정한 보상이 이루어지지 아니한 경우
  ㉢ 원인제공자가 공익서비스비용을 부담하지 아니한 경우
  ㉣ 원인제공자가 위원회의 조정에 따르지 아니한 경우

**4** 국토교통부장관은 승인신청서가 제출된 경우 원인제공자 및 관계 행정기관의 장과 협의한 후 위원회의 심의를 거쳐 승인여부를 결정하고 그 결과를 승인신청자에게 통보하여야 한다. 이 경우 승인하기로 결정된 때에는 그 사실을 관보에 공고하여야 한다〈철도산업발전기본법 제34조 제3항〉.

**5** 철도산업발전기본법령상 특정노선 폐지 등의 승인신청서 제출 시 포함해야 할 내용이 아닌 것은?

① 특정 노선 및 역을 계속 운영하거나 철도서비스를 계속 제공하여야 할 경우의 원인제공자의 비용 부담 등에 관한 사항
② 폐지하고자 하는 특정 노선 및 역 또는 제한·중지하고자 하는 철도서비스의 내용
③ 특정 노선 및 역의 폐지 또는 철도서비스의 제한·중지 등과 관련된 사항
④ 특정 노선 및 역을 계속 운영할 경우 공익서비스비용의 보상 및 세제·금융지원에 관한 사항

**6** 철도산업발전기본법령상 특정노선 폐지 등의 승인신청서 제출 시 첨부해야 할 서류는?

① 과거 12개월 이상 기간 동안의 1일 평균 철도서비스 수요
② 과거 5년 이상 기간 동안의 수입·비용 및 영업손실액에 관한 회계보고서
③ 대체수송수단의 이용가능성
④ 과거 3년 동안 공익서비스비용의 전체규모 및 원인제공자가 부담한 공익서비스 비용의 규모

---

**ANSWER** 5.④  6.③

**5** 승인신청서 제출 시 포함해야 할 사항〈철도산업발전기본법 제34조 제2항〉
  ㉠ 폐지하고자 하는 특정 노선 및 역 또는 제한·중지하고자 하는 철도서비스의 내용
  ㉡ 특정 노선 및 역을 계속 운영하거나 철도서비스를 계속 제공하여야 할 경우의 원인제공자의 비용부담 등에 관한 사항
  ㉢ 그 밖에 특정 노선 및 역의 폐지 또는 철도서비스의 제한·중지 등과 관련된 사항

**6** ③ 철도산업발전기본법 시행령 제44조 제7호
  ① 과거 6월 이상의 기간 동안의 1일 평균 철도서비스 수요〈철도산업발전기본법 시행령 제44조 제3호〉
  ② 과거 1년 이상의 기간 동안의 수입·비용 및 영업손실액에 관한 회계보고서〈철도산업발전기본법 시행령 제44조 제4호〉
  ④ 과거 5년 동안의 공익서비스비용의 전체규모 및 원인제공자가 부담한 공익서비스 비용의 규모〈철도산업발전기본법 시행령 제44조 제6호〉

**7** 다음은 특정노선 폐지 등의 승인신청서 제출 시 첨부해야 하는 서류의 일부이다. (   ) 안에 들어갈 숫자를 모두 합하면?

> ㉠ 과거 (    )월 이상의 기간 동안의 1일 평균 철도서비스 수요
> ㉡ 과거 (    )년 이상의 기간 동안의 수입·비용 및 영업손실액에 관한 회계보고서
> ㉢ 향후 (    )년 동안의 1일 평균 철도서비스 수요에 대한 전망
> ㉣ 과거 (    )년 동안의 공익서비스비용의 전체규모 및 원인제공자가 부담한 공익서비스 비용의 규모

① 11

② 15

③ 17

④ 21

**8** 철도산업발전기본법령상 특정노선 폐지 승인신청을 받은 경우의 실태조사에 관한 설명으로 옳지 않은 것은?

① 실태조사는 국토교통부장관과 지방자치단체가 함께 실시한다.
② 당해 노선 및 역의 운영현황 또는 철도서비스의 제공현황에 관하여 실태조사를 실시한다.
③ 실태조사의 결과는 국토교통부장관이 위원회에 보고하여야 한다.
④ 국토교통부장관은 필요한 경우 전문기관을 실태조사에 참여시킬 수 있다.

---

**ANSWER** 7.③  8.①

**7** ㉠ 6개월  ㉡ 1년  ㉢ 5년  ㉣ 5년
　　※ 승인신청서 제출 시 첨부서류〈철도산업발전기본법 시행령 제44조〉
　　　㉠ 승인신청 사유
　　　㉡ 등급별·시간대별 철도차량의 운행빈도, 역수, 종사자수 등 운영현황
　　　㉢ 과거 6월 이상의 기간 동안의 1일 평균 철도서비스 수요
　　　㉣ 과거 1년 이상의 기간 동안의 수입·비용 및 영업손실액에 관한 회계보고서
　　　㉤ 향후 5년 동안의 1일 평균 철도서비스 수요에 대한 전망
　　　㉥ 과거 5년 동안의 공익서비스비용의 전체규모 및 원인제공자가 부담한 공익서비스 비용의 규모
　　　㉦ 대체수송수단의 이용가능성

**8** ①② 국토교통부장관은 승인신청을 받은 때에는 당해 노선 및 역의 운영현황 또는 철도서비스의 제공현황에 관하여 실태조사를 실시하여야 한다〈철도산업발전기본법 시행령 제45조 제1항〉.
　　③ 국토교통부장관은 실태조사의 결과를 위원회에 보고하여야 한다〈철도산업발전기본법 시행령 제45조 제3항〉.
　　④ 국토교통부장관은 필요한 경우에는 관계 지방자치단체 또는 관련 전문기관을 실태조사에 참여시킬 수 있다〈철도산업발전기본법 시행령 제45조 제2항〉.

**9** 철도산업발전기본법령상 국토교통부장관은 특정노선 폐지 승인을 한 때에 승인이 있은 날부터 언제까지 폐지에 대한 공고를 해야 하는가?

① 7일 이내
② 15일 이내
③ 1월 이내
④ 2월 이내

**10** 철도산업발전기본법령상 특정노선 폐지에 따른 수송대책을 수립 · 시행할 수 있는 기관은?

① 관계행정기관의 장
② 지방자치단체
③ 한국철도공단
④ 철도산업위원회

**11** 철도산업발전기본법령상 특정노선 및 역의 폐지로 인하여 대체수송수단이 없어 수송서비스에 심각한 지장이 초래되는 지역에 수립 · 시행하여야 하는 것은?

① 수송대책
② 노선조정
③ 보상계약
④ 기본계획

**ANSWER** 9.③ 10.① 11.①

**9** 국토교통부장관은 특정노선 폐지 승인을 한 때에는 그 승인이 있은 날부터 1월 이내에 폐지되는 특정노선 및 역 또는 제한 · 중지되는 철도서비스의 내용과 그 사유를 국토교통부령이 정하는 바에 따라 공고하여야 한다〈철도산업발전기본법 시행령 제46조〉.

**10** 국토교통부장관 또는 관계행정기관의 장은 특정노선 및 역의 폐지 또는 철도서비스의 제한 · 중지 등의 조치로 인하여 영향을 받는 지역 중에서 대체수송수단이 없거나 현저히 부족하여 수송서비스에 심각한 지장이 초래되는 지역에 대하여는 수송대책을 수립 · 시행하여야 한다〈철도산업발전기본법 시행령 제47조〉.

**11** 국토교통부장관 또는 관계행정기관의 장은 대체수송수단이 없거나 현저히 부족하여 수송서비스에 심각한 지장이 초래되는 지역에 대하여는 수송대책을 수립 · 시행하여야 한다〈철도산업발전기본법 시행령 제47조〉.

**12** 다음 중 철도산업발전기본법령상 특정노선 및 역의 폐지로 인하여 수송대책을 수립·시행할 경우 포함되어야 할 사항이 아닌 것은?

① 수송여건 분석
② 수송대책의 효율적 시행을 위하여 필요한 사항
③ 대체수송에 필요한 재원조달
④ 대체수송수단의 운행횟수 조정 및 노선신설

**13** 다음 중 국토교통부장관의 철도서비스 제한 또는 중지에 따른 신규운영자의 선정에 관한 설명으로 옳지 않은 것은?

① 기존운영자가 제한 또는 중지하고자 하는 특정 노선 및 역에 관한 철도서비스에 대하여 신규운영자를 선정할 수 있다.
② 신규운영자를 선정하고자 하는 때에는 기존운영자와 협의하여 신규운영자를 선정하여야 한다.
③ 원인제공자는 신규운영자와 보상계약을 체결하여야 한다.
④ 신규운영자 선정의 구체적인 방법은 국토교통부령으로 정한다.

---

**ANSWER** 12.④  13.②

**12** 수송대책 수립·시행에 포함되어야 할 사항〈철도산업발전기본법 시행령 제47조〉
　㉠ 수송여건 분석
　㉡ 대체수송수단의 운행횟수 증대, 노선조정 또는 추가투입
　㉢ 대체수송에 필요한 재원조달
　㉣ 그 밖에 수송대책의 효율적 시행을 위하여 필요한 사항

**13** ② 국토교통부장관은 신규운영자를 선정하고자 하는 때에는 원인제공자와 협의하여 경쟁에 의한 방법으로 신규운영자를 선정하여야 한다〈철도산업발전기본법 시행령 제48조 제2항〉.
　① 국토교통부장관은 철도운영자인 승인신청자(이하 이 조에서 "기존운영자"라 한다)가 제한 또는 중지하고자 하는 특정 노선 및 역에 관한 철도서비스를 새로운 철도운영자(이하 이 조에서 "신규운영자"라 한다)로 하여금 제공하게 하는 것이 타당하다고 인정하는 때에는 신규운영자를 선정할 수 있다〈철도산업발전기본법 시행령 제48조 제1항〉.
　③ 원인제공자는 신규운영자와 보상계약을 체결하여야 하며, 기존운영자는 당해 철도서비스 등에 관한 인수인계서류를 작성하여 신규운영자에게 제공하여야 한다〈철도산업발전기본법 시행령 제48조 제3항〉.
　④ 신규운영자 선정의 구체적인 방법, 인수인계절차 그 밖의 필요한 사항은 국토교통부령으로 정한다〈철도산업발전기본법 시행령 제48조 제4항〉.

**14** 철도산업발전기본법령상 국토교통부장관이 승인신청자로부터 특정노선 및 역 폐지의 승인을 신청 받은 경우 승인을 제한할 수 있는 경우로 옳은 것은?

① 보상계약체결에도 불구하고 공익서비스비용에 대한 적정한 보상이 이루어지지 아니한 경우
② 원인제공자가 조정에 따르지 아니한 경우
③ 노선 폐지 등의 조치가 공익을 현저하게 저해한다고 인정하는 경우
④ 원인제공자가 공익서비스비용을 부담하지 아니한 경우

**15** 철도산업발전기본법령상 국토교통부장관이 비상사태로 인정하여 조정·명령 그 밖의 필요한 조치를 취할 수 있는 경우로 옳지 않은 것은?

① 천재·지변·전시·사변이 발생한 경우
② 철도교통의 심각한 장애가 발생한 경우
③ 급격한 철도 승객 감소로 인한 경영악화가 발생한 경우
④ 철도서비스에 중대한 차질이 발생할 우려가 있다고 인정하는 경우

---

**ANSWER** 14.③ 15.③

··············································································································································

**14** ①②④는 철도시설관리자와 철도운영자가 국토교통부장관의 승인을 얻어 특정노선 및 역의 폐지와 관련 철도서비스의 제한 또는 중지 등 필요한 조치를 취할 수 있는 경우이다〈철도산업발전기본법 제34조 제1항〉.
　※ 국토교통부장관이 승인을 제한할 수 있는 경우〈철도산업발전기본법 제35조 제1항〉
　　㉠ 노선 폐지 등의 조치가 공익을 현저하게 저해한다고 인정하는 경우
　　㉡ 노선 폐지 등의 조치가 대체교통수단 미흡 등으로 교통서비스 제공에 중대한 지장을 초래한다고 인정하는 경우

**15** 천재·지변·전시·사변, 철도교통의 심각한 장애 그 밖에 이에 준하는 사태의 발생으로 인하여 철도서비스에 중대한 차질이 발생하거나 발생할 우려가 있다고 인정하는 경우에는 필요한 범위 안에서 조정·명령 등 그 밖의 필요한 조치를 할 수 있다〈철도산업발전기본법 제36조 제1항〉.

**16** 철도서비스에 중대한 차질이 발생한 경우 국토교통부장관이 조정·명령 등 필요한 조치를 취할 수 있는 사항이 아닌 것은?

① 대체수송수단 및 수송로의 확보
② 철도서비스 인력의 투입
③ 임시열차의 편성 및 운행
④ 인력조정 및 재원확보대책의 수립

**17** 철도산업발전기본법령상 비상사태 시 취할 수 있는 조치에 대한 설명으로 옳지 않은 것은?

① 국토교통부장관은 비상사태 시 필요한 조치이행을 위하여 철도시설관리자의 동의를 받아야 한다.
② 비상사태 시 지역별·노선별·수송대상별 수송 우선순위 부여 등 수송통제를 할 수 있다.
③ 국토교통부장관은 조치를 한 사유가 소멸되었다고 인정하는 때에는 즉시 이를 해제하여야 한다.
④ 철도서비스의 수급안정을 위하여 철도시설의 사용제한 및 접근을 통제 할 수 있다.

**18** 철도산업발전기본법 시행령 제49조의 대통령령이 정하는 비상사태 시 처분사항으로 옳지 않은 것은?

① 철도시설의 사용제한
② 철도시설의 신설
③ 철도차량에 대한 수색
④ 철도시설의 접근통제

---

**ANSWER** 16.④ 17.① 18.②

**16** 조정·명령 등 필요한 조치를 할 수 있는 사항은 ①②③ 외에 지역별·노선별·수송대상별 수송 우선순위 부여 등 수송통제, 철도시설·철도차량 또는 설비의 가동 및 조업, 철도이용의 제한 또는 금지, 그 밖에 철도서비스의 수급안정을 위하여 대통령령으로 정하는 사항 등이 있다〈철도산업발전기본법 제36조 제1항〉.

**17** ① 국토교통부장관은 비상사태 시 조정·명령 등 필요한 조치의 시행을 위하여 관계행정기관의 장에게 필요한 협조를 요청할 수 있으며, 관계행정기관의 장은 이에 협조하여야 한다〈철도산업발전기본법 제36조 제2항〉.
② 철도산업발전기본법 제36조 제1항 제1호
③ 철도산업발전기본법 제36조 제3항
④ 철도산업발전기본법 시행령 제49조 제2호

**18.** 대통령령이 정하는 비상사태 시 처분사항〈철도산업발전기본법 시행령 제49조〉
㉠ 철도시설의 임시사용
㉡ 철도시설의 사용제한 및 접근 통제
㉢ 철도시설의 긴급복구 및 복구지원
㉣ 철도역 및 철도차량에 대한 수색 등

**19** 다음 중 철도산업발전기본법령상 비상사태 시 국토교통부장관이 조정·명령 등 필요한 조치를 할 수 있는 사항으로 옳은 것은 몇 개인가?

---

ㄱ 설비의 가동 및 조업 또는 철도차량·철도시설
ㄴ 수송로의 확보 및 대체수송수단
ㄷ 철도시설의 긴급복구 및 복구지원
ㄹ 출발역·정차역 및 종착역 복구지원
ㅁ 지역별·노선별·수송대상별 수송 우선순위 부여 등 수송통제
ㅂ 투입되는 철도차량의 종류 및 길이 조정

---

① 3개                                   ② 4개
③ 5개                                   ④ 6개

**19** 비상사태 시 조정·명령 등 필요한 조치를 할 수 있는 사항은 ㄱㄴㅁ 외에 임시열차의 편성 및 운행, 철도서비스 인력의 투입, 철도이용의 제한 또는 금지, 그 밖에 철도서비스의 수급안정을 위하여 대통령령으로 정하는 사항 등이 있다〈철도산업발전기본법 제36조 제1항〉.
　　ㄷ의 철도시설의 긴급복구 및 복구지원은 철도서비스의 수급안정을 위하여 대통령령으로 정하는 사항으로 비상사태 시 조정·명령 등 필요한 조치를 할 수 있는 사항에 포함된다〈철도산업발전기본법 시행령 제49조 제3호〉.

## 1 보칙

① 철도건설 등의 비용부담〈법 제37조〉

　㉠ **수익자에 비용부담** : 철도시설관리자는 지방자치단체·특정한 기관 또는 단체가 철도시설건설사업으로 인하여 현저한 이익을 받는 경우에는 국토교통부장관의 승인을 얻어 그 이익을 받는 자(이하 이 조에서 "수익자"라 한다)로 하여금 그 비용의 일부를 부담하게 할 수 있다.

　㉡ **비용의 산정**

　　• 수익자가 부담하여야 할 비용은 철도시설관리자와 수익자가 협의하여 정한다.

　　• 협의가 성립되지 아니하는 때에는 철도시설관리자 또는 수익자의 신청에 의하여 위원회가 이를 조정할 수 있다.

② 권한의 위임 및 위탁〈법 제38조〉

　㉠ **위탁권자** : 국토교통부장관

　㉡ **권한의 위임** : 국토교통부장관은 이 법에 따른 권한의 일부를 대통령령으로 정하는 바에 따라 특별시장·광역시장·도지사·특별자치도지사 또는 지방교통관서의 장에 위임하거나 관계 행정기관·국가철도공단·철도공사·정부출연연구기관에게 위탁할 수 있다.

　㉢ **철도공사에 위탁** : 철도시설유지보수 시행업무는 철도공사에 위탁한다.

　㉣ **국토교통부령이 정하는 자에게 위탁** : 국토교통부장관은 철도산업정보센터의 설치·운영업무를 다음의 자 중에서 국토교통부령이 정하는 자에게 위탁한다〈시행령 제50조 제1항〉.

　　• 정부출연연구기관등의설립·운영및육성에관한법률 또는 과학기술분야정부출연연구기관등의설립·운영및육성에관한법률에 의한 정부출연연구기관

　　• 국가철도공단

　㉤ **철도청장에게 위탁** : 국토교통부장관은 철도시설유지보수 시행업무를 철도청장에게 위탁한다.

　㉥ **국토교통부령이 정하는 자에게 위탁** : 국토교통부장관은 철도교통관제시설의 관리업무 및 철도교통관제업무를 다음의 자 중에서 국토교통부령이 정하는 자에게 위탁한다〈시행령 제50조 제3항〉.

　　• 국가철도공단

　　• 철도운영자

③ 청문〈법 제39조〉

　㉠ **청문권자** : 국토교통부장관

　㉡ **청문실시** : 국토교통부장관은 특정 노선 및 역의 폐지와 이와 관련된 철도서비스의 제한 또는 중지에 대한 승인을 하고자 하는 때에는 청문을 실시하여야 한다.

## ❷ 벌칙

① 벌칙〈법 제40조〉

　㉠ 3년 이하의 징역 또는 5천만 원 이하의 벌금 : 국토교통부장관의 승인을 얻지 아니하고 특정 노선 및 역을 폐지하거나 철도서비스를 제한 또는 중지한 자

　㉡ 2년 이하의 징역 또는 3천만 원 이하의 벌금
- 거짓이나 그 밖의 부정한 방법으로 제31조 제1항에 따른 허가를 받은 자
- 허가를 받지 아니하고 철도시설을 사용한 자
- 제36조 제1항 제1호부터 제5호까지 또는 제7호의 비상사태 시 처분에 따른 조정 · 명령 등의 조치를 위반한 자

　**조문참고** 제36조 제1항 제1호부터 제5호까지 또는 제7호
　　1. 지역별 · 노선별 · 수송대상별 수송 우선순위 부여 등 수송통제
　　2. 철도시설 · 철도차량 또는 설비의 가동 및 조업
　　3. 대체수송수단 및 수송로의 확보
　　4. 임시열차의 편성 및 운행
　　5. 철도서비스 인력의 투입
　　7. 그 밖에 철도서비스의 수급안정을 위하여 대통령령으로 정하는 사항

　　**대통령령으로 정하는 사항〈철도산업발전기본법 시행령 제49조〉**
- 철도시설의 임시사용
- 철도시설의 사용제한 및 접근 통제
- 철도시설의 긴급복구 및 복구지원
- 철도역 및 철도차량에 대한 수색 등

② 양벌규정〈법 제41조〉

　㉠ 제40조(벌칙)의 위반 : 법인의 대표자나 법인 또는 개인의 대리인, 사용인, 그 밖의 종업원이 그 법인 또는 개인의 업무에 관하여 제40조(벌칙)의 위반행위를 하면 그 행위자를 벌하는 외에 그 법인 또는 개인에게도 해당 조문의 벌금형을 과(科)한다.

　㉡ 양벌규정 예외 : 법인 또는 개인이 그 위반행위를 방지하기 위하여 해당 업무에 관하여 상당한 주의와 감독을 게을리 하지 아니한 경우에는 그러하지 아니하다.

③ 과태료〈법 제42조〉

　㉠ 1천만 원 이하의 과태료 : 비상사태 시 처분에 따른 철도이용의 제한 또는 금지
　㉡ 부과권자 : 국토교통부장관
　㉢ 부과 · 징수 : 과태료는 대통령령으로 정하는 바에 따라 국토교통부장관이 부과 · 징수한다.

④ 과태료 부과〈시행령 제51조〉

    ㉠ **과태료 처분대상자에게 통지** : 국토교통부장관이 과태료를 부과하는 때에는 당해 위반행위를 조사·확인한 후 위반사실·과태료 금액·이의제기의 방법 및 기간 등을 서면으로 명시하여 이를 납부할 것을 과태료처분대상자에게 통지하여야 한다.

    ㉡ **의견진술의 기회 부여** : 국토교통부장관은 과태료를 부과하고자 하는 때에는 10일 이상의 기간을 정하여 과태료처분대상자에게 구술 또는 서면에 의한 의견진술의 기회를 주어야 한다.

    ※ 지정된 기일까지 의견진술이 없는 때에는 의견이 없는 것으로 본다.

    ㉢ **위반행위의 동기·정도·횟수 등을 참작** : 국토교통부장관은 과태료의 금액을 정함에 있어서는 당해 위반행위의 동기·정도·횟수 등을 참작하여야 한다.

    ㉣ **징수절차** : 과태료의 징수절차는 국토교통부령으로 정한다.

(1) 철도시설관리자는 지방자치단체·특정한 기관 또는 단체가 철도시설건설사업으로 인하여 현저한 이익을 받는 경우에는 국토교통부장관의 승인을 얻어 그 이익을 받는 자(이하 이 조에서 "＿＿＿＿"라 한다)로 하여금 그 비용의 일부를 ＿＿하게 할 수 있다.

(2) ＿＿＿＿가 부담하여야 할 비용은 철도시설관리자와 수익자가 협의하여 정한다. 이 경우 협의가 성립되지 아니하는 때에는 철도시설관리자 또는 수익자의 신청에 의하여 ＿＿＿＿가 이를 조정할 수 있다.

(3) 국토교통부장관은 이 법에 따른 권한의 일부를 ＿＿＿＿＿으로 정하는 바에 따라 특별시장·광역시장·도지사·특별자치도지사 또는 지방교통관서의 장에 위임하거나 관계 행정기관·국가철도공단·철도공사·정부출연연구기관에게 위탁할 수 있다. 다만, 철도시설유지보수 시행업무는 ＿＿＿＿＿에 위탁한다.

(4) 국토교통부장관은 특정 노선 및 역의 폐지와 이와 관련된 철도서비스의 제한 또는 중지에 대한 ＿＿＿을 하고자 하는 때에는 ＿＿＿을 실시하여야 한다.

(5) 국토교통부장관의 승인을 얻지 아니하고 특정 노선 및 역을 폐지하거나 철도서비스를 제한 또는 중지한 자는 ＿＿ 이하의 징역 또는 ＿＿＿＿＿ 이하의 벌금에 처한다.

(6) ＿＿＿ 이하의 징역 또는 ＿＿＿＿＿ 이하의 벌금
 ㉠ 거짓이나 그 밖의 부정한 방법으로 제31조 제1항에 따른 허가를 받은 자
 ㉡ 허가를 받지 아니하고 철도시설을 사용한 자
 ㉢ 비상시대시 처분에 따른 조정·명령 등의 조치를 위반한 자
  ※ 비상사태시 처분에 따른 조정·명령 등의 다음 조치를 위반한 자
  • 지역별·노선별·수송대상별 수송 우선순위 부여 등 수송통제
  • 철도시설·철도차량 또는 설비의 가동 및 조업
  • 대체수송수단 및 수송로의 확보
  • 임시열차의 편성 및 운행
  • 철도서비스 인력의 투입
  • 그 밖에 철도서비스의 수급안정을 위하여 대통령령으로 정하는 사항

(7) 국토교통부장관은 과태료를 부과하고자 하는 때에는 ＿＿＿＿＿＿＿＿을 정하여 과태료처분대상자에게 구술 또는 서면에 의한 의견진술의 기회를 주어야 한다.

(8) 과태료의 징수절차는 ＿＿＿＿＿＿＿으로 정한다.

(9) 비상사태 시 처분에 따른 철도이용의 제한 또는 금지를 위반한 경우에는 ＿＿＿＿＿ 이하의 과태료를 부과한다.

(1) 수익자, 부담
(2) 수익자, 위원회
(3) 대통령령, 철도공사
(4) 승인, 청문
(5) 3년, 5천만 원

(6) 2년, 3천만 원
(7) 10일 이상의 기간
(8) 국토교통부령
(9) 1천만 원

**1** 철도산업발전기본법령상 철도건설 등의 비용부담에 대한 설명으로 옳지 않은 것은?

① 비용의 일부를 부담하게 할 경우에는 국토교통부장관의 승인을 얻어야 한다.

② 지방자치단체 또는 특정한 단체가 철도시설 건설 사업으로 인하여 현저한 이익을 받는 경우에 비용부담을 요구할 수 있다.

③ 수익자가 부담하여야 할 비용은 위원회와 철도시설관리자가 협의하여 정한다.

④ 협의가 성립되지 않을 경우에는 철도시설관리자 또는 수익자에 의해 위원회가 조정할 수 있다.

**2** 철도산업발전기본법령상 철도건설 등의 비용을 부담하게 할 수 있는 주체는?

① 국토교통부장관

② 지방자치단체장

③ 철도시설관리자

④ 기획재정부장관

---

**ANSWER** 1.③  2.③

**1** ③④ 수익자가 부담하여야 할 비용은 철도시설관리자와 수익자가 협의하여 정한다. 이 경우 협의가 성립되지 아니하는 때에는 철도시설관리자 또는 수익자의 신청에 의하여 위원회가 이를 조정할 수 있다〈철도산업발전기본법 제37조 제2항〉.
①② 철도산업발전기본법 제37조 제1항

**2** 철도시설관리자는 지방자치단체·특정한 기관 또는 단체가 철도시설 건설 사업으로 인하여 현저한 이익을 받는 경우에는 국토교통부장관의 승인을 얻어 그 이익을 받는 자(이하 이 조에서 "수익자"라 한다)로 하여금 그 비용의 일부를 부담하게 할 수 있다〈철도산업발전기본법 제37조 제1항〉.

**3** 철도산업발전기본법령상 권한의 위임 및 위탁에 대한 설명으로 옳지 않은 것은?

① 권한 위임 및 위탁은 국토교통부령으로 정한다.
② 특별자치도지사에게 권한의 일부를 위임할 수 있다.
③ 철도시설유지보수 시행업무는 철도공사에 위탁한다.
④ 권한의 일부를 정부출연 연구기관에게 위탁할 수 있다.

**4** 철도산업발전기본법령상 철도교통관제시설의 관리업무 및 철도교통 관제업무는 국토교통부령이 정하는 자에게 위탁해야 한다. 다음에서 위탁할 수 있는 기관을 모두 고르면?

| | |
|---|---|
| ㉠ 국가철도공단 | ㉡ 광역시장 |
| ㉢ 철도공사 | ㉣ 철도운영자 |

① ㉠㉡             ② ㉠㉣
③ ㉡㉢㉣          ④ ㉡㉣

**5** 철도산업발전기본법령상 청문과 관련이 없는 것은?

① 국토교통부장관          ② 특정 노선 철도서비스의 중지
③ 관리업무 및 철도교통 관제업무     ④ 특정 역의 폐지

---

**ANSWER**   3.①   4.②   5.③

..........................................................................................................................................

**3** ① 권한의 위임 및 위탁의 일부를 대통령령으로 정하는 바에 따라 국토교통부장관이 위탁한다〈철도산업발전기본법 제38조〉.
②③④ 철도산업발전기본법 제38조

**4** 국토교통부장관은 철도교통관제시설의 관리업무 및 철도교통 관제업무를 다음의 자 중에서 국토교통부령이 정하는 자에게 위탁한다〈철도산업발전기본법 시행령 제50조 제3항〉.
㉠ 국가철도공단
㉡ 철도운영자

**5** **청문** … 국토교통부장관은 특정 노선 및 역의 폐지와 이와 관련된 철도서비스의 제한 또는 중지에 대한 승인을 하고자 하는 때에는 청문을 실시하여야 한다〈철도산업발전기본법 제39조〉.

**6** 철도산업발전기본법령상 2년 이하의 징역 또는 3천만 원 이하의 벌금에 해당하지 않는 것은?

① 허가를 받지 아니하고 철도시설을 사용한 자
② 임시열차의 편성 및 운행의 비상사태 시 처분에 따른 조정·명령 등의 조치를 위반한 자
③ 거짓이나 그 밖의 부정한 방법으로 철도시설을 사용하고자 하는 허가를 받은 자
④ 국토교통부장관의 승인을 얻지 아니하고 특정 노선 및 역을 폐지한 자


**7** 철도산업발전기본법령상 다음에 해당하는 벌칙은?

> 국토교통부장관의 승인을 얻지 아니하고 특정 노선 및 역을 폐지하거나 철도서비스를 제한 또는 중지한 자

① 3년 이하의 징역 또는 5천만 원 이하의 벌금
② 5천만 원 이하의 과태료
③ 2년 이하의 징역 또는 3천만 원 이하의 벌금
④ 3천만 원 이하의 과태료


---

**ANSWER** 6.④ 7.①

6 ④는 3년 이하의 징역 또는 5천만 원 이하의 벌금에 처한다〈철도산업발전기본법 제40조 제1항〉.

7 국토교통부장관의 승인을 얻지 아니하고 특정 노선 및 역을 폐지하거나 철도서비스를 제한 또는 중지한 자는 3년 이하의 징역 또는 5천만 원 이하의 벌금에 처한다〈철도산업발전기본법 제40조 제1항〉.

**8** 철도산업발전기본법령상 비상사태 시 처분에 따른 조정·명령 등의 조치를 위반한 자에게는 징역형 또는 벌금에 처해진다. 그에 해당하지 않는 것은?

① 철도서비스 인력의 투입
② 특정 노선 및 역을 폐지
③ 지역별·노선별·수송대상별 수송 우선순위 부여 등 수송통제
④ 대체수송수단 및 수송로의 확보

**9** 철도산업발전기본법령상 벌칙이 가장 중한 사람은?

① 비상사태 시 임시열차의 편성 및 운행정지 명령을 위반한 자
② 부정한 방법으로 철도시설을 사용하고자 하는 허가를 받은 자
③ 비상사태 시 철도시설의 사용제한 통제 처분에 따른 조정·명령 등의 조치를 위반한 자
④ 국토교통부장관의 승인을 얻시 아니하고 특정 노선 및 역을 폐지한 자

---

**ANSWER** 8.② 9.④
------------------------------------------------------------------

**8** 비상사태 시 처분에 따른 조정·명령 등의 조치를 위반한 자〈철도산업발전기본법 제40조 제2항 제3호〉
  ㉠ 지역별·노선별·수송대상별 수송 우선순위 부여 등 수송통제
  ㉡ 철도시설·철도차량 또는 설비의 가동 및 조업
  ㉢ 대체수송수단 및 수송로의 확보
  ㉣ 임시열차의 편성 및 운행
  ㉤ 철도서비스 인력의 투입
  ㉥ 그 밖에 철도서비스의 수급안정을 위하여 대통령령으로 정하는 다음의 사항
    • 철도시설의 임시사용
    • 철도시설의 사용제한 및 접근 통제
    • 철도시설의 긴급복구 및 복구지원
    • 철도역 및 철도차량에 대한 수색 등

**9** ④ 3년 이하의 징역 또는 5천만 원 이하의 벌금
  ① 2년 이하의 징역 또는 3천만 원 이하의 벌금
  ② 2년 이하의 징역 또는 3천만 원 이하의 벌금
  ③ 2년 이하의 징역 또는 3천만 원 이하의 벌금

**10** 철도산업발전기본법령상 벌칙에 대한 설명으로 옳지 않은 것은?

① 과태료는 대통령령으로 정하는 바에 따라 국토교통부장관이 부과·징수한다.

② 허가를 받지 아니하고 철도시설을 사용한 자는 2년 이하의 징역 또는 3천만 원 이하의 벌금에 처한다.

③ 과태료를 부과할 때에는 15일 이상의 기간을 정하여 과태료처분 대상자에게 의견진술의 기회를 주어야 한다.

④ 과태료의 징수절차는 국토교통부령으로 정한다.


**11** 철도산업발전기본법령상 비상사태 시 처분에 따른 철도이용의 제한 또는 금지명령을 위반한 자에 대한 과태료를 부과·징수하는 주체는?

① 철도운영자

② 철도관리자

③ 국가철도공단

④ 국토교통부장관


**12** 철도산업발전기본법령상 과태료의 금액을 정함에 있어서 참작해야 할 사항이 아닌 것은?

① 위반행위의 방법

② 위반행위의 정도

③ 위반행위의 횟수

④ 위반행위의 동기


---

**ANSWER** 10.③ 11.④ 12.①

**10** ③ 국토교통부장관은 과태료를 부과하고자 하는 때에는 10일 이상의 기간을 정하여 과태료처분 대상자에게 구술 또는 서면에 의한 의견진술의 기회를 주어야 한다〈철도산업발전기본법 시행령 제51조 제2항〉.
  ① 철도산업발전기본법 제42조 제2항
  ② 철도산업발전기본법 제40조 제2항 제2호
  ③ 철도산업발전기본법 시행령 제51조 제4항

**11** 국토교통부장관은 천재·지변·전시·사변, 철도교통의 심각한 장애 그 밖에 이에 준하는 사태의 발생으로 인하여 철도서비스에 중대한 차질이 발생하거나 발생할 우려가 있다고 인정하는 경우에는 필요한 범위안에서 철도시설관리자·철도운영자 또는 철도이용자에게 철도이용의 제한 또는 금지에 관한 조정·명령 그 밖의 필요한 조치를 할 수 있다. 이를 위반한 자에게는 1천만 원 이하의 과태료를 부과하며 대통령령으로 정하는 바에 따라 국토교통부장관이 부과·징수한다〈철도산업발전기본법 제42조 제1항 및 제2항〉.

**12** 국토교통부장관은 과태료의 금액을 정함에 있어서는 당해 위반행위의 동기·정도·횟수 등을 참작하여야 한다〈철도산업발전기본법 시행령 제51조 제3항〉.

P A R T

**III**

# 한국철도공사법

# chapter

# 01 총칙

## 1 목적과 법인격 · 자본금 등

① **목적**〈법 제1조〉

이 법은 한국철도공사를 설립하여 철도운영의 전문성과 효율성을 높임으로써 철도산업과 국민경제의 발전에 이바지함을 목적으로 한다.

② **법인격**〈법 제2조〉

한국철도공사(이하 "공사"라 한다)는 법인으로 한다.

> ※ **한국철도공사의 역사** … 2005년 이전까지만 해도 중앙행정기관인 철도청으로서 국영철도를 운영하는 곳이었으나, 2005년 1월 1일부로 공기업으로 변경되었다

③ **사무소**〈법 제3조〉

㉠ **소재지** : 공사의 주된 사무소의 소재지는 정관으로 정한다.

㉡ **하부조직** : 공사는 업무수행을 위하여 필요하면 이사회의 의결을 거쳐 필요한 곳에 하부조직을 둘 수 있다.

③ **자본금 및 출자**〈법 제4조〉

㉠ **자본금** : 공사의 자본금은 22조원으로 하고, 그 전부를 정부가 출자한다.

㉡ **납입 시기와 방법** : 자본금의 납입 시기와 방법은 기획재정부장관이 정하는 바에 따른다.

㉢ **현물출자** : 국가는 「국유재산법」에도 불구하고 운영자산을 공사에 현물로 출자한다.

> ※ **운영자산** … 철도청과 고속철도건설공단이 철도운영 등을 주된 목적으로 취득하였거나 관련 법령 및 계약 등에 의하여 취득하기로 한 재산 · 시설 및 그에 관한 권리를 말한다.

㉣ **공사에 출자** : 국가가 공사에 출자를 할 때에는 「국유재산의 현물출자에 관한 법률」에 따른다.

> ※ **국유재산의 현물출자에 관한 법률** … 정부출자 기업체의 건전한 육성을 위해 국유재산의 현물출자에 관한 사항을 규정한 법(1963. 11. 1, 법률 제1430호). 2009년 7월 31일 폐지되었다.

**2 등기**

① 등기〈법 제5조〉
  ㉠ 설립등기 : 공사는 주된 사무소의 소재지에서 설립등기를 함으로써 성립한다.
  ㉡ 공사의 등기에 필요한 사항 : 공사의 설립등기와 하부조직의 설치·이전 및 변경 등기, 그 밖에 공사의 등기에 필요한 사항은 대통령령으로 정한다.
  ㉢ 대항의 금지 : 공사는 등기가 필요한 사항에 관하여는 등기하기 전에는 제3자에게 대항하지 못한다.

② 설립등기사항〈시행령 제2조〉
  ㉠ 설립목적
  ㉡ 명칭
  ㉢ 주된 사무소 및 하부조직의 소재지
  ㉣ 자본금
  ㉤ 임원의 성명 및 주소
  ㉥ 공고의 방법

③ 하부조직 설치등기의 구분〈시행령 제3조〉
  ㉠ 주된 사무소의 소재지 : 2주일 이내에 새로이 설치된 하부조직의 명칭 및 소재지
  ㉡ 새로이 설치된 하부조직의 소재지 : 3주일 이내에 설립목적, 명칭, 주된 사무소 및 하부조직의 소재지, 자본금, 임원의 성명 및 주소, 공고의 방법에 관한 사항
  ㉢ 이미 설치된 하부조직의 소재지 : 3주일 이내에 새로이 설치된 하부조직의 명칭 및 소재지

④ 이전등기 및 변경등기
  ㉠ 이전등기〈시행령 제4조〉
    • 공사가 주된 사무소 또는 하부조직을 다른 등기소의 관할구역으로 이전한 때에는 구소재지에 있어서는 2주일 이내에 그 이전한 뜻을, 신소재지에 있어서는 3주일 이내에 제2조 각호의 사항을 각각 등기하여야 한다.
    • 동일한 등기소의 관할구역 안에서 주된 사무소 또는 하부조직을 이전한 때에는 2주일 이내에 그 이전의 뜻만을 등기하여야 한다.
  ㉡ 변경등기〈시행령 제5조〉: 공사는 변경이 있는 때에는 주된 사무소의 소재지에서는 2주일 이내에, 하부조직의 소재지에서는 3주일 이내에 그 변경된 사항을 등기하여야 한다.

⑤ 대리·대행인의 선임등기〈시행령 제6조〉
  ㉠ 선임등기 : 공사의 사장이 사장에 갈음하여 공사의 업무에 관한 재판상 또는 재판 외의 행위를 할 수 있는 직원(이하 "대리·대행인"이라 한다)을 선임한 때에는 2주일 이내에 대리·대행인을 둔 주된 사무소 또는 하부조직의 소재지에서 다음의 사항을 등기하여야 한다. 등기한 사항이 변경된 때에도 또한 같다.
    • 대리·대행인의 성명 및 주소

- 대리 · 대행인을 둔 주된 사무소 또는 하부조직의 명칭 및 소재지
- 대리 · 대행인의 권한을 제한한 때에는 그 제한의 내용

    ⓛ 해임등기 : 대리 · 대행인을 해임한 때에는 2주일 이내에 대리 · 대행인을 둔 주된 사무소 또는 하부조직의 소재지에서 그 해임한 뜻을 등기하여야 한다.

⑥ 등기신청서의 첨부서류〈시행령 제7조〉

    ㉠ 공사의 설립등기의 경우 : 공사의 정관, 자본금의 납입액 및 임원의 자격을 증명하는 서류

    ⓛ 하부조직의 설치등기의 경우 : 하부조직의 설치를 증명하는 서류

    ⓒ 이전등기의 경우 : 주된 사무소 또는 하부조직의 이전을 증명하는 서류

    ㉣ 변경등기의 경우 : 그 변경된 사항을 증명하는 서류

    ㉤ 대리 · 대행인의 선임 · 변경 또는 해임의 등기의 경우 : 그 선임 · 변경 또는 해임이 법 제7조의 규정에 의한 것임을 증명하는 서류와 대리 · 대행인이 그 권한이 제한된 때에는 그 제한을 증명하는 서류

> **조문참고** 법 제7조(대리 · 대행) … 정관으로 정하는 바에 따라 사장이 지정한 공사의 직원은 사장을 대신하여 공사의 업무에 관한 재판상 또는 재판 외의 모든 행위를 할 수 있다.

## ③ 대리 · 대행 및 비밀 누설 · 도용의 금지

① 대리 · 대행〈법 제7조〉

    ㉠ 대리 · 대행자 : 정관으로 정하는 바에 따라 사장이 지정한 공사의 직원

    ⓛ 대리 · 대행 행위 : 사장을 대신하여 공사의 업무에 관한 재판상 또는 재판 외의 모든 행위를 할 수 있다.

② 비밀 누설 · 도용의 금지 및 유사명칭의 사용금지

    ㉠ 비밀 누설 · 도용의 금지〈법 제8조〉 : 공사의 임직원이거나 임직원이었던 사람은 그 직무상 알게 된 비밀을 누설하거나 도용하여서는 아니 된다.

    ⓛ 유사명칭의 사용금지〈법 제8조의2〉 : 이 법에 따른 공사가 아닌 자는 한국철도공사 또는 이와 유사한 명칭을 사용하지 못한다.

## 암기요약 ··· 핵심조문 빈칸 채우기

(1) 한국철도공사를 설립하여 철도운영의 전문성과 효율성을 높임으로써 _____과 _____의 발전에 이바지함을 목적으로 한다.

(2) 사무소
  ㉠ 공사의 주된 사무소의 소재지는 ___으로 정한다.
  ㉡ 공사는 업무수행을 위하여 필요하면 이사회의 의결을 거쳐 필요한 곳에 _____을 둘 수 있다.

(3) 자본금 및 출자
  ㉠ 공사의 자본금은 22조원으로 하고, 그 전부를 ___가 출자한다.
  ㉡ 자본금의 납입 시기와 방법은 _____이 정하는 바에 따른다.
  ㉢ 국가는 국유재산법에도 불구하고 운영자산을 공사에 ___로 출자한다.
  ㉣ 국가가 공사에 출자를 할 때에는 국유재산의 현물출자에 관한 법률에 따른다.

(4) 등기
  ㉠ 공사는 주된 사무소의 소재지에서 _____를 함으로써 성립한다.
  ㉡ 공사의 설립등기와 하부조직의 설치·이전 및 변경 등기, 그 밖에 공사의 등기에 필요한 사항은 _____으로 정한다.
  ㉢ 공사는 등기가 필요한 사항에 관하여는 등기하기 전에는 _____하지 못한다.

(5) 한국철도공사의 설립등기사항
  ㉠ 설립목적 및 명칭
  ㉡ 주된 사무소 및 하부조직의 소재지
  ㉢ _____
  ㉣ 임원의 성명 및 주소
  ㉤ _____

(6) 공사가 하부조직을 설치한 때의 등기
  ㉠ 주된 사무소의 소재지에 있어서는 _____에 새로이 설치된 하부조직의 명칭 및 소재지
  ㉡ 새로이 설치된 하부조직의 소재지에 있어서는 _____에 공사 설립 등기사항
  ㉢ 이미 설치된 하부조직의 소재지에 있어서는 _____에 새로이 설치된 하부조직의 명칭 및 소재지

(7) 이전등기
  ㉠ 공사가 주된 사무소 또는 하부조직을 다른 등기소의 관할구역으로 이전한 때에는 구소재지에 있어서는 2주일 이내에 그 이전한 뜻을, 신소재지에 있어서는 _____에 공사 설립 등기사항을 각각 등기하여야 한다.
  ㉡ 동일한 등기소의 관할구역 안에서 주된 사무소 또는 하부조직을 이전한 때에는 _____에 그 이전의 뜻만을 등기하여야 한다.

### 정답 및 해설

(1) 철도산업, 국민경제
(2) 정관, 하부조직
(3) 정부, 기획재정부장관, 현물
(4) 설립등기, 대통령령, 제3자에게 대항
(5) 자본금, 공고의 방법

(6) 2주일 이내, 3주일 이내, 3주일 이내
(7) 3주일 이내, 2주일 이내

**1**  한국철도공사법의 목적에 포함되는 내용으로 옳지 않은 것은?

① 한국철도공사를 설립한다.
② 철도운영의 전문성을 높인다.
③ 철도산업의 공익성과 자율성을 높인다.
④ 철도산업과 국민경제의 발전에 이바지한다.

**2**  한국철도공사법의 목적으로 가장 옳은 것은?

① 철도운영에 대한 규제를 통해 서비스의 질을 향상시킨다.
② 한국철도공사를 설립하여 철도운영의 전문성과 효율성을 높인다.
③ 철도산업의 경쟁을 촉진한다.
④ 철도산업을 육성·발전시킴으로서 국가경제 발전에 이바지 한다.

---

**ANSWER** 1.③ 2.②

**1**  한국철도공사법의 목적에 포함되는 내용〈한국철도공사법 제1조〉
㉠ 한국철도공사를 설립하여 철도 운영의 전문성과 효율성을 높인다.
㉡ 철도산업과 국민경제의 발전에 이바지한다.

**2**  한국철도공사법은 한국철도공사를 설립하여 철도운영의 전문성과 효율성을 높임으로써 철도산업과 국민경제의 발전에 이바지함을 목적으로 한다〈한국철도공사법 제1조〉.

**3** 한국철도공사법에 대한 설명이다. 옳지 않은 것은?

① 한국철도공사법에 따른 공사가 아닌 자는 한국철도공사 또는 이와 유사한 명칭을 사용하지 못한다.
② 국가는 공사의 재정 지원이 필요하다고 인정하면 재정자금의 융자 또는 사채 인수를 할 수 있다.
③ 공사가 계약에 의하여 특정인에게 사채의 총액을 인수시키는 경우에는 사채의 응모 규정을 적용한다.
④ 공사는 철도사업과 관련하여 여객자동차터미널 및 화물터미널 등 역세권 개발 사업을 할 수 있다.

**4** 한국철도공사법령에 대한 설명으로 틀린 것은?

① 한국철도공사를 설립하여 철도운영의 전문성과 효율성을 높임으로써 철도산업과 국민경제의 발전에 이바지함을 목적으로 한다.
② 한국철도공사는 법인으로 한다.
③ 정부는 공사는 철도사업과 관련하여 주차장을 개발할 경우에 행정적·재정적 지원을 할 수 있다.
④ 국가는 한국철도공사법이 정한 사항에 대하여 지도·감독할 수 있다.

---

**ANSWER** 3.③ 4.④

**3** ③ 공사가 계약에 의하여 특정인에게 사채의 총액을 인수시키는 경우에는 제10조(사채의 응모)의 규정을 적용하지 아니한다. 사채모집의 위탁을 받은 회사가 사채의 일부를 인수하는 경우에는 그 인수분에 대하여도 또한 같다〈한국철도공사법 시행령 제12조〉.
① 한국철도공사법에 따른 공사가 아닌 자는 한국철도공사 또는 이와 유사한 명칭을 사용하지 못한다〈한국철도공사법 제8조의2〉.
② 국가는 공사의 경영 안정 및 철도차량·장비의 현대화 등을 위하여 재정 지원이 필요하다고 인정하면 예산의 범위에서 사업에 필요한 비용의 일부를 보조하거나 재정자금의 융자 또는 사채 인수를 할 수 있다〈한국철도공사법 제12조〉.
④ 공사는 철도사업과 관련하여 일반 업무시설, 판매시설, 주차장, 여객자동차터미널 및 화물터미널 등 철도 이용자에게 편의를 제공하기 위한 역세권 개발사업을 할 수 있고, 정부는 필요한 경우에 행정적·재정적 지원을 할 수 있다〈한국철도공사법 제13조〉.

**4** ④ 국토교통부장관은 공사의 업무 중 한국철도공사법이 정한 사항과 그와 관련되는 업무에 대하여 지도·감독한다〈한국철도공사법 제16조〉.
① 한국철도공사법 제1조
② 한국철도공사법 제2조
③ 공사는 철도사업과 관련하여 일반업무시설, 판매시설, 주차장, 여객자동차터미널 및 화물터미널 등 철도 이용자에게 편의를 제공하기 위한 역세권 개발사업을 할 수 있고, 정부는 필요한 경우에 행정적·재정적 지원을 할 수 있다〈한국철도공사법 제13조〉.

**5** 다음 중 한국철도공사법령에 대한 설명으로 옳은 것을 모두 고르면?

---

㉠ 정관으로 정하는 바에 따라 사장이 지정한 공사의 직원은 재판상 또는 재판 외의 모든 행위를 대리·대행할 수 있다.

㉡ 공사는 국가 또는 지방자치단체를 대위(代位)하여 등기를 촉탁할 수 있다.

㉢ 채권의 소유자과 소지인은 공사의 근무시간 중에는 사채원부의 열람을 요구할 수 없다.

㉣ 이권이 흠결된 때에는 그 이권에 상당한 금액을 상환액으로부터 공제한다.

---

① ㉠㉡
② ㉠㉡㉢
③ ㉠㉡㉣
④ ㉠㉡㉢㉣


**6** 한국철도공사법령상 한국철도공사의 설립등기사항으로 옳지 않은 것은?

① 하부조직의 소재지
② 임원의 성명 및 주민등록번호
③ 설립목적 및 명칭
④ 공고의 방법


**ANSWER** 5.③ 6.②

---

**5** ㉠ 정관으로 정하는 바에 따라 사장이 지정한 공사의 직원은 사장을 대신하여 공사의 업무에 관한 재판상 또는 재판 외의 모든 행위를 할 수 있다〈한국철도공사법 제7조〉.

㉡ 공사가 국가 또는 지방자치단체로부터 위탁받은 사업과 관련하여 국가 또는 지방자치단체가 취득한 부동산에 관한 권리를 등기하여야 하는 경우 공사는 국가 또는 지방자치단체를 대위(代位)하여 등기를 촉탁할 수 있다〈한국철도공사법 제18조〉.

㉢ 채권의 소유자 또는 소지인은 공사의 근무시간 중 언제든지 사채원부의 열람을 요구할 수 있다〈한국철도공사법 시행령 제17조 제3항〉.

㉣ 이권(利券)이 있는 무기명식의 사채를 상환하는 경우에 이권이 흠결된 때에는 그 이권에 상당한 금액을 상환액으로부터 공제한다〈한국철도공사법 시행령 제18조 제1항〉.

**6** ② 임원의 성명 및 주소가 설립등기사항이다〈한국철도공사법 시행령 제2조 제5호〉.
①③④ 외에 주된 사무소의 소재지, 자본금, 임원의 성명 및 주소 등의 설립등기사항이 있다.

**7** 한국철도공사에 대한 설명 중 옳은 것은?

① 공사의 주된 사무소의 소재지는 공사가 정한다.
② 공고의 방법은 설립등기사항에 포함되지 않는다.
③ 공사가 하부조직을 다른 등기소의 관할구역으로 이전한 때에는 신소재지에 있어서는 3주일 이내에 설립등기사항을 등기하여야 한다.
④ 공사는 설립등기사항에 변경이 있는 때에는 주된 사무소의 소재지에서는 3주일 이내에 그 변경된 사항을 등기하여야 한다.

**8** 한국철도공사법령상 한국철도공사의 자본금은 얼마인가?

① 5조 원        ② 11조 원
③ 17조 원       ④ 22조 원

---

**ANSWER** 7.③ 8.④

**7** ① 공사의 주된 사무소의 소재지는 정관으로 정한다〈한국철도공사법 제3조 제1항〉.
　② 공고의 방법도 설립등기사항에 포함된다〈한국철도공사법 시행령 제2조 제6호〉.
　④ 공사는 설립등기사항에 변경이 있는 때에는 주된 사무소의 소재지에서는 2주일 이내에, 하부조직의 소재지에서는 3주일 이내에 그 변경된 사항을 등기하여야 한다〈한국철도공사법 시행령 제5조〉.
　③ 공사가 주된 사무소 또는 하부조직을 다른 등기소의 관할구역으로 이전한 때에는 구소재지에 있어서는 2주일 이내에 그 이전한 뜻을, 신소재지에 있어서는 3주일 이내에 설립등기사항을 각각 등기하여야 한다〈한국철도공사법 시행령 제4조 제1항〉.

**8** 공사의 자본금은 22조 원으로 하고, 그 전부를 정부가 출자한다〈한국철도공사법 제4조 제1항〉.

**9** 한국철도공사법령상 자본금 및 출자에 대한 설명으로 옳은 것은?

① 자본금의 납입 시기와 방법은 국토교통부장관이 정하는 바에 따른다.
② 공사의 자본금은 정부가 그 일부를 출자한다.
③ 국가는 공사에 운영자산을 현물로 출자한다.
④ 국가가 운영자산을 출자 할 때에는「국유재산특례제한법률」에 따른다.

**10** 한국철도공사법령상 한국철도공사가 성립되는 시기는?

① 한국철도공사법에서 정한 때
② 사무소의 소재지에서 설립등기를 한 때
③ 공사의 주된 사무소 소재지를 정한 때
④ 공사의 정관이 정해진 때

**11** 한국철도공사의 설립등기와 하부조직의 설치·이전 등을 정한 법령은?

① 철도사업법                    ② 한국철도공사법
③ 대통령령                      ④ 국토교통부령

---

**ANSWER** 9.③ 10.② 11.③

**9** ① 자본금의 납입 시기와 방법은 기획재정부장관이 정하는 바에 따른다〈한국철도공사법 제4조 제2항〉.
② 공사의 자본금은 22조 원으로 하고, 그 전부를 정부가 출자한다〈한국철도공사법 제4조 제1항〉.
③④ 국가는「국유재산법」에도 불구하고「철도산업발전 기본법」에 따른 운영자산을 공사에 현물로 출자한다〈한국철도공사법 제4조 제3항〉.

**10** 공사는 주된 사무소의 소재지에서 설립등기를 함으로써 성립한다〈한국철도공사법 제5조 제1항〉.

**11** ② 공사의 설립등기와 하부조직의 설치·이전 및 변경 등기, 그 밖에 공사의 등기에 필요한 사항은 대통령령으로 정한다〈한국철도공사법 제5조 제2항〉.

**12** 다음 중 한국철도공사법령상 공사의 등기에 대한 설명으로 틀린 것은?

① 동일한 등기소의 관할구역 안에서 주된 사무소를 이전한 때에는 3주일 이내에 그 이전의 뜻만을 등기하여야 한다.

② 공사가 하부조직을 다른 등기소의 관할구역으로 이전한 때에는 구소재지에 있어서는 2주일 이내에 그 이전한 뜻을 등기하여야 한다.

③ 공사가 주된 사무소를 다른 등기소의 관할구역으로 이전한 때에는 신소재지에 있어서는 3주일 이내에 설립등기사항을 각각 등기하여야 한다.

④ 공사는 등기가 필요한 사항에 관하여는 등기하기 전에는 제3자에게 대항하지 못한다.

**13** 한국철도공사법령상 공사가 하부조직을 설치한 때에는 다음의 구분에 따라 각각 등기하여야 한다. ( ) 안을 합한 숫자는?

> ⊙ 주된 사무소의 소재지에 있어서는 (    )주일 이내에 새로이 설치된 하부조직의 명칭 및 소재지
>
> ⓛ 새로이 설치된 하부조직의 소재지에 있어서는 (    )주일 이내에 설립목적, 명칭, 주된 사무소 및 하부조직의 소재지, 자본금, 임원의 성명 및 주소, 공고 방법의 사항
>
> ⓒ 이미 설치된 하부조직의 소재지에 있어서는 (    )주일 이내에 새로이 설치된 하부조직의 명칭 및 소재지

① 5          ② 7

③ 8          ④ 10

---

**ANSWER** 12.① 13.③

**12** ① 동일한 등기소의 관할구역 안에서 주된 사무소 또는 하부조직을 이전한 때에는 2주일 이내에 그 이전의 뜻만을 등기하여야 한다〈한국철도공사법 시행령 제4조 제2항〉.

②③ 공사가 주된 사무소 또는 하부조직을 다른 등기소의 관할구역으로 이전한 때에는 구소재지에 있어서는 2주일 이내에 그 이전한 뜻을, 신소재지에 있어서는 3주일 이내에 설립등기사항을 각각 등기하여야 한다〈한국철도공사법 시행령 제4조 제1항〉.

④ 한국철도공사법 제5조 제3항

**13** 공사가 하부조직을 설치한 때에는 다음의 구분에 따라 각각 등기하여야 한다〈한국철도공사법 시행령 제3조〉.

⊙ 주된 사무소의 소재지에 있어서는 2주일 이내에 새로이 설치된 하부조직의 명칭 및 소재지

ⓛ 새로이 설치된 하부조직의 소재지에 있어서는 3주일 이내에 설립목적, 명칭, 주된 사무소 및 하부조직의 소재지, 자본금, 임원의 성명 및 주소, 공고 방법의 사항

ⓒ 이미 설치된 하부조직의 소재지에 있어서는 3주일 이내에 새로이 설치된 하부조직의 명칭 및 소재지

**14** 한국철도공사법령상 공사의 주된 사무소 및 하부조직의 소재지가 변경된 경우 해야 하는 등기는?

① 이전등기
② 변경등기
③ 선임등기
④ 설립등기

**15** 다음에서 설명하는 공사의 직원은?

정관으로 정하는 바에 따라 사장이 지정한 공사의 직원으로 사장을 대신하여 공사의 업무에 관한 재판상 또는 재판 외의 모든 행위를 할 수 있는 직원을 말한다.

① 행정실 직원
② 변호사
③ 대리 · 대행인
④ 하부조직원

**16** 한국철도공사법령상 역 시설 개발 및 운영사업으로서 대통령령으로 정하는 사업이 아닌 것은?

① 역사와 같은 건물 안에 있는 시설의 건축물 중 제1종 근린생활시설
② 물류시설 중 철도운영이나 철도와 다른 교통수단과의 연계운송을 위한 시설
③ 투자 · 건설 · 유지보수 시설
④ 역사와 같은 건물 안에 있는 시설로서 숙박시설 및 창고시설

---

**ANSWER** 14.② 15.③ 16.③

**14** 변경등기 … 공사는 설립목적, 명칭, 주된 사무소 및 하부조직의 소재지, 자본금, 임원의 성명 및 주소, 공고 방법의 사항의 사항에 변경이 있는 때에는 주된 사무소의 소재지에서는 2주일 이내에, 하부조직의 소재지에서는 3주일 이내에 그 변경된 사항을 등기하여야 한다〈한국철도공사법 시행령 제5조〉.

**15** 대리 · 대행인 … 정관으로 정하는 바에 따라 사장이 지정한 공사의 직원은 사장을 대신하여 공사의 업무에 관한 재판상 또는 재판 외의 모든 행위를 할 수 있다〈한국철도공사법 제7조〉.

**16** 역 시설 개발 및 운영사업으로서 대통령령으로 정하는 사업〈한국철도공사법 시행령 제7조의2 제2항〉
ㄱ 철도운영이나 철도와 다른 교통수단과의 연계운송을 위한 시설
ㄴ 환승시설
ㄷ 역사와 같은 건물 안에 있는 시설의 건축물 중 제1종 근린생활시설, 제2종 근린생활시설, 문화 및 집회시설, 판매시설, 운수시설, 의료시설, 운동시설, 업무시설, 숙박시설, 창고시설, 자동차관련시설, 관광휴게시설과 그 밖에 철도이용객의 편의를 증진하기 위한 시설

**17** 한국철도공사법령상 대리·대행인의 선임 또는 변경 시 등기해야 할 사항이 아닌 것은?

① 대리·대행인의 성명 및 주소
② 대리·대행인의 주민등록번호
③ 대리·대행인의 권한을 제한한 때에는 그 제한의 내용
④ 대리·대행인을 둔 주된 사무소 또는 하부조직의 명칭 및 소재지

**18** 한국철도공사법령상 대리·대행인을 해임한 때 해임한 뜻을 등기해야 하는 기간은?

① 7일
② 14일
③ 21일
④ 30일

**17** 대리·대행인의 선임시 등기사항〈한국철도공사법 시행령 제6조〉
㉠ 대리·대행인의 성명 및 주소
㉡ 대리·대행인을 둔 주된 사무소 또는 하부조직의 명칭 및 소재지
㉢ 대리·대행인의 권한을 제한한 때에는 그 제한의 내용
※ **대리·대행인** … 공사의 사장이 사장에 갈음하여 공사의 업무에 관한 재판상 또는 재판 외의 행위를 할 수 있는 직원을 말한다. 대리·대행인을 선임한 때에는 2주일 이내에 대리·대행인을 둔 주된 사무소 또는 하부조직의 소재지에서 법에서 정한 사항을 등기하여야 한다. 등기한 사항이 변경된 때에도 또한 같다〈한국철도공사법 시행령 제6조 제1항〉.

**18** 대리·대행인을 해임한 때에는 2주일 이내에 대리·대행인을 둔 주된 사무소 또는 하부조직의 소재지에서 그 해임한 뜻을 등기하여야 한다〈한국철도공사법 시행령 제6조 제1항〉.

**19** 한국철도공사법령상 등기신청서의 첨부서류가 잘못 짝지어진 것은?

① 공사의 설립등기의 경우 – 공사의 정관, 자본금의 납입액 및 임원의 자격을 증명하는 서류
② 하부조직의 설치등기 – 선임·변경 규정에 의한 것임을 증명하는 서류
③ 이전등기의 경우 – 주된 사무소 또는 하부조직의 이전을 증명하는 서류
④ 변경등기의 경우 – 그 변경된 사항을 증명하는 서류

---

**ANSWER** 19.②

**19** 등기신청서의 첨부서류〈한국철도공사법 시행령 제7조〉
ㄱ 공사의 설립등기의 경우에는 공사의 정관, 자본금의 납입액 및 임원의 자격을 증명하는 서류
ㄴ 하부조직의 설치등기의 경우에는 하부조직의 설치를 증명하는 서류
ㄷ 이전등기의 경우에는 주된 사무소 또는 하부조직의 이전을 증명하는 서류
ㄹ 변경등기의 경우에는 그 변경된 사항을 증명하는 서류
ㅁ 대리·대행인의 선임·변경 또는 해임의 등기의 경우에는 그 선임·변경 또는 해임이 대리·대행 규정에 의한 것임을 증명하는 서류와 대리·대행인이 대리·대행인의 권한을 제한한 때에는 그 제한 내용의 규정에 의하여 그 권한이 제한된 때에는 그 제한을 증명하는 서류

# chapter 02 공사사업 및 사채발행

## ① 공사의 사업〈법 제9조〉

① 사업내용
  ㉠ 철도여객사업, 화물운송사업, 철도와 다른 교통수단의 연계운송사업
  ㉡ 철도장비와 철도용품의 제작·판매·정비 및 임대사업
  ㉢ 철도차량의 정비 및 임대사업
  ㉣ 철도시설의 유지·보수 등 국가·지방자치단체 또는 공공법인 등으로부터 위탁받은 사업
  ㉤ 역세권 및 공사의 자산을 활용한 개발·운영사업으로서 대통령령으로 정하는 사업

  > **대통령령으로 정하는 사업〈한국철도공사법 시행령 제7조의2 제1항〉**
  > • **역세권 개발·운영사업** : 역세권개발사업 및 운영사업
  > • **공사의 자산을 활용한 개발·운영사업** : 철도이용객의 편의를 증진하기 위한 시설의 개발·운영사업

  ㉥ 역 시설 개발 및 운영사업으로서 대통령령으로 정하는 사업

  > **대통령령으로 정하는 사업(시설을 개발·운영하는 사업)〈한국철도공사법 시행령 제7조의2 제2항〉**
  > • 물류시설 중 철도운영이나 철도와 다른 교통수단과의 연계운송을 위한 시설
  > • 환승시설
  > • 역사와 같은 건물 안에 있는 시설로서 건축물 중 제1종 근린생활시설, 제2종 근린생활시설, 문화 및 집회시설, 판매시설, 운수시설, 의료시설, 운동시설, 업무시설, 숙박시설, 창고시설, 자동차관련시설, 관광휴게시설과 그 밖에 철도이용객의 편의를 증진하기 위한 시설

  ㉦ 물류사업으로서 대통령령으로 정하는 사업

  > **대통령령으로 정하는 사업(시설을 개발·운영하는 사업)〈한국철도공사법 시행령 제7조의2 제3항〉**
  > • 철도운영을 위한 사업
  > • 철도와 다른 교통수단과의 연계운송을 위한 사업
  > • 다음의 자산을 이용하는 사업으로서 물류시설운영업 및 물류서비스업
  > −철도시설(이하 "철도시설"이라 한다) 또는 철도부지
  > −그 밖에 공사가 소유하고 있는 시설, 장비 또는 부지

  ㉧ 관광사업으로서 대통령령으로 정하는 사업

  > **대통령령으로 정하는 사업〈한국철도공사법 시행령 제7조의2 제4항〉**
  > • 관광사업(카지노업은 제외한다)으로서 철도운영과 관련된 사업

ⓧ ㉠부터 ⓐ까지의 사업과 관련한 조사·연구, 정보화, 기술 개발 및 인력 양성에 관한 사업

ⓩ ㉠부터 ⓧ까지의 사업에 딸린 사업으로서 대통령령으로 정하는 사업

> **대통령령으로 정하는 사업〈한국철도공사법 시행령 제7조의2 제5항〉**
> • 철도시설 또는 철도 부지나 같은 조 제4호의 철도차량 등을 이용하는 광고사업
> • 철도시설을 이용한 정보통신 기반시설 구축 및 활용 사업
> • 철도운영과 관련한 엔지니어링 활동
> • 철도운영과 관련한 정기간행물 사업, 정보매체 사업
> • 다른 법령의 규정에 따라 공사가 시행할 수 있는 사업
> • 그 밖에 철도운영의 전문성과 효율성을 높이기 위하여 필요한 사업

③ 공사의 국외 사업 및 투자·융자·보조 또는 출연〈법 제9조 제2항 및 제3항〉
  ㉠ 국외에서의 사업 : 공사는 국외에서 ①의 사업을 할 수 있다.
  ㉡ 투자·융자·보조 또는 출연 : 공사는 이사회의 의결을 거쳐 예산의 범위에서 공사의 업무와 관련된 사업에 투자·융자·보조 또는 출연할 수 있다.


## ② 손익금

① 손익금의 처리〈법 제10조〉
  ㉠ 이익금 처리순서 : 공사는 매 사업연도 결산 결과 이익금이 생기면 다음의 순서로 처리하여야 한다.
    • 이월결손금의 보전(補塡)
    • 자본금의 2분의 1이 될 때까지 이익금의 10분의 2 이상을 이익준비금으로 적립
    • 자본금과 같은 액수가 될 때까지 이익금의 10분의 2 이상을 사업확장적립금으로 적립
    • 국고에 납입
  ㉡ 손실금 : 공사는 매 사업연도 결산 결과 손실금이 생기면 사업확장적립금으로 보전하고 그 적립금으로도 부족하면 이익준비금으로 보전하되, 보전미달액은 다음 사업연도로 이월(移越)한다.
  ㉢ 이익준비금과 사업확장적립금 : 이익준비금과 사업확장적립금은 대통령령으로 정하는 바에 따라 자본금으로 전입할 수 있다.

② 이익준비금 등의 자본금전입〈시행령 제8조〉
  ㉠ 자본금 전입 : 이익준비금 또는 사업확장적립금을 자본금으로 전입하고자 하는 때에는 이사회의 의결을 거쳐 기획재정부장관의 승인을 얻어야 한다.
  ㉡ 보고 : 이익준비금 또는 사업확장적립금을 자본금에 전입한 때에는 공사는 그 사실을 국토교통부장관에게 보고하여야 한다.

**❸ 사채발행**

① **사채의 발행〈법 제11조〉**

　ⓐ **발행** : 공사는 이사회의 의결을 거쳐 사채를 발행할 수 있다.

　ⓑ **발행방법** : 공사가 사채를 발행하고자 하는 때에는 모집·총액인수 또는 매출의 방법에 의한다〈시행령 제9조〉.

　ⓒ **발행액** : 사채의 발행액은 공사의 자본금과 적립금을 합한 금액의 5배를 초과하지 못한다.

　ⓓ **원리금 상환 보증** : 국가는 공사가 발행하는 사채의 원리금 상환을 보증할 수 있다.

　ⓔ **소멸시효** : 사채의 소멸시효는 원금은 5년, 이자는 2년이 지나면 완성한다.

　ⓕ **발행승인** : 승인공사는 예산이 확정되면 2개월 이내에 해당 연도에 발행할 사채의 목적·규모·용도 등이 포함된 사채발행 운용계획을 수립하여 이사회의 의결을 거쳐 국토교통부장관의 승인을 받아야 한다. 운용계획을 변경하려는 경우에도 또한 같다.

　　※ **사채의 발행**

　　　ⓐ 사채의 액면 발행 : 액면발행이란 사채를 그 액면가격, 즉 명목가격으로 발행하는 것을 말한다.

　　　ⓑ 사채의 할인 발행 : 할인발행은 사채를 액면가보다 낮은 가격으로 발행하는 것을 말한다.

　　　ⓒ 사채의 할증 발행 : 할증발행은 사채를 액면가보다 높은 가격으로 발행하는 것을 말한다.

② **사채의 응모〈시행령 제10조〉**

　ⓐ **사채 모집** : 사채의 모집에 응하고자 하는 자는 사채청약서 2통에 그 인수하고자 하는 사채의 수·인수가액과 청약자의 주소를 기재하고 기명날인하여야 한다. 다만, 사채의 최저가액을 정하여 발행하는 경우에는 그 응모가액을 기재하여야 한다.

　ⓑ **사채청약서 작성** : 사채청약서는 사장이 작성한다.

　ⓒ **사채청약서 개재 사항**

　　• 공사의 명칭

　　• 사채의 발행총액

　　• 사채의 종류별 액면금액

　　• 사채의 이율

　　• 사채상환의 방법 및 시기

　　• 이자지급의 방법 및 시기

　　• 사채의 발행가액 또는 그 최저가액

　　• 이미 발행한 사채 중 상환되지 아니한 사채가 있는 때에는 그 총액

　　• 사채모집의 위탁을 받은 회사가 있을 때에는 그 상호 및 주소

③ **사채의 발행총액 및 총액 인수방법**

　ⓐ **사채의 발행총액〈시행령 제11조〉**

　　• 공사가 사채를 발행함에 있어서 실제로 응모된 총액이 사채청약서에 기재한 사채발행총액에 미달하는 때에도 사채를 발행한다는 뜻을 사채청약서에 표시할 수 있다.

- 이 경우 그 응모총액을 사채의 발행총액으로 한다.
  - ⓒ **총액인수의 방법**〈시행령 제12조〉
    - 공사가 계약에 의하여 특정인에게 사채의 총액을 인수시키는 경우에는 ②의 규정을 적용하지 아니한다.
    - 사채모집의 위탁을 받은 회사가 사채의 일부를 인수하는 경우에는 그 인수분에 대하여도 또한 같다.

④ **공사가 매출의 방법으로 사채를 발행하는 경우 미리 공고해야 할 사항**〈시행령 제13조〉
  - ㉠ 매출기간
  - ㉡ 공사의 명칭
  - ㉢ 사채의 종류별 액면금액
  - ㉣ 사채의 발행가액 또는 그 최저가액

⑤ **사채인수가액의 납입**〈시행령 제14조〉
  - ㉠ 납입 : 공사는 사채의 응모가 완료된 때에는 지체 없이 응모자가 인수한 사채의 전액을 납입시켜야 한다.
  - ㉡ **사채청약서 작성과 기재** : 사채모집의 위탁을 받은 회사는 자기명의로 공사를 위하여 ㉠ 및 사채청약서 작성과 기재를 할 수 있다.

## ④ 채권발행

① **채권의 발행 및 기재사항**〈시행령 제15조〉
  - ㉠ **채권발행** : 채권은 사채의 인수가액 전액이 납입된 후가 아니면 이를 발행하지 못한다.
  - ㉡ **기재사항** : 채권에는 다음의 사항을 기재하고, 사장이 기명날인하여야 한다. 다만, 매출의 방법에 의하여 사채를 발행하는 경우에는 사채의 발행총액의 사항은 기재하지 아니한다.
    - 공사의 명칭, 이자지급의 방법 및 시기
    - 채권번호
    - 채권의 발행연월일

② **채권의 형식**〈시행령 제16조〉
  - ㉠ 형식 : 채권은 무기명식으로 한다.
  - ㉡ **응모자 및 소지인 청구 시** : 응모자 또는 소지인의 청구에 의하여 기명식으로 할 수 있다.

③ **사채원부**〈시행령 제17조〉
  - ㉠ 비치 : 공사는 주된 사무소에 사채원부를 비치하여야 한다.
  - ㉡ 사채원부에 기재해야 할 사항
    - 채권의 종류별 수와 번호
    - 채권의 발행연월일
    - 사채의 발행총액

- 이자지급의 방법 및 시기
- 사채모집의 위탁을 받은 회사가 있을 때에는 그 상호 및 주소
ⓛ 채권이 기명식일 때 사채원부에 기재해야 할 사항
- 채권의 종류별 수와 번호
- 채권의 발행연월일
- 사채의 발행총액
- 이자지급의 방법 및 시기
- 사채모집의 위탁을 받은 회사가 있을 때에는 그 상호 및 주소
- 채권소유자의 성명과 주소
- 채권의 취득연월일
  ※ 채권의 소유자 또는 소지인은 공사의 근무시간 중 언제든지 사채원부의 열람을 요구할 수 있다.

④ 이권흠결의 경우의 공제〈시행령 제18조〉
  ㉠ 이권흠결 시 공제 : 이권(利券)이 있는 무기명식의 사채를 상환하는 경우에 이권이 흠결된 때에는 그 이권에 상당한 금액을 상환액으로부터 공제한다.
  ㉡ 지급 청구 : 이권소지인은 그 이권과 상환으로 공제된 금액의 지급을 청구할 수 있다.

⑤ 사채권자 등에 대한 통지〈시행령 제19조〉
  ㉠ 사채발행 전의 그 응모자 또는 사채를 교부받을 권리를 가진 자
  - 사채를 발행하기 전의 그 응모자 또는 사채를 교부받을 권리를 가진 자에 대한 통지 또는 최고는 사채청약서에 기재된 주소로 하여야 한다.
  - 따로 주소를 공사에 통지한 경우에는 그 주소로 하여야 한다.
  ㉡ 기명식채권 소유자
  - 기명식채권의 소유자에 대한 통지 또는 최고는 사채원부에 기재된 주소로 하여야 한다.
  - 따로 주소를 공사에 통지한 경우에는 그 주소로 하여야 한다.
  ㉢ 무기명식채권의 소지자
  - 무기명식채권의 소지자에 대한 통지 또는 최고는 공고의 방법에 의한다.
  - 그 소재를 알 수 있는 경우에는 이에 의하지 아니할 수 있다.

⑥ 보조금〈법 제12조〉
  ㉠ 보조금 지급기관 : 국가
  ㉡ 비용보조 및 사채 인수 : 국가는 공사의 경영 안정 및 철도차량·장비의 현대화 등을 위하여 재정 지원이 필요하다고 인정하면 예산의 범위에서 사업에 필요한 비용의 일부를 보조하거나 재정자금의 융자 또는 사채 인수를 할 수 있다.

(1) 공사는 _____을 거쳐 예산의 범위에서 공사의 업무와 관련된 사업에 투자·융자·보조 또는 출연할 수 있다.

(2) 공사가 매 사업연도 결산 결과 이익금이 생기면 처리해야 하는 순서
  ㉠ 이월결손금의 보전
  ㉡ 자본금의 2분의 1이 될 때까지 이익금의 10분의 2 이상을 _____으로 적립
  ㉢ 자본금과 같은 액수가 될 때까지 이익금의 10분의 2 이상을 _____으로 적립
  ㉣ 국고에 납입

(3) 공사는 매 사업연도 결산 결과 손실금이 생기면 사업확장적립금으로 ___하고 그 적립금으로도 부족하면 이익준비금으로 보전하되, _____은 다음 사업연도로 이월한다.

(4) 이익준비금과 사업확장적립금은 _____으로 정하는 바에 따라 자본금으로 전입할 수 있다.

(5) 사채의 발행
  ㉠ 공사는 이사회의 의결을 거쳐 사채를 발행할 수 있다.
  ㉡ 사채의 발행액은 공사의 자본금과 적립금을 합한 금액의 ___를 초과하지 못한다.
  ㉢ 국가는 공사가 발행하는 사채의 원리금 상환을 ___할 수 있다.
  ㉣ 사채의 소멸시효는 원금은 ___, 이자는 2년이 지나면 완성한다.
  ㉤ 공사는 예산이 확정되면 _____에 해당 연도에 발행할 사채의 목적·규모·용도 등이 포함된 사채발행 운용 계획을 수립하여 이사회의 의결을 거쳐 국토교통부장관의 승인을 받아야 한다.

(6) 국가는 공사의 경영 안정 및 철도차량·장비의 현대화 등을 위하여 재정 지원이 필요하다고 인정하면 예산의 범위에서 사업에 필요한 비용의 일부를 보조하거나 재정자금의 ___ 또는 _____를 할 수 있다.

(7) 이익준비금 또는 사업확장적립금을 자본금으로 전입하고자 하는 때에는 이사회의 의결을 거쳐 _____의 승인을 얻어야 한다.

(8) 이익준비금 또는 사업확장적립금을 자본금에 전입한 때에는 공사는 그 사실을 _____에게 보고하여야 한다.

(9) 사채를 발행하고자 하는 때에는 _____ 또는 매출의 방법에 의한다.

(10) 사채를 발행함에 있어서 실제로 응모된 총액이 사채청약서에 기재한 사채발행총액에 미달하는 때에도 사채를 발행한다는 뜻을 사채청약서에 표시할 수 있다. 이 경우 그 응모총액을 사채의 _____으로 한다.

(11) 공사가 계약에 의하여 특정인에게 사채의 총액을 인수시키는 경우에는 _____ 규정을 적용하지 아니한다. 사채모집의 위탁을 받은 회사가 사채의 일부를 인수하는 경우에는 그 인수분에 대하여도 또한 같다.

(12) 채권은 사채의 인수가액 ___이 납입된 후가 아니면 이를 발행하지 못한다.

(13) 채권은 _____으로 한다. 다만, 응모자 또는 소지인의 청구에 의하여 기명식으로 할 수 있다.

## 정답 및 해설

(1) 이사회의 의결
(2) 이익준비금, 사업확장적립금
(3) 보전, 보전미달액
(4) 대통령령
(5) 5배, 보증, 5년, 2개월 이내

(6) 융자, 사채 인수
(7) 기획재정부장관
(8) 국토교통부장관
(9) 모집·총액인수
(10) 발행총액

(11) 사채응모
(12) 전액
(13) 무기명식

**1** 다음에서 한국철도공사법령상 공사의 사업을 모두 고르면?

> ㉠ 철도시설의 유지·보수 등 국가·지방자치단체로부터 위탁받은 사업
> ㉡ 해외 관광사업으로서 대통령령으로 정하는 사업
> ㉢ 국외에서의 철도장비와 철도용품의 제작·판매·정비 및 임대사업
> ㉣ 철도여객사업, 화물운송사업, 철도와 다른 교통수단의 연계운송사업
> ㉤ 물류사업으로서 대통령령으로 정하는 사업
> ㉥ 철도차량의 정비사업

① ㉠㉡㉢㉣
② ㉠㉢㉣㉤㉥
③ ㉠㉡㉢㉤㉥
④ ㉠㉡㉢㉣㉤㉥

---

**1** ㉡ 관광사업으로서 대통령령으로 정하는 사업이다〈한국철도공사법 제9조 제1항 제8호〉.
  ※ **공사의 사업**〈한국철도공사법 시행령 제9조 제1항〉
   ㉠ 철도여객사업, 화물운송사업, 철도와 다른 교통수단의 연계운송사업
   ㉡ 철도장비와 철도용품의 제작·판매·정비 및 임대사업
   ㉢ 철도차량의 정비 및 임대사업
   ㉣ 철도시설의 유지·보수 등 국가·지방자치단체 또는 공공법인 등으로부터 위탁받은 사업
   ㉤ 역세권 및 공사의 자산을 활용한 개발·운영사업으로서 대통령령으로 정하는 사업
   ㉥ 역 시설 개발 및 운영사업으로서 대통령령으로 정하는 사업
   ㉦ 물류사업으로서 대통령령으로 정하는 사업
   ㉧ 관광사업으로서 대통령령으로 정하는 사업
   ㉨ ㉠부터 ㉧까지의 사업과 관련한 조사·연구, 정보화, 기술 개발 및 인력양성에 관한 사업
   ㉩ ㉠부터 ㉨까지의 사업에 딸린 사업으로서 대통령령으로 정하는 사업
  ※ 공사는 국외에서 모든 공사의 사업을 할 수 있다〈한국철도공사법 시행령 제9조 제2항〉.

**2** 다음 중 한국철도공사법령상 공사의 사업으로 볼 수 없는 것은?

① 철도장비와 철도용품의 제작·판매·정비 및 임대사업

② 철도시설의 유지·보수 등 국가·지방자치단체 또는 공공법인 등으로부터 위탁받은 사업

③ 관광사업으로서 철도운영과 관련된 카지노사업

④ 역세권 및 공사의 자산을 활용한 개발·운영사업으로서 대통령령으로 정하는 사업


**3** 한국철도공사법령상 역세권 및 공사의 자산을 활용한 개발·운영사업으로서 대통령령으로 정하는 사업은?

① 화물운송사업

② 철도운영과 관련한 엔지니어링 활동

③ 철도와 다른 교통수단과의 연계운송을 위한 사업

④ 역세권 개발·운영사업


**4** 한국철도공사법 공사가 이사회의 의결을 거쳐야 할 수 있는 사업으로 적절하지 않은 것은?

① 공사의 업무와 관련된 사업에 외국인 고용

② 공사의 업무와 관련된 사업에 출연 및 투자

③ 공사의 업무와 관련된 사업에 융자

④ 공사의 업무와 관련된 사업에 보조 또는 출연


---

**ANSWER** 2.③ 3.④ 4.①

**2** ③ 관광진흥법 제3조에서 정한 관광사업으로서 철도운영과 관련된 사업으로서 카지노업은 제외한다〈한국철도공사법 시행령 제7조의2 제4항〉.

**3** 역세권 및 공사의 자산을 활용한 개발·운영사업으로서 대통령령으로 정하는 사업〈한국철도공사법 시행령 제7조의2 제1항〉
㉠ 역세권 개발·운영사업 : 역세권개발사업 및 운영사업
㉡ 공사의 자산을 활용한 개발·운영사업 : 철도이용객의 편의를 증진하기 위한 시설의 개발·운영사업

**4** 공사는 이사회의 의결을 거쳐 예산의 범위에서 공사의 업무와 관련된 사업에 투자·융자·보조 또는 출연할 수 있다〈한국철도공사법 제9조 제3항〉.

**5** 한국철도공사법령상 역 시설 개발 및 운영사업으로서 대통령령으로 정하는 사업이 아닌 것은?

① 환승시설

② 물류시설 중 철도운영이나 철도와 다른 교통수단과의 연계운송을 위한 시설

③ 철도시설의 유지·보수 등 국가로부터 위탁 받은 사업

④ 역사와 같은 건물 안에 있는 시설로서 문화 및 집회시설

**6** 한국철도공사법령상 역 시설 개발 및 운영사업으로서 대통령령으로 정하는 사업 중 역사와 같은 건물 안에 있는 시설의 건축물에 해당되지 않는 것은?

① 숙박시설                        ② 자동차관련시설

③ 운동시설                        ④ 항공시설

---

**ANSWER** 5.③  6.④

- - - - - - - - - - - - - - - - - - - - - - - - - - - - - - - - - - - - - - - - - - - - - - - - - - - - - - -

**5** 역 시설 개발 및 운영사업으로서 대통령령으로 정하는 사업〈한국철도공사법 시행령 제7조의2 제2항〉
  - ㉠ 철도운영이나 철도와 다른 교통수단과의 연계운송을 위한 시설
  - ㉡ 환승시설
  - ㉢ 역사와 같은 건물 안에 있는 시설의 건축물 중 제1종 근린생활시설, 제2종 근린생활시설, 문화 및 집회시설, 판매시설, 운수시설, 의료시설, 운동시설, 업무시설, 숙박시설, 창고시설, 자동차관련시설, 관광휴게시설과 그 밖에 철도이용객의 편의를 증진하기 위한 시설

**6** 역 시설 개발 및 운영사업으로서 대통령령으로 정하는 사업 중 역사와 같은 건물 안에 있는 시설의 건축물 … 제1종 근린생활시설, 제2종 근린생활시설, 문화 및 집회시설, 판매시설, 운수시설, 의료시설, 운동시설, 업무시설, 숙박시설, 창고시설, 자동차관련시설, 관광휴게시설과 그 밖에 철도이용객의 편의를 증진하기 위한 시설〈한국철도공사법 시행령 제7조의2 제2항 제3호〉

**7** 다음 중 물류사업으로서 대통령령으로 정하는 사업이 아닌 것은?

① 물류운송을 위한 선박 또는 항공사업
② 철도시설 또는 철도부지
③ 철도와 다른 교통수단과의 연계운송을 위한 사업
④ 철도운영을 위한 사업

**8** 한국철도공사법령상 사업연도 결산 결과 이익금이 생기면 자본금의 2분의 1이 될 때까지 이익금의 얼마 이상을 이익준비금으로 적립하여야 하는가?

① 5분의 1 이상　　　　　　　　　② 5분의 2 이상
③ 10분의 2 이상　　　　　　　　　④ 10분의 3 이상

**9** 한국철도공사법령상 공사가 매 사업연도 결산 결과 손실금이 생길 경우 가장 먼저 보전하는 방법은?

① 이익준비금으로 보전한다.　　　　② 사업확장적립금으로 보전한다.
③ 다음 사업연도로 이월한다.　　　　④ 손실금을 국가에 보고한다.

---

**(ANSWER)** 7.①　8.③　9.②

- - - - - - - - - - - - - - - - - - - - - - - - - - - - - - - - - - - - - - - - - - - - - - - - - - - - - - - - - - - - - - - - -

**7** 물류사업으로서 대통령령으로 정하는 사업〈한국철도공사법 시행령 제7조의2 제3항〉
　㉠ 철도운영을 위한 사업
　㉡ 철도와 다른 교통수단과의 연계운송을 위한 사업
　㉢ 다음의 자산을 이용하는 사업으로서 물류시설운영업 및 물류서비스업
　　•철도시설 또는 철도부지
　　•그 밖에 공사가 소유하고 있는 시설, 장비 또는 부지

**8** 손익금의 처리 … 공사는 매 사업연도 결산 결과 이익금이 생기면 다음의 순서로 처리하여야 한다〈한국철도공사법 제10조〉.
　㉠ 이월결손금의 보전(補塡)
　㉡ 자본금의 2분의 1이 될 때까지 이익금의 10분의 2 이상을 이익준비금으로 적립
　㉢ 자본금과 같은 액수가 될 때까지 이익금의 10분의 2 이상을 사업확장적립금으로 적립
　㉣ 국고에 납입

**9** 공사는 매 사업연도 결산 결과 손실금이 생기면 사업확장적립금으로 보전하고 그 적립금으로도 부족하면 이익준비금으로 보전하되, 보전미달액은 다음 사업연도로 이월한다〈한국철도공사법 제10조 제2항〉.

**10** 한국철도공사법령상 공사의 손익금처리에 대한 설명으로 옳지 않은 것은?

① 이익준비금을 자본금으로 전입하고자 하는 때에는 이사회의 의결을 거쳐야 한다.

② 사업연도 결산 결과 이익금이 생기면, 국고에 납입 , 이월결손금의 보전, 이익준비금으로 적립, 사업확장적립금으로 적립순서로 처리하여야 한다.

③ 공사는 매 사업연도 결산 결과 손실금이 생기면 사업확장적립금으로 보전하고 그 적립금으로도 부족하면 같은 항 이익준비금으로 보전하되, 보전미달액은 다음 사업연도로 이월한다.

④ 이익준비금을 자본금에 전입한 때에는 공사는 그 사실을 국토교통부장관에게 보고하여야 한다.

**11** 한국철도공사법령상 이익준비금을 자본금으로 전입하고자 할 때 승인 받아야 할 대상은?

① 국토교통부장관
② 기획재정부장관
③ 한국철도공사 사장
④ 이사회의

**12** 한국철도공사법령상 사채의 소멸시효로 옳은 것은?

① 원금 : 3년
② 원금 : 2년
③ 이자 : 5년
④ 이자 : 2년

---

**ANSWER** 10.② 11.② 12.④

**10** ② 사업연도 결산 결과 이익금이 생기면, 이월결손금의 보전, 이익준비금으로 적립, 사업확장적립금으로 적립, 국고에 납입 순서로 처리하여야 한다〈한국철도공사법 제10조〉.
① 한국철도공사법 시행령 제8조 제1항
③ 한국철도공사법 제10조 제2항
④ 한국철도공사법 시행령 제8조 제2항

**11** 이익준비금 또는 사업확장적립금을 자본금으로 전입하고자 하는 때에는 이사회의 의결을 거쳐 기획재정부장관의 승인을 얻어야 한다〈한국철도공사법 시행령 제8조 제1항〉.

**12** 이자사채의 소멸시효는 2년이 지나면 완성한다〈한국철도공사법 제11조 제4항〉.

**13** 한국철도공사법령상 공사의 사채를 발행하는 방법이 아닌 것은?

① 모집                           ② 발행가액
③ 매출의 방법                 ④ 총액인수

**14** 한국철도공사법령상 공사채의 발행에 대한 설명으로 옳지 않은 것은?

① 공사는 이사회의 의결을 거쳐 사채를 발행할 수 있다.
② 사채를 발행하고자 하는 때에는 모집·총액인수 또는 매출의 방법에 의한다.
③ 사채의 소멸시효는 원금은 2년이 지나면 완성한다.
④ 사채의 발행액은 공사의 자본금과 적립금을 합한 금액의 5배를 초과하지 못한다.

**15** 한국철도공사법령상 사채의 발행에 대한 설명으로 옳은 것은?

① 공사가 사채를 발행할 경우 이사회의 의결을 거쳐 기획재정부장관의 승인을 받아야 한다.
② 공사는 예산이 확정되면 3개월 이내에 해당 연도에 발행할 사채발행 운용계획을 수립하여야 한다.
③ 공사는 운용계획을 수립하여 이사회의 승인을 받아야 한다.
④ 사채의 발행액은 공사의 자본금과 적립금을 합한 금액의 5배를 초과하지 못한다.

---

**ANSWER**   13.②   14.③   15.④

**13** 공사가 사채를 발행하고자 하는 때에는 모집·총액인수 또는 매출의 방법에 의한다〈한국철도공사법 시행령 제9조〉.

**14** ③ 사채의 소멸시효는 원금은 5년, 이자는 2년이 지나면 완성한다〈한국철도공사법 제11조 제4항〉.
     ① 한국철도공사법 제11조 제1항
     ② 한국철도공사법 시행령 제9조
     ④ 한국철도공사법 제11조 제2항

**15** ①②③ 공사는 예산이 확정되면 2개월 이내에 해당 연도에 발행할 사채의 목적·규모·용도 등이 포함된 사채발행 운용
     계획을 수립하여 이사회의 의결을 거쳐 국토교통부장관의 승인을 받아야 한다. 운용계획을 변경하려는 경우에도 또한
     같다〈한국철도공사법 제11조 제5항〉.
     ④ 한국철도공사법 제11조 제2항

**16** 한국철도공사법령상 사채의 모집에 응하고자 하는 사람의 준비서류 및 기재사항으로 틀린 것은?

① 사채청약서 1통
② 인수하고자 하는 사채의 수 · 인수가액
③ 청약자의 주소
④ 기명날인

**17** 한국철도공사법령상 사채청약서는 사장이 작성해야 한다. 다음 중 사채청약서의 기재사항이 아닌 것은?

① 사채의 발행총액
② 이자지급의 방법 및 시기
③ 공사 임원이 인적사항
④ 사채의 이율

**18** 한국철도공사법령상 국가가 공사의 경영안정 및 철도차량 · 장비의 현대화를 위하여 재정지원이 필요하다고 인정할 경우 할 수 없는 지원 방식은?

① 예산의 범위에서 필요한 비용의 일부를 보조한다.
② 철도차량 시설비용 전부 또는 일부를 제공해 준다.
③ 재정자금을 융자한다.
④ 사채를 인수한다.

---

**ANSWER** 16.① 17.③ 18.②

**16** 사채의 모집에 응하고자 하는 자는 사채청약서 2통에 그 인수하고자 하는 사채의 수 · 인수가액과 청약자의 주소를 기재하고 기명날인하여야 한다. 다만, 사채의 최저가액을 정하여 발행하는 경우에는 그 응모가액을 기재하여야 한다〈한국철도공사법 시행령 제10조 제1항〉.

**17** 사채청약서의 기재 사항〈한국철도공사법 시행령 제10조 제2항〉
㉠ 공사의 명칭
㉡ 사채의 발행총액
㉢ 사채의 종류별 액면금액
㉣ 사채의 이율
㉤ 사채상환의 방법 및 시기
㉥ 이자지급의 방법 및 시기
㉦ 사채의 발행가액 또는 그 최저가액
㉧ 이미 발행한 사채 중 상환되지 아니한 사채가 있는 때에는 그 총액
㉨ 사채모집의 위탁을 받은 회사가 있을 때에는 그 상호 및 주소

**18** 국가는 공사의 경영 안정 및 철도차량 · 장비의 현대화 등을 위하여 재정 지원이 필요하다고 인정하면 예산의 범위에서 사업에 필요한 비용의 일부를 보조하거나 재정자금의 융자 또는 사채 인수를 할 수 있다〈한국철도공사법 제12조〉.

**19** 다음 중 한국철도공사법령상 사채청약서의 기재사항으로 옳은 것은?

| |
|---|
| ㉠ 사채의 발행가액 또는 그 최저가액      ㉡ 사채의 발행총액 |
| ㉢ 사채의 종류별 액면금액            ㉣ 사채의 이율 |
| ㉤ 사채상환의 방법 및 시기         ㉥ 이자지급의 방법 및 시기 |

① ㉠㉡㉢㉣㉤

② ㉠㉢㉣㉤㉥

③ ㉠㉡㉢㉤㉥

④ ㉠㉡㉢㉣㉤㉥


**20** 다음 (  ) 안에 들어갈 내용으로 가장 적절한 것은?

| |
|---|
| 한국철도공사법 시행령 제11조(사채의 발행총액) 공사가 사채를 발행함에 있어서 실제로 응모된 총액이 사채청약서에 기재한 사채발행총액에 미달하는 때에도 사채를 발행한다는 뜻을 사채청약서에 표시할 수 있다. 이 경우 그 응모총액을 사채의 (   )으로 한다. |

① 응모총액

② 인수가액

③ 발행총액

④ 액면금액

---

**ANSWER** 19.④ 20.③

- - - - - - - - - - - - - - - - - - - - - - - - - - - - - - - - - - - - - - - - - - - - - - - - - - - - - - - - - - -

**19** ㉠㉡㉢㉣㉤㉥ 외에 공사의 명칭, 이미 발행한 사채 중 상환되지 아니한 사채가 있는 때에는 그 총액, 사채모집의 위탁을 받은 회사가 있을 때에는 그 상호 및 주소 등을 사채청약서에 기재해야 한다〈한국철도공사법 시행령 제10조 제2항〉.

**20** **사채의 발행총액** … 공사가 사채를 발행함에 있어서 실제로 응모된 총액이 사채청약서에 기재한 사채발행총액에 미달하는 때에도 사채를 발행한다는 뜻을 사채청약서에 표시할 수 있다. 이 경우 그 응모총액을 사채의 발행총액으로 한다〈한국철도공사법 시행령 제11조〉.

**21** 한국철도공사법령상 공사가 매출의 방법으로 사채를 발행하는 경우 미리 공개해야 하는 사항이 아닌 것은?

① 사채의 발행가액 또는 그 최저가액
② 사채상환의 방법 및 시기
③ 매출기간과 공사의 명칭
④ 사채의 종류별 액면금액

**22** 한국철도공사법령상 채권의 발행, 기재사항, 형식에 대한 설명으로 틀린 것은?

① 채권은 사채의 인수가액 전액이 납입된 후가 아니면 이를 발행하지 못한다.
② 매출의 방법에 의하여 사채를 발행하는 경우에는 사채의 발행총액의 사항은 기재하지 않아도 된다.
③ 채권에는 사장이 기명날인해야 한다.
④ 채권은 무기명식으로만 할 수 있다.

---

**ANSWER** 21.② 22.④

**21** 공사가 매출의 방법으로 사채를 발행하는 경우 미리 공고해야 할 사항〈한국철도공사법 시행령 제13조〉
㉠ 매출기간
㉡ 공사의 명칭
㉢ 사채의 종류별 액면금액
㉣ 사채의 발행가액 또는 그 최저가액

**22** ④ 채권은 무기명식으로 한다. 다만, 응모자 또는 소지인의 청구에 의하여 기명식으로 할 수 있다〈한국철도공사법 시행령 제16조〉.
① 한국철도공사법 시행령 제15조 제1항
②③ 한국철도공사법 시행령 제15조 제2항

**23** 한국철도공사법령상 채권에 기재해야 할 사항이 아닌 것은?

① 사채의 발행가액
② 이자지급의 방법
③ 공사의 명칭
④ 채권번호

**24** 한국철도공사법령상 비치된 사채원부의 기재사항이 아닌 것은?

① 채권의 종류별 수와 번호
② 사채의 발행총액
③ 채권소유자의 성명과 주소
④ 이자지급의 방법 및 시기

**(ANSWER)** 23.① 24.③

**23** 채권에는 다음의 사항을 기재하고, 사장이 기명날인하여야 한다. 다만, 매출의 방법에 의하여 사채를 발행하는 경우에는 사채의 발행총액의 사항은 이를 기재하지 아니한다〈한국철도공사법 시행령 제15조 제2항〉.
  ㉠ 공사의 명칭
  ㉡ 이자지급의 방법 및 시기 사항
  ㉢ 채권번호
  ㉣ 채권의 발행연월일

**24** 사채원부 기재사항〈한국철도공사법 시행령 제17조 제1항〉
  ㉠ 채권의 종류별 수와 번호
  ㉡ 채권의 발행연월일
  ㉢ 사채의 발행총액
  ㉣ 이자지급의 방법 및 시기
  ㉤ 사채모집의 위탁을 받은 회사가 있을 때에는 그 상호 및 주소
  ※ 채권이 기명식인 때 추가 기재사항〈한국철도공사법 시행령 제17조 제2항〉
      ㉠ 채권소유자의 성명과 주소
      ㉡ 채권의 취득연월일
  ※ 공사는 주된 사무소에 사채원부를 비치하여야 하며, 채권의 소유자 또는 소지인은 공사의 근무시간 중 언제든지 사채원부의 열람을 요구할 수 있다.

**25** 채권이 기명식인 때 사채원부의 추가 기재사항은?

| | |
|---|---|
| ㉠ 채권소유자의 성명과 주소 | ㉡ 채권의 발행연월일 |
| ㉢ 채권의 취득연월일 | ㉣ 채권의 종류별 수와 번호 |

① ㉠㉡

② ㉡㉢

③ ㉠㉢

④ ㉡㉣

**26** 한국철도공사법령상 사채권자 등에 대한 통지에 대한 설명으로 옳지 않은 것은?

① 사채를 발행하기 전의 그 응모자에 대한 통지는 사채청약서에 기재된 주소로 한다.

② 사채를 교부받을 권리를 가진 자가 주소를 따로 공사에 통지한 경우에는 그 주소로 한다.

③ 기명식채권의 소유자가 따로 주소를 공사에 통지한 경우일지라도 통지는 사채원부에 기재된 주소로 하여야 한다.

④ 무기명식채권의 소지자에 대한 통지 또는 최고는 공고의 방법에 의한다.

---

**ANSWER** 25.③ 26.③
.........................................................................................................................

**25** 채권이 기명식인 때 사채원부 추가 기재사항〈한국철도공사법 시행령 제17조 제2항〉
㉠ 채권소유자의 성명과 주소
㉡ 채권의 취득연월일

**26** ③ 기명식채권의 소유자에 대한 통지 또는 최고는 사채원부에 기재된 주소로 하여야 한다. 다만, 따로 주소를 공사에 통지한 경우에는 그 주소로 하여야 한다〈한국철도공사법 시행령 제19조 제2항〉.
①② 한국철도공사법 시행령 제19조 제1항
④ 한국철도공사법 시행령 제19조 제3항

# chapter 03 국유재산 및 지도 · 감독

## 1 국유재산의 대부 및 전대(轉貸)

① 역세권 개발사업〈법 제13조〉

  ㉠ 개발기관 : 공사

  ㉡ 개발목적 : 공사는 철도사업과 관련하여 일반 업무시설, 판매시설, 주차장, 여객자동차터미널 및 화물
터미널 등 철도 이용자에게 편의를 제공하기 위한 역세권 개발 사업을 할 수 있다.

  ㉢ 정부 지원 : 정부는 필요한 경우에 행정적 · 재정적 지원을 할 수 있다.

② 국유재산의 무상대부〈법 제14조〉

  ㉠ 대부(貸付) : 국가는 다음의 어느 하나에 해당하는 공사의 사업을 효율적으로 수행하기 위하여 국토교
통부장관이 필요하다고 인정하면 「국유재산법」에도 불구하고 공사에 국유재산(물품을 포함한다)을
무상으로 대부(貸付)하거나 사용 · 수익하게 할 수 있다.

    • 철도여객사업, 화물운송사업, 철도와 다른 교통수단의 연계운송사업

    • 철도장비와 철도용품의 제작 · 판매 · 정비 및 임대사업

    • 철도차량의 정비 및 임대사업

    • 철도시설의 유지 · 보수 등 국가 · 지방자치단체 또는 공공법인 등으로부터 위탁받은 사업

    • 역시설의 개발 및 운영사업

  ㉡ 건물축조 : 국가는 「국유재산법」에도 불구하고 대부하거나 사용 · 수익을 허가한 국유재산에 건물이나
그 밖의 영구시설물을 축조하게 할 수 있다.

  ㉢ 사용 · 수익 허가의 조건 : 사용 · 수익 허가의 조건 및 절차에 관하여 필요한 사항은 대통령령으로 정
한다.

③ 국유재산의 무상사용 · 수익의 허가〈시행령 제20조〉

  ㉠ 허가 및 계약 : 국유재산의 무상사용 · 수익은 당해 국유재산관리청의 허가에 의하며, 무상대부의 조건
및 절차 등에 관하여는 당해 국유재산관리청과 공사간의 계약에 의한다.

  ㉡ 무상대부 또는 무상사용 · 수익 : 국유재산의 무상대부 또는 무상사용 · 수익에 관하여 법 및 이 영에 규
정된 것 외에는 국유재산법의 규정에 의한다.

④ 국유재산의 전대의 절차〈시행령 제21조〉

  ㉠ 승인신청서 제출 : 공사는 대부받거나 사용 · 수익의 허가를 받은 국유재산을 전대(轉貸)하고자 하는
경우에는 승인신청서를 국토교통부장관에게 제출하여야 한다.

※ **전대(轉貸)** … 빌리거나 꾼 것을 다시 다른 사람에게 빌려주거나 꾸어 주는 것을 말한다.

　　ⓛ 승인신청서 제출 기관 : 국토교통부장관
　　ⓒ 승인신청서에 기재되어야 할 사항
　　　• 전대재산의 표시(도면을 포함한다)
　　　• 전대를 받을 자의 전대재산 사용목적
　　　• 전대기간
　　　• 사용료 및 그 산출근거
　　　• 전대를 받을 자의 사업계획서

⑤ **국유재산의 전대**〈법 제15조〉

　　㉠ **전대(轉貸)** : 공사는 사업을 효율적으로 수행하기 위하여 필요하면 대부받거나 사용 · 수익을 허가받은 국유재산을 전대할 수 있다.
　　ⓛ **국토교통부장관 승인** : 공사는 전대를 하려면 미리 국토교통부장관의 승인을 받아야 한다. 이를 변경하려는 경우에도 또한 같다.
　　ⓒ **대부금지** : 전대를 받은 자는 재산을 다른 사람에게 대부하거나 사용 · 수익하게 하지 못한다.
　　ⓔ **영구시설물 축조 금지**
　　　• 전대를 받은 자는 해당 재산에 건물이나 그 밖의 영구시설물을 축조하지 못한다.
　　　• 다만, 국토교통부장관이 행정 목적 또는 공사의 사업 수행에 필요하다고 인정하는 시설물은 축조할 수 있다.

## ② 지도 · 감독 및 자료제공 요청

① **지도 · 감독**〈법 제16조〉

　　㉠ **지도 · 감독권자** : 국토교통부장관
　　ⓛ **공사의 업무 중 지도 · 감독할 사항**
　　　• 연도별 사업계획 및 예산에 관한 사항
　　　• 철도서비스 품질 개선에 관한 사항
　　　• 철도사업계획의 이행에 관한 사항
　　　• 철도시설 · 철도차량 · 열차운행 등 철도의 안전을 확보하기 위한 사항
　　　• 그 밖에 다른 법령에서 정하는 사항

② **자료제공의 요청**〈법 제17조〉

　　㉠ **자료제공요청** : 공사는 업무상 필요하다고 인정하면 관계 행정기관이나 철도사업과 관련되는 기관 · 단체 등에 자료의 제공을 요청할 수 있다.
　　ⓛ **요청수용** : 자료의 제공을 요청받은 자는 특별한 사유가 없으면 그 요청에 따라야 한다.

③ 등기촉탁의 대위〈법 제18조〉

공사가 국가 또는 지방자치단체로부터 위탁받은 사업과 관련하여 국가 또는 지방자치단체가 취득한 부동산에 관한 권리를 등기하여야 하는 경우 공사는 국가 또는 지방자치단체를 대위(代位)하여 등기를 촉탁할 수 있다.

※ 등기촉탁과 대위
ㄱ 등기촉탁 : 등기촉탁이란 특정 행정기관이 등기해야 할 사항을 등기관서에 직접 신청하지 않고, 그 신청을 대신하여 관공서나 공공기관에 의뢰하는 제도를 말한다. 이는 주로 공공기관이 소유권이나 기타 권리를 등기할 때 사용됩니다.
ㄴ 대위(代位) : 대위란 제삼자가 다른 사람의 법률적 지위를 대신하여 그가 가진 권리를 얻거나 행사하는 일을 말한다. 채권자가 채무자의 권리를 대신 행사하는 일 따위이다.

## 3 벌칙 및 과태료

① 벌칙〈법 제19조〉
ㄱ 위반내용 : 공사의 임직원이거나 임직원이었던 사람은 그 직무상 알게 된 비밀을 누설하거나 도용하여서는 아니 된다〈법 제8조〉.
ㄴ 벌칙 : 2년 이하의 징역 또는 2천만 원 이하의 벌금에 처한다.

② 과태료〈법 제20조〉
ㄱ 위반내용 : 공사가 아닌 자는 한국철도공사 또는 이와 유사한 명칭을 사용하지 못한다〈법 제8조의2〉.
ㄴ 과태료 : 500만 원 이하의 과태료를 부과한다.
ㄷ 부과·징수 : 과태료는 국토교통부장관이 부과·징수한다.

## 암기요약 … 핵심조문 빈칸 채우기

(1) 공사는 철도사업과 관련하여 일반업무시설, 판매시설, _____, 여객자동차터미널 및 _____ 등 철도 이용자에게 편의를 제공하기 위한 역세권 개발사업을 할 수 있고, 정부는 필요한 경우에 행정적·재정적 지원을 할 수 있다.

(2) 국가는 공사의 사업을 효율적으로 수행하기 위하여 국토교통부장관이 필요하다고 인정하면 _____에도 불구하고 공사에 국유재산을 무상으로 ____하거나 사용·수익하게 할 수 있다.

(3) 대부 또는 사용·수익 허가의 조건 및 절차에 관하여 필요한 사항은 _____으로 정한다.

(4) 공사는 사업을 효율적으로 수행하기 위하여 필요하면 대부받거나 사용·수익을 허가받은 국유재산을 ____할 수 있다.

(5) 공사는 국유재산을 ____를 하려면 미리 국토교통부장관의 ____을 받아야 한다.

(6) 전대를 받은 자는 재산을 다른 사람에게 대부하거나 _____하게 하지 못한다.

(7) 전대를 받은 자는 해당 재산에 건물이나 그 밖의 영구시설물을 ____하지 못한다. 다만, 국토교통부장관이 행정 목적 또는 공사의 사업 수행에 필요하다고 _____의 축조는 그러하지 아니하다.

(8) 공사가 _____ 국토교통부장관에게 제출하는 승인신청서에 기재해야 할 사항
  ㉠ 전대재산의 표시(도면을 포함한다)
  ㉡ 전대를 받을 자의 전대재산 사용목적
  ㉢ 전대기간
  ㉣ 사용료 및 그 산출근거
  ㉤ 전대를 받을 자의 사업계획서

(9) _____이 지도·감독할 수 있는 공사의 업무
  ㉠ 연도별 사업계획 및 예산에 관한 사항
  ㉡ 철도서비스 품질 개선에 관한 사항
  ㉢ 철도사업계획의 이행에 관한 사항
  ㉣ 철도시설·철도차량·열차운행 등 철도의 안전을 확보하기 위한 사항
  ㉤ 그 밖에 다른 법령에서 정하는 사항

(10) 공사가 국가 또는 지방자치단체로부터 위탁받은 사업과 관련하여 국가 또는 지방자치단체가 취득한 부동산에 관한 권리를 등기하여야 하는 경우 공사는 국가 또는 지방자치단체를 ____하여 등기를 ____할 수 있다.

(11) 비밀 누설·도용의 금지규정을 위반한 자는 2년 이하의 징역 또는 _____의 벌금에 처한다.

(12) 공사가 아닌 자는 한국철도공사 또는 이와 유사한 명칭을 사용하여 유사명칭의 사용금지 규정을 위반한 자에게는 _____의 과태료를 부과한다.

(13) 과태료는 _____이 부과·징수한다.

### 정답 및 해설

(1) 주차장, 화물터미널
(2) 국유재산법, 대부
(3) 대통령령
(4) 전대
(5) 전대, 승인
(6) 사용·수익
(7) 축조, 인정하는 시설물
(8) 국유재산 전대시
(9) 국토교통부장관
(10) 대위, 촉탁
(11) 2천만 원 이하
(12) 500만 원 이하
(13) 국토교통부장관

**1** 한국철도공사법령상 철도사업과 관련하여 공사가 할 수 없는 역세권 개발사업은?

① 여객자동차터미널
② 항공터미널
③ 판매시설
④ 일반업무시설

**2** 한국철도공사법령상 정부가 공사의 역세권 개발사업에 대해 필요한 경우 제공할 수 있는 지원방식은?

① 법률적 지원
② 교육적 지원
③ 행정적 · 재정적 지원
④ 기술적 지원

**ANSWER** 1.② 2.③

**1** 철도사업과 관련해 공사가 할 수 있는 역세권 개발사업〈한국철도공사법 제13조〉
　㉠ 일반 업무시설
　㉡ 판매시설
　㉢ 주차장
　㉣ 여객자동차터미널 및 화물터미널

**2** 공사는 철도사업과 관련하여 역세권 개발사업을 할 수 있고, 정부는 필요한 경우에 행정적 · 재정적 지원을 할 수 있다〈한국철도공사법 제13조〉.

**3** 한국철도공사법령상 역세권 개발 사업에 대한 설명으로 옳지 않은 것은?

① 국토교통부는 철도사업과 관련하여 역세권 개발 사업을 할 수 있다.
② 역세권 개발 사업으로 철도사업과 관련하여 자동차터미널 및 화물터미널 등을 할 수 있다.
③ 정부는 필요한 경우에 역세권 개발 사업에 행정적·재정적 지원을 할 수 있다.
④ 공사는 역세권 개발사업의 일환으로 호텔카지노업을 할 수 있다.

**4** 한국철도공사법령상 국유재산의 무상대부에 대한 설명으로 옳지 않은 것은?

① 국토교통부장관은 필요한 경우라 할지라도 「국유재산법」에 따라 공사에 국유재산을 무상으로 대부하거나 사용·수익하게 할 수 있다.
② 국유재산의 무상사용·수익에 관하여 한국철도공사법령 외에는 국유재산법의 규정에 의한다.
③ 국가는 대부하거나 사용·수익을 허가한 국유재산에 건물을 축조하게 할 수 있다.
④ 대부 또는 사용·수익 허가의 조건 및 절차에 관하여 필요한 사항은 대통령령으로 정한다.

---

**ANSWER** 3.④ 4.①
.................................................................................................................

**3** 공사는 철도사업과 관련하여 일반 업무시설, 판매시설, 주차장, 여객자동차터미널 및 화물터미널 등 철도 이용자에게 편의를 제공하기 위한 역세권 개발 사업을 할 수 있고, 정부는 필요한 경우에 행정적·재정적 지원을 할 수 있다〈한국철도공사법 제13조〉.

**4** ① 국가는 한국철도공사법에 해당하는 공사의 사업을 효율적으로 수행하기 위하여 국토교통부장관이 필요하다고 인정하면 「국유재산법」에도 불구하고 공사에 국유재산(물품을 포함한다. 이하 같다)을 무상으로 대부하거나 사용·수익하게 할 수 있다〈한국철도공사법 제14조 제1항〉.
② 한국철도공사법 시행령 제20조 제2항
③ 한국철도공사법 제14조 제2항
④ 한국철도공사법 제14조 제3항

**5** 한국철도공사법령상 국토교통부장관이 필요하다고 인정하면 공사에 국유재산을 무상으로 대부하게 할 수 있는 경우로 옳지 않은 것은?

① 역시설의 개발 및 운영사업 　　② 철도종사원의 주택사업
③ 화물운송사업 　　④ 철도차량의 정비 및 임대사업

**6** 한국철도공사법령상 전대를 받은 자가 할 수 없는 행위는?

① 재산을 다른 사람에게 대부하거나 사용·수익하게 하는 것
② 국토교통부장관의 승인을 받아 전대하는 것
③ 국토교통부장관이 인정한 시설물을 축조하는 것
④ 전대 받은 재산을 사용·수익하는 것

**7** 한국철도공사법령상 국유재산의 무상사용·수익의 허가권기관은?

① 국무총리실 　　② 국토교통부
③ 국유재산관리청 　　④ 조달청

**ANSWER** 5.② 6.① 7.③

---

**5** 국유재산을 무상대부하거나 사용·수익하게 할 수 있는 사업〈한국철도공사법 제14조 제1항〉
㉠ 철도여객사업, 화물운송사업, 철도와 다른 교통수단의 연계운송사업
㉡ 철도장비와 철도용품의 제작·판매·정비 및 임대사업
㉢ 철도차량의 정비 및 임대사업
㉣ 철도시설의 유지·보수 등 국가·지방자치단체 또는 공공법인 등으로부터 위탁받은 사업
㉤ 역시설의 개발 및 운영사업

**6** ① 전대를 받은 자는 재산을 다른 사람에게 대부하거나 사용·수익하게 하지 못한다〈한국철도공사법 제15조 제3항〉.
③ 국토교통부장관이 행정 목적 또는 공사의 사업 수행에 필요하다고 인정하는 시설물의 축조는 할 수 있다〈한국철도공사법 제15조 제4항〉.
②④ 공사는 사업을 효율적으로 수행하기 위하여 필요하면 대부받거나 사용·수익을 허가받은 국유재산을 전대할 수 있다〈한국철도공사법 제15조 제1항〉.

**7** 국유재산의 무상사용·수익은 당해 국유재산관리청의 허가에 의하며, 무상대부의 조건 및 절차 등에 관하여는 당해 국유재산관리청과 공사간의 계약에 의한다〈한국철도공사법 시행령 제20조 제1항〉.

**8** 한국철도공사법령상 국유재산의 무상사용·수익에 관하여 한국철도공사법령에 규정된 것 외에는 어느 법령에 따라야 하는가?

① 철도사업법
② 철도산업발전기본법
③ 한국철도공사법
④ 국유재산법

**9** 한국철도공사법령상 공사가 대부 받은 국유재산을 전대할 경우 승인신청서를 제출해야 하는 기관은?

① 국토교통부장관
② 기획재정부장관
③ 국유재산관리청장
④ 한국철도공사이사장

**10** 한국철도공사법령상 국유재산의 전대에 대한 설명으로 옳은 것은?

① 공사는 필요할 경우 대부받은 국유재산을 국유재산관리청장의 승인을 받아 전대할 수 있다.
② 공사는 사용·수익을 허가받은 국유재산 전대를 변경할 경우에는 국토교통부에 신청서를 제출하여야 한다.
③ 전대를 받은 자는 전대 받은 재산을 다른 사람에게 대부하거나 사용·수익하게 하지 못한다.
④ 국토교통부장관이 공사의 사업 수행에 필요하다고 인정한 시설물일지라도 축조할 수는 없다.

---

**ANSWER** 8.④ 9.① 10.③

**8** 국유재산의 무상대부 또는 무상사용·수익에 관하여 한국철도공사법령에 규정된 것 외에는 국유재산법의 규정에 의한다 〈한국철도공사법 시행령 제20조 제2항〉.

**9** 공사는 대부받거나 사용·수익의 허가를 받은 국유재산을 전대(轉貸)하고자 하는 경우에는 승인신청서를 국토교통부장관에게 제출하여야 한다〈한국철도공사법 시행령 제21조〉.

**10** ③ 한국철도공사법 제15조 제3항
①② 공사는 국유재산을 전대하려면 미리 국토교통부장관의 승인을 받아야 한다. 이를 변경하려는 경우에도 또한 같다 〈한국철도공사법 제15조 제2항〉.
④ 전대를 받은 자는 해당 재산에 건물이나 그 밖의 영구시설물을 축조하지 못한다. 다만, 국토교통부장관이 행정 목적 또는 공사의 사업 수행에 필요하다고 인정하는 시설물의 축조는 그러하지 아니하다〈한국철도공사법 제15조 제4항〉.

**11** 한국철도공사법령상 국토교통부장관의 지도 · 감독을 받아야 할 업무를 고르면?

> ㉠ 연도별 사업계획　　　　　　　　㉡ 철도사업계획의 이행에 관한 사항
> ㉢ 철도서비스 품질 개선에 관한 사항　㉣ 철도차량의 정비 및 임대사업에 관한 사항

① ㉠㉡
② ㉠㉡㉢
③ ㉠㉡㉣
④ ㉠㉡㉢㉣

**12** 한국철도공사법령상 국토교통부장관의 지도 · 감독을 받아야 할 업무가 아닌 것은?

① 철도사업계획의 이행에 관한 사항
② 연도별 사업계획 및 예산에 관한 사항
③ 철도공사 임직원에 채용에 관한 사항
④ 다른 법령에서 정하는 사항

---

**ANSWER** 11.② 12.③

**11** 국토교통부장관지도 · 감독을 받아야 하는 공사의 업무로는 ㉠㉡㉢ 외에, 예산에 관한 사항, 철도시설 · 철도차량 · 열차운행 등 철도의 안전을 확보하기 위한 사항, 그 밖에 다른 법령에서 정하는 사항 등이 있다〈한국철도공사법 제16조〉.

**12** 국토교통부장관지도 · 감독을 받아야 하는 공사의 업무〈한국철도공사법 제16조〉
㉠ 연도별 사업계획 및 예산에 관한 사항
㉡ 철도서비스 품질 개선에 관한 사항
㉢ 철도사업계획의 이행에 관한 사항
㉣ 철도시설 · 철도차량 · 열차운행 등 철도의 안전을 확보하기 위한 사항
㉤ 그 밖에 다른 법령에서 정하는 사항

**13** 한국철도공사법령상 공사가 국가 또는 지방자치단체로부터 위탁받은 사업과 관련하여 국가 또는 지방자치단체가 취득한 부동산에 관한 권리를 등기해야 하는 경우 공사가 할 수 있는 행위는?

① 국가 또는 지방자치단체를 대위하여 등기를 촉탁하는 것
② 공사 명의로 등기를 촉탁하는 것
③ 등기하지 않고 부동산을 사용하는 것
④ 부동산을 타인에게 양도하는 것

**14** 한국철도공사법상 과태료 부과 · 징수권 자는?

① 국토교통부장관
② 시 · 도지사
③ 경찰청장
④ 한국철도공사

**15** 한국철도공사법상 공사가 아닌 자가 한국철도공사 또는 이와 유사한 명칭을 사용한 경우에 과태료 부과 금액은?

① 100만 원 이하
② 200만 원 이하
③ 300만 원 이하
④ 500만 원 이하

---

**ANSWER** 13.① 14.① 15.④

**13** 공사가 국가 또는 지방자치단체로부터 위탁받은 사업과 관련하여 국가 또는 지방자치단체가 취득한 부동산에 관한 권리를 등기하여야 하는 경우 공사는 국가 또는 지방자치단체를 대위(代位)하여 등기를 촉탁할 수 있다〈한국철도공사법 제18조〉.

**14** 과태료는 국토교통부장관이 부과 · 징수한다〈한국철도공사법 제20조 제2항〉.

**15** 유사명칭의 사용금지 규정을 위반한 자에게는 500만 원 이하의 과태료를 부과한다〈한국철도공사법 제20조 제1항〉.

P A R T

**IV**

# 철도사업법

# chapter 01 총칙

## 1 목적 및 정의

① 목적〈법 제1조〉

이 법은 철도사업에 관한 질서를 확립하고 효율적인 운영 여건을 조성함으로써 철도사업의 건전한 발전과 철도 이용자의 편의를 도모하여 국민경제의 발전에 이바지함을 목적으로 한다.

② 정의〈법 제2조〉

㉠ **철도**: 여객 또는 화물을 운송하는 데 필요한 철도시설과 철도차량 및 이와 관련된 운영·지원체계가 유기적으로 구성된 운송체계를 말한다.

㉡ **철도시설**(부지 포함)
- 철도의 선로(선로에 부대되는 시설을 포함한다), 역시설(물류시설·환승시설 및 편의시설 등을 포함한다) 및 철노운영을 위한 건축물·건축설비
- 선로 및 철도차량을 보수·정비하기 위한 선로보수기지, 차량정비기지 및 차량유치시설
- 철도의 전철전력설비, 정보통신설비, 신호 및 열차제어설비
- 철도노선간 또는 다른 교통수단과의 연계운영에 필요한 시설
- 철도기술의 개발·시험 및 연구를 위한 시설
- 철도경영연수 및 철도전문인력의 교육훈련을 위한 시설
- 그 밖에 철도의 건설·유지보수 및 운영을 위한 시설로서 <u>대통령령으로 정하는 시설</u>

> **대통령령으로 정하는 사항〈철도산업발전기본법 시행령 제2조〉**
> - 철도의 건설 및 유지보수에 필요한 자재를 가공·조립·운반 또는 보관하기 위하여 당해 사업기간 중에 사용되는 시설
> - 철도의 건설 및 유지보수를 위한 공사에 사용되는 진입도로·주차장·야적장·토석채취장 및 사토장과 그 설치 또는 운영에 필요한 시설
> - 철도의 건설 및 유지보수를 위하여 당해 사업기간 중에 사용되는 장비와 그 정비·점검 또는 수리를 위한 시설
> - 그 밖에 철도안전관련시설·안내시설 등 철도의 건설·유지보수 및 운영을 위하여 필요한 시설로서 국토교통부장관이 정하는 시설

㉢ **철도차량**: 선로를 운행할 목적으로 제작된 동력차·객차·화차 및 특수차를 말한다.

㉣ **사업용철도**: 철도사업을 목적으로 설치하거나 운영하는 철도를 말한다.

㉤ **전용철도**: 다른 사람의 수요에 따른 영업을 목적으로 하지 아니하고 자신의 수요에 따라 특수 목적을 수행하기 위하여 설치하거나 운영하는 철도를 말한다.

ⓑ **철도사업** : 다른 사람의 수요에 응하여 철도차량을 사용하여 유상(有償)으로 여객이나 화물을 운송하는 사업을 말한다.

ⓢ **철도운수종사자** : 철도운송과 관련하여 승무(乘務, 동력차 운전과 열차 내 승무를 말한다. 이하 같다) 및 역무서비스를 제공하는 직원을 말한다.

ⓞ **철도사업자** : 한국철도공사(이하 "철도공사"라 한다) 및 철도사업 면허를 받은 자를 말한다.

ⓩ **전용철도운영자** : 전용철도 등록을 한 자를 말한다.

## ② 다른 법률 및 조약과의 관계

① 다른 법률과의 관계〈법 제3조〉

철도사업에 관하여 다른 법률에 특별한 규정이 있는 경우를 제외하고는 이 법에서 정하는 바에 따른다.

② 조약과의 관계〈법 제3조의2〉

국제철도(대한민국을 포함한 둘 이상의 국가에 걸쳐 운행되는 철도를 말한다)를 이용한 화물 및 여객 운송에 관하여 대한민국과 외국 간 체결된 조약에 이 법과 다른 규정이 있는 때에는 그 조약의 규정에 따른다.

(1) 철도사업법의 목적
  ㉠ 철도사업에 관한 _____
  ㉡ 효율적인 운영 여건조성
  ㉢ 철도사업의 건전한 발전
  ㉣ 철도 이용자의 _____
  ㉤ _____의 발전에 이바지함

(2) 사업용철도 ··· 철도사업을 목적으로 설치하거나 ___하는 철도를 말한다.

(3) 전용철도 ··· 다른 사람의 수요에 따른 영업을 목적으로 하지 아니하고 자신의 수요에 따라 _____을 수행하기 위하여 설치하거나 운영하는 철도를 말한다.

(4) 철도사업 ··· 다른 사람의 수요에 응하여 _____을 사용하여 ___(有償)으로 여객이나 화물을 운송하는 사업을 말한다.

(5) 철도운수종사자 ··· 철도운송과 관련하여 ___(乘務, 동력차 운전과 열차 내 승무를 말한다.) 및 _____를 제공하는 직원을 말한다.

(6) 철도사업자 ··· 한국철도공사(이하 "_____"라 한다) 및 철도사업 면허를 받은 자를 말한다.

(7) 전용철도운영자 ··· 전용철도 ___을 한 자를 말한다.

(8) _____에 관하여 다른 법률에 특별한 규정이 있는 경우를 제외하고는 이 법에서 정하는 바에 따른다.

(9) 국제철도(대한민국을 포함한 둘 이상의 국가에 걸쳐 운행되는 철도를 말한다)를 이용한 화물 및 여객 운송에 관하여 대한민국과 외국 간 체결된 조약에 이 법과 다른 규정이 있는 때에는 그 _____에 따른다.

---

**정답 및 해설**

(1) 질서확립, 편의도모, 국민경제
(2) 운영
(3) 특수목적
(4) 철도차량, 유상
(5) 승무, 역무서비스
(6) 철도공사
(7) 등록
(8) 철도사업
(9) 조약의 규정

**1** 철도사업법의 목적에 포함되는 내용이 아닌 것은?

① 효율적인 운영여건 조성
② 철도사업에 관한 질서확립
③ 국가와 세계경제 발전에 이바지함
④ 철도사업의 건전한 발전과 철도 이용자의 편의를 도모

**2** 철도사업법이 지향하는 바로 옳지 않은 것은?

① 철도사업자의 자율적 요금설정
② 철도사업의 건전한 발전
③ 철도이용자의 편의도모
④ 철도사업에 관한 질서 확립

---

**ANSWER** 1.③ 2.①

**1** 철도사업법은 철도사업에 관한 질서를 확립하고 효율적인 운영여건을 조성함으로써 철도사업의 건전한 발전과 철도 이용자의 편의를 도모하여 국민경제의 발전에 이바지함을 목적으로 한다〈철도사업법 제1조〉.

**2** 철도사업법의 목적〈철도사업법 제1조〉
  ㉠ 철도사업에 관한 질서 확립
  ㉡ 철도사업의 효율적인 운영여건조성
  ㉢ 철도사업의 건전한 발전
  ㉣ 철도이용자의 편의도모
  ㉤ 국민경제의 발전에 이바지함

**3** 철도사업법상 다음에서 설명하는 용어는?

> 여객 또는 화물을 운송하는 데 필요한 철도시설과 철도차량 및 이와 관련된 운영·지원체계가 유기적으로 구성된 운송체계를 말한다.

① 사업용철도
② 철도선로
③ 전용철도
④ 철도

**4** 철도사업법령상 철도시설이 아닌 것은?

① 철도차량
② 역 편의시설
③ 철도의 선로
④ 철도의 전철전력설비

---

**ANSWER** 3.④ 4.①
·········································································································································

**3** ④ "철도"란 「철도산업발전 기본법」 제3조 제1호에 따른 철도를 말한다〈철도사업법 제2조 제1호〉.
  ※ **철도** … 여객 또는 화물을 운송하는 데 필요한 철도시설과 철도차량 및 이와 관련된 운영·지원체계가 유기적으로 구성된 운송체계를 말한다〈철도산업발전기본법 제3조 제1호〉.

**4** **철도시설(부지포함)**〈철도사업법 제2조 제2호→ 철도산업발전기본법 제3조 제2호〉.
  ㉠ 철도의 선로(선로에 부대되는 시설 포함), 역시설(물류시설·환승시설 및 편의시설 포함) 및 철도운영을 위한 건축물·건축설비
  ㉡ 선로 및 철도차량을 보수·정비하기 위한 선로보수기지, 차량정비기지 및 차량유치시설
  ㉢ 철도의 전철전력설비, 정보통신설비, 신호 및 열차제어설비
  ㉣ 철도노선간 또는 다른 교통수단과의 연계운영에 필요한 시설
  ㉤ 철도기술의 개발·시험 및 연구를 위한 시설
  ㉥ 철도경영연수 및 철도전문인력의 교육훈련을 위한 시설
  ㉦ 그 밖에 철도의 건설·유지보수 및 운영을 위한 시설로서 대통령령으로 정하는 시설

**5** 철도사업법령상 용어의 설명이 잘못된 것을 고르면?

① 사업용 철도란 철도사업을 목적으로 설치하거나 운영하는 철도를 말한다.
② 철도사업자란 한국철도공사 또는 철도사업 면허를 신청한 자를 말한다.
③ 전용철도운영자란 전용철도 등록을 한 자를 말한다.
④ 철도사업이란 다른 사람의 수요에 응하여 철도차량을 사용하여 유상(有償)으로 여객이나 화물을 운송하는 사업을 말한다.


**6** 철도사업법령상 철도운송과 관련하여 동력차 운전과 열차 내 승무 및 역무서비스를 제공하는 직원을 뜻하는 용어는?

① 철도운수종사자                    ② 철도역무원
③ 철도승무원                        ④ 철도운송종사자


**7** 철도사업법 제3조의2(조약과의 관계)이다. 다음에서 (   ) 안에 알맞은 것은?

> 대한민국을 포함한 둘 이상의 국가에 걸쳐 운행되는 철도(국제철도)를 이용한 화물 및 여객 운송에 관하여 대한민국과 외국 간 체결된 조약에 이 법과 다른 규정이 있는 때에는 (    )에 따른다.

① 대통령령                          ② 이 법에서 정하는 바
③ 그 조약의 규정                    ④ 국제법의 규정


---

**ANSWER** 5.② 6.① 7.③

**5** ② 철도사업자란 한국철도공사(이하 "철도공사"라 한다) 및 철도사업 면허를 받은 자를 말한다〈철도사업법 제2조 제8호〉.

**6** **철도운수종사자** … 철도운송과 관련하여 동력차 운전과 열차 내 승무 및 역무서비스를 제공하는 직원을 말한다〈철도사업법 제2조 제7호〉.

**7** 국제철도(대한민국을 포함한 둘 이상의 국가에 걸쳐 운행되는 철도를 말한다)를 이용한 화물 및 여객 운송에 관하여 대한민국과 외국 간 체결된 조약에 이 법과 다른 규정이 있는 때에는 그 조약의 규정에 따른다〈철도사업법 제3조의2〉.

# chapter 02 철도사업의 관리(1)

## 1 사업용철도노선의 고시 및 철도차량의 유형

① 사업용철도노선의 고시〈법 제4조〉

ㄱ 지정·고시 : 국토교통부장관은 사업용철도노선의 노선번호, 노선명, 기점(起點), 종점(終點), 중요 경과지(정차역을 포함한다)와 그 밖에 필요한 사항을 국토교통부령으로 정하는 바에 따라 지정·고시하여야 한다.

ㄴ 사업용철도노선의 분류

• 운행지역과 운행거리에 따른 분류

−간선(幹線)철도 : 간선철도는 철도 네트워크에서 기반이 되는 철도노선을 말한다.

−지선(支線)철도 : 지선철도는 간선철도에서 갈라져 나온 철도노선을 말한다.

• 운행속도에 따른 분류

−고속철도노선

−준고속철도노선

−일반철도노선

ㄷ 운행지역·거리·속도 : 사업용철도노선 분류의 기준이 되는 운행지역, 운행거리 및 운행속도는 국토교통부령으로 정한다.

※ 사업용철도노선의 유형 분류〈시행규칙 제2조의2〉

ㄱ 운행지역과 운행거리에 따른 사업용 철도노선의 분류

• 간선철도 : 특별시·광역시·특별자치시 또는 도간의 교통수요를 처리하기 위하여 운영 중인 10km 이상의 사업용철도노선으로서 국토교통부장관이 지정한 노선

• 지선철도 : 간선철도를 제외한 사업용 철도노선

ㄴ 운행속도에 따른 사업용 철도노선의 분류기준

• 고속철도노선 : 철도차량이 대부분의 구간을 300km/h 이상의 속도로 운행할 수 있도록 건설된 노선

• 준고속철도노선 : 철도차량이 대부분의 구간을 200km/h 이상 300km/h 미만의 속도로 운행할 수 있도록 건설된 노선

• 일반철도노선 : 철도차량이 대부분의 구간을 200km/h 미만의 속도로 운행할 수 있도록 건설된 노선

② 철도차량의 유형분류〈법 제4조의2〉

ㄱ 유형분류 : 국토교통부장관은 철도운임 상한의 산정, 철도차량의 효율적인 관리 등을 위하여 철도차량을 국토교통부령으로 정하는 운행속도에 따라 유형으로 분류할 수 있다.

ⓛ 운행속도에 따른 분류〈시행규칙 제2조의3〉
- 고속철도차량 : 최고속도 300km/h 이상
- 준고속철도차량 : 최고속도 200km/h 이상 300km/h 미만
- 일반철도차량 : 최고속도 200km/h 미만

## ② 면허 및 결격사유

① 면허〈법 제5조〉
　ⓐ 면허를 받아야 함
- 철도사업을 경영하려는 자는 지정·고시된 사업용 철도노선을 정하여 국토교통부장관의 면허를 받아야 한다.
- 이 경우 국토교통부장관은 철도의 공공성과 안전을 강화하고 이용자 편의를 증진시키기 위하여 국토교통부령으로 정하는 바에 따라 필요한 부담을 붙일 수 있다.
　※ 부담 … 어떠한 의무나 책임을 지는 것을 말한다.

　ⓑ 면허신청서 제출 : 면허를 받으려는 자는 국토교통부령으로 정하는 바에 따라 사업계획서를 첨부한 면허신청서를 국토교통부장관에게 제출하여야 한다.
　ⓒ 법인 : 철도사업의 면허를 받을 수 있는 자는 법인으로 한다.
　　※ 철도사업면허신청서〈시행규칙 제3조〉
　　　ⓐ 철도사업면허신청서에 첨부해야 할 서류
- 사업계획서
- 법인설립계획서(설립예정법인인 경우에 한한다)
- 당해 철도사업을 경영하고자 하는 취지를 설명하는 서류
- 신청인이 결격사유에 해당하지 아니함을 증명하는 서류
　　　ⓑ 사업계획서에 포함되어야 할 사항
- 운행구간의 기점·종점·정차역
- 여객운송·화물운송 등 철도서비스의 종류
- 사용할 철도차량의 대수·형식 및 확보계획
- 운행횟수, 운행시간계획 및 선로용량 사용계획
- 당해 철도사업을 위하여 필요한 자금의 내역과 조달방법(공익서비스비용 및 철도시설 사용료의 수준을 포함한다)
- 철도역·철도차량정비시설 등 운영시설 개요
- 철도운수종사자의 자격사항 및 확보방안
- 여객·화물의 취급예정수량 및 그 산출의 기초와 예상 사업수지

② 철도사업 면허의 기준〈법 제6조〉

　　㉠ 해당사업의 시작으로 철도교통의 안전에 지장을 줄 염려가 없을 것

　　㉡ 해당사업의 운행계획이 그 운행 구간의 철도수송 수요와 수송력 공급 및 이용자의 편의에 적합할 것

　　㉢ 신청자가 해당사업을 수행할 수 있는 재정적 능력이 있을 것

　　㉣ 해당 사업에 사용할 철도차량의 대수(臺數), 사용연한 및 규격이 국토교통부령으로 정하는 기준에 맞을 것

③ 철도사업의 면허 결격사유〈법 제7조〉

　　㉠ 법인의 임원 중 다음의 어느 하나에 해당하는 사람이 있는 법인

　　　• 피성년후견인 또는 피한정후견인

　　　• 파산선고를 받고 복권되지 아니한 사람

　　　• 이 법 또는 대통령령으로 정하는 철도 관계 법령을 위반하여 금고 이상의 실형을 선고받고 그 집행이 끝나거나(끝난 것으로 보는 경우를 포함한다) 면제된 날부터 2년이 지나지 아니한 사람

　　　• 이 법 또는 대통령령으로 정하는 철도 관계 법령을 위반하여 금고 이상의 형의 집행유예를 선고받고 그 유예 기간 중에 있는 사람

> **대통령령으로 정하는 철도 관계 법령〈철도사업법 시행령 제2조〉**
> • 철도산업발전 기본법
> • 철도안전법
> • 도시철도법
> • 국가철도공단법
> • 한국철도공사법

　　㉡ 면허가 취소된 법인

　　　• 철도사업의 면허가 취소된 후 그 취소일부터 2년이 지나지 아니한 법인

　　　• 제외 : 다만, 피성년후견인 또는 피한정후견인 또는 파산선고를 받고 복권되지 아니한 사람에 해당하여 철도사업의 면허가 취소된 경우는 제외한다.


**3 운송시작 및 여객운임 · 요금 등**

① 운송시작의 의무〈법 제8조〉

　　㉠ 운송시작 : 철도사업자는 국토교통부장관이 지정하는 날 또는 기간에 운송을 시작하여야 한다.

　　㉡ 운송연장 : 천재지변이나 그 밖의 불가피한 사유로 철도사업자가 국토교통부장관이 지정하는 날 또는 기간에 운송을 시작할 수 없는 경우에는 국토교통부장관의 승인을 받아 날짜를 연기하거나 기간을 연장할 수 있다.

② 여객운임 · 요금의 신고〈법 제9조〉

　㉠ 여객운임 · 요금의 신고

　　• 국토교통부장관에게 신고 : 철도사업자는 여객에 대한 운임(여객운송에 대한 직접적인 대가를 말하며, 여객운송과 관련된 설비 · 용역에 대한 대가는 제외한다) · 요금(이하 "여객 운임 · 요금"이라 한다)을 국토교통부장관에게 신고하여야 한다. 이를 변경하려는 경우에도 같다.

　　• 신고서 제출 : 철도사업자는 여객 운임 · 요금의 신고 또는 변경신고를 하려는 경우에는 국토교통부령으로 정하는 여객 운임 · 요금신고서 또는 변경신고서를 국토교통부장관에게 제출하여야 한다〈시행령 제3조 제1항〉

　　　※ 변경신고서에 첨부할 서류〈시행령 제3조 제1항〉

　　　　㉠ 여객 운임 · 요금표

　　　　㉡ 여객 운임 · 요금 신 · 구대비표 및 변경사유를 기재한 서류(여객 운임 · 요금을 변경하는 경우에 한정한다)

　　• 도시철도운영자와 협의 : 철도사업자는 사업용철도를 도시철도운영자가 운영하는 도시철도와 연결하여 운행하려는 때에는 여객 운임 · 요금의 신고 또는 변경신고를 하기 전에 여객 운임 · 요금 및 그 변경시기에 관하여 미리 당해 도시철도운영자와 협의하여야 한다〈시행령 제3조 제2항〉.

　㉡ 여객 운임 · 요금책정

　　• 형평성 고려 : 철도사업자는 여객 운임 · 요금을 정하거나 변경하는 경우에는 원가(原價)와 버스 등 다른 교통수단의 여객 운임 · 요금과의 형평성 등을 고려하여야 한다.

　　• 상한 초과 금지 : 이 경우 여객에 대한 운임(이하 "여객 운임"이라 한다)은 사업용 철도노선의 분류, 철도차량의 유형 등을 고려하여 국토교통부장관이 지정 · 고시한 상한을 초과하여서는 아니 된다.

　　• 상한 지정 시 협의 : 국토교통부장관은 여객 운임의 상한을 지정하려면 미리 기획재정부장관과 협의하여야 한다.

　㉢ 신고수리 여부 신고인에게 통지 : 국토교통부장관은 신고 또는 변경신고를 받은 날부터 3일 이내에 신고수리 여부를 신고인에게 통지하여야 한다.

　㉣ 게시 및 공고 : 철도사업자는 신고 또는 변경신고를 한 여객 운임 · 요금을 그 시행 1주일 이전에 인터넷 홈페이지, 관계 역 · 영업소 및 사업소 등 일반인이 잘 볼 수 있는 곳에 게시하여야 한다.

③ 여객 운임의 상한지정〈시행령 제4조〉.

　㉠ 고려사항

　　• 국토교통부장관은 여객 운임의 상한을 지정하는 때에는 물가상승률, 원가수준, 다른 교통수단과의 형평성, 사업용 철도노선의 분류와 철도차량의 유형 등을 고려하여야 한다.

　　• 여객 운임의 상한을 지정한 경우에는 이를 관보에 고시하여야 한다.

　㉡ 의견청취 : 국토교통부장관은 여객 운임의 상한을 지정하기 위하여 철도산업위원회 또는 철도나 교통 관련 전문기관 및 전문가의 의견을 들을 수 있다.

　㉢ 서류제출 : 국토교통부장관이 여객 운임의 상한을 지정하려는 때에는 철도사업자로 하여금 원가계산 그 밖에 여객 운임의 산출기초를 기재한 서류를 제출하게 할 수 있다.

ㄹ 도시철도 운임의 범위와 조화 : 국토교통부장관은 사업용 철도노선과 도시철도가 연결되어 운행되는 구간에 대하여 여객 운임의 상한을 지정하는 경우에는 특별시장·광역시장·특별자치시장·도지사 또는 특별자치도지사가 정하는 도시철도 운임의 범위와 조화를 이루도록 하여야 한다.

④ 여객 운임·요금의 감면〈법 제9조의2〉

ㄱ 운임·요금 감면 : 철도사업자는 재해복구를 위한 긴급지원, 여객 유치를 위한 기념행사, 그 밖에 철도사업의 경영상 필요하다고 인정되는 경우에는 일정한 기간과 대상을 정하여 신고한 여객 운임·요금을 감면할 수 있다.

ㄴ 게시 및 공고
• 철도사업자는 여객 운임·요금을 감면하는 경우에는 그 시행 3일 이전에 감면 사항을 인터넷 홈페이지, 관계 역·영업소 및 사업소 등 일반인이 잘 볼 수 있는 곳에 게시하여야 한다.
• 긴급한 경우에는 미리 게시하지 아니할 수 있다.

⑤ 부가운임의 징수〈법 제10조〉

ㄱ 부가운임 징수
• 열차이용 여객 : 철도사업자는 열차를 이용하는 여객이 정당한 운임·요금을 지급하지 아니하고 열차를 이용한 경우에는 승차 구간에 해당하는 운임 외에 그의 30배의 범위에서 부가운임을 징수할 수 있다.
• 화물송하인(送荷人) : 철도사업자는 송하인이 운송장에 적은 화물의 품명·중량·용적 또는 개수에 따라 계산한 운임이 정당한 사유 없이 정상운임보다 적은 경우에는 송하인에게 그 부족 운임 외에 그 부족 운임의 5배의 범위에서 부가운임을 징수할 수 있다.

ㄴ 신고 및 통지
• 신고 : 철도사업자는 부가운임을 징수하려는 경우에는 사전에 부가운임의 징수 대상 행위, 열차의 종류 및 운행 구간 등에 따른 부가운임산정 기준을 정하고 철도사업약관에 포함하여 국토교통부장관에게 신고하여야 한다.
• 통지 : 국토교통부장관은 신고를 받은 날부터 3일 이내에 신고수리 여부를 신고인에게 통지하여야 한다.
ㄷ 성실납부 : 부가운임의 징수 대상자는 이를 성실하게 납부하여야 한다.

⑥ 승차권 등 부정판매의 금지〈법 제10조의2〉
철도사업자 또는 철도사업자로부터 승차권 판매위탁을 받은 자가 아닌 자는 철도사업자가 발행한 승차권 또는 할인권·교환권 등 승차권에 준하는 증서를 상습 또는 영업으로 자신이 구입한 가격을 초과한 금액으로 다른 사람에게 판매하거나 이를 알선하여서는 아니 된다.

(1) 국토교통부장관은 사업용철도노선의 노선번호, 노선명, 기점, 종점, 중요 경과지(정차역 포함)와 그 밖에 필요한 사항을 _____으로 정하는 바에 따라 지정 · 고시하여야 한다.

(2) 사업용철도노선의 구분
　ㄱ 운행지역과 운행거리에 따른 분류 … _____, 지선철도
　ㄴ 운행속도에 따른 분류 … 고속철도노선, _____, 일반철도노선

(3) 사업용철도노선 분류의 기준이 되는 운행지역, 운행거리 및 운행속도는 _____으로 정한다.

(4) 철도차량의 유형 분류 … 고속철도차량, 준고속철도차량, _____

(5) 철도사업을 경영하려는 자는 지정 · 고시된 _____을 정하여 국토교통부장관의 면허를 받아야 한다.

(6) 법인 철도사업면허의 결격사유
　ㄱ 법인의 임원 중 다음의 어느 하나에 해당하는 사람이 있는 법인
　　• _____ 또는 피한정후견인
　　• 파산선고를 받고 복권되지 아니한 사람
　　• 이 법 또는 _____으로 정하는 철도 관계 법령을 위반하여 금고 이상의 실형을 선고받고 그 집행이 끝나거나 (끝난 것으로 보는 경우 포함) 면제된 날부터 2년이 지나지 아니한 사람
　　• 이 법 또는 대통령령으로 정하는 철도 관계 법령을 위반하여 금고 이상의 형의 집행유예를 선고받고 그 유예 기간 중에 있는 사람
　ㄴ 철도사업의 면허가 취소된 후 그 취소일부터 ___이 지나지 아니한 법인

(7) 철도사업자는 국토교통부장관이 _____ 또는 ___에 운송을 시작하여야 한다.

(8) 철도사업자는 여객 운임 · 요금을 _____에게 ___하여야 한다.

(9) 국토교통부장관은 여객 운임의 상한을 지정하려면 미리 _____과 협의하여야 한다.

(10) 국토교통부장관은 신고 또는 변경신고를 받은 날부터 _____에 신고수리 여부를 신고인에게 통지하여야 한다.

(11) 철도사업자는 신고를 한 여객 운임 · 요금을 그 시행 _____에 인터넷 홈페이지 등에 게시하여야 한다.

(12) 철도사업자는 재해복구를 위한 긴급지원, 여객 유치를 위한 기념행사, 그 밖에 철도사업의 경영상 필요하다고 인정되는 경우에는 일정한 기간과 대상을 정하여 신고한 여객 운임 · 요금을 ___할 수 있다.

(13) 철도사업자는 열차를 이용하는 여객이 정당한 운임 · 요금을 지급하지 아니하고 열차를 이용한 경우에는 승차 구간에 해당하는 운임 외에 그의 ___의 범위에서 _____을 징수할 수 있다.

(14) 철도사업자는 송하인이 운송장에 적은 화물의 품명 · 중량 · 용적 또는 개수에 따라 계산한 운임이 정당한 사유 없이 정상 운임보다 적은 경우에는 그 부족 운임 외에 그 부족 운임의 ___의 범위에서 부가운임을 징수할 수 있다.

(1) 국토교통부령
(2) 간선철도, 준고속철도노선
(3) 국토교통부령
(4) 일반철도차량
(5) 사업용철도노선
(6) 피성년후견인, 대통령령, 2년
(7) 지정하는 날, 기간
(8) 국토교통부장관, 신고
(9) 기획재정부장관
(10) 3일 이내
(11) 1주일 이전
(12) 감면
(13) 30배, 부가운임
(14) 5배

**1** 철도사업법상 국토교통부장관이 사업용철도노선을 지정·고시해야 하는 사항에 포함되지 않는 것은?

① 정차역　　　　　　　　　　　　② 노선번호

③ 철도시설　　　　　　　　　　　　④ 기점 및 종점

**2** 철도사업법상 지정·고시할 때 구분해야 하는 사업용철도노선 중 운행속도에 따른 분류에 해당되지 않는 것은?

① 고속철도노선　　　　　　　　　　② 일반철도노선

③ 지선철도노선　　　　　　　　　　④ 준고속철도노선

---

**ANSWER** 1.③　2.③

1 국토교통부장관은 사업용철도노선의 노선번호, 노선명, 기점(起點), 종점(終點), 중요 경과지(정차역을 포함한다)와 그 밖에 필요한 사항을 국토교통부령으로 정하는 바에 따라 지정·고시하여야 한다〈철도사업법 제4조 제1항〉.

2 지정·고시할 때 구분해야하는 사업용철도노선〈철도사업법 제4조 제2항〉
　㉠ 운행지역과 운행거리에 따른 분류
　　• 간선(幹線)철도
　　• 지선(支線)철도
　㉡ 운행속도에 따른 분류
　　• 고속철도노선
　　• 준고속철도노선
　　• 일반철도노선

**3** 철도사업법령상 사업용철도노선을 지정할 때의 분류로 적절하지 않은 것은?

① 운행지역에 따른 분류　　　　　② 시설규모에 따른 분류
③ 운행속도에 따른 분류　　　　　④ 운행거리에 따른 분류

**4** 철도사업법령상 사업용철도노선의 분류기준으로 볼 수 없는 것은?

① 운행지역　　　　　　　　　　　② 운행속도
③ 운행거리　　　　　　　　　　　④ 운행기간

**5** 철도사업법령상 철도차량의 유형을 분류할 때 기준이 되는 것은?

① 운행속도　　　　　　　　　　　② 운행시간
③ 운행거리　　　　　　　　　　　④ 운행기간

---

**ANSWER** 3.② 4.④ 5.①

**3** 사업용 철도노선을 지정·고시하는 경우 사업용 철도노선을 운행지역과 운행거리에 따른 분류와 운행속도에 따른 분류로 구분하여야 한다〈철도사업법 제4조 제2항 제1호 및 제2호〉.

**4** 사업용 철도노선 분류의 기준이 되는 운행지역, 운행거리 및 운행속도는 국토교통부령으로 정한다〈철도사업법 제4조 제3항〉.

**5** 국토교통부장관은 철도 운임 상한의 산정, 철도차량의 효율적인 관리 등을 위하여 철도차량을 국토교통부령으로 정하는 운행속도에 따라 구분하여 분류할 수 있다〈철도사업법 제4조의2〉.

**6** 철도사업법령상 국토교통부장관이 철도차량의 유형을 분류할 때 속하지 않는 차량은?

① 일반철도차량　　　　　　　　　② 고속철도차량
③ 화물철도차량　　　　　　　　　④ 준고속철도차량

**7** 철도사업법령에서 정하고 있는 면허에 대한 설명으로 옳지 않은 것은?

① 철도사업을 경영하려는 자는 지정·고시된 사업용 철도노선을 정하여 면허를 받아야 한다.
② 국토교통부장관은 이용자 편의를 증진시키기 위하여 부담을 붙여서는 아니 된다.
③ 면허를 받으려는 자는 국토교통부령으로 정하는 바에 따라 면허신청서를 제출하여야 한다.
④ 국토교통부장관에게 면허신청서를 제출할 때에는 사업계획서를 첨부하여야 한다.

**8** 철도사업법상 철도사업의 면허를 받을 수 있는 자의 요건은?

① 국가기관　　　　　　　　　　　② 지방자치단체
③ 비영리단체　　　　　　　　　　④ 법인

---

**ANSWER**　6.③　7.②　8.④

**6** 철도차량의 유형 분류〈철도사업법 제4조의2〉
　　㉠ 고속철도차량
　　㉡ 준고속철도차량
　　㉢ 일반철도차량

**7** ①② 철도사업을 경영하려는 자는 지정·고시된 사업용 철도노선을 정하여 국토교통부장관의 면허를 받아야 한다. 이 경우 국토교통부장관은 철도의 공공성과 안전을 강화하고 이용자 편의를 증진시키기 위하여 국토교통부령으로 정하는 바에 따라 필요한 부담을 붙일 수 있다〈철도사업법 제5조 제1항〉.
　　③④ 철도사업법 제5조 제2항

**8** 철도사업의 면허를 받을 수 있는 자는 법인으로 한다〈철도사업법 제5조 제3항〉.

**9** 다음에서 철도사업의 면허기준에 해당하는 것을 모두 고르면?

> ㉠ 해당 사업의 시작으로 철도교통의 안전에 지장을 줄 염려가 없을 것
> ㉡ 신청자가 해당 사업을 수행할 수 있는 재정적 능력이 있을 것
> ㉢ 해당 사업의 운행계획이 운행 구간의 철도 수송 수요와 수송력 공급 및 이용자의 편의에 적합할 것
> ㉣ 해당 사업에 사용할 철도차량의 대수, 사용연한 및 규격이 대통령령으로 정하는 기준에 맞을 것

① ㉠㉡㉣
② ㉠㉡㉢
③ ㉡㉢㉣
④ ㉠㉡㉢㉣

**10** 다음은 철도사업법상 철도사업면허에 대한 결격사유 중 하나이다. ㉮에 속하지 않는 법령은?

> 철도사업법 또는 ㉮ 대통령령으로 정하는 철도 관계 법령를 위반하여 금고 이상의 형의 집행유예를 선고받고 그 유예 기간 중에 있는 임원이 있는 법인은 철도사업의 면허를 받을 수 없다〈철도사업법 제7조 제1호 라목〉.

① 국가철도공단법
② 철도산업발전 기본법
③ 한국고속철도건설공단법
④ 도시철도법

---

ANSWER 9.② 10.③

**9** ㉣ 해당 사업에 사용할 철도차량의 대수(臺數), 사용연한 및 규격이 국토교통부령으로 정하는 기준에 맞을 것〈철도사업법 제6조 제4호〉

**10** 대통령령으로 정하는 철도 관계 법령〈철도사업법 시행령 제2조〉
  ㉠ 철도산업발전 기본법
  ㉡ 철도안전법
  ㉢ 도시철도법
  ㉣ 국가철도공단법
  ㉤ 한국철도공사법
  ※ ③ 한국고속철도건설공단법은 폐지되었다.

**11** 다음 중 철도사업의 면허가 취소된 후 취소일부터 2년이 지나지 않은 법인이 철도사업 면허를 받을 수 있는 경우는?

① 임원 중 파산선고를 받고 복권되지 아니한 사람이 있다.
② 1년 전 피성년후견인의 임원이 있어 면허가 취소되었다.
③ 거짓이나 그 밖의 부정한 방법으로 철도사업의 면허를 받았다.
④ 임원 중 철도사업법을 위반하여 징역형을 선고받고 복역 중인 사람이 있다.

**12** 철도사업법령상 철도사업자가 운송을 시작하여야 하는 적절한 시기는?

① 국토교통부장관이 지정하는 기간
② 국토교통부장관이 지정하는 월
③ 국토교통부장관으로부터 승인 받은 날
④ 국토교통부장관으로부터 승인 받은 월

**13** 다음 중 여객 운임·요금에 대한 설명으로 바르지 않은 것은?

① 여객의 운임·요금과 여객운송과 관련된 설비·용역에 대가를 국토교통부장관에게 신고하여야 한다.
② 여객에 대한 운임이란 여객운송에 대한 직접적인 대가를 말한다.
③ 여객 운임·요금을 인상할 경우 변경신고서를 제출하여야 한다.
④ 여객 운임의 상한을 지정한 경우에는 관보에 고시하여야 한다.

---

**ANSWER** 11.② 12.① 13.①

**11** 면허가 취소된 법인의 결격사유 … 철도사업의 면허가 취소된 후 그 취소일부터 2년이 지나지 아니한 법인. 다만, 피성년후견인 또는 피한정후견인이나 파산선고를 받고 복권되지 아니한 사람에 해당하여 철도사업의 면허가 취소된 경우는 제외한다〈철도사업법시행령 제7조 제2호〉.

**12** 철도사업자는 국토교통부장관이 지정하는 날 또는 기간에 운송을 시작하여야 한다. 다만, 천재지변이나 그 밖의 불가피한 사유로 철도사업자가 국토교통부장관이 지정하는 날 또는 기간에 운송을 시작할 수 없는 경우에는 국토교통부장관의 승인을 받아 날짜를 연기하거나 기간을 연장할 수 있다〈철도사업법 제8조〉.

**13** ① 여객운송과 관련된 설비·용역에 대한 대가는 신고에서 제외한다〈철도사업법 제9조 제1항〉.
② 철도사업법 제9조 제1항
③ 철도사업법 시행령 제3조 제1항
④ 철도사업법 시행령 제4조 제1항

**14** 철도사업법령상 국토교통부장관이 여객운임의 상한을 지정할 때 미리 협의해야 하는 주체는?

① 철도사업자                         ② 도시철도운영자
③ 기획재정부장관                  ④ 지방자치단체장

**15** 철도사업법령상 철도사업자는 신고 또는 변경신고를 한 여객 운임·요금을 잘 볼 수 있는 곳에 게시하여야 한다. 이 때 게시하여야 할 시기는?

① 시행 3일 이전                   ② 시행 1주일 이전
③ 시행 15일 이전                 ④ 시행 30일 이전

**16** 철도사업법령상 철도사업자의 여객 운임·요금의 신고에 대한 설명으로 가장 바르지 않은 것은?

① 철도사업자는 여객 운임·요금 신고 또는 변경 시 신고서에 국토교통부령으로 정한 서류를 첨부하여야 제출하여야 한다.
② 철도사업자는 사업용 철도를 도시철도 운영자가 운영하는 도시철도와 연결하여 운행하고자 할 때에는 변경시기에 관하여 미리 공동운수협정을 체결하여야 한다.
③ 철도사업자가 여객 운임·요금을 변경하는 경우에는 여객 운임·요금 신·구대비표도 첨부하여야 한다.
④ 철도사업자는 여객 운임·요금 신고 또는 변경신고는 국토교통부장관에게 한다.

---

**(ANSWER)** 14.③   15.②   16.②

**14** 국토교통부장관은 여객 운임의 상한을 지정하려면 미리 기획재정부장관과 협의하여야 한다〈철도사업법 제9조 제3항〉.

**15** 철도사업자는 신고 또는 변경신고를 한 여객 운임·요금을 그 시행 1주일 이전에 인터넷 홈페이지, 관계 역·영업소 및 사업소 등 일반인이 잘 볼 수 있는 곳에 게시하여야 한다〈철도사업법 시행령 제9조 제5항〉.

**16** ② 철도사업자는 사업용 철도를 도시철도운영자가 운영하는 도시철도와 연결하여 운행하려는 때에는 여객 운임·요금의 신고 또는 변경신고를 하기 전에 여객 운임·요금 및 그 변경시기에 관하여 미리 당해 도시철도운영자와 협의하여야 한다〈철도사업법 시행령 제3조 제2항〉.
① 철도사업법 시행령 제3조 제1항
③ 철도사업법 시행령 제3조 제1항 제2호
④ 철도사업법 제9조 제1항

**17** 철도사업법령상 국토교통부장관은 여객 운임·요금의 신고 또는 변경신고를 받은 날부터 며칠 이내에 신고수리 여부를 신고인에게 통지하여야 하는가?

① 3일　　　　　　　　　　　　　② 7일
③ 10일　　　　　　　　　　　　④ 14일

**18** 철도사업법령상 여객운임의 상한지정에 대한 설명으로 옳지 않은 것은?

① 국토교통부장관은 여객 운임의 상한을 지정할 때 물가상승률, 원가수준, 다른 교통수단과의 형평성 등을 고려해야 한다.
② 국토교통부장관은 여객 운임의 상한을 지정하기 위하여 철도산업위원회의 의견을 들을 수 있다.
③ 여객 운임의 상한이 지정된 경우 이를 관보에 고시할 필요는 없다.
④ 사업용철도노선과 도시철도가 연결되어 운행되는 구간의 여객 운임 상한을 지정할 경우 도시철도 운임과 조화를 이루도록 해야 한다.

**19** 철도사업법령상 철도사업자가 여객 운임·요금을 감면할 수 있는 상황으로 올바른 것은 무엇인가?

① 철도사업자의 경영상 필요와 관계없이 임의로 감면할 수 있다.
② 여객 유치를 위한 기념행사, 재해복구를 위한 긴급지원, 그 밖에 철도사업의 경영상 필요하다고 인정되는 경우 감면할 수 있다.
③ 정부의 요청이 있을 경우에만 감면할 수 있다.
④ 임직원의 복지를 위해 감면할 수 있다.

──────────────────────────────────────────────

**[ANSWER]** 17.① 18.③ 19.②

**17** ④ 국토교통부장관은 신고 또는 변경신고를 받은 날부터 3일 이내에 신고수리 여부를 신고인에게 통지하여야 한다〈철도사업법 제9조 제4항〉.

**18** ③ 여객운임의 상한을 지정한 경우에는 이를 관보에 고시하여야 한다〈철도사업법 시행령 제4조 제1항〉.
　① 철도사업법 시행령 제4조 제1항
　② 철도사업법 시행령 제4조 제2항
　④ 철도사업법 시행령 제4조 제6항

**19** 철도사업자는 재해복구를 위한 긴급지원, 여객 유치를 위한 기념행사, 그 밖에 철도사업의 경영상 필요하다고 인정되는 경우에는 일정한 기간과 대상을 정하여 신고한 여객 운임·요금을 감면할 수 있다〈철도사업법 제9조의2 제1항〉.

**20** 철도사업법령상 국토교통부장관이 사업용 철도노선과 도시철도가 연결되어 운행되는 구간에 여객운임의 상한을 지정할 때 고려해야 할 사항으로 옳은 설명은?

① 특별시장·광역시장·특별자치시장·도지사 또는 특별자치도지사가 정하는 도시철도 운임의 평균 값을 기준으로 삼아야 한다.

② 특별시장·광역시장·특별자치시장·도지사 또는 특별자치도지사가 정하는 도시철도 운임의 최소 값과 최대값을 기준으로 삼아야 한다.

③ 특별시장·광역시장·특별자치시장·도지사 또는 특별자치도지사가 정하는 도시철도 운임의 범위 와 조화를 이루도록 하여야 한다.

④ 특별시장·광역시장·특별자치시장·도지사 또는 특별자치도지사가 정하는 도시철도 운임의 상한 선만 고려하면 된다.

**21** 철도사업법령상 철도사업자가 여객 운임·요금을 감면하는 경우에는 감면사항을 인터넷 등에 게시하여 야 한다. 이 때 게시하여야 할 시기로 적절한 것은?

① 시행 1일 이전
② 시행 3일 이전
③ 시행 7일 이전
④ 시행 15일 이전

---

**ANSWER** 20.③ 21.②

.........................................................................................................................

**20** 국토교통부장관은 사업용철도노선과 도시철도가 연결되어 운행되는 구간에 여객 운임의 상한을 지정하는 경우에는 특별 시장·광역시장·특별자치시장·도지사 또는 특별자치도지사가 정하는 도시철도 운임의 범위와 조화를 이루도록 하여야 한다〈철도사업법 시행령 제4조 제6항〉.

**21** 철도사업자는 여객 운임·요금을 감면하는 경우에는 그 시행 3일 이전에 감면 사항을 인터넷 홈페이지, 관계 역·영업소 및 사업소 등 일반인이 잘 볼 수 있는 곳에 게시하여야 한다〈철도사업법 제9조의2 제2항〉.

**22** 철도사업법령상 부가운임징수에 대한 설명으로 적절하지 않은 것은?

① 부가운임은 여객이나 송하인에게 부과할 수 있다.
② 철도사업자가 부가운임을 징수하려는 경우 정관에 포함하여 국토교통부장관에게 신고하여야 한다.
③ 국토교통부장관은 부가운임 징수에 관하여 신고를 받은 날부터 3일 이내에 신고수리 여부를 신고인에게 통지하여야 한다.
④ 철도사업자가 송하인에게 부가운임을 징수할 경우 그 부족 운임 외에 그 부족 운임의 5배의 범위에서 부가운임을 징수할 수 있다.

**23** 다음 중 철도사업법령상 철도사업자가 여객에게 부가운임을 징수할 수 있는 경우는?

① 여객이 승차 구간을 변경한 경우
② 여객이 30명 이상 단체로 열차를 이용한 경우
③ 여객이 열차를 예약하지 않고 이용한 경우
④ 여객이 정당한 운임·요금을 지급하지 않고 열차를 이용한 경우

**24** 열차를 이용하는 여객이 정당한 요금을 지급하지 않고 열차를 이용한 경우 승차구간에 해당하는 운임 외에 징수할 수 있는 부가운임의 범위는?

① 5배의 범위                    ② 10배의 범위
③ 20배의 범위                   ④ 30배의 범위

---

**ANSWER** 22.② 23.④ 24.④
..........................................................................................................................................

**22** ② 철도사업자가 부가운임을 징수하려는 경우에는 철도사업약관에 포함하여 국토교통부장관에게 신고하여야 한다〈철도사업법 제10조 제3항〉
   ① 철도사업법 제10조 제1항 및 제2항
   ③ 철도사업법 제10조 제4항
   ④ 철도사업법 제10조 제2항

**23** 철도사업자는 열차를 이용하는 여객이 정당한 운임·요금을 지급하지 아니하고 열차를 이용한 경우에는 부가운임을 징수할 수 있다〈철도사업법 제10조 제1항〉.

**24** 철도사업자는 열차를 이용하는 여객이 정당한 운임·요금을 지급하지 아니하고 열차를 이용한 경우에는 승차 구간에 해당하는 운임 외에 그의 30배의 범위에서 부가운임을 징수할 수 있다〈철도사업법 제10조 제1항〉.

**25** 철도사업법상 철도사업자가 송하인에게 부가운임을 징수할 수 있는 경우는?

① 송하인이 운송장에 적은 화물의 내용이 위험물인 경우
② 송하인이 운송준비 중인 화물을 분실한 경우
③ 송하인이 운송장에 적은 화물의 품명·중량·용적이 정당한 사유 없이 정상 운임보다 적은 경우
④ 송하인이 화물을 제 때 인도하지 않은 경우


**26** 철도사업법상 철도사업자가 부가운임을 징수할 경우에는 사전에 정해야 하는 산정기준을 정해야 한다. 다음 중 산정기준에 포함되지 않는 것은?

① 여객의 연령대                    ② 열차의 종류
③ 열차의 운행구간                  ④ 부가운임의 징수대상행위


**27** 철도사업법상 철도사업자 또는 철도사업자로부터 승차권 판매위탁을 받지 않은 자가 해서는 안 되는 행위는?

① 자신이 구입한 가격으로 승차권을 다른 사람에게 판매하는 행위
② 철도사업자로부터 자신이 직접 구입한 가격으로 승차권을 알선하는 행위
③ 할인권·교환권 등을 무료로 다른 사람에게 주는 행위
④ 자신이 구입한 가격을 초과한 금액으로 승차권을 다른 사람에게 판매하는 행위


**ANSWER** 25.③  26.①  27.④

- - - - - - - - - - - - - - - - - - - - - - - - - - - - - - - - - - - - - - - - - - - - - - - - - - - - - - - - - - - - - - - -

**25** 철도사업자는 송하인(送荷人)이 운송장에 적은 화물의 품명·중량·용적 또는 개수에 따라 계산한 운임이 정당한 사유 없이 정상 운임보다 적은 경우에는 송하인에게 그 부족 운임 외에 그 부족 운임의 5배의 범위에서 부가운임을 징수할 수 있다〈철도사업법 제10조 제2항〉.

**26** 철도사업자는 부가운임을 징수하려는 경우에는 사전에 부가운임의 징수대상행위, 열차의 종류 및 운행구간 등에 따른 부가운임 산정기준을 정하고 철도사업약관에 포함하여 국토교통부장관에게 신고하여야 한다〈철도사업법 제10조 제3항〉.

**27** 철도사업자 또는 철도사업자로부터 승차권 판매위탁을 받은 자가 아닌 자는 철도사업자가 발행한 승차권 또는 할인권·교환권 등 승차권에 준하는 증서를 상습 또는 영업으로 자신이 구입한 가격을 초과한 금액으로 다른 사람에게 판매하거나 이를 알선하여서는 아니 된다〈철도사업법 제10조의2〉.

# chapter
## 03 철도사업의 관리(2)

### 1 철도사업약관 및 사업계획의 변경

① 철도사업 약관〈법 제11조〉

  ㉠ 약관신고
   • 철도사업자는 철도사업 약관을 정하여 국토교통부장관에게 신고하여야 한다.
   • 이를 변경하려는 경우에도 같다.
   • 국토교통부장관은 신고 또는 변경신고를 받은 날부터 3일 이내에 신고수리 여부를 신고인에게 통지하여야 한다.
  ㉡ 기재사항 : 철도사업약관의 기재 사항 등에 필요한 사항은 국토교통부령으로 정한다.

② 사업계획의 변경〈법 제12조〉

  ㉠ 변경신고
   • 철도사업자는 사업계획을 변경하려는 경우에는 국토교통부장관에게 신고하여야 한다.
   • <u>대통령령으로 정하는 중요 사항을 변경하려는 경우에는 국토교통부장관의 인가를 받아야 한다.</u>
   • 국토교통부장관은 신고를 받은 날부터 3일 이내에 신고수리 여부를 신고인에게 통지하여야 한다.

   > **대통령령으로 정하는 중요 사항을 변경하려는 경우〈철도사업법 시행령 제5조〉**
   > • 철도이용수요가 적어 수지균형의 확보가 극히 곤란한 벽지노선으로서 공익서비스비용의 보상에 관한 계약이 체결된 노선의 철도운송서비스(철도여객운송서비스 또는 철도화물운송서비스를 말한다)의 종류를 변경하거나 다른 종류의 철도운송서비스를 추가하는 경우
   > • 운행구간의 변경(여객열차의 경우에 한한다)
   > • 사업용철도 노선별로 여객열차의 정차역을 신설 또는 폐지하거나 10분의 2 이상 변경하는 경우
   > • 사업용철도 노선별로 10분의 1 이상의 운행횟수의 변경(여객열차의 경우에 한한다). 다만, 공휴일·방학기간 등 수송수요와 열차운행계획상의 수송력과 현저한 차이가 있는 경우로서 3월 이내의 기간동안 운행횟수를 변경하는 경우를 제외한다.

  ㉡ 변경의 절차·기준 : 사업계획 변경의 절차·기준과 그 밖에 필요한 사항은 국토교통부령으로 정한다.
  ㉢ **국토교통부장관이 철도사업자의 변경을 제한할 수 있는 경우**
   • 국토교통부장관이 지정한 날 또는 기간에 운송을 시작하지 아니한 경우
   • 노선 운행중지, 운행제한, 감차(減車) 등을 수반하는 사업계획 변경명령을 받은 후 1년이 지나지 아니한 경우
   • 개선명령을 받고 이행하지 아니한 경우
   • 철도사고의 규모 또는 발생빈도가 <u>대통령령으로 정하는 기준 이상인 경우</u>

| 대통령령으로 정하는 기준 이상인 경우〈철도사업법 시행령 제6조〉 |
|---|

- 사업계획의 변경을 신청한 날이 포함된 연도의 직전 연도의 열차운행거리 100만 킬로미터 당 철도사고(철도사업자 또는 그 소속 종사자의 고의 또는 과실에 의한 철도사고를 말한다)로 인한 사망자수 또는 철도사고의 발생횟수가 최근(직전연도를 제외한다) 5년간 평균 보다 10분의 2 이상 증가한 경우를 말한다.
- ※ **철도사고** … 철도운영 또는 철도시설관리와 관련하여 사람이 죽거나 다치거나 물건이 파손되는 사고로 국토교통부령으로 정하는 것을 말한다〈철도안전법 제2조 제11호〉.
- ※ **철도사고의 범위**〈철도안전법 시행규칙 제1조의2〉
  - ㉠ 철도교통사고 : 철도차량의 운행과 관련된 사고
    - 충돌사고 : 철도차량이 다른 철도차량 또는 장애물(동물 및 조류는 제외한다)과 충돌하거나 접촉한 사고
    - 탈선사고 : 철도차량이 궤도를 이탈하는 사고
    - 열차화재사고 : 철도차량에서 화재가 발생하는 사고
    - 기타철도교통사고 : 가목부터 다목까지의 사고에 해당하지 않는 사고로서 철도차량의 운행과 관련된 사고
  - ㉡ 철도안전사고 : 철도시설 관리와 관련된 사고(자연재난으로 인한 사고 제외)
    - 철도화재사고 : 철도역사, 기계실 등 철도시설에서 화재가 발생하는 사고
    - 철도시설파손사고 : 교량·터널·선로, 신호·전기·통신 설비 등의 철도시설이 파손되는 사고
    - 기타철도안전사고 : 가목 및 나목에 해당하지 않는 사고로서 철도시설 관리와 관련된 사고

③ **공동운수협정**〈법 제13조〉

  ㉠ **공동운수협정의 인가**

- 인가 : 철도사업자는 다른 철도사업자와 공동경영에 관한 계약이나 그 밖의 운수에 관한 협정(이하 "공동운수협정"이라 한다)을 체결하거나 변경하려는 경우에는 국토교통부령으로 정하는 바에 따라 국토교통부장관의 인가를 받아야 한다.
- 신고 : 국토교통부령으로 정하는 경미한 사항을 변경하려는 경우에는 국토교통부령으로 정하는 바에 따라 국토교통부장관에게 신고하여야 한다.
- 통지 : 국토교통부장관은 신고를 받은 날부터 3일 이내에 신고수리 여부를 신고인에게 통지하여야 한다.

| 국토교통부령으로 정하는 경미한 사항〈철도사업법 시행규칙 제9조 제3항〉 |
|---|

- 철도사업자가 여객 운임·요금의 변경신고를 한 경우 이를 반영하기 위한 사항
- 철도사업자가 사업계획변경을 신고하거나 사업계획변경의 인가를 받은 때에는 이를 반영하기 위한 사항
- 공동운수협정에 따른 운행구간별 열차 운행횟수의 10분의 1 이내에서의 변경
- 그 밖에 법에 의하여 신고 또는 인가·허가 등을 받은 사항을 반영하기 위한 사항

  ㉡ **공정거래위원회와 협의** : 국토교통부장관은 공동운수협정을 인가하려면 미리 공정거래위원회와 협의하여야 한다.

  ※ **공동운수협정 체결 및 변경 시 인가신청서에 첨부할 서류**〈시행규칙 제9조 제1항〉
  ㉠ 공동운수협정 체결(변경)사유서
  ㉡ 공동운수협정서 사본
  ㉢ 신·구 공동운수협정을 대비한 서류 또는 도면(공동운수협정을 변경하는 경우에 한한다)

## 2 사업의 양도 · 양수 및 휴업 · 폐업

① 사업의 양도 · 양수〈법 제14조〉

  ㉠ 인가를 받아야 하는 경우

- 철도사업을 양도 · 양수하려는 경우 : 철도사업자는 그 철도사업을 양도 · 양수하려는 경우에는 국토교통부장관의 인가를 받아야 한다.
- 철도사업 외의 사업을 경영하는 자와 합병하려는 경우 : 철도사업자는 다른 철도사업자 또는 철도사업 외의 사업을 경영하는 자와 합병하려는 경우에는 국토교통부장관의 인가를 받아야 한다.

  ㉡ 인가를 받은 경우

- 철도사업을 양수한 자는 철도사업을 양도한 자의 철도사업자로서의 지위를 승계한다.
- 합병으로 설립되거나 존속하는 법인은 합병으로 소멸되는 법인의 철도사업자로서의 지위를 승계한다.

  ㉢ 인가에 관하여는 제7조를 준용한다.

> **조문참고** 제7조(결격사유)
> 1. 법인의 임원 중 다음 각 목의 어느 하나에 해당하는 사람이 있는 법인
>    가. 피성년후견인 또는 피한정후견인
>    나. 파산선고를 받고 복권되지 아니한 사람
>    다. 이 법 또는 대통령령으로 정하는 철도 관계 법령을 위반하여 금고 이상의 실형을 선고받고 그 집행이 끝나거나(끝난 것으로 보는 경우를 포함한다) 면제된 날부터 2년이 지나지 아니한 사람
>    라. 이 법 또는 대통령령으로 정하는 철도 관계 법령을 위반하여 금고 이상의 형의 집행유예를 선고받고 그 유예 기간 중에 있는 사람
> 2. 철도사업의 면허가 취소된 후 그 취소 일부터 2년이 지나지 아니한 법인. 다만, 제1호 가목 또는 나목에 해당하여 철도사업의 면허가 취소된 경우는 제외한다.

② 사업의 휴업 · 폐업〈법 제15조〉

  ㉠ 허가 및 신고

- 허가대상 : 철도사업자가 그 사업의 전부 또는 일부를 휴업 또는 폐업하려는 경우에는 국토교통부령으로 정하는 바에 따라 국토교통부장관의 허가를 받아야 한다.
- 신고대상 : 선로 또는 교량의 파괴, 철도시설의 개량, 그 밖의 정당한 사유로 휴업하는 경우에는 국토교통부령으로 정하는 바에 따라 국토교통부장관에게 신고하여야 한다.

  ㉡ 휴업

- 휴업기간은 6개월을 넘을 수 없다.
- ㉠의 신고 대상에 따른 휴업의 경우에는 예외로 한다.

  ㉢ 사업재개 : 허가를 받거나 신고한 휴업기간 중이라도 휴업 사유가 소멸된 경우에는 국토교통부장관에게 신고하고 사업을 재개할 수 있다.

  ㉣ 통지 : 국토교통부장관은 신고를 받은 날부터 60일 이내에 신고수리 여부를 신고인에게 통지하여야 한다.

    ⑩ 게시 및 공고 : 철도사업자는 철도사업의 전부 또는 일부를 휴업 또는 폐업하려는 경우에는 대통령령
    으로 정하는 바에 따라 휴업 또는 폐업하는 사업의 내용과 그 기간 등을 인터넷 홈페이지, 관계
    역·영업소 및 사업소 등 일반인이 잘 볼 수 있는 곳에 게시하여야 한다.

③ 사업의 휴업·폐업 내용의 게시〈시행령 제7조〉
    ㉠ 휴업 또는 폐업의 허가를 받은 경우 : 철도사업자는 철도사업의 휴업 또는 폐업의 허가를 받은 때에는
       그 허가를 받은 날부터 7일 이내에 철도사업자의 인터넷 홈페이지, 관계 역·영업소 및 사업소 등
       일반인이 잘 볼 수 있는 곳에 게시하여야 한다.
    ㉡ 휴업을 신고한 경우 : 휴업을 신고하는 경우에는 해당 사유가 발생한 때에 즉시 게시하여야 한다.
    ㉢ 게시해야 할 내용
       • 휴업 또는 폐업하는 철도사업의 내용 및 그 사유
       • 휴업의 경우 그 기간
       • 대체교통수단 안내
       • 그 밖에 휴업 또는 폐업과 관련하여 철도사업자가 공중에게 알려야 할 필요성이 있다고 인정하는 사
         항이 있는 경우 그에 관한 사항

## ③ 면허취소 및 과징금 처분

① 면허취소〈법 제16조〉
    ㉠ 면허 취소권자 : 국토교통부장관
    ㉡ 면허를 취소하거나, 6개월 이내의 기간을 정하여 사업의 전부 또는 일부의 정지를 명하거나, 노선 운행중
       지·운행제한·감차 등을 수반하는 사업계획의 변경을 명할 수 있는 경우
       • 면허받은 사항을 정당한 사유 없이 시행하지 아니한 경우
       • 사업 경영의 불확실 또는 자산상태의 현저한 불량이나 그 밖의 사유로 사업을 계속하는 것이 적합하
         지 아니할 경우
       • 고의 또는 중대한 과실에 의한 철도사고로 대통령령으로 정하는 다수의 사상자가 발생한 경우

       ▎대통령령으로 정하는 다수의 사상자가 발생한 경우〈철도사업법 시행령 제8조〉
       • 1회 철도사고로 사망자 5명 이상이 발생하게 된 경우를 말한다.

       • 면허에 붙인 부담을 위반한 경우
       • 철도사업의 면허기준에 미달하게 된 경우. 다만, 3개월 이내에 그 기준을 충족시킨 경우에는 예외로
         한다.
       • 국토교통부장관이 지정한 날 또는 기간에 운송을 시작하지 아니한 경우
       • 휴업 또는 폐업의 허가를 받지 아니하거나 신고를 하지 아니하고 영업을 하지 아니한 경우
       • 제20조 제1항에 따른 준수사항을 1년 이내에 3회 이상 위반한 경우

- 제21조에 따른 개선명령을 위반한 경우
- 제23조에 따른 명의 대여 금지를 위반한 경우

> **조문참고** 철도사업법 제20조(철도사업자의 준수사항)
> ① 철도사업자는 「철도안전법」 제21조에 따른 요건을 갖추지 아니한 사람을 운전업무에 종사하게 하여서는 아니 된다.

> **조문참고** 철도안전법 제21조(운전업무 실무수습)
> 철도차량의 운전업무에 종사하려는 사람은 국토교통부령으로 정하는 바에 따라 실무수습을 이수하여야 한다.

> **조문참고** 철도사업법 제21조(사업의 개선명령)
> 1. 사업계획의 변경
> 2. 철도차량 및 운송 관련 장비·시설의 개선
> 3. 운임·요금 징수 방식의 개선
> 4. 철도사업약관의 변경
> 5. 공동운수협정의 체결
> 6. 철도차량 및 철도사고에 관한 손해배상을 위한 보험에의 가입
> 7. 안전운송의 확보 및 서비스의 향상을 위하여 필요한 조치
> 8. 철도운수종사자의 양성 및 자질향상을 위한 교육

> **조문참고** 제23조(명의 대여의 금지)
> 철도사업자는 타인에게 자기의 성명 또는 상호를 사용하여 철도사업을 경영하게 하여서는 아니 된다.

ⓒ **면허를 취소하여야 하는 경우**
- 거짓이나 그 밖의 부정한 방법으로 철도사업의 면허를 받은 경우
- 철도사업자의 임원 중 결격사유에 해당하게 된 사람이 있는 경우. 다만, 3개월 이내에 그 임원을 바꾸어 임명한 경우에는 예외로 한다.

> **조문참고** 제7조(결격사유)
> 1. 법인의 임원 중 다음 각 목의 어느 하나에 해당하는 사람이 있는 법인
>    가. 피성년후견인 또는 피한정후견인
>    나. 파산선고를 받고 복권되지 아니한 사람
>    다. 이 법 또는 대통령령으로 정하는 철도 관계 법령을 위반하여 금고 이상의 실형을 선고받고 그 집행이 끝나거나(끝난 것으로 보는 경우를 포함한다) 면제된 날부터 2년이 지나지 아니한 사람
>    라. 이 법 또는 대통령령으로 정하는 철도 관계 법령을 위반하여 금고 이상의 형의 집행유예를 선고받고 그 유예 기간 중에 있는 사람

ⓡ **처분의 기준 및 절차** : 처분의 기준 및 절차와 그 밖에 필요한 사항은 국토교통부령으로 정한다.
ⓜ **청문** : 국토교통부장관은 철도사업의 면허를 취소하려면 청문을 하여야 한다.

② **과징금처분〈법 제17조〉**
ⓐ **과징금 부과·징수** : 국토교통부장관은 철도사업자에게 사업정지처분을 하여야 하는 경우로서 그 사업정지처분이 그 철도사업자가 제공하는 철도서비스의 이용자에게 심한 불편을 주거나 그 밖에 공익을 해칠 우려가 있을 때에는 그 사업정지처분을 갈음하여 1억 원 이하의 과징금을 부과·징수할 수 있다.

ⓛ **징수방법 등 필요한 사항** : 과징금을 부과하는 위반행위의 종류, 과징금의 부과기준·징수방법 등 필요한 사항은 대통령령으로 정한다.

ⓒ 국토교통부장관은 과징금 부과처분을 받은 자가 납부기한까지 과징금을 내지 아니하면 국세 체납처분의 예에 따라 징수한다.

ⓔ 징수한 과징금은 다음 외의 용도로는 사용할 수 없다.
- 철도사업 종사자의 양성·교육훈련이나 그 밖의 자질향상을 위한 시설 및 철도사업 종사자에 대한 지도업무의 수행을 위한 시설의 건설·운영
- 철도사업의 경영개선이나 그 밖에 철도사업의 발전을 위하여 필요한 사업
- 위 •목적을 위한 보조 또는 융자

ⓜ 국토교통부장관은 과징금으로 징수한 금액의 운용계획을 수립하여 시행하여야 한다.

ⓗ 과징금 사용의 절차, 운용계획의 수립·시행에 관한 사항과 그 밖에 필요한 사항은 국토교통부령으로 정한다.

③ **철도사업자에 대한 과징금의 부과기준〈시행령 제9조 별표 1〉**

ⓙ **일반기준**
- 국토교통부장관은 철도사업자의 사업규모, 사업지역의 특수성, 철도사업자 또는 그 종사자의 과실의 정도와 위반행위의 내용 및 횟수 등을 고려하여 과징금 금액의 2분의 1 범위에서 그 금액을 줄이거나 늘릴 수 있다.
- 과징금을 늘리는 경우 과징금 금액의 총액은 과징금 금액의 상한(1억 원)을 넘을 수 없다.

ⓛ **개별기준**
- 철도사업자 또는 그 소속 종사자의 고의 또는 중대한 과실에 의하여 다음의 사고가 발생한 경우

| 위반행위 | 과징금 금액 |
|---|---|
| 1회의 철도사고로 인한 사망자가 40명 이상인 경우 | 5,000만 원 |
| 1회의 철도사고로 인한 사망자가 20명 이상 40명 미만인 경우 | 2,000만 원 |
| 1회의 철도사고로 인한 사망자가 10명 이상 20명 미만인 경우 | 1,000만 원 |
| 1회의 철도사고로 인한 사망자가 5명 이상 10명 미만인 경우 | 500만 원 |

- 면허를 받은 사항을 정당한 사유 없이 시행하지 않은 경우 : 300만 원
- 사업경영의 불확실 또는 자산상태의 현저한 불량이나 그 밖의 사유로 사업을 계속하는 것이 적합하지 않은 경우 : 500만 원
- 면허에 붙인 부담을 위반한 경우 : 1,000만 원
- 철도사업의 면허기준에 미달하게 된 때부터 3개월이 경과된 후에도 그 기준을 충족시키지 않은 경우 : 1,000만 원
- 국토교통부장관이 지정한 날 또는 기간에 운송을 시작하지 않은 경우 : 300만 원
- 휴업 또는 폐업의 허가를 받지 않거나 신고를 하지 않고 영업을 하지 않은 경우 : 300만 원
- 준수사항을 1년 이내에 3회 이상 위반한 경우 : 500만 원

- 개선명령을 위반한 경우 : 300만 원
- 명의대여 금지를 위반한 경우 : 300만 원

④ 과징금의 부과 및 납부〈시행령 제10조〉
  ㉠ 부과 시 서면통지 : 국토교통부장관은 과징금을 부과하고자 하는 때에는 그 위반행위의 종별과 해당 과징금의 금액 등을 명시하여 이를 납부할 것을 서면으로 통지하여야 한다.
  ㉡ 과징금 납부 : 통지를 받은 자는 20일 이내에 과징금을 국토교통부장관이 지정한 수납기관에 납부해야 한다.
  ㉢ 영수증 교부 : 과징금의 납부를 받은 수납기관은 납부자에게 영수증을 교부하여야 한다.
  ㉣ 통보 : 과징금의 수납기관은 과징금을 수납한 때에는 지체 없이 그 사실을 국토교통부장관에게 통보하여야 한다.

⑤ 철도차량 표시 및 우편물 등의 운송
  ㉠ 철도차량 표시〈법 제18조〉 : 철도사업자는 철도사업에 사용되는 철도차량에 철도사업자의 명칭과 그 밖에 국토교통부령으로 정하는 바에 따라 도안 또는 문자를 표시하여야 한다.
  ㉡ 우편물 등의 운송〈법 제19조〉 : 철도사업자는 여객 또는 화물 운송에 부수(附隨)하여 우편물과 신문 등을 운송할 수 있다.
  ※ 부수(附隨) … 중심이 되거나 기본적인 것에 붙어서 따르게 하다.


### ④ 철도사업자의 준수사항 및 개선명령

① 철도사업자의 준수사항〈법 제20조〉
  ㉠ 운전업무 종사 금지 : 철도사업자는 「철도안전법」 제21조에 따른 요건을 갖추지 아니한 사람을 운전업무에 종사하게 하여서는 아니 된다.

  **조문참고** 「철도안전법」 제21조(운전업무 실무수습)
  철도차량의 운전업무에 종사하려는 사람은 국토교통부령으로 정하는 바에 따라 실무수습을 이수하여야 한다.

  ㉡ 철도운송 질서를 해치는 행위 금지 : 철도사업자는 사업계획을 성실하게 이행하여야 하며, 부당한 운송조건을 제시하거나 정당한 사유 없이 운송계약의 체결을 거부하는 등 철도운송 질서를 해치는 행위를 하여서는 아니 된다.
  ㉢ 홈페이지 게시 : 철도사업자는 여객 운임표, 여객 요금표, 감면 사항 및 철도사업약관을 인터넷 홈페이지에 게시하고 관계 역·영업소 및 사업소 등에 갖추어 두어야 하며, 이용자가 요구하는 경우에는 제시하여야 한다.
  ㉣ 준수사항 마련 : 준수사항 외에 운송의 안전과 여객 및 화주(貨主)의 편의를 위하여 철도사업자가 준수하여야 할 사항은 국토교통부령으로 정한다.

② 사업의 개선명령〈법 제21조〉

   ㉠ **국토교통부장관의 명** : 국토교통부장관은 원활한 철도운송, 서비스의 개선 및 운송의 안전과 그 밖에 공공복리의 증진을 위하여 필요하다고 인정하는 경우에는 철도사업자에게 ㉡의 사항을 명할 수 있다.

   ㉡ **국토교통부장관이 철도사업자에게 명할 수 있는 사항**

- 사업계획의 변경
- 철도차량 및 운송 관련 장비·시설의 개선
- 운임·요금 징수 방식의 개선
- 철도사업약관의 변경
- 공동운수협정의 체결
- 철도차량 및 철도사고에 관한 손해배상을 위한 보험에의 가입
- 안전운송의 확보 및 서비스의 향상을 위하여 필요한 조치
- 철도운수종사자의 양성 및 자질향상을 위한 교육

③ 철도운수종사자의 준수사항〈법 제22조〉

   ㉠ **철도운수종사자의 금지해야 하는 행위**

- 정당한 사유 없이 여객 또는 화물의 운송을 거부하거나 여객 또는 화물을 중도에서 내리게 하는 행위
- 부당한 운임 또는 요금을 요구하거나 받는 행위
- 그 밖에 안전운행과 여객 및 화주의 편의를 위하여 철도운수종사자가 준수하여야 할 사항으로서 국토교통부령으로 정하는 사항을 위반하는 행위

   ㉡ **철도운수종사자의 준수사항**〈시행규칙 제16조 별표 4〉

- 여객의 안전과 사고예방을 위하여 운행 전 철도차량의 안전설비 및 주행·제동장치 등의 이상 유무를 확인해야 한다.
- 질병·피로·음주 그 밖의 사유로 안전한 운전을 할 수 없는 경우에는 미리 철도사업자에게 알려야 한다.
- 철도차량의 운행 중 중대한 고장을 발견하거나 철도사고가 발생할 우려가 있다고 인정되는 경우에는 즉시 운행을 중지하고 적절한 조치를 해야 한다.
- 운전업무 중 해당 철도시설에 이상이 있었던 경우에는 즉시 인접 역 또는 관계기관에게 통보해야 한다.
- 여객이 다음의 어느 하나에 해당하는 행위를 하는 경우에는 안전운행과 다른 여객의 편의를 위하여 이를 제지하고 필요한 사항을 안내해야 한다.

    - 철도차량의 안전운행에 위해를 끼칠 우려가 있는 행위
    - 열차 안에서 도박을 하거나 소란을 피우는 등 공공질서 또는 선량한 풍속에 반하는 행위
    - 다른 여객에게 위해를 끼칠 우려가 있는 폭발성 물질, 인화성 물질 등의 위험물을 철도차량으로 가지고 들어오는 행위
    - 다른 여객에게 위해를 끼치거나 불쾌감을 줄 우려가 있는 동물(장애인 보조견은 제외한다)을 철도차량 안으로 데리고 들어오는 행위
    - 철도차량의 출입구 또는 통로를 막을 우려가 있는 물품을 철도차량 안으로 가지고 들어오는 행위

- 여객과 화물을 운송할 때에는 관계 공무원, 관제업무종사자 또는 철도특별사법경찰관리 등의 위험방지 및 안전 확보를 위한 조치에 따라야 한다.
- 관계 공무원으로부터 신분증 또는 자격증의 제시 요구가 있는 경우에는 즉시 이에 따라야 한다.
- 철도사고로 인하여 사상자가 발생하거나 철도차량의 운행을 중단한 경우에는 철도사고의 상황에 따라 적절한 조치를 취해야 한다.
  - ※ 명의 대여의 금지〈법 제23조〉 … 철도사업자는 타인에게 자기의 성명 또는 상호를 사용하여 철도사업을 경영하게 하여서는 아니 된다.

④ 철도화물 운송에 관한 책임〈법 제24조〉
  - ㉠ 상법의 준용 : 철도사업자의 화물의 멸실·훼손 또는 인도(引導)의 지연에 대한 손해배상책임에 관하여는 「상법」 제135조를 준용한다.
  - ㉡ 화물의 멸실 : ㉠을 적용할 때에 화물이 인도 기한을 지난 후 3개월 이내에 인도되지 아니한 경우에는 그 화물은 멸실된 것으로 본다.

## 암기요약 ··· 핵심조문 빈칸 채우기

(1) 철도사업자는 철도사업약관을 정하여 _____에게 신고하여야 하며, 국토교통부장관은 신고 또는 변경신고를 받은 날부터 _____에 신고수리 여부를 신고인에게 통지하여야 한다.

(2) 철도사업자는 사업계획을 변경하려는 경우에는 국토교통부장관에게 신고하여야 한다. 다만, _____으로 정하는 중요 사항을 변경하려는 경우에는 국토교통부장관의 ___를 받아야 한다.

(3) 철도사업자는 다른 철도사업자와 공동경영에 관한 계약이나 그 밖의 운수에 관한 협정(이하 "_____"이라 한다)을 체결하거나 변경하려는 경우에는 국토교통부령으로 정하는 바에 따라 국토교통부장관의 인가를 받아야 한다.

(4) 국토교통부장관은 공동운수협정을 인가하려면 미리 _____와 협의하여야 한다.

(5) 철도사업자는 그 철도사업을 _____하려는 경우에는 국토교통부장관의 인가를 받아야 한다.

(6) 인가를 받은 경우 철도사업을 양수한 자는 철도사업을 양도한 자의 철도사업자로서의 ___를 승계하며, 합병으로 설립되거나 존속하는 법인은 합병으로 소멸되는 법인의 철도사업자로서의 지위를 ___한다.

(7) 철도사업자가 그 사업의 전부 또는 일부를 휴업 또는 폐업하려는 경우에는 국토교통부령으로 정하는 바에 따라 국토교통부장관의 허가를 받아야 하며, 휴업기간은 ____을 넘을 수 없다.

(8) 국토교통부장관은 신고를 받은 경우 신고를 받은 날부터 _____에 신고수리 여부를 신고인에게 통지하여야 한다.

(9) 국토교통부장관은 철도사업자의 사업정지처분이 철도사업자가 제공하는 철도서비스의 이용자에게 심한 불편을 주거나 그 밖에 공익을 해칠 우려가 있을 때에는 사업정지처분을 갈음하여 _____의 ____을 부과·징수할 수 있다.

(10) 국토교통부장관은 과징금 부과처분을 받은 자가 납부기한까지 과징금을 내지 아니하면 _____에 따라 징수한다.

(11) 철도사업자는 _____ 제21조에 따른 요건을 갖추지 아니한 사람을 운전업무에 종사하게 하여서는 아니 된다.

(12) 운송의 안전과 여객 및 화주의 편의를 위하여 철도사업자가 준수하여야 할 사항은 _____으로 정한다.

(13) 국토교통부장관은 원활한 철도운송, 서비스의 개선 및 운송의 안전과 그 밖에 공공복리의 증진을 위하여 필요하다고 인정하는 경우에는 철도사업자에게 _____을 내릴 수 있다.

(14) _____의 준수사항
   ㉠ 정당한 사유 없이 여객 또는 화물의 운송을 거부하거나 여객 또는 화물을 중도에서 내리게 하는 행위
   ㉡ 부당한 운임 또는 요금을 요구하거나 받는 행위
   ㉢ 그 밖에 안전운행과 여객 및 화주의 편의를 위하여 철도운수종사자가 준수하여야 할 사항으로서 국토교통부령으로 정하는 사항을 위반하는 행위

(15) 철도사업자는 타인에게 자기의 ____ 또는 ___를 사용하여 철도사업을 경영하게 하여서는 아니 된다.

### 정답 및 해설

(1) 국토교통부장관, 3일 이내
(2) 대통령령, 인가
(3) 공동운수협정
(4) 공정거래위원회
(5) 양도·양수
(6) 지위, 승계
(7) 6개월
(8) 60일 이내
(9) 1억원 이하, 과징금
(10) 국세 체납처분의 예
(11) 철도안전법
(12) 국토교통부령
(13) 사업의 개선명령
(14) 철도운수종사자
(15) 성명, 상호

**1** 다음 중 철도사업자가 철도사업약관을 정하거나 변경할 때 필요한 절차로 옳은 것은?

① 대통령령으로 정한다.
② 철도사업자의 회사 정관으로 정한다.
③ 국토교통부령으로 정한다.
④ 국토교통부장관에게 신고하여야 한다.

**2** 다음 중 국토교통부장관이 철도사업약관 신고 또는 변경신고를 받은 후 신고인에게 통지해야 하는 기한은?

① 1일 이내
② 3일 이내
③ 7일 이내
④ 15일 이내

---

**ANSWER** 1.④ 2.②

**1** 철도사업자는 철도사업약관을 정하여 국토교통부장관에게 신고하여야 한다. 이를 변경하려는 경우에도 같다〈철도사업법 제11조 제1항〉.

**2** 국토교통부장관은 철도사업약관의 신고 또는 변경신고를 받은 날부터 3일 이내에 신고수리 여부를 신고인에게 통지하여야 한다〈철도사업법 제11조 제3항〉.

**3** 국토교통부장관이 철도사업자의 사업계획변경을 제한할 수 있는 경우로 바르지 않은 것은?

① 노선 운행중지, 운행제한, 감차 등을 수반하는 사업계획 변경명령을 받은 후 1년이 지난 경우
② 개선명령을 받고 이를 이행하지 아니한 경우
③ 국토교통부장관이 지정한 날 또는 기간에 운송을 시작하지 않은 경우
④ 철도사고의 규모 또는 발생빈도가 대통령령으로 정하는 기준 이상인 경우

**4** 철도사업법령상 사업계획의 변경에 있어서 국토교통부장관의 인가를 받아야 하는 경우가 아닌 것은?

① 여객열차의 운행구간을 변경하는 경우
② 벽지노선에서 철도운송서비스의 종류를 추가하는 경우
③ 화물열차의 운행구간을 변경하는 경우
④ 여객열차의 정차역을 10분의 2 이상 변경하는 경우

---

**ANSWER** 3.① 4.③

**3** 국토교통부장관이 사업계획의 변경을 제한할 수 있는 경우〈철도사업법 제12조 제2항〉.
㉠ 국토교통부장관이 지정한 날 또는 기간에 운송을 시작하지 아니한 경우
㉡ 노선 운행중지, 운행제한, 감차(減車) 등을 수반하는 사업계획 변경명령을 받은 후 1년이 지나지 아니한 경우
㉢ 사업의 개선명령을 받고 이행하지 아니한 경우
㉣ 철도사고의 규모 또는 발생빈도가 대통령령으로 정하는 기준 이상인 경우

**4** 사업계획의 중요한 사항 변경의 경우〈철도사업법 시행령 제5조〉.
㉠ 철도이용수요가 적어 수지균형의 확보가 극히 곤란한 벽지노선으로서 공익서비스비용의 보상에 관한 계약이 체결된 노선의 철도운송서비스(철도여객운송서비스 또는 철도화물운송서비스를 말한다)의 종류를 변경하거나 다른 종류의 철도운송서비스를 추가하는 경우
㉡ 운행구간의 변경(여객열차의 경우에 한한다)
㉢ 사업용철도 노선별로 여객열차의 정차역을 신설 또는 폐지하거나 10분의 2 이상 변경하는 경우
㉣ 사업용철도 노선별로 10분의 1 이상의 운행횟수의 변경(여객열차의 경우에 한한다). 다만, 공휴일·방학기간 등 수송수요와 열차운행계획상의 수송력과 현저한 차이가 있는 경우로서 3월 이내의 기간 동안 운행횟수를 변경하는 경우를 제외한다.

**5** 다음은 사업계획의 변경을 제한할 수 있는 철도사고의 기준이다. (    ) 안에 알맞은 것은?

> 사업계획의 변경을 신청한 날이 포함된 연도의 직전 연도의 열차운행거리 (  ㉠  ) 킬로미터 당 철도사고(철도사업자 또는 그 소속 종사자의 고의 또는 과실에 의한 철도사고를 말한다)로 인한 사망자수 또는 철도사고의 발생횟수가 최근(직전연도 제외) 5년간 평균 보다 (  ㉡  ) 이상 증가한 경우를 말한다.

① ㉠ : 50만  ㉡ : 10분의 1        ② ㉠ : 100만  ㉡ : 10분의 1

③ ㉠ : 50만  ㉡ : 10분의 2        ④ ㉠ : 100만  ㉡ : 10분의 2

**6** 철도사업자가 공동운수협정을 체결하거나 변경할 경우에 필요한 절차로 올바른 설명은?

① 국토교통부령으로 정하는 바에 따라 국토교통부장관의 인가를 받아야 한다.

② 공정거래위원회의 허가를 받아야 한다.

③ 대통령령으로 정하는 바에 따라 신고하여야 한다.

④ 별도의 절차 없이 바로 시행할 수 있다.

**7** 국토교통부장관이 공동운수협정을 인가할 경우에 사전에 협의해야 하는 기관은?

① 기획재정부                        ② 공정거래위원회

③ 행정안전부                        ④ 산업통상자원부

---

**ANSWER** 5.④  6.①  7.②

**5** 사업계획의 변경을 제한할 수 있는 철도사고의 기준 … 사업계획의 변경을 신청한 날이 포함된 연도의 직전 연도의 열차운행거리 100만 킬로미터 당 철도사고(철도사업자 또는 그 소속 종사자의 고의 또는 과실에 의한 철도사고를 말한다)로 인한 사망자수 또는 철도사고의 발생횟수가 최근(직전 연도를 제외한다) 5년간 평균 보다 10분의 2 이상 증가한 경우를 말한다〈철도사업법 시행령 제6조〉.

**6** 철도사업자는 다른 철도사업자와 공동경영에 관한 계약이나 그 밖의 운수에 관한 협정(이하 "공동운수협정"이라 한다)을 체결하거나 변경하려는 경우에는 국토교통부령으로 정하는 바에 따라 국토교통부장관의 인가를 받아야 한다〈철도사업법 제13조 제1항〉.

**7** 국토교통부장관은 공동운수협정을 인가하려면 미리 공정거래위원회와 협의하여야 한다〈철도사업법 제13조 제2항〉.

**8** 다음은 철도사업법 제13조(공동운수협정) 제1항이다. 밑줄 친 ㉠의 신고를 받은 국토교통부장관이 수리 여부를 신고인에게 통지해야 하는 기한은?

> 철도사업자는 다른 철도사업자와 공동경영에 관한 계약이나 그 밖의 운수에 관한 협정(이하 "공동운수 협정"이라 한다)을 체결하거나 변경하려는 경우에는 국토교통부령으로 정하는 바에 따라 국토교통부장 관의 인가를 받아야 한다. 다만, 국토교통부령으로 정하는 경미한 사항을 변경하려는 경우에는 국토교 통부령으로 정하는 바에 따라 ㉠국토교통부장관에게 신고하여야 한다.

① 신고를 받은 날부터 3일 이내
① 신고를 받은 날부터 5일 이내
③ 신고를 받은 날부터 10일 이내
④ 신고를 받은 날부터 15일 이내

**9** 철도사업법령상 철도의 양도 · 양수에 대한 설명으로 옳지 않은 것은?

① 철도사업을 양도 · 양수하려는 경우에는 국토교통부장관의 인가를 받아야 한다.
② 철도사업자가 철도사업 외의 사업을 경영하는 자와 합병하려는 경우에는 공정거래위원회의 승인을 받아야 한다.
③ 합병으로 존속하는 법인은 합병으로 소멸되는 법인의 철도사업자로서의 지위를 승계한다.
④ 인가를 받은 경우 철도사업을 양수한 자는 철도사업을 양도한 자의 철도사업자로서의 지위를 승계한다.

---

**ANSWER** 8.① 9.②

**8** 국토교통부장관은 공동운수협정의 경미한 사항 변경에 대한 신고를 받은 날부터 3일 이내에 신고수리여부를 신고인에게 통지하여야 한다〈철도사업법 제13조 제3항〉.

**9** ② 철도사업자는 다른 철도사업자 또는 철도사업 외의 사업을 경영하는 자와 합병하려는 경우에는 국토교통부장관의 인가를 받아야 한다〈철도사업법 제14조 제2항〉.
① 철도사업법 제14조 제1항
③④ 사업의 양도 · 양수에 대하여 인가를 받은 경우 철도사업을 양수한 자는 철도사업을 양도한 자의 철도사업자로서의 지위를 승계하며, 합병으로 설립되거나 존속하는 법인은 합병으로 소멸되는 법인의 철도사업자로서의 지위를 승계한다〈철도사업법 제14조 제3항〉.

**10** 철도사업법령상 면허취소에 대한 설명으로 옳지 않은 것은?

① 처분의 기준 및 절차와 그 밖에 필요한 사항은 국토교통부령으로 정한다.
② 사업의 개선명령을 위반한 경우 3개월 이내의 기간을 정하여 사업의 전부 또는 일부의 정지를 명할 수 있다.
③ 철도사업의 면허를 취소하려면 청문을 하여야 한다.
④ 면허의 정지 또는 취소는 국토교통부장관이 한다.

**11** 철도사업법상 다음에 해당하는 경우에 처분할 수 있는 기준으로 적절하지 않은 것은?

> ㉠ 면허받은 사항을 정당한 사유 없이 시행하지 아니한 경우
> ㉡ 사업 경영의 불확실 또는 자산상태의 현저한 불량이나 그 밖의 사유로 사업을 계속하는 것이 적합하지 아니할 경우
> ㉢ 고의 또는 중대한 과실에 의한 철도사고로 대통령령으로 정하는 다수의 사상자가 발생한 경우
> ㉣ 명의 대여 금지를 위반한 경우

① 노선 운행중지·운행제한·감차 등을 수반하는 사업계획의 변경을 명할 수 있다.
② 6개월 이내의 기간을 정하여 사업의 전부 또는 일부의 정지를 명할 수 있다.
③ 철도사업자에 대한 영업행위의 제한을 명할 수 있다.
④ 면허를 취소할 수 있다.

---

**ANSWER** 10.② 11.③

**10** ② 사업의 개선명령을 위반한 경우 6개월 이내의 기간을 정하여 사업의 전부 또는 일부의 정지를 명할 수도 있다〈철도사업법 제16조 제1항 제11호〉.
　① 철도사업법 제16조 제2항
　③ 철도사업법 제16조 제3항
　④ 철도사업법 제16조 제1항

**11** 국토교통부장관은 ㉠㉡㉢㉣에 해당하는 경우에는 면허를 취소하거나, 6개월 이내의 기간을 정하여 사업의 전부 또는 일부의 정지를 명하거나, 노선 운행중지·운행제한·감차 등을 수반하는 사업계획의 변경을 명할 수 있다〈철도사업법 제16조 제1항 제1호·제2호·제3호·제12호〉.

**12** 다음 중 철도사업법상 면허를 취소해야 하는 경우로 가장 적절한 것은?

① 철도사업자의 임원 중 결격사유에 해당하게 된 사람이 있는 경우
② 고의 또는 중대한 과실에 의한 철도사고로 대통령령으로 정하는 다수의 사상자가 발생한 경우
③ 철도사업의 면허기준에 미달하게 된 경우
④ 철도사업자의 준수사항을 1년 이내에 3회 이상 위반한 경우

**13** 철도사업법상 철도사고로 인하여 면허취소 또는 사업정지 등의 처분대상이 되는 사상자 수는?

① 1회 철도사고로 사망자 5명 이상이 발생하게 된 경우
② 1회 철도사고로 사망자 10명 이상이 발생하게 된 경우
③ 2회 철도사고로 사망자 15명 이상이 발생하게 된 경우
④ 2회 철도사고로 사망자 20명 이상이 발생하게 된 경우

**14** 철도사업자에게 사업정지처분을 해야 할 경우 그 사업정지처분을 갈음하여 부과·징수할 수 있는 과징금의 최대금액은?

① 5천만 원                        ② 1억 원
③ 2억 원                          ④ 3억 원

**ANSWER** 12.① 13.① 14.②

**12** ① 거짓이나 그 밖의 부정한 방법으로 철도사업의 면허를 받은 경우와 철도사업자의 임원 중 결격사유에 해당하게 된 사람이 있는 경우(3개월 이내에 그 임원을 바꾸어 임명한 경우에는 예외)에는 면허를 취소하여야 한다〈철도사업법 제16조 제1항 제4호 및 제7호〉.
　② 철도사업법 제16조 제1항 제3호
　③ 철도사업법 제16조 제1항 제6호
　④ 철도사업법 제16조 제1항 제10호

**13** 면허취소 또는 사업정지 등의 처분대상이 되는 사상자 수 … 1회 철도사고로 사망자 5명 이상이 발생하게 된 경우를 말한다〈철도사업법 시행령 제8조〉.

**14** 국토교통부장관이 철도사업자에게 사업정지처분을 하여야 하는 경우에 철도서비스의 이용자에게 심한 불편을 주거나 그 밖에 공익을 해칠 우려가 있을 때에는 그 사업정지처분을 갈음하여 1억 원 이하의 과징금을 부과·징수할 수 있다〈철도사업법 제17조 제1항〉.

**15** 철도사업법령상 과징금 처분에 대한 설명으로 옳지 않은 것은?

① 국토교통부장관은 사업정지처분 대신 과징금을 부과·징수할 수 있다.

② 과징금을 부과하는 위반행위의 종류, 부과기준·징수방법 등은 국토교통부령으로 정한다.

③ 과징금을 납부기한까지 내지 않으면 국세 체납처분의 예에 따라 징수한다.

④ 국토교통부장관은 과징금으로 징수한 금액의 운용계획을 수립하여 시행하여야 한다.

**16** 철도사업법령상 국토교통부장관이 징수한 과징금의 사용 용도로 적절하지 않은 것은?

① 철도사업 종사자의 양성·교육훈련 시설의 건설 및 운영

② 철도사업 종사자를 위한 복지사업

③ 철도사업의 발전을 위한 보조 또는 융자

④ 철도사업 종사자에 대한 지도업무의 수행을 위한 시설의 건설

**ANSWER** 15.② 16.②

**15** ② 과징금을 부과하는 위반행위의 종류, 과징금의 부과기준·징수방법 등 필요한 사항은 대통령령으로 정한다〈철도사업법 제17조 제2항〉.
  ① 철도사업법 제17조 제1항
  ③ 철도사업법 제17조 제3항
  ④ 철도사업법 제17조 제5항

**16** 징수한 과징금을 사용할 수 있는 범위〈철도사업법 제17조 제4항〉
  ㉠ 철도사업 종사자의 양성·교육훈련이나 그 밖의 자질향상을 위한 시설 및 철도사업 종사자에 대한 지도업무의 수행을 위한 시설의 건설·운영
  ㉡ 철도사업의 경영개선이나 그 밖에 철도사업의 발전을 위하여 필요한 사업
  ㉢ ㉠ 및 ㉡ 목적을 위한 보조 또는 융자

**17** 철도사업법령상 국토교통부장관은 과징금 금액의 2분의 1 범위에서 그 금액을 줄이거나 늘릴 수 있다. 이 때 고려할 사항이 아닌 것은?

① 사업지역의 특수성
② 철도사업자 소속 종사자의 수
③ 종사자 과실의 정도와 위반행위의 횟수
④ 철도사업자의 사업규모

**18** 철도사업법령상 중대한 과실에 의하여 1회의 철도사고로 인한 사망자가 40명 이상 발생한 사고의 과징금 액수는?

① 1,000만 원
② 2,000만 원
③ 3,000만 원
④ 5,000만 원

**19** 철도사업법상 고의 또는 중대한 과실에 의하여 발생한 철도사고의 과징금액이 잘못 연결된 것은?

① 1회의 철도사고로 인한 사망자가 7명 발생한 경우 : 700만 원
② 1회의 철도사고로 인한 사망자가 15명 발생한 경우 : 1,000만 원
③ 1회의 철도사고로 인한 사망자가 30명 발생한 경우 : 2,000만 원
④ 1회의 철도사고로 인한 사망자가 50명 발생한 경우 : 5,000만 원

---

**ANSWER** 17.② 18.④ 19.①

**17** 국토교통부장관은 철도사업자의 사업규모, 사업지역의 특수성, 철도사업자 또는 그 종사자의 과실의 정도와 위반행위의 내용 및 횟수 등을 고려하여 과징금 금액의 2분의 1 범위에서 그 금액을 줄이거나 늘릴 수 있다〈철도사업법 시행령 제9조 별표1〉.
※ 과징금을 늘리는 경우 과징금 금액의 총액은 1억 원의 상한을 넘을 수 없다.

**18** ④ 1회의 철도사고로 인한 사망자가 40명 이상 발생한 경우의 과징금은 5,000만 원이다〈철도사업법 시행령 제9조 별표1 제2호〉

**19** 철도사업자 또는 그 소속 종사자의 고의 또는 중대한 과실에 의하여 발생한 사고의 과징금〈철도사업법 시행령 제9조 별표1〉
㉠ 1회의 철도사고로 인한 사망자가 40명 이상인 경우 : 5,000만 원
㉡ 1회의 철도사고로 인한 사망자가 20명 이상 40명 미만인 경우 : 2,000만 원
㉢ 1회의 철도사고로 인한 사망자가 10명 이상 20명 미만인 경우 : 1,000만 원
㉣ 1회의 철도사고로 인한 사망자가 5명 이상 10명 미만인 경우 : 500만 원

**20** 다음에서 철도사업법령상 과징금 액수가 가장 높은 경우는?

① 휴업 또는 폐업의 허가를 받지 않거나 신고를 하지 않고 영업을 하지 않은 경우
② 준수사항을 1년 이내에 3회 이상 위반한 경우
③ 면허에 붙인 부담을 위반한 경우
④ 사업경영의 불확실 또는 자산상태의 현저한 불량이나 그 밖의 사유로 사업을 계속하는 것이 적합하지 않은 경우

**21** 철도사업법령상 과징금 부과 및 납부에 관한 설명 중 옳지 않은 것은?

① 국토교통부장관은 과징금을 부과하고자 하는 때에는 그 위반행위의 종별과 해당 과징금의 금액 등을 명시하여 이를 납부할 것을 서면으로 통지하여야 한다.
② 과징금 통지를 받은 자는 20일 이내에 과징금을 국토교통부장관이 지정한 수납기관에 납부해야 한다.
③ 과징금의 수납기관은 납부자로부터 과징금을 수납한 후 즉시 그 사실을 국토교통부장관에게 통보해야 한다.
④ 과징금 납부를 받은 수납기관은 희망자에 한해서 영수증을 교부하여야 한다.

---

**ANSWER** 20.③ 21.④

**20** 과징금 개별 부과기준〈철도사업법 시행령 제9조 별표1〉
  ㉠ 면허를 받은 사항을 정당한 사유 없이 시행하지 않은 경우 : 300만 원
  ㉡ 사업경영의 불확실 또는 자산상태의 현저한 불량이나 그 밖의 사유로 사업을 계속하는 것이 적합하지 않은 경우 : 500만 원
  ㉢ 면허에 붙인 부담을 위반한 경우 : 1,000만 원
  ㉣ 철도사업의 면허기준에 미달하게 된 때부터 3개월이 경과된 후에도 그 기준을 충족시키지 않은 경우 : 1,000만 원
  ㉤ 국토교통부장관이 지정한 날 또는 기간에 운송을 시작하지 않은 경우 : 300만 원
  ㉥ 휴업 또는 폐업의 허가를 받지 않거나 신고를 하지 않고 영업을 하지 않은 경우 : 300만 원
  ㉦ 준수사항을 1년 이내에 3회 이상 위반한 경우 : 500만 원
  ㉧ 개선명령을 위반한 경우 : 300만 원
  ㉨ 명의대여 금지를 위반한 경우 : 300만 원

**21** ④ 과징금의 납부를 받은 수납기관은 납부자에게 영수증을 교부하여야 한다〈철도사업법 시행령 제10조 제3항〉.

**22** 철도사업법령상 철도차량 표시 및 우편물 등의 운송에 대한 설명으로 옳지 않은 것은?

① 철도사업에 사용되는 철도차량에 철도사업자의 명칭을 표시하여야 한다.
② 철도사업자는 여객 또는 화물 운송에 우편물 등을 운송할 수 있다.
③ 철도사업에 사용되는 철도차량에 표시해야 할 사항은 국토교통부령으로 정한다.
④ 철도사업자는 여객운송용 철도차량에 신문 등은 운송할 수 없다.

**23** 철도사업법령상 철도사업자가 관계 역·영업소 및 사업소 등에 갖추어 두어야 하는 것이 아닌 것은?

① 철도사업자의 정관
② 여객요금표
③ 여객운임표
④ 감면사항

**24** 철도사업자의 준수사항으로 가장 옳지 않은 것은?

① 운전업무 실무수습을 이수하지 않은 사람을 운전업무에 종사하게 해서는 안 된다.
② 철도사업자는 사업계획을 성실하게 이행하여야 한다.
③ 철도사업약관을 인터넷 홈페이지에 게시하여야 한다.
④ 여객 및 화주의 편의를 위하여 철도사업자가 준수하여야 할 사항은 대통령령으로 정한다.

---

**ANSWER** 22.④  23.①  24.④

**22** ②④ 철도사업자는 여객 또는 화물 운송에 부수(附隨)하여 우편물과 신문 등을 운송할 수 있다〈철도사업법 제19조〉.
※ **부수(附隨)** … 중심이 되거나 기본적인 것에 붙어서 따르게 하다.
①③ 철도사업법 제18조

**23** 철도사업자가 홈페이지에 게시하고 관계 역·영업소 및 사업소 등에 갖추어 두어야 하는 내용〈철도사업법 제20조 제3항〉
㉠ 여객운임표
㉡ 여객요금표
㉢ 감면사항
㉣ 철도사업약관

**24** ④ 운송의 안전과 여객 및 화주(貨主)의 편의를 위하여 철도사업자가 준수하여야 할 사항은 국토교통부령으로 정한다〈철도사업법 제20조 제4항〉.

**25** 다음 중 철도사업법상 국토교통부장관이 철도사업자에게 사업개선을 명할 수 있는 사항으로 옳지 않은 것은?

① 공동운수협정의 체결
② 철도차량 및 운송 관련 장비·시설의 개선
③ 새로운 철도 노선의 개설
④ 철도운수종사자의 양성 및 자질향상을 위한 교육

**26** 철도사업법령상 철도사업에 종사하는 철도운수종사자의 준수사항에 해당되지 않는 것은?

① 부당한 운임 또는 요금을 요구하거나 받는 행위
② 정당한 사유 없이 여객 또는 화물의 운송을 거부하는 행위
③ 정당한 사유 없이 화물의 수량을 조정하는 행위
④ 정당한 사유 없이 여객 또는 화물을 중도에서 내리게 하는 행위

---

**ANSWER** 25.③ 26.③

**25** 국토교통부장관이 철도사업자에게 사업의 개선을 명할 수 있는 사항〈철도사업법 제21조〉
ㄱ 사업계획의 변경
ㄴ 철도차량 및 운송 관련 장비·시설의 개선
ㄷ 운임·요금 징수방식의 개선
ㄹ 철도사업약관의 변경
ㅁ 공동운수협정의 체결
ㅂ 철도차량 및 철도사고에 관한 손해배상을 위한 보험에의 가입
ㅅ 안전운송의 확보 및 서비스의 향상을 위하여 필요한 조치
ㅇ 철도운수종사자의 양성 및 자질향상을 위한 교육

**26** 철도운수종사자의 준수사항〈철도사업법 제22조〉
ㄱ 정당한 사유 없이 여객 또는 화물의 운송을 거부하거나 여객 또는 화물을 중도에서 내리게 하는 행위
ㄴ 부당한 운임 또는 요금을 요구하거나 받는 행위
ㄷ 그 밖에 안전운행과 여객 및 화주의 편의를 위하여 철도운수종사자가 준수하여야 할 사항으로서 국토교통부령으로 정하는 사항을 위반하는 행위

**27** 다음 설명 중 옳지 않은 것은?

① 철도사업자는 제3자에게 자기의 상호를 사용하여 철도사업을 경영하게 할 경우 국토부장관의 허가를 받아야 한다.
② 철도사업자는 화물이 훼손된 경우에는 손해를 배상해야 한다.
③ 철도사업자의 손해배상책임에 관하여는 「상법」을 준용한다.
④ 화물이 인도기한이 지난 후에도 인도되지 않은 경우에는 그 화물은 멸실된 것으로 본다.

**28** 철도사업법령상 화물의 멸실기준으로 옳은 것은?

① 화물이 인도 기한을 지난 후 1개월 이내에 인도되지 않은 경우
② 화물이 인도 기한을 지난 후 3개월 이내에 인도되지 않은 경우
③ 화물이 인도 기한을 지난 후 6개월 이내에 인도되지 않은 경우
④ 화물이 인도 기한을 지난 후 9개월 이내에 인도되지 않은 경우

**ANSWER** 27.① 28.②

**27** 철도사업자는 타인에게 자기의 성명 또는 상호를 사용하여 철도사업을 경영하게 하여서는 아니 된다〈철도사업법 제23조〉.
②③④ 철도사업법 제24조

**28** 화물이 인도 기한을 지난 후 3개월 이내에 인도되지 아니한 경우에는 그 화물은 멸실된 것으로 본다〈철도사업법 제24조 제2항〉.

# chapter 04 민자철도 운영의 감독·관리

## 1 민자철도의 유지·관리

① **민자철도의 유지·관리 및 운영에 관한 기준**〈법 제25조〉

㉠ **민자철도의 유지·관리 및 운영에 관한 기준 고시** : 국토교통부장관은 고속철도, 광역철도 및 일반철도로서 민간투자사업으로 건설된 철도(이하 "민자철도"라 한다)의 관리운영권을 설정 받은 자(이하 "민자철도사업자"라 한다)가 해당 민자철도를 안전하고 효율적으로 유지·관리할 수 있도록 민자철도의 유지·관리 및 운영에 관한 기준을 정하여 고시하여야 한다.

㉡ **기준준수** : 민자철도사업자는 민자철도의 안전하고 효율적인 유지·관리와 이용자 편의를 도모하기 위하여 고시된 기준을 준수하여야 한다.

㉢ **운영평가 실시** : 국토교통부장관은 민자철도의 유지·관리 및 운영에 관한 기준에 따라 매년 소관 민자철도에 대하여 운영평가를 실시하여야 한다.

㉣ **국토교통부장관의 명** : 국토교통부장관은 운영평가 결과에 따라 민자철도에 관한 유지·관리 및 체계 개선 등 필요한 조치를 민자철도 사업자에게 명할 수 있다.

㉤ **보고** : 민자철도 사업자는 명령을 이행하고 그 결과를 국토교통부장관에게 보고하여야 한다.

㉥ **운영평가의 절차** : 운영평가의 절차, 방법 및 그 밖에 필요한 사항은 국토교통부령으로 정한다.

② **민자철도사업자에 대한 과징금의 처분**〈법 제25조의2〉

㉠ **과징금처분** : 국토교통부장관

㉡ **민자철도사업자에게 1억 원 이하의 과징금을 부과·징수할 수 있는 경우**
- 민자철도의 유지·관리 및 운영에 관한 기준을 준수하지 아니한 경우
- 명령을 이행하지 아니하거나 그 결과를 보고하지 아니한 경우

㉢ **징수방법** : 과징금을 부과하는 위반행위의 종류와 위반 정도 등에 따른 과징금의 금액 및 징수방법 등에 필요한 사항은 대통령령으로 정한다.

㉣ **과징금 미납의 경우** : 국토교통부장관은 과징금 부과처분을 받은 자가 납부기한까지 과징금을 내지 아니하면 국세강제징수의 예에 따라 징수한다.

㉤ **과징금용도** : 징수한 과징금의 용도 등에 관하여는 <u>제17조 제4항부터 제6항까지</u>를 준용한다.

> **조문참고** 법 제17조(과징금처분)
> ④ 징수한 과징금은 다음 외의 용도로는 사용할 수 없다.
> 　　1. 철도사업 종사자의 양성·교육훈련이나 그 밖의 자질향상을 위한 시설 및 철도사업 종사자에 대한 지도업무의 수행을 위한 시설의 건설·운영
> 　　2. 철도사업의 경영개선이나 그 밖에 철도사업의 발전을 위하여 필요한 사업

3. 제1호 및 제2호의 목적을 위한 보조 또는 융자

⑤ 국토교통부장관은 과징금으로 징수한 금액의 운용계획을 수립하여 시행하여야 한다.

⑥ 과징금 사용의 절차, 운용계획의 수립·시행에 관한 사항과 그 밖에 필요한 사항은 국토교통부령으로 정한다.

③ 민자철도사업자에 대한 과징금의 부과기준〈시행령 제10조의2 별표 1의2〉

　㉠ 일반기준

　　• 하나의 행위가 둘 이상의 위반행위에 해당하는 경우에는 그 중 무거운 과징금의 부과기준에 따른다.

　　• 부과권자는 다음의 어느 하나에 해당하는 경우에는 개별기준에 따른 과징금의 2분의 1 범위에서 그 금액을 줄여 부과할 수 있다. 다만, 과징금을 체납하고 있는 위반행위자에 대해서는 그렇지 않다.

　　　- 위반행위가 사소한 부주의나 오류로 인한 것으로 인정되는 경우

　　　- 위반행위자가 위반행위를 바로 정정하거나 시정하여 법 위반상태를 해소한 경우

　　　- 그 밖에 위반행위의 내용·정도, 위반행위 동기와 그 결과 등을 고려하여 과징금 금액을 줄일 필요가 있다고 인정되는 경우

　　• 부과권자는 다음의 어느 하나에 해당하는 경우에는 개별기준에 따른 과징금의 2분의 1 범위에서 그 금액을 늘려 부과할 수 있다. 다만, 늘려 부과하는 경우에도 과징금의 상한을 넘을 수 없다.

　　　- 위반의 내용·정도가 중대하여 이용자 등에게 미치는 피해가 크다고 인정되는 경우

　　　- 법 위반상태의 기간이 6개월 이상인 경우

　　　- 그 밖에 위반행위의 정도, 위반행위 동기와 그 결과 등을 고려하여 과징금 금액을 늘릴 필요가 있다고 인정되는 경우

　㉡ 개별기준

　　• 민자철도의 유지·관리 및 운영에 관한 기준을 준수하지 않아 철도의 일부 또는 전체의 기능을 상실한 경우

| 위반행위 | 과징금 금액 |
|---|---|
| 철도의 일부 또는 전체의 기능을 상실한 기간이 1일 이상 7일 미만인 경우 | 2,000만 원 |
| 철도의 일부 또는 전체의 기능을 상실한 기간이 7일 이상 15일 미만인 경우 | 4,000만 원 |
| 철도의 일부 또는 전체의 기능을 상실한 기간이 15일 이상인 경우 | 1억 원 |

　　• 해당 철도에서 사고가 발생했거나 운행에 위험을 초래하는 결과가 발생한 경우 : 1,000만 원

　　• 명령을 이행하지 않거나 그 결과를 보고하지 않은 경우 : 1,000만 원

④ 과징금의 부과 및 납부〈시행령 제10조의3〉

　㉠ 법의 준용 : 민자철도 사업자에 대한 과징금의 부과 및 납부에 관하여는 <u>제10조</u>를 준용한다.

　㉡ 이 경우 "법 제17조 제1항"은 "법 제25조의2 제1항"으로 본다.

**조문참고** 시행령 제10조(과징금의 부과 및 납부)

① 국토교통부장관은 과징금을 부과하고자 하는 때에는 그 위반행위의 종별과 해당 과징금의 금액 등을 명시하여 이를 납부할 것을 서면으로 통지하여야 한다.

② 통지를 받은 자는 20일 이내에 과징금을 국토교통부장관이 지정한 수납기관에 납부해야 한다.

③ 과징금의 납부를 받은 수납기관은 납부자에게 영수증을 교부하여야 한다.

④ 과징금 수납기관은 과징금을 수납한 때에는 지체 없이 그 사실을 국토교통부장관에게 통보하여야 한다.

## ② 사정변경 등에 따른 실시협약의 변경 요구

① 사정변경 등에 따른 실시협약의 변경 요구〈법 제25조의3〉

　㉠ 소명 또는 해소 대책 수립 요구

　　• 국토교통부장관은 중대한 사정변경 또는 민자철도사업자의 위법한 행위 등 다음의 어느 하나에 해당하는 사유가 발생한 경우 민자철도사업자에게 그 사유를 소명하거나 해소 대책을 수립할 것을 요구할 수 있다.

　　• 민자철도사업자가 실시협약에서 정한 자기자본의 비율을 대통령령으로 정하는 기준 미만으로 변경한 경우. 다만, 주무관청의 승인을 받아 변경한 경우는 제외한다.

> **대통령령으로 정하는 기준〈철도사업법 시행령 제10조의4 제1항〉**
> • 민간투자사업기본계획에 따라 민자철도사업자가 유지해야 하는 자기자본의 비율을 말한다.

　　• 민자철도사업자가 대통령령으로 정하는 기준을 초과한 이자율로 자금을 차입한 경우

> **대통령령으로 정하는 기준을 초과한 이자율〈철도사업법 시행령 제10조의4 제2항〉**
> 다음의 이자율 중 가장 낮은 이자율을 초과한 이자율을 말한다.
> • 「대부업 등의 등록 및 금융이용자 보호에 관한 법률 시행령」 제5조 제2항에 따른 이자율
> • 「이자제한법 제2조 제1항의 최고이자율에 관한 규정」에 따른 최고이자율
> • 민자철도사업자가 자금을 차입하는 때의 최고이자율에 관하여 국토교통부장관과 합의가 있는 경우에는 그 이자율

　　• 교통여건이 현저히 변화되는 등 실시협약의 기초가 되는 사실 또는 상황에 중대한 변경이 생긴 경우로서 대통령령으로 정하는 경우

> **대통령령으로 정하는 경우〈철도사업법 시행령 제10조의4 제3항〉**
> 「사회기반시설에 대한 민간투자법」 제2조 제7호에 따른 실시협약(이하 이 항에서 "실시협약"이라 한다)의 체결 이후 다음 각 호의 경우로 인하여 연간 실제 교통량이 실시협약에서 정한 교통량의 100분의 30 이상 변경된 경우를 말한다.
> • 해당 민자철도의 실시협약 체결 당시 예상되지 않았던 다른 철도가 연결되는 경우
> • 해당 민자철도의 운영 여건 변화로 이용자의 안전 및 편의 등 민자철도의 기능에 심각한 지장이 초래된 경우
> • 해당 민자철도가 연계교통체계 영향권의 설정 범위에 포함된 경우
> • 관련 법령이 개정되거나 민자철도에 관한 정책이 변경된 경우
> • 그 밖에 제1호부터 제4호까지에 준하는 사유로 교통 여건이 현저히 변화된 경우
> ※ **실시협약** … 사회기반시설에 대한 민간투자법에 따라 주무관청과 민간투자사업을 시행하려는 자 간에 사업시행의 조건 등에 관하여 체결하는 계약을 말한다.

　㉡ 대책수립 : 요구를 받은 민자철도 사업자는 국토교통부장관이 요구한 날부터 30일 이내에 그 사유를 소명하거나 해소 대책을 수립하여야 한다.

ⓒ **실시협약의 변경요구** : 국토교통부장관은 다음의 어느 하나에 해당하는 경우 민자철도 관리지원센터의 자문을 거쳐 실시협약의 변경 등을 요구할 수 있다.
  - 민자철도사업자가 소명을 하지 아니하거나 그 소명이 충분하지 아니한 경우
  - 민자철도사업자가 해소 대책을 수립하지 아니한 경우
  - 해소 대책으로는 사유를 해소할 수 없거나 해소하기 곤란하다고 판단되는 경우
ⓔ **보조금 및 재정지원금 지급제한** : 국토교통부장관은 민자철도사업자가 요구에 따르지 아니하는 경우 정부지급금, 실시협약에 따른 보조금 및 재정지원금의 전부 또는 일부를 지급하지 아니할 수 있다.
  ※ **민자철도사업자에 대한 지원**〈법 제25조의4〉… 국토교통부장관은 정책의 변경 또는 법령의 개정 등으로 인하여 민자철도사업자가 부담하여야 하는 비용이 추가로 발생하는 경우 그 비용의 전부 또는 일부를 지원할 수 있다.

② **민자철도 관리지원센터의 지정**〈법 제25조의5〉
  ㉠ **관리지원센터 지정** : 국토교통부장관은 민자철도에 대한 감독 업무를 효율적으로 수행하기 위하여 다음 각 호의 어느 하나에 해당하는 기관을 민자철도에 대한 전문성을 고려하여 민자철도 관리지원센터(이하 "관리지원센터"라 한다)로 지정할 수 있다.
    - 정부출연연구기관
    - 공공기관
  ㉡ **관리지원센터의 업무**
    - 민자철도의 교통수요 예측, 적정 요금 또는 운임 및 운영비 산출과 관련한 자문 및 지원
    - 민자철도의 유지·관리 및 운영에 관한 기준과 관련한 자문 및 지원
    - 운영평가와 관련한 자문 및 지원
    - 실시협약 변경 등의 요구와 관련한 자문 및 지원
    - 국토교통부장관이 위탁하는 업무
    - 그 밖에 이 법에 따른 민자철도에 관한 감독 지원을 위하여 국토교통부령으로 정하는 업무
  ㉢ **비용지원** : 국토교통부장관은 관리지원센터가 업무를 수행하는 데에 필요한 비용을 예산의 범위에서 지원할 수 있다.
  ㉣ **지정취소** : 국토교통부장관은 관리지원센터가 다음의 어느 하나에 해당하는 경우에는 지정을 취소할 수 있다. 다만, 제1호에 해당하는 경우에는 지정을 취소하여야 한다.
    - 거짓이나 그 밖의 부정한 방법으로 지정을 받은 경우
    - 지정받은 사항을 위반하여 업무를 수행한 경우
  ㉤ **관리지원센터에 위탁** : 국토교통부장관은 민자철도와 관련하여 이 법과 「사회기반시설에 대한 민간투자법」에 따른 업무로서 국토교통부령으로 정하는 업무를 관리지원센터에 위탁할 수 있다.

③ **국회에 대한 보고**〈법 제25조의6〉
  ㉠ **현황보고서 작성제출** : 국토교통부장관은 국가가 재정을 지원한 민자철도의 건설 및 유지·관리 현황에 관한 보고서를 작성하여 매년 5월 31일까지 국회 소관 상임위원회에 제출하여야 한다.
  ㉡ **자료제출요구** : 국토교통부장관은 보고서를 작성하기 위하여 민자철도 사업자에게 필요한 자료의 제출을 요구할 수 있다.

(1) 국토교통부장관은 고속철도, 광역철도 및 일반철도로서 _____가 해당 민자철도를 안전하고 효율적으로 유지·관리할 수 있도록 민자철도의 유지·관리 및 운영에 관한 기준을 정하여 고시하여야 한다.

(2) 국토교통부장관은 민자철도의 유지·관리 및 운영에 관한 기준에 따라 _____에 대하여 운영평가를 실시하여야 한다.

(3) 민자철도의 운영평가의 절차, 방법 및 그 밖에 필요한 사항은 _____으로 정한다.

(4) 국토교통부장관이 민자철도사업자에게 _____의 _____을 부과·징수할 수 있는 경우
　　㉠ 민자철도의 유지·관리 및 운영에 관한 기준을 준수하지 아니한 경우
　　㉡ 명령을 이행하지 아니하거나 그 결과를 보고하지 아니한 경우

(5) 과징금을 부과하는 금액 및 징수방법 등에 필요한 사항은 _____으로 정한다.

(6) 사정변경 등에 따른 실시협약의 변경요구를 받은 민자철도사업자는 국토교통부장관이 요구한 날부터 _____에 그 사유를 소명하거나 해소 대책을 수립하여야 한다.

(7) 국토교통부장관이 _____에게 사유를 소명하거나 해소 대책의 수립을 ____할 수 있는 경우
　　㉠ 중대한 사정변경의 경우
　　㉡ 민자철도사업자의 위법한 행위를 한 경우
　　㉢ 민자철도사업자가 실시협약에서 정한 자기자본의 비율을 대통령령으로 정하는 기준 미만으로 변경한 경우
　　㉣ 민자철도사업자가 대통령령으로 정하는 기준을 초과한 이자율로 자금을 차입한 경우
　　㉤ 교통여건이 현저히 변화되는 등 실시협약의 기초가 되는 사실 또는 상황에 중대한 변경이 생긴 경우로서 대통령령으로 정하는 경우

(8) 사정변경 등에 따른 실시협약의 변경요구를 받은 민자철도사업자는 국토교통부장관이 요구한 날부터 _____에 그 사유를 소명하거나 해소 대책을 수립하여야 한다.

(9) 국토교통부장관은 민자철도사업자가 민자철도 관리의지원센터의 자문을 거쳐 실시협약의 변경 등의 요구에 따르지 아니하는 경우 _____, 실시협약에 따른 _____ 및 재정지원금의 전부 또는 일부를 지급하지 아니할 수 있다.

(10) 국토교통부장관은 _____ 또는 법령의 개정 등으로 인하여 민자철도사업자가 부담하여야 하는 비용이 ____로 발생하는 경우 그 비용의 전부 또는 일부를 지원할 수 있다.

(11) 국토교통부장관은 민자철도에 대한 감독 업무를 효율적으로 수행하기 위하여 기관을 민자철도에 대한 전문성을 고려하여 민자철도 _____로 지정할 수 있다.

(12) 국가가 재정을 지원한 민자철도의 건설 및 유지·관리 현황에 관한 보고서를 작성하여 매년 _____까지 국토교통부장관이 국회 소관 상임위원회에 제출하여야 한다.

## 정답 및 해설

(1) 민자철도사업자
(2) 매년 소관 민자철도
(3) 국토교통부령
(4) 1억 원 이하, 과징금
(5) 대통령령

(6) 30일 이내
(7) 민자철도사업자, 요구
(8) 30일 이내
(9) 정부지급금, 보조금
(10) 정책의 변경, 추가

(11) 관리지원센터
(12) 5월 31일

**1** 철도사업법령상 민자철도의 유지 · 관리 및 운영에 관한 기준을 설명한 것으로 옳지 않은 것은?

① 국토교통부장관은 민자철도의 유지 · 관리 및 운영에 관한 기준을 정하여 고시하여야 한다.
② 민자철도사업자는 고시된 기준이 사업에 적합하지 않다고 판단될 경우 기준의 수정을 요구할 수 있다.
③ 운영평가의 절차, 방법 및 그 밖에 필요한 사항은 국토교통부령으로 정한다.
④ 민자철도사업자는 국토교통부장관의 명령을 이행하고 그 결과를 보고하여야 한다.

**2** 철도사업법령상 국토교통부장관이 민자철도사업자에게 1억원 이하의 과징금을 부과 · 징수할 수 있는 경우는?

① 민자철도사업자가 운영 중에 경미한 안전사고를 일으킨 경우
② 민자철도사업자가 민자철도의 유지 · 관리 및 운영에 관한 기준을 준수하지 않은 경우
③ 민자철도사업자가 철도운영 중 발생한 고객 불만을 처리하지 않은 경우
④ 민자철도사업자가 국토교통부장관에게 운영평가를 제출하지 않은 경우

---

**ANSWER** 1.② 2.②

---

**1** ② 민자철도사업자는 민자철도의 안전하고 효율적인 유지 · 관리와 이용자 편의를 도모하기 위하여 고시된 기준을 준수하여야 한다〈철도사업법 제25조 제2항〉.
① 철도사업법 제25조 제1항
③ 철도사업법 제25조 제6항
④ 철도사업법 제25조 제5항

**2** 1억원 이하의 과징금을 부과 · 징수할 수 있는 경우〈철도사업법 제25조의2 제1항〉.
㉠ 민자철도의 유지 · 관리 및 운영에 관한 기준을 준수하지 아니한 경우
㉡ 명령을 이행하지 아니하거나 그 결과를 보고하지 아니한 경우

**3** 철도사업법령상 민자철도사업자에 대한 과징금 처분에 대한 설명으로 옳지 않은 것은?

① 과징금은 1억 원 이하를 부과·징수할 수 있다.

② 과징금을 부과하는 위반행위의 종류 등에 따른 과징금의 금액 등에 필요한 사항은 국토교통부령으로 정한다.

③ 징수한 과징금은 철도사업의 발전을 위한 보조 또는 융자로 사용할 수 있다.

④ 납부기한까지 과징금을 납부하지 않은 경우 국세강제징수의 예에 따라 징수한다.

**4** 철도사업법령상 민자철도사업자에 대한 과징금의 부과기준에 대한 설명으로 바르지 않은 것은?

① 하나의 행위가 둘 이상의 위반행위에 해당하는 경우에는 무거운 과징금의 부과기준에 따른다.

② 부과권자는 위반행위가 사소한 부주의나 오류로 인한 것으로 인정되는 경우 개별기준에 따른 과징금의 2분의 1 범위에서 그 금액을 늘여 부과할 수 있다.

③ 명령을 이행하지 않거나 결과를 보고하지 않은 경우에는 1,000만 원의 과징금을 부과할 수 있다.

④ 늘려 부과하는 경우에도 과징금을 1억 원 이상을 넘을 수 없다.

**ANSWER** 3.② 4.②

**3** ② 과징금을 부과하는 위반행위의 종류와 위반 정도 등에 따른 과징금의 금액 및 징수방법 등에 필요한 사항은 대통령령으로 정한다〈철도사업법 제25조의2 제2항〉.
  ① 철도사업법 제25조의2 제1항
  ③ 징수한 과징금의 용도 등에 관하여는 제17조 제4항부터 제6항까지를 준용한다〈철도사업법 제25조의2 제4항〉.
  ④ 철도사업법 제25조의2 제3항
  ※ 징수한 과징금을 사용할 수 있는 범위〈철도사업법 제17조 제4항〉
   ㉠ 철도사업 종사자의 양성·교육훈련이나 그 밖의 자질향상을 위한 시설 및 철도사업 종사자에 대한 지도업무의 수행을 위한 시설의 건설·운영
   ㉡ 철도사업의 경영개선이나 그 밖에 철도사업의 발전을 위하여 필요한 사업
   ㉢ ㉠ 및 ㉡ 목적을 위한 보조 또는 융자

**4** ② 부과권자는 위반행위가 사소한 부주의나 오류로 인한 것으로 인정되는 경우에는 개별기준에 따른 과징금의 2분의 1 범위에서 그 금액을 줄여 부과할 수 있다〈시행령 제10조의2 별표 1의2 제1호 나목〉.
  ① 시행령 제10조의2 별표 1의2 제1호 가목
  ③ 시행령 제10조의2 별표 1의2 제2호 나목
  ④ 시행령 제10조의2 별표 1의2 제1호 다목

**5** 철도사업법령상 부과권자가 개별기준에 따른 과징금의 2분의 1 범위에서 그 금액을 늘려 부과할 수 있는 경우는?

① 법 위반상태의 기간이 6개월 이상인 경우
② 위반행위자가 위반행위를 바로 정정한 경우
③ 법 위반상태를 해소한 경우
④ 위반행위가 오류로 인한 것으로 인정되는 경우

**6** 철도사업법령상 민자철도의 유지 · 관리 및 운영에 관한 기준을 준수하지 않아 철도의 일부 또는 전체의 기능을 상실한 경우의 과징금 부과금액이 틀린 것은?

① 철도의 일부 또는 전체의 기능을 상실한 기간이 15일 이상인 경우 : 1억 원
② 철도의 일부 또는 전체의 기능을 상실한 기간이 7일 이상 15일 미만인 경우 : 4천만 원
③ 철도의 일부 또는 전체의 기능을 상실한 기간이 1일 이상 7일 미만인 경우 : 2천만만 원
④ 해당 철도에서 사고가 발생했거나 운행에 위험을 초래하는 결과가 발생한 경우 : 2천만 원

---

**ANSWER** 5.① 6.④

**5** 개별기준에 따른 과징금의 2분의 1 범위에서 금액을 늘려 부과할 수 있는 경우(늘려 부과하는 경우에도 과징금의 상한을 넘을 수 없다)〈시행령 제10조의2 별표 1의2 제1호 다목〉
　㉠ 위반의 내용 · 정도가 중대하여 이용자 등에게 미치는 피해가 크다고 인정되는 경우
　㉡ 법 위반상태의 기간이 6개월 이상인 경우
　㉢ 그 밖에 위반행위의 정도, 위반행위 동기와 그 결과 등을 고려하여 과징금 금액을 늘릴 필요가 있다고 인정되는 경우

**6** 민자철도의 유지 · 관리 및 운영에 관한 기준을 준수하지 않아 철도의 일부 또는 전체의 기능을 상실한 경우의 과징금〈철도사업법 시행령 제10조의2 별표 1의2 제2호 가목〉
　㉠ 철도의 일부 또는 전체의 기능을 상실한 기간이 1일 이상 7일 미만인 경우 : 2,000만 원
　㉡ 철도의 일부 또는 전체의 기능을 상실한 기간이 7일 이상 15일 미만인 경우 : 4,000만 원
　㉢ 철도의 일부 또는 전체의 기능을 상실한 기간이 15일 이상인 경우 : 1억 원
　※ 1,000만 원의 과징금 부과 대상
　　㉠ 해당 철도에서 사고가 발생했거나 운행에 위험을 초래하는 결과가 발생한 경우 : 1,000만 원
　　㉡ 명령을 이행하지 않거나 그 결과를 보고하지 않은 경우 : 1,000만 원

**7** 철도사업법령상 민자철도사업자에게 중대한 사정변경 또는 위법한 행위 등에 해당하는 사유가 발생한 경우 국토교통부장관이 사유소명이나 대책수립을 요구할 수 있는 경우로 가장 옳지 않은 것은?

① 민자철도사업자가 대통령령으로 정하는 기준을 초과한 이자율로 자금을 차입한 경우
② 민자철도사업자가 위법한 행위에 대한 소명 보고서를 제출하지 않은 경우
③ 교통여건이 현저히 변화되어 실시협약의 기초가 되는 중요한 사실이 변경된 경우
④ 민자철도사업자가 자기자본의 비율을 대통령령으로 정하는 기준 미만으로 변경한 경우

**8** 철도사업법령상 실시협약의 체결 이후 연간 실제 교통량이 실시협약에서 정한 교통량의 100분의 30 이상 변경된 경우와 관련이 없는 것은?

① 관련 법령이 개정되거나 민자철도에 관한 정책이 변경된 경우
② 해당 민자철도가 연계교통체계 영향권의 설정 범위가 변경된 경우
③ 해당 민자철도의 운영 여건 변화로 이용자의 안전 및 편의 등 민자철도의 기능에 심각한 지장이 초래된 경우
④ 해당 민자철도의 실시협약 체결 당시 예상되지 않았던 다른 철도가 연결되는 경우

---

**(ANSWER)** 7.② 8.②

**7** 소명 또는 해소 대책 수립을 요구할 수 있는 경우〈철도사업법 제25조의3 제1항〉.
  ㉠ 민자철도사업자가 실시협약에서 정한 자기자본의 비율을 대통령령으로 정하는 기준 미만으로 변경한 경우(주무관청의 승인을 받아 변경한 경우는 제외한다)
  ㉡ 민자철도사업자가 대통령령으로 정하는 기준을 초과한 이자율로 자금을 차입한 경우
  ㉢ 교통여건이 현저히 변화되는 등 실시협약의 기초가 되는 사실 또는 상황에 중대한 변경이 생긴 경우로서 대통령령으로 정하는 경우

**8** 실시협약의 체결 이후 다음의 경우로 인하여 연간 실제 교통량이 실시협약에서 정한 교통량의 100분의 30 이상 변경된 경우〈철도사업법 시행령 제10조의4 제3항〉
  ㉠ 해당 민자철도의 실시협약 체결 당시 예상되지 않았던 다른 철도가 연결되는 경우
  ㉡ 해당 민자철도의 운영 여건 변화로 이용자의 안전 및 편의 등 민자철도의 기능에 심각한 지장이 초래된 경우
  ㉢ 해당 민자철도가 연계교통체계 영향권의 설정 범위에 포함된 경우
  ㉣ 관련 법령이 개정되거나 민자철도에 관한 정책이 변경된 경우
  ㉤ ㉠~㉣에 준하는 사유로 교통 여건이 현저히 변화된 경우

**9** 철도사업법령상 국토교통부장관이 민자철도사업자에게 비용을 지원할 수 있는 경우는?

① 민자철도사업자의 운영 실적이 부진한 경우
② 민자철도사업자가 계획된 유지보수 비용을 초과 지출한 경우
③ 정책의 변경으로 인해 민자철도사업자가 부담해야 하는 추가 비용이 발생한 경우
④ 민자철도사업자가 운영 인력의 급여를 지급할 수 없는 경우


**10** 철도사업법령상 민자철도 관리지원센터에 관한 설명으로 틀린 것은?

① 국토교통부장관은 국토교통부령으로 정하는 업무를 관리지원센터에 위탁할 수 있다.
② 관리지원센터 지정받은 사항을 위반하여 업무를 수행한 경우에는 지정을 취소하여야 한다.
③ 정부출연연구기관을 관리지원센터로 지정할 수 있다.
④ 관리지원센터의 업무 중에는 민자철도의 교통수요 예측, 적정 요금 또는 운임 및 운영비 산출과 관련한 자문 및 지원 등이 있다.


**11** 철도사업법령상 민자철도에 대한 전문성을 고려하여 민자철도 관리지원센터로 지정할 수 있는 곳은?

① 법인                              ② 철도사업자
③ 공공기관                          ④ 공동운수협정 체결자


---

**ANSWER**  9.③  10.②  11.③

---

**9** 국토교통부장관은 정책의 변경 또는 법령의 개정 등으로 인하여 민자철도사업자가 부담하여야 하는 비용이 추가로 발생하는 경우 그 비용의 전부 또는 일부를 지원할 수 있다〈철도사업법 제25조의4〉.

**10** ② 지정받은 사항을 위반하여 업무를 수행한 경우에는 지정을 취소할 수 있으며, 거짓이나 그 밖의 부정한 방법으로 지정을 받은 경우에는 지정을 취소하여야 한다〈철도사업법 제25조의5 제4항〉.
① 철도사업법 제25조의5 제5항
③ 철도사업법 제25조의5 제1항
④ 철도사업법 제25조의5 제2항

**11** 민자철도 관리지원센터로 지정할 수 있는 기관〈철도사업법 제25조의5 제1항〉
㉠ 정부출연연구기관
㉡ 공공기관

**12** 철도사업법령상 민자철도 관리지원센터 지정에 대한 설명으로 바르지 않은 것은?

① 관리지원센터 지정은 국토교통부장관이 한다.

② 관리지원센터로 지정이 되면 운영평가와 관련한 자문 및 지원업무를 할 수 있다.

③ 관리지원센터가 업무를 수행하는 데에 필요한 비용을 예산의 범위에서 지원할 수 있다.

④ 철도안전을 확보하고 철도서비스의 질을 높이기 위하여 관리지원센터를 지정한다.

**13** 철도사업법령상 관리지원센터의 업무로 옳지 않은 것은?

① 운영평가와 관련한 자문 및 지원

② 민자철도의 주요 재정 결정에 대한 자문 및 지원

③ 국토교통부장관이 위탁하는 업무

④ 민자철도의 유지·관리 및 운영에 관한 기준과 관련한 자문 및 지원

**14** 국토교통부장관은 국가가 재정을 지원한 민자철도의 건설 및 유지·관리 현황에 관한 보고서를 작성하여 언제까지 국회 소관 상임위원회에 제출하여야 하는가?

① 매년 3월 31일까지

② 매년 5월 31일까지

③ 매년 6월 30일까지

④ 매년 12월 31일까지

---

**ANSWER** 12.④ 13.② 14.②

**12** ①④ 국토교통부장관은 민자철도에 대한 감독 업무를 효율적으로 수행하기 위하여 민자철도 관리지원센터를 지정할 수 있다〈철도사업법 제25조의5 제1항〉

② 철도사업법 제25조의5 제2항

③ 철도사업법 제25조의5 제3항

**13** 관리지원센터의 업무〈철도사업법 제25조의5 제2항〉.

㉠ 민자철도의 교통수요 예측, 적정 요금 또는 운임 및 운영비 산출과 관련한 자문 및 지원

㉡ 민자철도의 유지·관리 및 운영에 관한 기준과 관련한 자문 및 지원

㉢ 운영평가와 관련한 자문 및 지원

㉣ 실시협약 변경 등의 요구와 관련한 자문 및 지원

㉤ 국토교통부장관이 위탁하는 업무

㉥ 그 밖에 이 법에 따른 민자철도에 관한 감독 지원을 위하여 국토교통부령으로 정하는 업무

**14** 국토교통부장관은 국가가 재정을 지원한 민자철도의 건설 및 유지·관리 현황에 관한 보고서를 작성하여 매년 5월 31일까지 국회 소관 상임위원회에 제출하여야 한다〈철도사업법 제25조의6 제1항〉.

# chapter 05 철도서비스 향상

## 1 철도서비스 품질평가 및 우수서비스 인증

① 철도서비스의 품질평가〈법 제26조〉

  ㉠ **품질평가** : 국토교통부장관은 공공복리의 증진과 철도서비스 이용자의 권익보호를 위하여 철도사업자가 제공하는 철도서비스에 대하여 적정한 철도서비스 기준을 정하고, 그에 따라 철도사업자가 제공하는 철도서비스의 품질을 평가하여야 한다.

  ㉡ **품질평가 항목 · 절차**

  • 철도서비스의 기준, 품질평가의 항목 · 절차 등에 필요한 사항은 국토교통부령으로 정한다.

  • 철도사업자에 대하여 2년마다 철도서비스의 품질평가를 실시하여야 한다〈철도사업법 시행규칙 제19조 제2항〉.

② **평가결과의 공표 및 활용**〈법 제27조〉

  ㉠ **공표** : 국토교통부장관은 철도서비스의 품질을 평가한 경우에는 그 평가 결과를 대통령령으로 정하는 바에 따라 신문 등 대중매체를 통하여 공표하여야 한다.

  ㉡ **활용** : 국토교통부장관은 철도서비스의 품질평가 결과에 따라 사업 개선명령 등 필요한 조치를 할 수 있다.

③ **평가결과 공표 시 포함해야 할 사항 및 포상**〈시행령 제11조〉

  ㉠ **평가결과 공표 시 포함해야 할 사항**

  • 평가지표별 평가결과

  • 철도서비스의 품질향상도

  • 철도사업자별 평가순위

  • 그 밖에 철도서비스에 대한 품질평가결과 국토교통부장관이 공표가 필요하다고 인정하는 사항

  ㉡ **포상** : 국토교통부장관은 철도서비스의 품질평가결과가 우수한 철도사업자 및 그 소속 종사자에게 예산의 범위 안에서 포상 등 지원시책을 시행할 수 있다.

④ **우수 철도서비스 인증**〈법 제28조〉

  ㉠ **인증** : 국토교통부장관은 공정거래위원회와 협의하여 철도사업자 간 경쟁을 제한하지 아니하는 범위에서 철도서비스의 질적 향상을 촉진하기 위하여 우수 철도서비스에 대한 인증을 할 수 있다.

  ㉡ **우수서비스마크 홍보** : 인증을 받은 철도사업자는 그 인증의 내용을 나타내는 표지(이하 "우수서비스마크"라 한다)를 철도차량, 역 시설 또는 철도 용품 등에 붙이거나 인증사실을 홍보할 수 있다.

ⓒ 홍보금지 : 인증을 받은 자가 아니면 우수서비스마크 또는 이와 유사한 표지를 철도차량, 역 시설 또는 철도 용품 등에 붙이거나 인증 사실을 홍보하여서는 아니 된다.

ⓔ 인증에 필요한 사항 : 우수 철도서비스 인증의 절차, 인증기준, 우수서비스마크, 인증의 사후관리에 관한 사항과 그 밖에 인증에 필요한 사항은 국토교통부령으로 정한다.

⑤ 평가업무 등의 위탁 및 자료 등의 요청

ⓐ 평가업무 등의 위탁〈법 제29조〉 국토교통부장관은 효율적인 철도 서비스 품질평가 체제를 구축하기 위하여 필요한 경우에는 관계 전문기관 등에 철도서비스 품질에 대한 조사·평가·연구 등의 업무와 우수 철도서비스 인증에 필요한 심사업무를 위탁할 수 있다.

ⓑ 자료 등의 요청〈법 제30조〉
  • 국토교통부장관이나 평가업무 등을 위탁받은 자는 철도서비스의 평가 등을 할 때 철도사업자에게 관련 자료 또는 의견 제출 등을 요구하거나 철도서비스에 대한 실지조사(實地調査)를 할 수 있다.
  • 자료 또는 의견 제출 등을 요구받은 관련 철도사업자는 특별한 사유가 없으면 이에 따라야 한다.


## 2 철도시설의 공동 활용 및 회계의 구분

① 철도시설의 공동활용〈법 제31조〉
공공교통을 목적으로 하는 선로 및 다음의 공동 사용시설을 관리하는 자는 철도사업자가 그 시설의 공동 활용에 관한 요청을 하는 경우 협정을 체결하여 이용할 수 있게 하여야 한다.
  ⓐ 철도역 및 역 시설(물류시설, 환승시설 및 편의시설 등을 포함한다)
  ⓑ 철도차량의 정비·검사·점검·보관 등 유지관리를 위한 시설
  ⓒ 사고의 복구 및 구조·피난을 위한 설비
  ⓓ 열차의 조성 또는 분리 등을 위한 시설
  ⓔ 철도운영에 필요한 정보통신 설비

② 회계의 구분〈법 제32조〉
  ⓐ 철도사업 회계구분 : 철도사업자는 철도사업 외의 사업을 경영하는 경우에는 철도사업에 관한 회계와 철도사업 외의 사업에 관한 회계를 구분하여 경리하여야 한다.
  ⓑ 종류별·노선별 구분 : 철도사업자는 철도운영의 효율화와 회계처리의 투명성을 제고하기 위하여 국토교통부령으로 정하는 바에 따라 철도사업의 종류별·노선별로 회계를 구분하여 경리하여야 한다.

③ 벌칙 적용 시의 공무원 의제〈법 제33조〉
  ⓐ 공무원에 준함 : 위탁받은 업무에 종사하는 관계 전문기관 등의 임원 및 직원은 「형법」 제129조부터 제132조까지의 규정을 적용할 때에는 공무원으로 본다.
  ⓑ 형법 : 제129조(수뢰, 사전수뢰), 제130조(제삼자뇌물제공), 제131조(수뢰후부정처사, 사후수뢰), 제132조(알선수뢰)

(1) 철도서비스의 _____
  ㉠ 국토교통부장관은 공공복리의 증진과 철도서비스 이용자의 권익보호를 위하여 철도사업자가 제공하는 철도서비스에 대하여 적정한 철도서비스 기준을 정하고, 그에 따라 철도사업자가 제공하는 철도서비스의 품질을 평가하여야 한다.
  ㉡ 철도서비스의 기준, 품질평가의 항목 · 절차 등에 필요한 사항은 국토교통부령으로 정한다.

(2) 평가 결과의 _____
  ㉠ 국토교통부장관은 제26조에 따른 철도서비스의 품질을 평가한 경우에는 그 평가 결과를 대통령령으로 정하는 바에 따라 신문 등 대중매체를 통하여 공표하여야 한다.
  ㉡ 국토교통부장관은 철도서비스의 품질평가 결과에 따라 사업 개선명령 등 필요한 조치를 할 수 있다.

(3) 우수 철도서비스 인증
  ㉠ 국토교통부장관은 공정거래위원회와 협의하여 철도사업자 간 경쟁을 제한하지 아니하는 범위에서 철도서비스의 질적 향상을 촉진하기 위하여 우수 철도서비스에 대한 인증을 할 수 있다.
  ㉡ 인증을 받은 철도사업자는 그 인증의 내용을 나타내는 표지(이하 "_____"라 한다)를 철도차량, 역 시설 또는 철도 용품 등에 붙이거나 인증 사실을 홍보할 수 있다.
  ㉢ 우수 철도서비스 인증의 절차, 인증기준, 우수서비스마크, 인증의 사후관리에 관한 사항과 그 밖에 인증에 필요한 사항은 _____으로 정한다.

(4) 국토교통부장관은 효율적인 철도 서비스 품질평가 체제를 구축하기 위하여 필요한 경우에는 관계 전문기관 등에 철도서비스 품질에 대한 조사 · 평가 · 연구 등의 업무와 우수 철도서비스 인증에 필요한 _____를 위탁할 수 있다.

(5) 국토교통부장관이나 평가업무 등을 위탁받은 자는 철도서비스의 평가 등을 할 때 철도사업자에게 관련 자료 또는 의견 제출 등을 요구하거나 철도서비스에 대한 _____를 할 수 있다.

(6) 공공교통을 목적으로 하는 선로 및 사용시설을 관리하는 자는 철도사업자가 그 시설의 공동 활용에 관한 요청을 하는 경우 ___을 체결하여 ___할 수 있게 하여야 한다.

(7) 회계의 구분
  ㉠ 철도사업자는 철도사업 외의 사업을 경영하는 경우에는 철도사업에 관한 회계와 철도사업 외의 사업에 관한 회계를 ___하여 경리하여야 한다.
  ㉡ 철도사업자는 철도운영의 효율화와 회계처리의 투명성을 제고하기 위하여 _____으로 정하는 바에 따라 철도사업의 종류별 · 노선별로 회계를 구분하여 경리하여야 한다.

(8) 평가결과 공표할 때 포함해야 하는 사항… 평가지표별 _____, 철도서비스의 _____, 철도사업자별 평가순위, 그 밖에 철도서비스에 대한 품질평가결과 국토교통부장관이 공표가 필요하다고 인정하는 사항

**정답 및 해설**

(1) 품질평가
(2) 공표 및 활용
(3) 우수서비스마크, 국토교통부령
(4) 심사업무
(5) 실지조사

(6) 협정, 이용
(7) 구분, 국토교통부령
(8) 평가결과, 품질 향상도

**1** 철도사업법령상 철도서비스의 품질평가에 대한 설명으로 바르지 않은 것은?

① 철도서비스의 품질평가는 철도사업자가 제공하는 서비스에 대하여 실시한다.
② 철도서비스의 기준, 품질평가의 항목 · 절차 등에 필요한 사항은 국토교통부령으로 정한다.
③ 철도사업자는 자율적으로 철도서비스의 품질평가를 수행하여 국토교통부장관에게 보고해야 한다.
④ 국토교통부장관은 철도서비스의 품질평가결과 후 우수한 철도사업자를 선정할 수 있다.

**2** 철도사업법령상 국토교통부장관이 철도서비스의 품질을 평가하는 목적으로 적절하지 않은 것은?

① 공공복리의 증진
② 철도서비스 이용자의 권익보호
③ 철도사업자의 재정지원
④ 철도서비스의 적정기준 설정

---

**ANSWER** 1.③ 2.③

**1** ①③ 국토교통부장관은 철도사업자가 제공하는 철도서비스에 대하여 적정한 철도서비스 기준을 정해야 하며, 철도사업자가 제공하는 철도서비스의 품질을 국토교통부장관이 평가하여야 한다〈철도사업법 제26조 제1항〉.
   ② 철도사업법 제26조 제2항
   ④ 철도사업법 시행령 제11조 제2항

**2** 국토교통부장관은 공공복리의 증진과 철도서비스 이용자의 권익보호를 위하여 철도사업자가 제공하는 철도서비스에 대하여 적정한 철도서비스 기준을 정하고, 그에 따라 철도사업자가 제공하는 철도서비스의 품질을 평가하여야 한다〈철도사업법 제26조 제1항〉.

**3** 철도사업법령상 철도서비스의 품질평가결과 공표에 대한 설명으로 옳지 않은 것은?

① 품질평가결과 공표는 국토교통부장관이 한다.
② 품질평가결과 시 철도서비스의 품질 향상도는 공표대상이 아니다.
③ 품질평가결과가 우수한 철도사업자에게 지원시책을 시행할 수 있다.
④ 품질평가결과가 우수한 철도종사자에게 포상할 수 있다.

**4** 철도사업법령상 국토교통부장관이 철도서비스의 품질평가를 실시한 후 그 결과를 공표할 때 포함해야 할 사항으로 옳지 않은 것은?

① 철도사업자의 재무상태
② 철도사업자별 평가순위
③ 평가지표별 평가결과
④ 철도서비스의 품질 향상도

**5** 다음은 철도사업법 제26조 제2항이다. (   ) 안에 알맞은 것은?

> 철도서비스의 품질평가에 따른 철도서비스의 기준, 품질평가의 항목·절차 등에 필요한 사항은 국토교통부령으로 정한다.

① 대통령령
② 행정자치안전부령
③ 국토교통부령
④ 철도사업자의 정관

---

**ANSWER** 3.② 4.① 5.③

**3** ②는 철도서비스 품질평가결과 시 포함해야 할 사항이다〈철도사업법 시행령 제11조 제1항 제2호〉.
③④국토교통부장관은 철도서비스의 품질평가결과가 우수한 철도사업자 및 그 소속 종사자에게 예산의 범위 안에서 포상 등 지원시책을 시행할 수 있다〈철도사업법 시행령 제11조 제2항〉.

**4** 철도서비스의 품질평가결과 시 포함해야 할 사항〈철도사업법 시행령 제11조 제1항〉
㉠ 평가지표별 평가결과
㉡ 철도서비스의 품질 향상도
㉢ 철도사업자별 평가순위
㉣ 그 밖에 철도서비스에 대한 품질평가결과 국토교통부장관이 공표가 필요하다고 인정하는 사항

**5** 철도서비스의 기준, 품질평가의 항목·절차 등에 필요한 사항은 국토교통부령으로 정한다〈철도사업법 제26조 제2항〉.

**6** 다음은 철도사업법령상 철도서비스의 품질평가와 품질평가공표에 대하여 설명한 것이다. 옳지 않은 것을 고르면?

① 국토교통부장관은 철도서비스의 품질을 평가한 경우 그 평가결과를 신문 등 대중매체를 통해 공표해야 한다.
② 국토교통부장관은 철도서비스의 품질평가결과에 따라 사업의 개선명령 등 필요한 조치를 할 수 있다.
③ 철도서비스의 품질평가결과는 국회 소관 상임위원회에 제출하여야 한다.
④ 국토교통부장관은 철도서비스의 품질평가를 통해 철도서비스 이용자의 권익을 보호할 수 있다.

**7** 철도사업법령상 우수 철도서비스 인증에 대한 설명으로 옳지 않은 것은?

① 국토교통부장관은 철도사업자 간 경쟁을 제한하지 않는 범위에서 우수 철도서비스에 대한 인증을 할 수 있다.
② 우수 철도서비스 인증절차 및 우수서비스마크에 관한 사항은 국토교통부령으로 정한다.
③ 인증을 받지 못한 경우에는 공정거래위원회의 동의를 받아 철도용품에 한해 우수서비스마크를 붙일 수 있다.
④ 인증을 받은 철도사업자는 우수서비스마크를 철도차량, 역 시설 또는 철도 용품 등에 붙이거나 인증 사실을 홍보할 수 있다.

---

**ANSWER** 6.③  7.③

**6** ①③ 국토교통부장관은 철도서비스의 품질을 평가한 경우에는 그 평가 결과를 대통령령으로 정하는 바에 따라 신문 등 대중매체를 통하여 공표하여야 한다〈철도사업법 제27조 제1항〉.
② 철도사업법 제27조 제2항
④ 철도사업법 제26조 제1항

**7** ③ 우수 철도서비스의 인증을 받은 자가 아니면 우수서비스마크 또는 이와 유사한 표지를 철도차량, 역 시설 또는 철도 용품 등에 붙이거나 인증 사실을 홍보하여서는 아니 된다〈철도사업법 제28조 제3항〉.
① 철도사업법 제28조 제1항
② 철도사업법 제28조 제4항
④ 철도사업법 제28조 제2항

**8** 철도사업법령상 국토교통부장관이 우수 철도서비스에 대한 인증을 할 경우 협의해야 하는 기관은?

① 공정거래위원회

② 지방자치단체

③ 철도산업위원회

④ 철도사업자

**9** 철도사업법령상 국토교통부장관이 품질의 평가를 위해 위탁할 수 있는 업무가 아닌 것은?

① 인증에 필요한 심사업무

② 철도서비스 품질에 대한 조사업무

③ 철도서비스 품질에 대한 연구업무

④ 품질평가를 위한 개발업무

**10** 철도사업법령상 품질평가업무의 위탁 및 자료요청에 대한 설명으로 옳지 않은 것은?

① 국토교통부장관은 효율적인 철도 서비스 품질평가 체제를 구축하기 위하여 평가업무 등을 위탁할 수 있다.

② 평가업무 위탁은 정부출연기관 또는 공공기관에 의뢰할 수 있다.

③ 평가업무를 위탁받은 자는 철도사업자에게 관련 자료제출을 요구하거나 철도서비스에 대한 실지 조사를 할 수 있다.

④ 자료제출을 요구받은 관련 철도사업자는 특별한 사유가 없으면 이에 따라야 한다.

---

**ANSWER** 8.① 9.④ 10.②

**8** 국토교통부장관은 공정거래위원회와 협의하여 철도사업자 간 경쟁을 제한하지 아니하는 범위에서 철도서비스의 질적 향상을 촉진하기 위하여 우수 철도서비스에 대한 인증을 할 수 있다〈철도사업법 제28조 제1항〉.

**9** 국토교통부장관은 효율적인 철도 서비스 품질평가 체제를 구축하기 위하여 필요한 경우에는 관계 전문기관 등에 철도서비스 품질에 대한 조사·평가·연구 등의 업무와 따른 우수 철도서비스 인증에 필요한 심사업무를 위탁할 수 있다〈철도사업법 제29조〉.

**10** ①② 국토교통부장관은 효율적인 철도 서비스 품질평가 체제를 구축하기 위하여 필요한 경우에는 관계 전문기관 등에 철도서비스 품질에 대한 조사·평가·연구 등의 업무와 우수 철도서비스 인증에 필요한 심사업무를 위탁할 수 있다〈철도사업법 제29조〉.

③④ 철도사업법 제30조

**11** 철도사업법령상 철도사업자가 사용시설을 관리하는 자에게 공동 활용에 사용할 것을 요청할 경우 그 협정을 체결해야 하는 시설로 옳지 않은 것은?

① 철도역 및 역 시설
② 철도차량 제작을 위한 공장 시설
③ 철도차량의 정비·검사·점검·보관 등 유지관리를 위한 시설
④ 철도 운영에 필요한 정보통신 설비


**12** 철도사업법령상 철도사업자가 철도사업 외의 사업을 경영할 경우에 구분하여 경리해야 하는 회계는?

① 철도사업에 관한 회계와 철도사업 외의 사업에 관한 회계
② 철도사업의 종류별 회계와 철도사업의 노선별 회계
③ 철도사업의 자산별 회계와 철도사업의 부채별 회계
④ 철도여객사업별 회계와 화물운송 사업별 회계


**13** 철도사업법령상 철도사업자는 철도운영의 효율화와 회계처리의 투명성을 제고하기 위해 어떤 방식으로 회계를 구분하여 경리해야 하는가?

① 철도사업의 종류별로만
② 철도사업의 노선별로만
③ 철도사업의 종류별·노선별로
④ 철도사업의 지역별로


---

**ANSWER** 11.② 12.① 13.③

**11** 철도시설의 공동 활용 … 공공교통을 목적으로 하는 선로 및 다음의 공동사용시설을 관리하는 자는 철도사업자가 그 시설의 공동 활용에 관한 요청을 하는 경우 협정을 체결하여 이용할 수 있게 하여야 한다〈철도사업법 제31조〉.
　㉠ 철도역 및 역 시설(물류시설, 환승시설 및 편의시설 등을 포함한다)
　㉡ 철도차량의 정비·검사·점검·보관 등 유지관리를 위한 시설
　㉢ 사고의 복구 및 구조·피난을 위한 설비
　㉣ 열차의 조성 또는 분리 등을 위한 시설
　㉤ 철도운영에 필요한 정보통신 설비

**12** 철도사업자는 철도사업 외의 사업을 경영하는 경우에는 철도사업에 관한 회계와 철도사업 외의 사업에 관한 회계를 구분하여 경리하여야 한다〈철도사업법 제32조 제1항〉.

**13** 철도사업자는 철도운영의 효율화와 회계처리의 투명성을 제고하기 위하여 국토교통부령으로 정하는 바에 따라 철도사업의 종류별·노선별로 회계를 구분하여 경리하여야 한다〈철도사업법 제32조 제2항〉.

# chapter 06 전용철도

## ① 등록 및 결격사유

① 전용철도 등록〈법 제34조〉

  ㉠ 등록 및 등록사항 변경

- 등록 : 전용철도를 운영하려는 자는 국토교통부령으로 정하는 바에 따라 전용철도의 건설·운전·보안 및 운송에 관한 사항이 포함된 운영계획서를 첨부하여 국토교통부장관에게 등록을 하여야 한다.
- 등록사항 변경 : 등록사항을 변경하려는 경우에도 같다.
- 등록예외 : 대통령령으로 정하는 경미한 변경의 경우에는 예외로 한다.

> **대통령령으로 정하는 경미한 변경〈철도사업법 시행령 제12조 제1항〉**
> - 운행시간을 연장 또는 단축한 경우
> - 배차간격 또는 운행횟수를 단축 또는 연장한 경우
> - 10분의 1의 범위 안에서 철도차량 대수를 변경한 경우
> - 주사무소·철도차량기지를 제외한 운송관련 부대시설을 변경한 경우
> - 임원을 변경한 경우(법인에 한한다)
> - 6월의 범위 안에서 전용철도 건설기간을 조정한 경우

  ㉡ 전용철도운영자는 휴업 또는 폐업 시 조치 해야 할 사항〈철도사업법 시행령 제12조 제2항〉
- 휴업 또는 폐업으로 인하여 철도운행 및 철도운행의 안전에 지장을 초래하지 아니하도록 하는 조치
- 휴업 또는 폐업으로 인하여 자연재해·환경오염 등이 가중되지 아니하도록 하는 조치

  ㉢ 등록기준 및 등록절차 : 전용철도의 등록기준과 등록절차 등에 관하여 필요한 사항은 국토교통부령으로 정한다.

  ㉣ 등록을 제한·부담부착 : 국토교통부장관은 등록기준을 적용할 때에 환경오염, 주변 여건 등 지역적 특성을 고려할 필요가 있거나 그 밖에 공익상 필요하다고 인정하는 경우에는 등록을 제한하거나 부담을 붙일 수 있다.

② 전용철도 등록 결격사유〈법 제35조〉

  ㉠ 다음 어느 하나에 해당하는 사람〈법 제7조 제1호〉
- 피성년후견인 또는 피한정후견인
- 파산선고를 받고 복권되지 아니한 사람
- 이 법 또는 대통령령으로 정하는 철도 관계 법령을 위반하여 금고 이상의 실형을 선고받고 그 집행이 끝나거나(끝난 것으로 보는 경우를 포함한다) 면제된 날부터 2년이 지나지 아니한 사람

- 이 법 또는 대통령령으로 정하는 철도 관계 법령을 위반하여 금고 이상의 형의 집행유예를 선고받고 그 유예 기간 중에 있는 사람
ⓛ 이 법에 따라 전용철도의 등록이 취소된 후 그 취소일 부터 1년이 지나지 아니한 자
  ※ 법인인 경우 그 임원 중 결격사유에 해당하는 자가 있는 경우 전용철도 등록을 할 수 없다.


## ② 전용철도 운영의 양도·양수 및 상속

① 전용철도 운영의 양도·양수〈법 제36조〉
　㉠ 국토교통부장관에 신고
　　• 전용철도의 운영을 양도·양수하려는 자는 국토교통부령으로 정하는 바에 따라 국토교통부장관에게 신고하여야 한다.
　　• 전용철도의 등록을 한 법인이 합병하려는 경우에는 국토교통부령으로 정하는 바에 따라 국토교통부장관에게 신고하여야 한다.
　㉡ 신고수리 여부통지 : 국토교통부장관은 신고를 받은 날부터 30일 이내에 신고수리 여부를 신고인에게 통지하여야 한다.
　㉢ 신고가 수리된 경우 : 전용철도의 운영을 양수한 자는 전용철도의 운영을 양도한 자의 전용철도운영자로서의 지위를 승계하며, 합병으로 설립되거나 존속하는 법인은 합병으로 소멸되는 법인의 전용철도 운영자로서의 지위를 승계한다.
　㉣ 준용 : 신고에 관하여는 제35조(전용철도 등록 결격사유)를 준용한다.

② 전용철도 운영의 상속〈법 제37조〉
　㉠ 사망신고 : 전용철도운영자가 사망한 경우 상속인이 그 전용철도의 운영을 계속하려는 경우에는 피상속인이 사망한 날부터 3개월 이내에 국토교통부장관에게 신고하여야 한다.
　㉡ 신고수리 여부 통지 : 국토교통부장관은 신고를 받은 날부터 10일 이내에 신고수리 여부를 신고인에게 통지하여야 한다.
　㉢ 신고가 수리된 경우
　　• 신고가 수리된 경우 상속인은 피상속인의 전용철도운영자로서의 지위를 승계한다.
　　• 피상속인이 사망한 날부터 신고가 수리된 날까지의 기간 동안은 피상속인의 전용철도 등록은 상속인의 등록으로 본다.
　㉣ 준용
　　• 신고에 관하여는 제35조(전용철도 등록 결격사유)를 준용한다.
　　• 제35조(전용철도 등록 결격사유) 각 호의 어느 하나에 해당하는 상속인이 피상속인이 사망한 날부터 3개월 이내에 그 전용철도의 운영을 다른 사람에게 양도한 경우 피상속인의 사망일부터 양도일까지의 기간에 있어서 피상속인의 전용철도 등록은 상속인의 등록으로 본다.

**❸ 전용철도 운영의 휴업·폐업·개선명령 및 등록취소**

① 전용철도 운영의 휴업·폐업 및 개선명령
  ㉠ 전용철도 운영의 휴업·폐업〈법 제38조〉: 전용철도운영자가 그 운영의 전부 또는 일부를 휴업 또는 폐업한 경우에는 1개월 이내에 국토교통부장관에게 신고하여야 한다.
  ㉡ 전용철도 운영의 개선명령〈법 제39조〉: 국토교통부장관은 전용철도 운영의 건전한 발전을 위하여 필요하다고 인정하는 경우에는 전용철도운영자에게 다음의 사항을 명할 수 있다.
    • 사업장의 이전
    • 시설 또는 운영의 개선

② 등록의 취소·정지〈법 제40조〉
  ㉠ 등록 취소·정지권자: 국토교통부장관
  ㉡ 등록을 취소하거나 1년 이내의 기간을 정하여 운영의 전부 또는 일부 정지
    • 등록기준에 미달하거나 부담을 이행하지 아니한 경우
    • 휴업신고나 폐업신고를 하지 아니하고 3개월 이상 전용철도를 운영하지 아니한 경우
  ㉢ 등록을 취소해야 하는 경우: 거짓이나 그 밖의 부정한 방법으로 등록을 한 경우
    ※ **준용규정** … 전용철도에 관하여는 제16조 제3항과 제23조를 준용한다. 이 경우 "철도사업의 면허"는 "전용철도의 등록"으로, "철도사업자"는 "전용철도운영자"로, "철도사업"은 "전용철도의 운영"으로 본다〈법 제41조〉.

# 암기요약 … 핵심조문 빈칸 채우기

(1) 전용철도 등록
  ㉠ 전용철도를 운영하려는 자는 국토교통부령으로 정하는 바에 따라 전용철도의 건설·운전·보안 및 운송에 관한 사항이 포함된 운영계획서를 첨부하여 국토교통부장관에게 등록을 하여야 한다. 다만 대통령령으로 정하는 _____의 경우에는 예외로 한다.
  ㉡ 전용철도의 등록기준과 등록절차 등에 관하여 필요한 사항은 _____으로 정한다.

(2) 전용철도 등록 _____
  ㉠ 제7조 제1호의 철도면허사업의 결격사유에 해당하는 사람
  ㉡ 이 법에 따라 전용철도의 등록이 취소된 후 그 취소 일부터 ___이 지나지 아니한 자

(3) 전용철도 운영의 양도·양수·합병
  ㉠ 전용철도의 운영을 양도·양수하려는 자 또는 전용철도의 등록을 한 법인이 합병하려는 경우에는 국토교통부령으로 정하는 바에 따라 _____에게 ___하여야 한다.
  ㉡ 국토교통부장관은 신고를 받은 날부터 ____ 이내에 신고수리 여부를 신고인에게 통지하여야 한다.
  ㉢ 신고가 수리된 경우 전용철도의 운영을 양수한 자는 전용철도의 운영을 양도한 자의 전용철도운영자로서의 지위를 승계하며, 합병으로 설립되거나 존속하는 법인은 합병으로 소멸되는 법인의 전용철도운영자로서의 지위를 승계한다.

(4) 전용철도 운영의 상속
  ㉠ 전용철도운영자가 사망한 경우 피상속인은 사망한 날부터 _____에 국토교통부장관에게 ___하여야 한다.
  ㉡ 국토교통부장관은 신고를 받은 날부터 _____에 신고수리 여부를 신고인에게 통지하여야 한다.
  ㉢ 결격사유에 해당하는 상속인이 피상속인이 사망한 날부터 3개월 이내에 그 전용철도의 운영을 다른 사람에게 양도한 경우 피상속인의 사망일부터 양도일까지의 기간은 상속인의 등록으로 본다.

(5) 국토교통부장관이 전용철도운영자에게 전용철도 운영의 건전한 발전을 위하여 _____의 변경을 명할 수 있는 경우 … _____, 시설 또는 운영의 개선

(6) 국토교통부장관은 거짓이나 그 밖의 부정한 방법으로 등록을 한 경우에는 ___을 ___하여야 한다.

(7) 국토교통부장관이 전용철도운영자에게 등록을 취소하거나 _____의 기간을 정하여 그 운영의 전부 또는 일부의 정지를 명할 수 있는 경우
  ㉠ 등록기준에 미달하거나 ___을 이행하지 아니한 경우
  ㉡ 휴업신고나 폐업신고를 하지 아니하고 _____ 전용철도를 운영하지 아니한 경우

(8) 전용철도운영자가 전용철도 운영의 전부 또는 일부를 휴업 또는 폐업하는 경우 취해야 할 조치
  ㉠ 휴업 또는 폐업으로 인하여 철도운행 및 _____의 안전에 지장을 초래하지 아니하도록 하는 조치
  ㉡ 휴업 또는 폐업으로 인하여 자연재해·_____ 등이 가중되지 아니하도록 하는 조치

## 정답 및 해설

(1) 경미한 변경, 국토교통부령
(2) 결격사유, 1년
(3) 국토교통부장관, 신고, 30일
(4) 3개월 이내, 신고, 10일 이내
(5) 개선사항, 사업장의 이전

(6) 등록, 취소
(7) 1년 이내, 부담, 3개월 이상
(8) 철도운행, 환경오염

**1** 철도사업법령상 전용철도를 운영하려는 자가 운영계획서를 제출할 때 첨부해야 할 사항이 아닌 것은?

① 전용철도의 보안에 관한 사항
② 전용철도의 운송에 관한 사항
③ 전용철도의 건설에 관한 사항
④ 전용철도의 유지 · 보수에 관한 사항

**2** 철도사업법령상 운송에 관하여 등록사항을 변경하고자 할 경우에 대한 설명으로 옳지 않은 것은?

① 운송에 관한 사항이 포함된 운영계획서를 첨부하여 등록사항을 변경하여야 한다.
② 운행시간을 연장 또는 단축하는 경우에는 변경등록을 하지 않아도 된다.
③ 공익상 필요하다고 인정하는 경우에는 등록을 제한하거나 부담을 붙일 수 있다.
④ 전용철도의 등록기준과 등록절차 등에 관하여 필요한 사항은 대통령령으로 정한다.

**ANSWER** 1.④ 2.④

**1** 전용철도를 운영하려는 자는 국토교통부령으로 정하는 바에 따라 전용철도의 건설 · 운전 · 보안 및 운송에 관한 사항이 포함된 운영계획서를 첨부하여 국토교통부장관에게 등록을 하여야 한다. 등록사항을 변경하려는 경우에도 같다〈철도사업법 제34조 제1항〉.

**2** ④ 전용철도의 등록기준과 등록절차 등에 관하여 필요한 사항은 국토교통부령으로 정한다〈철도사업법 제34조 제2항〉.
① 철도사업법 제34조 제1항
② 대통령령으로 정하는 경미한 변경의 경우에 해당되므로 변경등록을 예외로 한다〈철도사업법 시행령 제12조 제1항 제1호〉.
③ 철도사업법 제34조 제3항

**3** 철도사업법 제12조 제1항에서 대통령령으로 정하는 전용철도 등록사항의 경미한 변경사유에 해당하는 경우로 볼 수 없는 것은?

① 운행횟수를 단축 또는 연장한 경우
② 철도차량기지를 제외한 운송관련 부대시설을 변경한 경우
③ 법인이 임원을 변경한 경우
④ 배차간격 및 운전 · 보안에 관한 사항을 변경하는 경우

**4** 철도사업법령상 전용철도운영자가 전용철도 운영의 전부 또는 일부를 휴업하는 경우에 취해야 할 조치로 옳지 않은 것은?

① 대체운송수단을 확보하도록 하는 조치
② 철도운행의 안전에 지장이 없도록 하는 조치
③ 자연재해 · 환경오염 등이 가중되지 않도록 하는 조치
④ 철도운행에 지장을 초래하지 않도록 하는 조치

---

**ANSWER** 3.④ 4.①

**3** 전용철도 등록사항의 경미한 변경〈철도사업법 시행령 제12조 제1항〉
  ⊙ 운행시간을 연장 또는 단축한 경우
  ⓛ 배차간격 또는 운행횟수를 단축 또는 연장한 경우
  ⓒ 10분의 1의 범위 안에서 철도차량 대수를 변경한 경우
  ⓔ 주사무소 · 철도차량기지를 제외한 운송관련 부대시설을 변경한 경우
  ⓜ 임원을 변경한 경우(법인에 한한다)
  ⓗ 6월의 범위 안에서 전용철도 건설기간을 조정한 경우

**4** 전용철도운영자가 전용철도 운영의 전부 또는 일부를 휴업 또는 폐업하는 경우 취해야 할 조치〈철도사업법 시행령 제12조 제2항〉.
  ⊙ 휴업 또는 폐업으로 인하여 철도운행 및 철도운행의 안전에 지장을 초래하지 아니하도록 하는 조치
  ⓛ 휴업 또는 폐업으로 인하여 자연재해 · 환경오염 등이 가중되지 아니하도록 하는 조치

**5** 철도사업법령상 전용철도 등록을 할 수 있는 사람은?

① 파산선고를 받고 복권된 사람
② 피한정후견인
③ 철도사업법에 따라 전용철도의 등록이 취소된 후 그 취소일 부터 1년이 지나지 아니한 사람
④ 피성년후견인


**6** 철도사업법령상 전용철도 등록에서 법인임원에 대한 결격사유에 해당하지 않는 것은?

① 도시철도법령을 위반하여 금고 이상의 형의 집행유예를 선고받고 그 유예 기간 중에 있는 사람
② 파산선고를 받고 복권되지 아니한 사람
③ 피성년후견인 또는 피한정후견인
④ 철도산업발전 기본법을 위반하여 금고 이상의 실형을 선고받고 그 집행이 끝나거나 면제된 날부터 5년이 지나지 아니한 사람

---

**ANSWER** 5.① 6.④

---

**5** ① 파산선고를 받고 복권되지 아니한 사람은 결격사유에 해당된다〈철도사업법 제7조 제1호 나목〉.
※ **전용철도 등록 결격사유**〈철도사업법 제35조〉
  ㉠ 피성년후견인 또는 피한정후견인
  ㉡ 파산선고를 받고 복권되지 아니한 사람
  ㉢ 철도사업법 또는 대통령령으로 정하는 철도관계법령을 위반하여 금고 이상의 실형을 선고받고 그 집행이 끝나거나 (끝난 것으로 보는 경우를 포함한다) 면제된 날부터 2년이 지나지 아니한 사람
  ㉣ 철도사업법 또는 대통령령으로 정하는 철도관계법령을 위반하여 금고 이상의 형의 집행유예를 선고받고 그 유예 기간 중에 있는 사람
  ㉤ 철도사업법에 따라 전용철도의 등록이 취소된 후 그 취소일 부터 1년이 지나지 아니한 자

**6** ④ 대통령령으로 정하는 철도관계법령을 위반하여 금고 이상의 실형을 선고받고 그 집행이 끝나거나 면제된 날부터 2년이 지나지 아니한 사람〈철도사업법 제7조 제1호 다목〉.
※ **대통령령으로 정하는 철도 관계 법령**〈철도사업법 시행령 제2조〉
  ㉠ 철도산업발전 기본법
  ㉡ 철도안전법
  ㉢ 도시철도법
  ㉣ 국가철도공단법
  ㉤ 한국철도공사법
※ 법인인 경우 그 임원 중 결격사유에 해당하는 자가 있는 경우에도 전용철도 등록을 할 수 없다.

**7** 철도사업법령상 전용철도 운영의 양도·양수에 대한 설명으로 옳지 않은 것은?

① 전용철도의 등록을 한 법인이 합병하려는 경우에는 국토교통부장관에게 신고하여야 한다.

② 합병으로 설립되거나 존속하는 법인은 합병으로 소멸되는 법인의 전용철도 운영자로서의 지위를 승계한다.

③ 전용철도의 운영을 양수한 자는 전용철도 운영자로서의 지위를 승계한다.

④ 전용철도의 운영을 양도·양수하려는 자는 국토교통부장관의 승인을 받아야 한다.


**8** 철도사업법령상 전용철도 운영의 상속신고에 대한 설명으로 옳지 않은 것은?

① 신고를 받은 날부터 15일 이내에 신고수리 여부를 신고인에게 국토교통부장관이 통지해야 한다.

② 신고가 수리되면 상속인은 피상속인의 전용철도 운영자로서의 지위를 승계한다.

③ 신고에 관하여는 법 제35조의 전용철도 등록 결격사유를 준용한다.

④ 피상속인이 사망한 날부터 신고가 수리된 날까지의 기간 동안은 상속인의 등록으로 본다.


**9** 철도사업법령상 전용철도운영자가 사망한 경우 상속인이 전용철도의 운영을 계속하려면 누구에게 신고해야 하는가?

① 국토교통부장관                    ② 지방자치단체장
③ 한국철도공단                      ④ 철도사업자


**ANSWER** 7.④  8.①  9.①
---

**7** ④ 전용철도의 운영을 양도·양수하려는 자는 국토교통부령으로 정하는 바에 따라 국토교통부장관에게 신고하여야 한다 〈철도사업법 제36조 제1항〉.
① 철도사업법 제36조 제2항
②③ 철도사업법 제36조 제4항

**8** ① 국토교통부장관은 신고를 받은 날부터 10일 이내에 신고수리 여부를 신고인에게 통지하여야 한다〈철도사업법 제37조 제2항〉.
②④ 철도사업법 제37조 제3항
③ 철도사업법 제37조 제4항

**9** 전용철도운영자가 사망한 경우 상속인이 전용철도의 운영을 계속하려는 경우에는 국토교통부장관에게 신고하여야 한다 〈철도사업법 제37조 제1항〉.

**10** 철도사업법령상 전용철도 운영자가 사망한 후 상속인이 전용철도의 운영을 계속하려는 경우 사망신고를 해야 하는 기간은?

① 피상속인이 사망한 날부터 1개월 이내
② 피상속인이 사망한 날부터 3개월 이내
③ 피상속인이 사망신고 한 날부터 5개월 이내
④ 피상속인이 사망신고 한 날부터 6개월 이내

**11** 다음은 철도사업법 제37조 제4항 단서의 내용이다. (   ) 안의 숫자를 모두 합하면?

> 전용철도의 등록이 취소된 후 그 취소일 부터 (    )년이 지나지 아니한 상속인이 피상속인이 사망한 날부터 (    )개월 이내에 그 전용철도의 운영을 다른 사람에게 양도한 경우 피상속인의 사망일부터 양도일까지의 기간에 있어서 피상속인의 전용철도 등록은 상속인의 등록으로 본다.

① 3                                    ② 4
③ 5                                    ④ 6

**10** 전용철도운영자가 사망한 경우 상속인이 그 전용철도의 운영을 계속하려는 경우에는 피상속인이 사망한 날부터 3개월 이내에 국토교통부장관에게 신고하여야 한다〈철도사업법 제37조 제1항〉.

**11** **전용철도 운영의 상속** … 전용철도 운영의 상속신고에 관하여는 법 제35조(결격사유)를 준용한다. 다만, 제35조(전용철도 등록 결격사유) 각 호의 어느 하나에 해당하는 상속인이 피상속인이 사망한 날부터 3개월 이내에 그 전용철도의 운영을 다른 사람에게 양도한 경우 피상속인의 사망일부터 양도일까지의 기간에 있어서 피상속인의 전용철도 등록은 상속인의 등록으로 본다〈철도사업법 제37조 제4항〉.

※ **전용철도 등록 결격사유** … 다음의 어느 하나에 해당하는 자는 전용철도를 등록할 수 없다. 법인인 경우 그 임원중에 다음의 어느 하나에 해당하는 자가 있는 경우에도 같다〈철도사업법 제35조〉.
㉠ 법 제7조 제1호 각 목의 어느 하나에 해당하는 사람
㉡ 철도사업법에 따라 전용철도의 등록이 취소된 후 그 취소일 부터 1년이 지나지 아니한 자

**12** 철도사업법령상 전용철도 운영자가 운영의 전부 또는 일부를 휴업 또는 폐업한 경우에 신고해야 하는 기간은?

① 15일 이내             ② 20일 이내

③ 1개월 이내           ④ 3개월 이내

**13** 철도사업법령상 국토교통부장관이 전용철도 운영의 건전한 발전을 위하여 필요하다고 인정하는 경우에 전용철도 운영자에게 명할 수 있는 사항으로 옳지 않은 것은?

① 사업장의 이전         ② 철도이용 요금의 인상

③ 철도운영의 개선       ④ 철도시설의 개선

**14** 철도사업법령상 등록을 취소하거나 운영의 전부 또는 일부 정지를 명할 수 있는 경우가 아닌 것은?

① 3개월 이상 휴업신고를 하지 않고 전용철도를 운영하지 않은 경우

② 등록기준에 미달하거나 부담을 이행하지 아니한 경우

③ 폐업신고를 하지 않고 3개월 이상 전용철도를 운영하지 않은 경우

④ 거짓이나 그 밖의 부정한 방법으로 등록을 한 경우

---

**ANSWER**   12.③   13.②   14.④

**12** 전용철도 운영자가 그 운영의 전부 또는 일부를 휴업 또는 폐업한 경우에는 1개월 이내에 국토교통부장관에게 신고하여야 한다〈철도사업법 제38조〉.

**13** 국토교통부장관이 전용철도운영자에게 명할 수 있는 사항〈철도사업법 제39조〉
㉠ 사업장의 이전
㉡ 시설의 개선
㉢ 운영의 개선

**14** 국토교통부장관이 전용철도운영자등록을 취소하거나 1년 이내의 기간을 정하여 그 운영의 전부 또는 일부의 정지를 명할 수 있 경우〈철도사업법 제40조〉.
㉠ 거짓이나 그 밖의 부정한 방법으로 등록을 한 경우
㉡ 등록기준에 미달하거나 부담을 이행하지 아니한 경우
㉢ 휴업신고나 폐업신고를 하지 아니하고 3개월 이상 전용철도를 운영하지 아니한 경우
※ ㉠은 등록을 취소하여야 한다〈철도사업법 제40조〉.

# chapter 07 국유철도시설의 활용·지원

## 1 점용허가 및 점용허가 신청

① **점용허가**〈법 제42조〉

ㄱ **점용허가** : 국토교통부장관은 국가가 소유·관리하는 철도시설에 건물이나 그 밖의 시설물(이하 "시설물"이라 한다)을 설치하려는 자에게 대통령령으로 정하는 바에 따라 시설물의 종류 및 기간 등을 정하여 점용허가를 할 수 있다.

ㄴ **점용허가 대상** : 점용허가는 철도사업자와 철도사업자가 출자·보조 또는 출연한 사업을 경영하는 자에게만 하며, 시설물의 종류와 경영하려는 사업이 철도사업에 지장을 주지 아니하여야 한다.

② **점용허가의 신청 및 점용허가기간**〈시행령 제13조〉

ㄱ **신청서 제출** : 국가가 소유·관리하는 철도시설의 점용허가를 받고자 하는 자는 국토교통부령이 정하는 점용허가신청서를 국토교통부장관에게 제출하여야 한다.

ㄴ **점용허가신청서 제출 시 첨부해야 하는 서류**
- 사업개요에 관한 서류
- 시설물의 건설계획 및 사용계획에 관한 서류
- 자금조달계획에 관한 서류
- 수지전망에 관한 서류
- 법인의 경우 정관
- 설치하고자 하는 시설물의 설계도서(시방서·위치도·평면도 및 주단면도를 말한다)
- 그 밖에 참고사항을 기재한 서류

ㄷ **등기사항증명서 확인** : 점용허가신청서가 제출되면 국토교통부장관은 행정정보의 공동이용을 통하여 법인 등기사항증명서(법인인 경우로 한정한다)를 확인하여야 한다.

ㄹ **허가시 기간 초과금지** : 국토교통부장관은 국가가 소유·관리하는 철도시설에 대한 점용허가를 하고자 하는 때에는 다음의 기간을 초과하여서는 아니 된다. 다만, 건물 그 밖의 시설물을 설치하는 경우 그 공사에 소요되는 기간은 이를 산입하지 아니한다.
- 철골조·철근콘크리트조·석조 또는 이와 유사한 견고한 건물의 축조를 목적으로 하는 경우 : 50년
- 위의·외 건물의 축조를 목적으로 하는 경우 : 15년
- 건물 외의 공작물의 축조를 목적으로 하는 경우 : 5년

② 점용허가의 취소〈법 제42조의2〉

　　㉠ 점용허가 취소사유

　　　• 점용허가 목적과 다른 목적으로 철도시설을 점용한 경우
　　　• 시설물의 종류와 경영하는 사업이 철도사업에 지장을 주게 된 경우
　　　• 점용허가를 받은 날부터 1년 이내에 해당 점용허가의 목적이 된 공사에 착수하지 아니한 경우. 다만, 정당한 사유가 있는 경우에는 1년의 범위에서 공사의 착수기간을 연장할 수 있다.
　　　• 점용료를 납부하지 아니하는 경우
　　　• 점용허가를 받은 자가 스스로 점용허가의 취소를 신청하는 경우

　　㉡ 점용허가 취소의 절차 및 방법 : 점용허가 취소의 절차 및 방법은 국토교통부령으로 정한다.

　　　※ 시설물 설치의 대행〈법 제43조〉··· 국토교통부장관은 점용허가를 받은 자가 설치하려는 시설물의 전부 또는 일부가 철도시설 관리에 관계되는 경우에는 점용허가를 받은 자의 부담으로 그의 위탁을 받아 시설물을 직접 설치하거나 국가철도공단으로 하여금 설치하게 할 수 있다.

③ 점용료〈법 제44조〉

　　㉠ 점용료 부과 : 국토교통부장관은 대통령령으로 정하는 바에 따라 점용허가를 받은 자에게 점용료를 부과한다.

　　㉡ 점용료 감면 : 점용허가를 받은 자가 다음에 해당하는 경우에는 대통령령으로 정하는 바에 따라 점용료를 감면할 수 있다.

　　　• 국가에 무상으로 양도하거나 제공하기 위한 시설물을 설치하기 위하여 점용허가를 받은 경우
　　　• 시설물을 설치하기 위한 경우로서 공사기간 중에 점용허가를 받거나 임시 시설물을 설치하기 위하여 점용허가를 받은 경우
　　　• 공공주택을 건설하기 위하여 점용허가를 받은 경우
　　　• 재해, 그 밖의 특별한 사정으로 본래의 철도 점용 목적을 달성할 수 없는 경우
　　　• 국민경제에 중대한 영향을 미치는 공익사업으로서 대통령령으로 정하는 사업을 위하여 점용허가를 받은 경우

　　㉢ 점용료 징수 업무 위탁 : 국토교통부장관이 철도시설의 건설 및 관리 등에 관한 업무의 일부를 국가철도공단으로 하여금 대행하게 한 경우 점용료 징수에 관한 업무를 위탁할 수 있다.

　　㉣ 점용료 미납자 : 국토교통부장관은 점용허가를 받은 자가 점용료를 내지 아니하면 국세 체납처분의 예에 따라 징수한다.

④ 점용료의 산정〈시행령 제14조〉

　　㉠ 산정기준 : 점용료는 점용허가를 할 철도시설의 가액과 점용허가를 받아 행하는 사업의 매출액을 기준으로 하여 산출하되, 구체적인 점용료 산정 기준에 대하여는 국토교통부장관이 정한다.

　　㉡ 철도시설 가액 산출 : 철도시설의 가액은 「국유재산법 시행령」 제42조(처분재산의 예정가격)를 준용하여 산출하되, 당해 철도시설의 가액은 산출 후 3년 이내에 한하여 적용한다.

　　㉢ 점용료 감면의 구분

　　　• 전체 시설물 중 국가에 무상으로 양도하거나 제공하기 위한 시설물의 비율에 해당하는 점용료 감면

- 국가에 무상으로 양도하거나 제공하기 위한 시설물을 설치하기 위하여 점용허가를 받은 경우
- 시설물을 설치하기 위한 경우로서 공사기간 중에 점용허가를 받거나 임시 시설물을 설치하기 위하여 점용허가를 받은 경우에 해당하는 경우
- 해당 철도시설의 부지에 대하여 국토교통부령으로 정하는 기준에 따른 점용료를 감면 : 공공주택을 건설하기 위하여 점용허가를 받은 경우에 해당하는 경우
- 재해, 그 밖의 특별한 사정으로 본래의 철도 점용 목적을 달성할 수 없는 경우에 해당하는 경우에는 다음의 구분에 따른 점용료를 감면
- 해당 기간의 점용료 전액을 감면 : 점용허가를 받은 시설의 전부를 사용하지 못한 경우
- 전체 점용허가 면적에서 사용하지 못한 시설의 면적 비율에 따라 해당 기간 동안의 점용료를 감면 : 점용허가를 받은 시설의 일부를 사용하지 못한 경우

② 점용료 선납
- 점용료는 매년 1월말까지 당해 연도 해당 분을 선납하여야 한다.
- 국토교통부장관은 부득이한 사유로 선납이 곤란하다고 인정하는 경우에는 그 납부기한을 따로 정할 수 있다.

⑤ 변상금의 징수〈법 제44조의2〉
  ㉠ 징수 : 국토교통부장관은 점용허가를 받지 아니하고 철도시설을 점용한 자에 대하여 점용료의 100분의 120에 해당하는 금액을 변상금으로 징수할 수 있다.
    ※ **변상금** …점용허가 없이 공공재산이나 시설을 무단으로 사용한 경우 그에 대한 벌칙으로 부과되는 금액을 말한다.

  ㉡ 준용 : 변상금의 징수에 관하여는 <u>제44조 제3항</u>을 준용한다.

  조문참고 제44조(점용료)
    ③ 국토교통부장관이 철도시설의 건설 및 관리 등에 관한 업무의 일부를 국가철도공단으로 하여금 대행하게 한 경우 점용료 징수에 관한 업무를 위탁할 수 있다.

⑥ 권리와 의무의 이전〈법 제45조〉
  ㉠ 인가취득 : 점용허가로 인하여 발생한 권리와 의무를 이전하려는 경우에는 대통령령으로 정하는 바에 따라 국토교통부장관의 인가를 받아야 한다.
  ㉡ 인가신청〈시행령 제15조 제1항〉: 점용허가를 받은 자가 그 권리와 의무의 이전에 대하여 인가를 받고자 하는 때에는 국토교통부령이 정하는 신청서에 다음의 서류를 첨부하여 권리와 의무를 이전하고자 하는 날 3월 전까지 국토교통부장관에게 제출하여야 한다.
  - 이전계약서 사본
  - 이전가격의 명세서
  ㉢ 잔여기간〈시행령 제15조 제2항〉: 국토교통부장관의 인가를 받아 철도시설의 점용허가로 인하여 발생한 권리와 의무를 이전한 경우 당해 권리와 의무를 이전받은 자의 점용허가기간은 권리와 의무를 이전한 자가 받은 점용허가기간의 잔여기간으로 한다.

## ② 원상회복 및 국가귀속 시설물

① 원상회복의무〈법 제46조〉

  ㉠ 원상회복의무와 면제

   • 원상회복 의무 : 점용허가를 받은 자는 점용허가기간이 만료되거나 점용허가가 취소된 경우에는 점용허가된 철도 재산을 원상으로 회복하여야 한다.

   • 원상회복 면제 : 국토교통부장관은 원상으로 회복할 수 없거나 원상회복이 부적당하다고 인정하는 경우에는 원상회복의무를 면제할 수 있다.

  ㉡ 원상회복을 않은 경우 : 국토교통부장관은 점용허가를 받은 자가 원상회복을 하지 아니하는 경우에는 「행정대집행법」에 따라 시설물을 철거하거나 그 밖에 필요한 조치를 할 수 있다.

  ㉢ 무상 국가귀속 가능 : 국토교통부장관은 원상회복의무를 면제하는 경우에는 해당 철도 재산에 설치된 시설물 등의 무상 국가귀속을 조건으로 할 수 있다.

② 원상회복 기간〈시행령 제16조〉

  ㉠ 원상회복기간 및 연장

   • 기간 : 철도시설의 점용허가를 받은 자는 점용허가기간이 만료되거나 점용을 폐지한 날부터 3월 이내에 점용허가 받은 철도시설을 원상으로 회복하여야 한다.

   • 연장 : 국토교통부장관은 불가피하다고 인정하는 경우에는 원상회복 기간을 연장할 수 있다.

  ㉡ 원상회복 면제 신청

   • 신청기관 : 국토교통부장관

   • 신청서 제출 : 점용허가를 받은 자가 그 점용허가기간의 만료 또는 점용의 폐지에도 불구하고 당해 철도시설의 전부 또는 일부에 대한 원상회복의무를 면제받고자 하는 경우에는 그 점용허가기간의 만료일 또는 점용폐지일 3월 전까지 그 사유를 기재한 신청서를 국토교통부장관에게 제출하여야 한다.

  ㉢ 서면통보 : 국토교통부장관은 점용허가를 받은 자의 면제신청을 받은 경우 또는 직권으로 철도시설의 일부 또는 전부에 대한 원상회복의무를 면제하고자 하는 경우에는 원상회복의무를 면제하는 부분을 명시하여 점용허가를 받은 자에게 점용허가 기간의 만료일 또는 점용폐지 일까지 서면으로 통보하여야 한다.

② 국가귀속 시설물의 사용허가기간 등에 관한 특례〈법 제46조의2〉

  ㉠ 사용허가기간 : 국가 귀속된 시설물을 「국유재산법」에 따라 사용허가하려는 경우 그 허가의 기간은 10년 이내로 한다.

  ㉡ 허가기간 갱신 : 허가기간이 끝난 시설물에 대해서는 10년을 초과하지 아니하는 범위에서 1회에 한하여 종전의 사용허가를 갱신할 수 있다.

  ㉢ 사용·수익 : 사용허가를 받은 자는 사용허가의 용도나 목적에 위배되지 않는 범위에서 국토교통부장관의 승인을 받아 해당 시설물의 일부를 다른 사람에게 사용·수익하게 할 수 있다.

※ **민감정보 및 고유식별정보의 처리** … 국토교통부장관은 다음의 사무를 수행하기 위하여 불가피한 경우 범죄경력 자료에 해당하는 정보나 주민등록번호, 여권번호 또는 외국인등록번호가 포함된 자료를 처리할 수 있다〈시행령 제16조의2〉.

　㉠ 면허에 관한 사무

　㉡ 사업의 양도 · 양수 등에 관한 사무

　㉢ 면허취소 등에 관한 사무

　㉣ 전용철도 등록에 관한 사무

　㉤ 전용철도 운영의 양도 · 양수 등에 관한 사무

　㉥ 전용철도 운영의 상속에 관한 사무

　㉦ 전용철도 등록의 취소에 관한 사무

## 암기요약 ··· 핵심조문 빈칸 채우기

(1) 점용허가
  ㉠ 국토교통부장관은 국가가 소유·관리하는 철도시설에 건물이나 그 밖의 시설물(이하 "＿＿＿"이라 한다)을 설치하려는 자에게 국유재산법에도 불구하고 ＿＿＿＿으로 정하는 바에 따라 시설물의 종류 및 기간 등을 정하여 점용허가를 할 수 있다.
  ㉡ 점용허가는 철도사업자와 철도사업자가 출자·보조 또는 출연한 사업을 경영하는 자에게만 하며, 시설물의 종류와 경영하려는 사업이 철도사업에 지장을 주지 아니하여야 한다.

(2) 국토교통부장관의 ＿＿＿＿ 취소사유
  ㉠ 점용허가 목적과 다른 목적으로 철도시설을 점용한 경우
  ㉡ 시설물의 종류와 경영하는 사업이 철도사업에 지장을 주게 된 경우
  ㉢ 점용허가를 받은 날부터 ＿＿＿＿에 해당 점용허가의 목적이 된 공사에 착수하지 아니한 경우. 다만, 정당한 사유가 있는 경우에는 ＿＿＿＿＿에서 공사의 착수기간을 연장할 수 있다.
  ㉣ 점용료를 납부하지 아니하는 경우
  ㉤ 점용허가를 받은 자가 스스로 점용허가의 취소를 신청하는 경우

(3) 점용허가 기간
  ㉠ 철골조·철근콘크리트조·석조 또는 이와 유사한 견고한 건물의 축조를 목적으로 하는 경우 ··· ＿＿＿
  ㉡ ㉠ 외의 건물의 축조를 목적으로 하는 경우 ··· ＿＿＿
  ㉢ 건물 외의 공작물의 축조를 목적으로 하는 경우 ··· ＿＿＿

(4) 점용료
  ㉠ 국토교통부장관은 대통령령으로 정하는 바에 따라 점용허가를 받은 자에게 점용료를 부과한다.
  ㉡ 점용료는 점용허가를 할 철도시설의 가액과 점용허가를 받아 행하는 사업의 매출액을 기준으로 하여 산출하되, 구체적인 점용료 산정기준에 대하여는 ＿＿＿＿＿＿이 정한다.
  ㉢ 철도시설의 가액은 국유재산법 시행령을 준용하여 산출하되, 당해 철도시설의 가액은 산출 후 3년 이내에 한하여 적용한다.
  ㉣ 점용료는 ＿＿＿＿＿까지 당해연도 해당분을 ＿＿＿하여야 한다.

(5) 국토교통부장관은 점용허가를 받지 아니하고 철도시설을 점용한 자에 대하여 점용료의 ＿＿＿＿＿에 해당하는 금액을 ＿＿＿＿으로 징수할 수 있다.

(6) 점용허가 철도재산의 원상회복의무
  ㉠ 점용허가를 받은 자는 점용허가기간이 만료되거나 점용허가가 취소된 경우에는 점용 허가된 철도 재산을 원상으로 회복하여야 한다.
  ㉡ 국토교통부장관은 점용허가를 받은 자가 제1항 본문에 따른 ＿＿＿＿을 하지 아니하는 경우에는 ＿＿＿＿＿에 따라 시설물을 철거하거나 그 밖에 필요한 조치를 할 수 있다.

### 정답 및 해설

(1) 시설물, 대통령령
(2) 점용허가, 1년 이내, 1년의 범위
(3) 50년, 15년, 5년
(4) 국토교통부장관, 매년 1월말, 선납
(5) 100분의 120, 변상금

(6) 원상회복, 행정대집행법

**1** 철도사업법령상 국유철도시설의 점용허가에 대한 설명으로 옳지 않은 것은?

① 국토교통부령에 정하는 바에 따라 점용허가는 해당 지방자치단체의 장이 한다.

② 철도시설의 점용허가를 받으려면 국토교통부령에서 정한 점용허가신청서를 제출하여야 한다.

③ 구체적인 점용료 산정 기준은 국토교통부장관이 정한다.

④ 회복점용허가기간이 만료된 후에는 철도시설을 원상으로 회복하여야 한다.

**2** 철도사업법령상 국가의 철도시설에 대한 점용허가를 해줄 수 있는 대상자는?

① 철도사업자가 출자 · 보조한 사업을 경영하는 자

② 철도산업 육성시책의 기본방향이 맞는 자

③ 철도산업위원회의 승인을 받은 자

④ 철도산업과 관련된 법인사업자

---

**ANSWER** 1.① 2.①

**1** ① 국토교통부장관은 국가가 소유 · 관리하는 철도시설에 건물이나 그 밖의 시설물을 설치하려는 자에게 대통령령으로 정하는 바에 따라 시설물의 종류 및 기간 등을 정하여 점용허가를 할 수 있다〈철도사업법 제42조 제1항〉.
　② 철도사업법 시행령 제13조 제1항
　③ 철도사업법 시행령 제14조 제1항
　④ 철도사업법 시행령 제16조 제1항

**2** 점용허가는 철도사업자와 철도사업자가 출자 · 보조 또는 출연한 사업을 경영하는 자에게만 한다〈철도사업법 제42조 제2항〉.

**3** 철도사업법령상 국토교통부장관이 점용허가를 할 수 있는 대상 및 시설로 옳은 것은?

① 국가가 관리하는 철도시설 근처의 토지
② 지방자치단체 소유 철도시설의 건물
③ 국가철도공단이 운영하는 철도시설에 건물이나 그 밖의 시설물
④ 국가가 관리하는 철도시설의 시설물

**4** 철도사업법령상 점용허가신청서 제출 시 첨부해야 하는 서류로 옳지 않은 것은?

① 운용계획서 및 철도품질 개선에 관한 서류
② 시설물의 건설계획에 관한 서류
③ 점용허가 신청자의 자금조달계획에 관한 서류
④ 설치하고자 하는 시설물의 주단면도

**5** 철도사업법령상 법인의 점용허가신청서가 제출되면 국토교통부장관이 확인해야 하는 서류는?

① 법인 임원의 주민등록등본                    ② 법인의 정관
③ 법인 등기사항증명서                          ④ 법인 사업자등록증

---

**3** 국토교통부장관은 국가가 소유·관리하는 철도시설에 건물이나 그 밖의 시설물을 설치하려는 자에게 점용허가를 할 수 있다〈철도사업법 제42조 제1항〉.

**4** 점용허가신청서 제출 시 첨부해야 하는 서류〈철도사업법 시행령 제13조 제1항〉
　㉠ 사업개요에 관한 서류
　㉡ 시설물의 건설계획 및 사용계획에 관한 서류
　㉢ 자금조달계획에 관한 서류
　㉣ 수지전망에 관한 서류
　㉤ 법인의 경우 정관
　㉥ 설치하고자 하는 시설물의 설계도서(시방서·위치도·평면도 및 주단면도를 말한다)
　㉦ 그 밖에 참고사항을 기재한 서류

**5** 점용허가신청서가 제출되면 국토교통부장관은 행정정보의 공동이용을 통하여 법인 등기사항증명서(법인인 경우로 한정한다)를 확인하여야 한다〈철도사업법 시행령 제13조 제1항〉.

**6** 철도사업법령상 철도시설에 대한 점용허가를 할 때 초과해서는 안 되는 기간으로 옳은 것은? (단, 건물 그 밖의 시설물을 설치하는 경우 그 공사에 소요되는 기간은 이를 산입하지 아니한다)

① 건물 외의 공작물의 축조를 목적으로 하는 경우 : 5년

② 석조건물의 축조를 목적으로 하는 경우 : 15년

③ 경량철골조 건물의 축조를 목적으로 하는 경우 : 20년

④ 철골조 및 철근콘크리트조 건물의 축조를 목적으로 하는 경우 : 30년

**7** 철도사업법령상 국가소유 철도시설의 점용허가를 받은 자가 정당한 사유가 있어서 공사의 착수기간을 연장하고자 할 때 그 기간은?

① 6개월 이내의 범위　　　　　　　　② 1년 이내의 범위

③ 2년 이내의 범위　　　　　　　　　④ 3년 이내의 범위

**8** 철도사업법령상 점용허가를 받은 자가 설치하려는 시설물의 일부가 철도시설관리에 관계되는 경우 국토교통부장관이 해야 할 조치는?

① 점용허가를 받은 자에게 직접 설치를 명할 수 있다.

② 국가철도공단으로 하여금 설치하게 할 수 있다.

③ 점용허가를 받은 자에게 추가 점용료를 부과할 수 있다.

④ 점용허가를 받은 자의 점용허가를 취소할 수 있다.

**ANSWER** 6.① 7.② 8.②

6　점용허가를 하고자 하는 때 초과해서는 안 되는 기간〈철도사업법 시행령 제13조 제2항〉
　　㉠ 철골조·철근콘크리트조·석조 또는 이와 유사한 견고한 건물의 축조를 목적으로 하는 경우 : 50년
　　㉡ 위의 ㉠ 외 건물의 축조를 목적으로 하는 경우 : 15년
　　㉢ 건물 외의 공작물의 축조를 목적으로 하는 경우 : 5년
　　※ 다만, 건물 그 밖의 시설물을 설치하는 경우 그 공사에 소요되는 기간은 산입하지 않는다.

7　점용허가를 받은 날부터 1년 이내에 해당 점용허가의 목적이 된 공사에 착수하지 아니한 경우. 다만, 정당한 사유가 있는 경우 1년의 범위에서 공사의 착수기간을 연장할 수 있다〈철도사업법 제42조의2 제1항 제3호〉.

8　국토교통부장관은 점용허가를 받은 자가 설치하려는 시설물의 전부 또는 일부가 철도시설 관리에 관계되는 경우에는 점용허가를 받은 자의 부담으로 그의 위탁을 받아 시설물을 직접 설치하거나 국가철도공단으로 하여금 설치하게 할 수 있다〈법 제43조〉.

**9** 철도사업법령상 점용허가 취소사유에 해당하지 않는 것은?

① 점용허가를 받은 자가 스스로 점용허가의 취소를 신청하는 경우
② 점용료를 납부하지 않은 경우
③ 점용허가 목적과 다른 목적으로 철도시설을 점용한 경우
④ 점용허가를 받은 자의 개인적인 사정으로 철도시설 점용이 불가능해진 경우

**10** 다음은 점용료에 대한 설명이다. 옳은 것을 모두 고르면?

> ㉠ 점용료는 대통령령으로 정하고 국토교통부장관이 부과한다.
> ㉡ 공공주택을 건설하기 위하여 점용허가를 받은 경우에는 점용료를 감면할 수 있다.
> ㉢ 점용허가를 할 철도시설의 가액과 점용허가를 받아 행하는 사업의 매출액을 기준으로 점용료를 산출한다.
> ㉣ 점용허가를 받지 않고 철도시설을 점용한 자에게 점용료의 100분의 110에 해낭하는 금액을 변상금으로 징수할 수 있다.
> ㉤ 점용허가를 받은 자가 점용료를 내지 아니하면 국세 체납처분의 예에 따라 징수한다.

① ㉠㉡㉢㉣
② ㉠㉡㉢㉤
③ ㉡㉢㉣㉤
④ ㉠㉡㉢㉣㉤

---

**ANSWER** 9.④ 10.②

**9** 점용허가 취소사유⟨법 제42조의2 제1항⟩
㉠ 점용허가 목적과 다른 목적으로 철도시설을 점용한 경우
㉡ 시설물의 종류와 경영하는 사업이 철도사업에 지장을 주게 된 경우
㉢ 점용허가를 받은 날부터 1년 이내에 해당 점용허가의 목적이 된 공사에 착수하지 아니한 경우. 다만, 정당한 사유가 있는 경우에는 1년의 범위에서 공사의 착수기간을 연장할 수 있다.
㉣ 점용료를 납부하지 아니하는 경우
㉤ 점용허가를 받은 자가 스스로 점용허가의 취소를 신청하는 경우

**10** ㉣ 점용허가를 받지 않고 철도시설을 점용한 자에게는 점용료의 100분의 120에 해당하는 금액을 변상금으로 징수할 수 있다⟨철도사업법 제44조의2⟩.
㉠ 철도사업법 제44조 제1항
㉡ 철도사업법 시행령 제44조 제2항 제3호
㉢ 철도사업법 시행령 제14조 제1항
㉤ 철도사업법 제44조 제4항

**11** 철도사업법령상 철도시설 점용료 산정 및 납부에 관한 설명으로 옳지 않은 것은?

① 점용료의 구체적인 산정 기준은 국토교통부장관이 정한다.

② 점용료는 부득한 경우를 제외하고는 매년 12월 말까지 당해 연도 해당 분을 선납해야 한다.

③ 국유재산법 시행령에 따라 산출된 당해 철도시설의 가액은 산출 후 3년 이내에 한해서 적용된다.

④ 부득이한 사유로 선납이 곤란하다고 국토교통부장관이 인정하는 경우에는 납부기한을 따로 정할 수 있다

**12** 철도사업법령상 점용료 감면 대상이 아닌 경우는?

① 국가에 무상으로 제공하기 위한 시설물을 설치하기 위하여 점용허가를 받은 경우

② 법인사업자가 근린생활시설을 건설하기 위하여 점용허가를 받은 경우

② 시설물을 설치하기 위한 경우로서 공사기간 중에 임시 시설물을 설치하기 위하여 점용허가를 받은 경우

③ 재해로 인하여 본래의 철도 점용 목적을 달성할 수 없는 경우

---

**ANSWER** 11.② 12.②

**11** ②④ 점용료는 매년 1월말까지 당해 연도 해당 분을 선납하여야 한다. 다만, 국토교통부장관은 부득이한 사유로 선납이 곤란하다고 인정하는 경우에는 그 납부기한을 따로 정할 수 있다〈철도사업법 시행령 제14조 제4항〉.
   ① 철도사업법 시행령 제14조 제1항
   ③ 철도사업법 시행령 제14조 제2항

**12** 점용료 감면 대상〈철도사업법 제44조 제2항〉
   ㉠ 국가에 무상으로 양도하거나 제공하기 위한 시설물을 설치하기 위하여 점용허가를 받은 경우
   ㉡ 시설물을 설치하기 위한 경우로서 공사기간 중에 점용허가를 받거나 임시 시설물을 설치하기 위하여 점용허가를 받은 경우
   ㉢ 공공주택을 건설하기 위하여 점용허가를 받은 경우
   ㉣ 재해, 그 밖의 특별한 사정으로 본래의 철도 점용 목적을 달성할 수 없는 경우
   ㉤ 국민경제에 중대한 영향을 미치는 공익사업으로서 대통령령으로 정하는 사업을 위하여 점용허가를 받은 경우

**13** 철도사업법령상 점용료의 감면을 구분함에 있어서 다음에 해당하는 경우는?

> 전체 시설물 중 국가에 무상으로 양도하거나 제공하기 위한 시설물의 비율에 해당하는 점용료를 감면

① 공공주택을 건설하기 위하여 점용허가를 받은 경우에 해당하는 경우
② 재해로 인하여 점용허가를 받은 시설의 전부를 사용하지 못한 경우
③ 국가에 무상으로 양도하거나 제공하기 위한 시설물을 설치하기 위하여 점용허가를 받은 경우
④ 특별한 사정으로 인하여 점용허가를 받은 시설의 일부를 사용하지 못한 경우

**14** 철도사업법령상 점용허가로 인하여 발생한 권리와 의무의 이전에 대한 설명으로 틀린 것은?

① 국토교통부장관의 인가를 받기 위해서는 국토교통부령으로 정하는 바에 따라야 한다.
② 이전하고자 하는 날을 정한 후 신청서를 제출하여야 한다.
③ 신청서를 제출할 때에는 국토교통부령이 정한 첨부서류도 함께 제출하여야 한다.
④ 점용허가기간은 권리와 의무를 이전한 자가 받은 점용허가기간의 잔여기간으로 한다.

---

**ANSWER** 13.③  14.①
......................................................................................................................................................................

**13** ③ 외에 시설물을 설치하기 위한 경우로서 공사기간 중에 점용허가를 받거나 임시 시설물을 설치하기 위하여 점용허가를 받은 경우에 해당하는 경우가 있다〈철도사업법 시행령 제14조 제3항 제1호〉.
  ① 해당 철도시설의 부지에 대하여 국토교통부령으로 정하는 기준에 따른 점용료를 감면〈철도사업법 시행령 제14조 제3항 제2호〉
  ② 해당 기간의 점용료 전액을 감면〈철도사업법 시행령 제14조 제3항 제3호 가목〉
  ④ 전체 점용허가 면적에서 사용하지 못한 시설의 면적 비율에 따라 해당 기간 동안의 점용료를 감면〈철도사업법 시행령 제14조 제3항 제3호 나목〉

**14** ① 점용허가로 인하여 발생한 권리와 의무를 이전하려는 경우에는 대통령령으로 정하는 바에 따라 국토교통부장관의 인가를 받아야 한다〈철도사업법 제45조〉.
  ②③ 철도사업법 시행령 제15조 제1항
  ④ 철도사업법 시행령 제15조 제2항

**15** 철도사업법령상 국토교통부장관이 점용허가를 받지 아니하고 철도시설을 점용한 자에 대하여 징수하는 것을 무엇이라고 하는가?

① 점용료
② 과징금
③ 과태료
④ 변상금

**16** 철도사업법령상 점용허가를 받은 자가 권리와 의무의 이전에 대하여 인가를 받고자 하는 경우 신청서를 제출해야 할 시한은? (권리와 의무를 이전하고자 하는 날 기준)

① 1개월 전
② 2개월 전
③ 3개월 전
④ 4개월 전

**17** 철도사업법령상 철도재산의 원상회복에 대한 설명으로 옳지 않은 것은?

① 점용허가를 받은 자의 점용허가가 취소된 경우에는 철도재산을 원상으로 회복하여야 한다.
② 점용허가를 받은 자가 원상회복을 하지 않는 경우에는 「민사소송법」에 따라 시설물을 철거할 수 있다.
③ 국토교통부장관이 원상회복이 불가능하거나 부적당하다고 인정하는 경우에는 원상회복의무를 면제할 수 있다.
④ 원상회복의무가 면제된 경우에는 철도재산에 설치된 시설물 등의 무상 국가귀속을 조건으로 할 수 있다.

---

**ANSWER** 15.④  16.③  17.②

---

**15** 국토교통부장관은 점용허가를 받지 아니하고 철도시설을 점용한 자에 대하여 점용료의 100분의 120에 해당하는 금액을 변상금으로 징수할 수 있다〈철도사업법 제44조의2〉.
※ **변상금** …점용허가 없이 공공재산이나 시설을 무단으로 사용한 경우 그에 대한 벌칙으로 부과되는 금액을 말한다.

**16** 점용허가를 받은 자가 권리와 의무의 이전에 대하여 인가를 받고자 하는 때에는 국토교통부령이 정하는 신청서에 서류를 첨부하여 권리와 의무를 이전하고자 하는 날 3월 전까지 국토교통부장관에게 제출하여야 한다〈철도사업법 시행령 제15조 제1항〉.

**17** ② 국토교통부장관은 점용허가를 받은 자가 원상회복을 하지 아니하는 경우에는 「행정대집행법」에 따라 시설물을 철거하거나 그 밖에 필요한 조치를 할 수 있다〈철도사업법 제46조 제2항〉.
①③ 철도사업법 제46조 제1항
④ 철도사업법 제46조 제3항

**18** 다음 중 철도사업법령상 권리와 의무의 이전을 받으려는 자가 신청서와 함께 제출해야 하는 서류는?

> ㉠ 이전계약서 사본　　　　　　　　　㉡ 이전철도시설물의 명세서
> ㉢ 이전당사자의 인적사항　　　　　　㉣ 이전가격의 명세서

① ㉠㉡　　　　　　　　　　　　　② ㉠㉣
③ ㉡㉢　　　　　　　　　　　　　④ ㉡㉣

**19** 철도사업법령상 철도시설의 점용허가를 받은 자가 점용허가기간이 만료되거나 점용을 폐지한 날부터 3개월 이내에 해야 할 조치는 무엇인가?

① 다른 사람에게 양도　　　　　　　② 제3자에 매각
③ 국토교통부장관에게 반환　　　　④ 원상회복

**20** 철도사업법령상 국가 귀속된 시설물을 「국유재산법」에 따라 허가하려는 경우 허가기간으로 옳은 것은?

① 5년 이내　　　　　　　　　　　② 7년 이내
③ 10년 이내　　　　　　　　　　④ 15년 이내

---

**ANSWER** 18.② 19.④ 20.③

**18** 점용허가를 받은 자가 그 권리와 의무의 이전에 대하여 인가를 받고자 하는 때에는 국토교통부령이 정하는 신청서에 다음의 서류를 첨부하여 국토교통부장관에게 제출하여야 한다〈철도사업법 시행령 제15조 제1항〉.
　㉠ 이전계약서 사본
　㉡ 이전가격의 명세서
　※ **점용허가기간의 잔여기간** … 국토교통부장관의 인가를 받아 철도시설의 점용허가로 인하여 발생한 권리와 의무를 이전한 경우 당해 권리와 의무를 이전받은 자의 점용허가기간은 권리와 의무를 이전한 자가 받은 점용허가기간의 잔여기간으로 한다〈철도사업법 시행령 제15조 제2항〉.

**19** 철도시설의 점용허가를 받은 자는 점용허가기간이 만료되거나 점용을 폐지한 날부터 3월 이내에 점용허가 받은 철도시설을 원상으로 회복하여야 한다〈철도사업법 시행령 제16조 제1항〉.

**20** 국가에 귀속된 시설물을 「국유재산법」에 따라 사용·허가하려는 경우 그 허가의 기간은 10년 이내로 한다〈철도사업법 제46조의2 제1항〉.

**21** 철도사업법령상 국가귀속 시설물의 사용허가 갱신에 대한 설명으로 옳은 것은?

① 5년 이내에서 1회 갱신이 가능하다.

② 7년 이내에서 2회 갱신이 가능하다.

③ 10년 이내에서 1회 갱신이 가능하다.

④ 15년 이내에서 2회 갱신이 가능하다.

**22** 철도사업법령상 국토교통부장관이 다음의 사무를 수행하기 위하여 불가피하게 처리해야 할 자료에 속하지 않는 것은?

---

㉠ 면허에 관한 사무

㉡ 사업의 양도 · 양수 등에 관한 사무

㉢ 면허취소 등에 관한 사무

㉣ 전용철도 등록에 관한 사무

㉤ 전용철도 운영의 양도 · 양수 등에 관한 사무

㉥ 전용철도 운영의 상속에 관한 사무

㉦ 전용철도 등록의 취소에 관한 사무

---

① 주민등록번호

② 범죄경력자료에 해당하는 정보

③ 가족관계증명서

④ 외국인등록번호

---

**ANSWER** 21.③ 22.③

**21** 국가귀속 시설물의 사용허가기간이 끝난 시설물에 대해서는 10년을 초과하지 아니하는 범위에서 1회에 한하여 종전의 사용허가를 갱신할 수 있다〈철도사업법 제46조의2 제2항〉.

**22** 불가피하게 처리해야 할 자료〈철도사업법 시행령 제16조의2〉

㉠ 범죄경력자료에 해당하는 정보

㉡ 주민등록번호

㉢ 여권번호

㉣ 외국인등록번호

# chapter 08 보칙 및 벌칙

## 1 보고 · 검사 및 수수료 등

① 보고 · 검사〈법 제47조〉

   ⊙ 서류제출명령 : 국토교통부장관은 필요하다고 인정하면 철도사업자와 전용철도운영자에게 해당 철도사업 또는 전용철도의 운영에 관한 사항이나 철도차량의 소유 또는 사용에 관한 사항에 대하여 보고나 서류 제출을 명할 수 있다.

   ⊙ 물건검사 : 국토교통부장관은 필요하다고 인정하면 소속 공무원으로 하여금 철도사업자 및 전용철도운영자의 장부, 서류, 시설 또는 그 밖의 물건을 검사하게 할 수 있다.

   ⊙ 증표지참

     • 검사를 하는 공무원은 그 권한을 표시하는 증표를 지니고 이를 관계인에게 보여 주어야 한다.

     • 증표에 관하여 필요한 사항은 국토교통부령으로 정한다.

② 수수료〈법 제48조〉

   ⊙ 수수료 납부대상

     • 면허 · 인가를 받으려는 자

     • 등록 · 신고를 하려는 자

     • 면허증 · 인가서 · 등록증 · 인증서 또는 허가서의 재발급을 신청하는 자

   ⊙ 수수료를 정하는 기관 : 국토교통부령으로

③ 규제의 재검토〈법 제48조의2〉

   ⊙ 시행기관 : 국토교통부장관

   ⊙ 규제의 재검토 시기 : 2014년 1월 1일을 기준으로 3년마다(매 3년이 되는 해의 기준일과 같은 날 전까지를 말한다)

   ⊙ 타당성을 검토하여 개선 등의 조치를 해야 할 사항

     • 여객 운임 · 요금의 신고 등

     • 부가운임의 상한

     • 사업의 개선명령

     • 전용철도 운영의 개선명령

**② 벌칙 및 과태료**

① 벌칙〈법 제49조〉

ⓐ 2년 이하의 징역 또는 2천만 원 이하의 벌금
- 면허를 받지 아니하고 철도사업을 경영한 자
- 거짓이나 그 밖의 부정한 방법으로 철도사업의 면허를 받은 자
- 사업정지처분기간 중에 철도사업을 경영한 자
- 사업계획의 변경명령을 위반한 자
- 타인에게 자기의 성명 또는 상호를 대여하여 철도사업을 경영하게 한 자
- 철도사업자의 공동 활용에 관한 요청을 정당한 사유 없이 거부한 자

ⓑ 1년 이하의 징역 또는 1천만 원 이하의 벌금
- 등록을 하지 아니하고 전용철도를 운영한 자
- 거짓이나 그 밖의 부정한 방법으로 전용철도의 등록을 한 자

ⓒ 1천만 원 이하의 벌금
- 국토교통부장관의 인가를 받지 아니하고 공동운수협정을 체결하거나 변경한 자
- 우수서비스마크 또는 이와 유사한 표지를 철도차량 등에 붙이거나 인증 사실을 홍보한 자
  ※ 양벌규정〈법 제50조〉
    ⓐ **벌칙적용**: 법인의 대표자나 법인 또는 개인의 대리인, 사용인, 그 밖의 종업원이 그 법인 또는 개인의 업무에 관하여 제49조(벌칙)의 위반행위를 하면 그 행위자를 벌하는 외에 그 법인 또는 개인에게도 해당 조문의 벌금형을 과한다.
    ⓑ **벌칙적용 예외**: 법인 또는 개인이 그 위반행위를 방지하기 위하여 해당 업무에 관하여 상당한 주의와 감독을 게을리 하지 아니한 경우에는 그러하지 아니하다.

② 과태료〈법 제51조〉

ⓐ 1천만 원 이하의 과태료 부과
- 여객 운임·요금의 신고를 하지 아니한 자
- 철도사업약관을 신고하지 아니하거나 신고한 철도사업약관을 이행하지 아니한 자
- 인가를 받지 아니하거나 신고를 하지 아니하고 사업계획을 변경한 자
- 상습 또는 영업으로 승차권 또는 이에 준하는 증서를 자신이 구입한 가격을 초과한 금액으로 다른 사람에게 판매하거나 이를 알선한 자

ⓑ 500만 원 이하의 과태료 부과
- 사업용 철도차량의 표시를 하지 아니한 철도사업자
- 회계를 구분하여 경리하지 아니한 자
- 정당한 사유 없이 명령을 이행하지 아니하거나 검사를 거부·방해 또는 기피한 자

ⓒ 100만 원 이하의 과태료 부과
- 철도사업자는 사업계획을 성실하게 이행하여야 하며, 부당한 운송조건을 제시하거나 정당한 사유 없이 운송계약의 체결을 거부하는 등 철도운송 질서를 해치는 행위를 하여서는 아니 된다는 준수사항을 위반한 자

- 철도사업자는 여객 운임표, 여객 요금표, 감면 사항 및 철도사업약관을 인터넷 홈페이지에 게시하고 관계 역·영업소 및 사업소 등에 갖추어 두어야 하며, 이용자가 요구하는 경우에는 제시하여야 하는 준수사항을 위반한 자
- 운송의 안전과 여객 및 화주(貨主)의 편의를 위하여 철도사업자가 준수하여야 할 사항으로 국토교통부령으로 정한 준수사항을 위반한 자
- ㉣ 50만 원 이하의 과태료 부과
  - 철도운수종사자의 준수사항을 위반한 철도운수종사자 및 그가 소속된 철도사업자
    - ※ 과태료는 대통령령으로 정하는 바에 따라 국토교통부장관이 부과·징수한다〈법 제51조 제5항〉.

## 3 과태료의 부과기준〈시행령 제17조 별표 2〉

① 일반기준
  - ㉠ 과태료 감액 : 국토교통부장관은 다음의 어느 하나에 해당하는 경우에는 개별기준에 따른 과태료 금액의 2분의 1 범위에서 그 금액을 줄일 수 있다. 다만, 과태료를 체납하고 있는 위반행위자의 경우에는 그렇지 않다.
    - 위반행위자가 「질서위반행위규제법 시행령」 제2조의2 제1항 각 호의 어느 하나에 해당하는 경우

      > 조문참고 질서위반행위규제법 시행령 제2조의2 제1항
      > 1. 「국민기초생활보장법」에 따른 수급자
      > 2. 「한부모가족지원법」에 따른 보호대상자
      > 3. 「장애인복지법」 제2조에 따른 장애인 중 장애의 정도가 심한 장애인
      > 4. 「국가유공자등예우 및 지원에관한법률」에 따른 1급부터 3급까지의 상이등급 판정을 받은 사람
      > 5. 미성년자

    - 위반행위가 사소한 부주의나 오류 등 과실로 인한 것으로 인정되는 경우
    - 위반행위자가 법 위반상태를 시정하거나 해소하기 위하여 노력한 사실이 인정되는 경우
    - 그 밖에 위반행위의 정도, 횟수, 동기와 그 결과 등을 고려하여 과태료의 금액을 줄일 필요가 있다고 인정되는 경우
  - ㉡ 과태료 증액 : 국토교통부장관은 다음의 어느 하나에 해당하는 경우에는 개별기준에 따른 과태료 금액의 2분의 1 범위에서 그 금액을 늘릴 수 있다. 다만, 과태료 금액의 총액은 과태료 금액의 상한을 넘을 수 없다.
    - 위반의 내용·정도가 중대하여 소비자 등에게 미치는 피해가 크다고 인정되는 경우
    - 법 위반상태의 기간이 6개월 이상인 경우
    - 그 밖에 위반행위의 정도, 위반행위의 동기와 그 결과 등을 고려하여 가중할 필요가 있다고 인정되는 경우

② 개별기준

    ㉠ 500만 원의 과태료 부과
- 여객 운임·요금의 신고를 하지 않은 경우
- 상습 또는 영업으로 승차권 또는 이에 준하는 증서를 자신이 구입한 가격을 초과한 금액으로 다른 사람에게 판매한 경우
- 상습 또는 영업으로 승차권 또는 이에 준하는 증서를 자신이 구입한 가격을 초과한 금액으로 다른 사람에게 판매하는 행위를 알선한 경우
- 철도사업약관을 신고하지 않거나 신고한 철도사업약관을 이행하지 않은 경우
- 인가를 받지 않거나 신고를 하지 않고 사업계획을 변경한 경우

    ㉡ 300만 원의 과태료 부과
- 정당한 사유 없이 명령을 이행하지 않거나, 검사를 거부·방해 또는 기피한 경우

    ㉢ 200만 원의 과태료 부과
- 사업용철도차량의 표시를 하지 않은 경우
- 회계를 구분하여 경리하지 않은 경우

    ㉣ 100만 원의 과태료 부과
- 철도사업자의 준수사항을 위반한 경우

    ㉤ 50만 원의 과태료 부과
- 철도운수종사자의 준수사항을 위반한 경우

## 암기요약 … 핵심조문 빈칸 채우기

(1) 면허 · 인가를 받으려는 자, 등록 · 신고를 하려는 자, 면허증 · 인가서 · 등록증 · 인증서 또는 허가서의 재발급을 신청하는 자는 _____으로 정하는 _____를 내야 한다.

(2) 국토교통부장관이 _____을 기준으로 _____ 타당성을 검토하여 개선 등을 해야 할 조치사항 … 여객 운임 · 요금의 신고 등, 부가운임의 상한, 사업의 개선명령, 전용철도 운영의 개선명령

(3) 2년 이하의 징역 또는 2천만 원 이하의 벌금
　ⓐ 면허를 받지 아니하고 철도사업을 경영한 자
　ⓑ ____이나 그 밖의 부정한 방법으로 철도사업의 면허를 받은 자
　ⓒ 사업정지처분기간 중에 철도사업을 경영한 자
　ⓓ 사업계획의 _____을 위반한 자
　ⓔ 타인에게 자기의 성명 또는 상호를 ____하여 철도사업을 경영하게 한 자
　ⓕ 철도사업자의 공동 활용에 관한 요청을 정당한 사유 없이 거부한 자

(4) 1년 이하의 징역 또는 1천만 원 이하의 벌금
　ⓐ ____을 하지 아니하고 전용철도를 운영한 자
　ⓑ 거짓이나 그 밖의 부정한 방법으로 _____의 등록을 한 자

(5) 1천만 원 이하의 벌금
　ⓐ 국토교통부장관의 인가를 받지 아니하고 _____을 체결하거나 변경한 자
　ⓑ _____ 또는 이와 유사한 표지를 철도차량 등에 붙이거나 인증 사실을 홍보한 자

(6) 1천만 원 이하의 과태료
　ⓐ _____의 신고를 하지 아니한 자
　ⓑ 철도사업약관을 신고하지 아니하거나 신고한 철도사업약관을 이행하지 아니한 자
　ⓒ 인가를 받지 아니하거나 신고를 하지 아니하고 _____을 변경한 자
　ⓓ 상습 또는 영업으로 승차권 또는 이에 준하는 증서를 자신이 구입한 가격을 초과한 금액으로 다른 사람에게 판매하거나 이를 알선한 자

(7) 500만 원 이하의 과태료
　ⓐ _____의 표시를 하지 아니한 철도사업자
　ⓑ ____를 구분하여 경리하지 아니한 자
　ⓒ 정당한 사유 없이 명령을 이행하지 아니하거나 검사를 거부 · 방해 또는 기피한 자

(8) 100만 원 이하의 과태료 … 철도사업자의 _____을 위반한 자

(9) 50만 원 이하의 과태료 … 철도운수종사자의 위반한 _____ 및 그가 소속된 철도사업자

(10) 과태료는 대통령령으로 정하는 바에 따라 _____이 부과 · 징수한다.

### 정답 및 해설

(1) 국토교통부령, 수수료
(2) 2014년 1월 1일, 3년마다
(3) 거짓, 변경명령, 대여
(4) 등록, 전용철도
(5) 공동운수협정, 우수서비스마크
(6) 여객 운임 · 요금, 사업계획
(7) 사업용철도차량, 회계
(8) 준수사항
(9) 철도운수종사자
(10) 국토교통부장관

**1** 철도사업법령상 국토교통부장관이 필요하다고 인정하면 철도사업자와 전용철도운영자에게 보고나 서류 제출을 명할 수 있는 사항이 아닌 것은?

① 철도사업의 운영에 관한 사항
② 철도차량의 소유 또는 사용에 관한 사항
③ 철도차량의 관리에 관한 사항
④ 전용철도의 운영에 관한 사항

**2** 철도사업법령상 보고·검사에 대한 설명으로 옳지 않은 것은?

① 국토교통부장관은 필요하다고 인정하면 소속 공무원으로 하여금 철도여객의 소지품 등을 검사하게 할 수 있다.
② 국토교통부장관은 필요하다고 인정하면 전용철도사업자에게 운영에 관한 사항의 서류 제출을 명할 수 있다.
③ 검사를 하는 공무원은 그 권한을 표시하는 증표를 관계인에게 보여 주어야 한다.
④ 증표에 관하여 필요한 사항은 국토교통부령으로 정한다.

**ANSWER** 1.③ 2.①

**1** 국토교통부장관은 필요하다고 인정하면 철도사업자와 전용철도운영자에게 해당 철도사업 또는 전용철도의 운영에 관한 사항이나 철도차량의 소유 또는 사용에 관한 사항에 대하여 보고나 서류 제출을 명할 수 있다〈철도사업법 제47조 제1항〉.
　※ 국토교통부장관이 보고나 서류제출을 명할 수 있는 사항
　　㉠ 해당 철도사업의 운영에 관한 사항
　　㉡ 해당 전용철도의 운영에 관한 사항
　　㉢ 철도차량의 소유에 관한 사항
　　㉣ 철도차량의 사용에 관한 사항

**2** ① 국토교통부장관은 필요하다고 인정하면 소속 공무원으로 하여금 철도사업자 및 전용철도운영자의 장부, 서류, 시설 또는 그 밖의 물건을 검사하게 할 수 있다〈철도사업법 제47조 제2항〉.
　② 철도사업법 제47조 제1항
　③ 철도사업법 제47조 제3항
　④ 철도사업법 제47조 제4항

**3** 철도사업법령상 국토교통부장관이 타당성을 검토하여 개선 등의 조치를 해야 할 사항이 아닌 것은?

① 부가운임의 상한
② 사업의 개선명령
③ 전용철도 운영의 개선명령
④ 전용철도시설의 유지 · 관리 계획

**4** 철도사업법령상 규제의 재검토 시기는?

① 2004년 1월 1일을 기준으로 3년마다
② 2004년 1월 1일을 기준으로 5년마다
③ 2014년 1월 1일을 기준으로 3년마다
④ 2014년 1월 1일을 기준으로 5년마다

**5** 다음 중 벌칙에 대한 설명으로 옳지 않은 것은?

① 벌칙에는 양벌규정이 적용된다.
② 등록을 하지 아니하고 전용철도를 운영한 자는 1년 이하의 징역 또는 1천만 원 이하의 벌금에 처한다.
③ 철도운수종사자의 준수사항을 위반한 철도운수종사자에게는 100만 원 이하의 과태료가 부과된다.
④ 과태료는 대통령령으로 정하는 바에 따라 국토교통부장관이 부과 · 징수한다.

---

**ANSWER** 3.④ 4.③ 5.③

**3** 타당성을 검토하여 개선 등의 조치를 해야 할 사항〈철도사업법 제48조의2〉
ㄱ 여객 운임 · 요금의 신고 등
ㄴ 부가운임의 상한
ㄷ 사업의 개선명령
ㄹ 전용철도 운영의 개선명령

**4** 국토교통부장관은 정해진 사항에 대하여 2014년 1월 1일을 기준으로 3년마다(매 3년이 되는 해의 기준일과 같은 날 전까지를 말한다) 그 타당성을 검토하여 개선 등의 조치를 하여야 한다〈철도사업법 제48조의2〉.

**5** ③ 철도운수종사자의 준수사항을 위반한 철도운수종사자 및 그가 소속된 철도사업자에게는 50만 원 이하의 과태료가 부과된다〈철도사업법 제51조 제4항〉.
① 철도사업법 제50조
② 철도사업법 제49조 제2항 제1호
④ 철도사업법 제51조 제5항

**6** 철도사업법령상 다음에 해당하는 벌칙은?

> 거짓이나 그 밖의 부정한 방법으로 전용철도의 등록을 한 자

① 5년 이하의 징역 또는 5천만 원 이하의 벌금
② 2년 이하의 징역 또는 2천만 원 이하의 벌금
③ 1년 이하의 징역 또는 1천만 원 이하의 벌금
④ 1천만 원 이하의 벌금

**7** 철도사업법령상 과태료 부과 대상은?

① 철도사업약관을 신고하지 아니하거나 신고한 철도사업약관을 이행하지 아니한 자
② 거짓이나 그 밖의 부정한 방법으로 철도사업의 면허를 받은 자
③ 사업계획의 변경명령을 위반한 자
④ 타인에게 자기의 성명 또는 상호를 대여하여 철도사업을 경영하게 한 자

---

**ANSWER** 6.③ 7.①

**6** 1년 이하의 징역 또는 1천만 원 이하의 벌금〈철도사업법 제49조 제2항〉
ㄱ 등록을 하지 아니하고 전용철도를 운영한 자
ㄴ 거짓이나 그 밖의 부정한 방법으로 전용철도의 등록을 한 자

**7** ①은 1천만 원 이하의 과태료가 부과된다〈철도사업법 제51조 제1항 제2호〉.
※ 2년 이하의 징역 또는 2천만 원 이하의 벌금〈철도사업법 제49조 제1항〉
ㄱ 면허를 받지 아니하고 철도사업을 경영한 자
ㄴ 거짓이나 그 밖의 부정한 방법으로 철도사업의 면허를 받은 자
ㄷ 사업정지처분기간 중에 철도사업을 경영한 자
ㄹ 사업계획의 변경명령을 위반한 자
ㅁ 타인에게 자기의 성명 또는 상호를 대여하여 철도사업을 경영하게 한 자
ㅂ 철도사업자의 공동 활용에 관한 요청을 정당한 사유 없이 거부한 자

**8** 철도사업법령상 2년 이하의 징역 또는 2천만 원 이하의 벌금에 처해지는 벌칙이 아닌 것은?

① 철도사업자의 공동 활용에 관한 요청을 정당한 사유 없이 거부한 자
② 면허를 받지 아니하고 철도사업을 경영한 자
③ 사업정지처분기간 중에 철도사업을 경영한 자
④ 국토교통부장관의 인가를 받지 아니하고 공동운수협정을 체결하거나 변경한 자

**9** 철도사업법령상 우수서비스마크 또는 이와 유사한 표지를 철도차량 등에 붙이거나 인증 사실을 홍보한 자의 처분으로 옳은 것은?

① 5백만 원 이하의 벌금
② 7백만 원 이하의 벌금
③ 1천만 원 이하의 벌금
④ 1년 이하의 징역 또는 1천만 원 이하의 벌금

**10** 다음 중 철도사업법령상 과태료 금액이 가장 높은 것은?

① 회계를 구분하여 경리하지 아니한 자
② 운송의 안전과 여객 및 화주의 편의를 위하여 철도사업자가 준수하여야 할 사항으로 국토교통부령으로 정한 준수사항을 위반한 자
③ 인가를 받지 아니하거나 신고를 하지 아니하고 사업계획을 변경한 자
④ 사업용 철도차량의 표시를 하지 아니한 철도사업자

---

**ANSWER** 8.④ 9.③ 10.③

**8** ④는 1천만 원 이하의 벌금에 처해진다〈철도사업법 제49조 제3항 제1호〉.

**9** 1천만 원 이하의 벌금〈철도사업법 제49조 제3항〉
㉠ 국토교통부장관의 인가를 받지 아니하고 공동운수협정을 체결하거나 변경한 자
㉡ 우수서비스마크 또는 이와 유사한 표지를 철도차량 등에 붙이거나 인증 사실을 홍보한 자

**10** ③ 1천만 원 이하의 과태료 부과〈철도사업법 제51조 제1항 제3호〉
① 500만 원 이하의 과태료 부과〈철도사업법 제51조 제2항 제3호〉
② 100만 원 이하의 과태료 부과〈철도사업법 제51조 제3항 제1호〉
④ 500만 원 이하의 과태료 부과〈철도사업법 제51조 제2항 제1호〉

**11** 다음은 철도사업법령상 500만 원 이하의 과태료가 부과되는 경우이다. 옳지 않은 것은?

① 정당한 사유 없이 명령을 이행하지 아니하거나 검사를 거부·방해 또는 기피한 자
② 회계를 구분하여 경리하지 아니한 자
③ 사업용 철도차량의 표시를 하지 아니한 철도사업자
④ 철도사업자가 여객 운임표 등을 관계 역·영업소 등에 갖추어야 하는 준수사항을 위반한 자

**12** 철도사업법령상 개별기준에 따른 과태료 금액의 2분의 1 범위에서 그 금액을 줄일 수 있는 경우가 아닌 것은?

① 위반행위자가 법 위반상태를 시정하거나 해소하기 위하여 노력한 사실이 인정되는 경우
② 위반행위의 지역이나 장소 등을 고려하여 과태료 금액을 줄일 필요가 있다고 인정되는 경우
③ 장애인 중 장애의 정도가 심한 장애인의 경우
④ 위반행위가 사소한 부주의나 오류 등 과실로 인한 것으로 인정되는 경우

---

**ANSWER** 11.④ 12.②

**11** ④는 100만 원 이하의 과태료가 부과된다〈철도사업법 제51조 제3항 제1호〉.

**12** 과태료 감액기준〈철도사업법 시행령 제17조 별표4〉
ㄱ 국토교통부장관은 다음의 어느 하나에 해당하는 경우에는 개별기준에 따른 과태료 금액의 2분의 1 범위에서 그 금액을 줄일 수 있다.
  • 위반행위자가 「질서위반행위규제법 시행령」 제2조의2 제1항 각 호의 어느 하나에 해당하는 경우
  • 위반행위가 사소한 부주의나 오류 등 과실로 인한 것으로 인정되는 경우
  • 위반행위자가 법 위반상태를 시정하거나 해소하기 위하여 노력한 사실이 인정되는 경우
  • 그 밖에 위반행위의 정도, 횟수, 동기와 그 결과 등을 고려하여 과태료의 금액을 줄일 필요가 있다고 인정되는 경우
ㄴ 다만, 과태료를 체납하고 있는 위반행위자의 경우에는 그렇지 않다.
③은 「질서위반행위규제법 시행령」에서의 과태료 감경대상이다〈질서위반행위규제법 시행령 제2조의2 제1항 제3호〉

**13** 철도사업법령상 다음 사항을 위반한 자에게 부과되는 과태료는?

> 철도사업자는 사업계획을 성실하게 이행하여야 하며, 부당한 운송조건을 제시하거나 정당한 사유 없이 운송계약의 체결을 거부하는 등 철도운송 질서를 해치는 행위를 하여서는 아니 된다는 준수사항을 위반한 자

① 50만 원 이하의 과태료를 부과한다.
② 100만 원 이하의 과태료 부과한다.
③ 300만 원 이하의 과태료 부과한다.
④ 500만 원 이하의 과태료 부과한다.

**14** 철도사업법령상 과태료 부과금액이 다른 하나는?

① 정당한 사유 없이 명령을 이행하지 않거나 검사를 거부·방해 또는 기피한 경우
② 여객 운임·요금의 신고를 하지 않은 경우
③ 철도사업약관을 신고하지 않거나 신고한 철도사업약관을 이행하지 않은 경우
④ 인가를 받지 않거나 신고를 하지 않고 사업계획을 변경한 경우

---

**ANSWER** 13.② 14.①

**13** 지문은 100만 원 이하의 과태료 부과대상이다〈철도사업법 제51조 제3항 제1호〉.

**14** ①은 300만 원의 과태료가 부과된다〈철도사업법 시행령 제17조 별표2 제2호 타목〉.
②③④는 500만 원의 과태료가 부과된다.
※ **500만 원의 과태료**〈철도사업법 시행령 제17조 별표2 제2호〉
  ㉠ 여객 운임·요금의 신고를 하지 않은 경우
  ㉡ 상습 또는 영업으로 승차권 또는 이에 준하는 증서를 자신이 구입한 가격을 초과한 금액으로 다른 사람에게 판매한 경우
  ㉢ 상습 또는 영업으로 승차권 또는 이에 준하는 증서를 자신이 구입한 가격을 초과한 금액으로 다른 사람에게 판매하는 행위를 알선한 경우
  ㉣ 철도사업약관을 신고하지 않거나 신고한 철도사업약관을 이행하지 않은 경우
  ㉤ 인가를 받지 않거나 신고를 하지 않고 사업계획을 변경한 경우

**15** 철도사업법령상 과태료 금액이 가장 낮은 경우는?

① 사업용 철도차량의 표시를 하지 않은 경우
② 회계를 구분하여 경리하지 않은 경우
③ 철도운수종사자의 준수사항을 위반한 경우
④ 여객 운임·요금의 신고를 하지 않은 경우

**16** 다음의 과태료 부과 금액은?

> 상습 또는 영업으로 승차권 또는 이에 준하는 증서를 자신이 구입한 가격을 초과한 금액으로 다른 사람에게 판매한 경우

① 50만 원                    ② 100만 원
③ 200만 원                   ④ 500만 원

**ANSWER** 15.③  16.④

---

**15** ③ 50만 원의 과태료가 부과된다〈철도사업법 시행령 제17조 별표2〉.
①② 200만 원의 과태료가 부과된다〈철도사업법 시행령 제17조 별표2〉.
④ 500만 원의 과태료가 부과된다〈철도사업법 시행령 제17조 별표2〉.
※ 200만 원의 과태료
　㉠ 회계를 구분하여 경리하지 않은 경우
　㉡ 사업용철도차량의 표시를 하지 않은 경우

**16** 개별기준 과태료 부과 기준〈철도사업법 시행령 제17조 별표4〉
　㉠ 500만 원의 과태료
　　• 여객 운임·요금의 신고를 하지 않은 경우 : 500만 원
　　• 상습 또는 영업으로 승차권 또는 이에 준하는 증서를 자신이 구입한 가격을 초과한 금액으로 다른 사람에게 판매한 경우 : 500만 원
　　• 상습 또는 영업으로 승차권 또는 이에 준하는 증서를 자신이 구입한 가격을 초과한 금액으로 다른 사람에게 판매하는 행위를 알선한 경우 : 500만 원
　　• 철도사업약관을 신고하지 않거나 신고한 철도사업약관을 이행하지 않은 경우 : 500만 원
　　• 인가를 받지 않거나 신고를 하지 않고 사업계획을 변경한 경우 : 500만 원
　㉡ 300만 원의 과태료 : 정당한 사유 없이 명령을 이행하지 않거나, 검사를 거부·방해 또는 기피한 경우
　㉢ 200만 원의 과태료
　　• 회계를 구분하여 경리하지 않은 경우 : 200만 원
　　• 사업용철도차량의 표시를 하지 않은 경우 : 200만 원
　㉣ 100만 원의 과태료 : 철도사업자의 준수사항을 위반한 경우 : 100만 원
　㉤ 50만 원의 과태료 : 철도운수종사자의 준수사항을 위반한 경우 : 50만 원

P A R T

V

# 실전모의고사

**1** 다음 중 「철도산업발전기본법」의 목적에 포함되는 내용으로 볼 수 없는 것은?

① 철도산업의 경쟁력을 높인다.
② 철도산업의 발전기반을 조성한다.
③ 국민의 교통편의를 제공하고 국가경제에 이바지한다.
④ 철도산업의 공익성과 효율성을 향상시킨다.

**2** 「철도산업발전기본법령」상 기본계획에 포함되어야 할 사항을 모두 고르면?

| | |
|---|---|
| ㉠ 철도기술의 활용에 관한 사항 | ㉡ 철도산업 육성시책의 기본방향에 관한 사항 |
| ㉢ 철도수송 분담의 목표에 관한 사항 | ㉣ 철도산업 전문인력의 양성에 관한 사항 |
| ㉤ 철도산업의 여건 및 동향전망에 관한 사항 | ㉥ 철도산업구조개혁에 관한 중요정책 사항 |

① ㉠㉢㉤㉥
② ㉠㉡㉢㉣㉥
③ ㉠㉡㉢㉣㉤
④ ㉠㉡㉢㉣㉤㉥

**3** 「철도산업발전기본법령」상 철도협회의 업무로 옳지 않은 것은?

① 철도기술의 개발 및 활용에 관한 지원
② 조사·연구 및 간행물의 발간
③ 전문인력의 양성 지원
④ 정보의 관리 및 공동활용 지원

**4** 「철도산업발전기본법령」상 구조개혁계획의 수립에 포함되어야 할 사항이 아닌 것은?

① 철도산업구조개혁에 따른 철도관련 기관·단체 등의 정비에 관한 사항

② 철도의 소유 및 경영구조의 개혁에 관한 사항

③ 철도산업구조개혁의 목표 및 기본방향에 관한 사항

④ 철도산업육성시책의 기본방향에 관한 사항

**5** 「한국철도공사법령」상 역세권 및 공사의 자산을 활용한 개발·운영사업으로서 대통령령으로 정하는 사업은?

① 환승시설

② 철도운영과 관련한 엔지니어링 활동

③ 철도와 다른 교통수단과의 연계운송을 위한 사업

④ 역세권 개발·운영사업

**6** 「한국철도공사법령」상 공사가 대부받은 국유재산을 전대할 경우 승인신청서에 기재할 사항이 아닌 것은?

① 전대를 받을 자의 전대재산 사용목적       ② 전대기간

③ 사용료 및 그 산출근거                       ④ 전대를 받을 자의 채무내역

**7** 「철도사업법」의 목적에 포함되는 내용으로 가장 옳은 것은?

① 철도사업의 사업주선정을 지원하기 위함

② 철도사업의 질서확립과 효율적 운영여건을 조성하기 위함

③ 철도사업의 수익증대를 목적으로 함

④ 철도사업의 경쟁 환경조성을 목표로 함

**8** 「철도사업법령」상 철도사업자가 사업계획을 변경하려는 경우 국토교통부장관에게 인가를 받아야 하는 경우는?

① 사업계획의 전부를 변경하려는 경우
② 국토교통부장관이 지정한 중요 사항을 변경하려는 경우
③ 대통령령으로 정하는 중요 사항을 변경하려는 경우
④ 개선명령을 받고 이행하지 않은 철도사업자의 사업계획의 경우

**9** 「철도사업법령」상 전용철도 등록사항의 경미한 변경에 해당하는 것을 모두 고르면?

> ㉠ 3월의 범위 안에서 전용철도 건설기간을 조정한 경우
> ㉡ 주사무소를 제외한 운송관련 부대시설을 변경한 경우
> ㉢ 운행시간을 연장 또는 단축한 경우
> ㉣ 10분의 3의 범위 안에서 철도차량 대수를 변경한 경우
> ㉤ 배차간격을 단축 또는 연장한 경우
> ㉥ 임원을 변경한 경우(법인에 한한다)

① ㉠㉡㉢㉣
② ㉡㉢㉤㉥
③ ㉡㉢㉣㉤
④ ㉠㉢㉣㉤㉥

**10** 「철도사업법령」상 ( ) 안에 알맞은 것은?

> 허가기간이 끝난 시설물에 대해서는 10년을 초과하지 아니하는 범위에서 ( )에 한하여 종전의 사용 허가를 갱신할 수 있다.

① 1회
② 2회
③ 3회
④ 5회

**1** 「철도산업발전기본법령」상 철도의 건설·유지보수 및 운영을 위한 시설로서 대통령령으로 정하는 시설이 아닌 것은?

① 철도의 건설 및 유지보수를 위한 공사에 사용되는 진입도로·주차장·야적장·토석채취장

② 철도의 건설 및 유지보수를 위하여 당해 사업기간 중에 사용되는 장비와 그 정비·점검 을 위한 시설

③ 철도의 건설 및 유지보수에 필요한 자재를 가공·조립하기 위하여 당해 사업기간 중에 사용되는 시설

④ 철도의 건설·유지보수 및 운영을 위하여 필요한 시설로서 행정안전부장관이 정하는 시설


**2** 「철도산업발전기본법령」상 철도의 관리청은?

① 국가철도공단                ② 철도청
③ 코레일                      ④ 국토교통부장관


**3** 「철도산업발전기본법령」상 국토교통부장관이 철도시설에 대하여 수립·시행해야 할 시책으로 옳지 않은?

① 철도시설의 건설 및 관리

② 철도시설에 관한 중요정책 사항

③ 다른 교통시설과의 연계성확보 등 철도시설의 공공성 확보에 필요한 사항

④ 철도시설의 유지보수 및 적정한 상태유지

**4** 「철도산업발전기본법령」상 철도자산의 처리에 대한 설명으로 옳지 않은 것은?

① 국가는 철도자산처리계획에 의하여 철도공사에 운영자산을 현물 출자한다.

② 국토교통부장관이 철도자산의 처리를 위하여 필요하다고 인정하는 사항도 철도자산처리계획에 포함되어야 한다.

③ 국토교통부장관은 철도청의 건설 중인 시설자산을 이관 받을 수 있다.

④ 철도자산 등의 평가방법 및 평가기준일 등에 관한 사항은 대통령령으로 정한다.


**5** 「한국철도공사법령」상 공사의 사업이 아닌 것을 고르면?

① 철도차량의 정비 및 임대사업

② 역세권 및 공사의 자산을 활용한 개발·운영사업으로서 대통령령으로 정하는 사업

③ 화물운송사업으로서 대통령령으로 정하는 사업

④ 철도차량의 징비사업과 관련한 조사·연구에 관한 사업


**6** 「한국철도공사법」 제8조 비밀 누설·도용의 금지규정을 위반한 사람에 대한 벌칙은?

① 1년 이하의 징역 또는 1천만 원 이하의 벌금

② 2년 이하의 징역 또는 2천만 원 이하의 벌금

③ 1,000만 원 이하의 과태료

④ 500만 원 이하의 과태료

**7** 「철도사업법령」상 다음에서 설명하고 있는 용어는?

> 다른 사람의 수요에 따른 영업을 목적으로 하지 아니하고 자신의 수요에 따라 특수 목적을 수행하기 위하여 설치하거나 운영하는 철도를 말한다.

① 운송철도　　　　　　　　　　　② 사업용철도

③ 철도사업　　　　　　　　　　　④ 전용철도

**8** 「철도사업법령」상 다음에서 면허취소의 기준이 같은 것을 모두 고르면?

> ㉠ 국토교통부장관이 지정한 날 또는 기간에 운송을 시작하지 아니한 경우
> ㉡ 철도사업자의 준수사항을 1년 이내에 3회 이상 위반한 경우
> ㉢ 명의대여 금지를 위반한 경우
> ㉣ 철도사업자 법인의 임원 중 파산선고를 받고 복권되지 아니한 사람이 있는 경우
> ㉤ 사업의 개선명령을 위반한 경우
> ㉥ 면허받은 사항을 정당한 사유 없이 시행하지 아니한 경우

① ㉠㉡㉢㉣㉤　　　　　　　　　② ㉡㉢㉣㉤㉥

③ ㉠㉡㉢㉤㉥　　　　　　　　　④ ㉠㉡㉢㉣㉤㉥

**9** 「철도사업법령」상 국토교통부장관은 전용철도 운영의 양도·양수 신고를 받은 날부터 며칠 이내에 신고수리 여부를 신고인에게 통지해야 하는가?

① 7일　　　　　　　　　　　　　② 14일

③ 15일　　　　　　　　　　　　④ 30일

**10** 「철도사업법령」상 수수료 납부대상이 아닌 자는?

① 면허 · 인가를 받으려는 자

② 허가서의 재발급을 신청하는 자

③ 등록 · 신고를 하려는 자

④ 등록 · 인증서의 취소를 신청하는 자

# 📝 제3회 │ 실전모의고사

**1** 「철도산업발전기본법령」상 철도시설이 아닌 것은?

① 철도기술 연구를 위한 시설
② 역시설 중 환승시설 및 편의시설
③ 철도종사원을 위한 교통시설
④ 철도의 전철전력설비


**2** 「철도산업발전기본법령」상 철도청과 고속철도건설공단의 철도부채로 볼 수 없는 것은?

① 시설부채
② 운영부채
③ 유동부채
④ 기타부채


**3** 「철도산업발전기본법령」상 지방자치단체가 직접 공용·공공용 또는 비영리 공익사업용으로 철도시설을 다음과 같이 허가한 경우에 사용료의 면제기준은?

> 철도시설을 취득하는 조건으로 사용하려는 경우로서 사용허가기간이 1년 이상 사용 허가의 경우

① 사용료의 100분의 30을 면제
② 사용료의 100분의 50을 면제
③ 사용료의 100분의 60을 면제
④ 사용료의 100분의 70을 면제

**4** 「철도산업발전기본법령」상 선로등사용계약 체결절차에 대한 설명으로 옳은 것은?

① 선로등사용계약을 체결하고자 하는 자는 선로등사용계약신청서를 국토교통부장관에게 제출하여야 한다.

② 선로등사용계약신청서를 제출받은 날부터 15일 이내에 철도시설관리자는 사용신청자에게 선로등사용계약의 체결에 관한 협의일정을 통보하여야 한다.

③ 철도시설관리자는 사용신청자와 선로등사용계약의 내용을 변경하는 경우에는 미리 국토교통부장관의 승인을 받아야 한다.

④ 철도시설관리자는 선로등사용계약자가 선로등사용계약의 갱신을 신청한 때에는 국토교통부장관의 승인을 받아 협의하여야 한다.


**5** 「한국철도공사법령」상 다음은 한국철도공사의 사업 중 역 시설 개발 및 운영사업으로서 대통령령으로 정하는 사업이다. 해당되지 않는 것은?

| 역사와 같은 건물 안에 있는 시설의 건축물 |
| --- |

① 숙박시설                          ② 자동차관련시설
③ 운동시설                          ④ 항공시설


**6** 「철도사업법령」상 지정·고시된 사업용철도노선을 구분할 때 운행지역과 운행거리에 따른 분류에 해당되는 것은?

① 일반철도                          ② 준고속철도
③ 간선철도                          ④ 고속철도

**7** 「철도사업법령」상 국토부장관이 사업의 개선을 명령할 수 있는 경우를 모두 고르면?

> ㉠ 철도종사자에 대한 안전 및 직무교육
> ㉡ 철도차량 및 철도사고에 관한 손해배상을 위한 보험에의 가입
> ㉢ 사업계획의 변경
> ㉣ 운임·요금 징수방식의 개선
> ㉤ 안전운송의 확보 및 서비스의 향상을 위하여 필요한 조치
> ㉥ 철도사업약관의 변경

① ㉠㉡㉢㉣㉤
② ㉡㉢㉣㉤㉥
③ ㉠㉡㉢㉤㉥
④ ㉠㉡㉢㉣㉤㉥


**8** 「철도사업법령」상 점용허가신청서 제출 시 첨부해야 하는 서류가 아닌 것을 모두 고르면?

> ㉠ 설치하고자 하는 시설물의 설계도서
> ㉡ 철도시설물 및 철도안전을 확보방안에 관한 서류
> ㉢ 수지전망에 관한 서류
> ㉣ 역시설의 개발 및 운영사업에 관한 서류
> ㉤ 참고사항을 기재한 서류
> ㉥ 시설물의 사용계획에 관한 서류

① ㉠㉡
② ㉡㉣
③ ㉢㉣㉤
④ ㉣㉤㉥

**9** 「철도사업법령」상 철도사업자의 사업계획 변경신고를 받은 국토교통부장관이 신고수리 여부를 신고인에게 통지해야 하는 기한은?

① 신고를 받은 날부터 3일 이내
② 신고를 받은 날부터 5일 이내
③ 신고를 받은 날부터 7일 이내
④ 신고를 받은 날부터 10일 이내

**10** 「철도사업법령」상 개별기준에 따른 과징금의 2분의 1 범위에서 금액을 줄여 부과할 수 있는 경우는? (단, 과징금 체납자는 예외로 한다.)

① 위반의 정도가 중대하여 이용자 등에게 미치는 피해가 크다고 인정되는 경우
② 법 위반상태의 기간이 10개월 이상인 경우
③ 과징금 체납자의 위반행위가 한가지로 한정되는 경우
④ 위반행위가 사소한 부주의로 인한 것으로 인정되는 경우

**1** 「철도산업발전기본법령」상 철도산업발전기본계획에 대한 설명 중 틀린 것은?

① 기본계획은 국토교통부장관이 수립한다.

② 철도산업의 육성과 발전을 촉진하기 위하여 3년 또는 5년 단위로 기본계획을 수립하여 시행하여야 한다.

③ 기본계획에는 철도산업의 여건 및 동향전망에 관한 사항이 포함되어야 한다.

④ 연도별 시행계획의 수립 및 시행절차에 관하여 필요한 사항은 대통령령으로 정한다.

**2** 「철도산업발전기본법령」상 국가부담비용의 지급 및 정산에 관한 설명으로 옳지 않은 것은?

① 국가부담비용의 지급신청은 철도운영자가 하고 지급은 국토교통부장관이 한다.

② 국가부담비용의 지급받을 경우 국가부담비용지급신청서를 제출하여야 한다.

③ 국가부담비용을 지급받은 자는 국가부담비용정산서는 제출하지 않는다.

④ 국가부담비용은 매 반기마다 반기 초에 지급한다.

**3** 「철도산업발전기본법령」상 특정노선의 폐지를 신청할 경우 승인신청서와 함께 제출해야 할 첨부서류를 모두 고르면?

> ㉠ 제한·중지하고자 하는 철도서비스의 내용
> ㉡ 과거 5년 동안의 공익서비스비용의 전체규모 및 원인제공자가 부담한 공익서비스 비용의 규모
> ㉢ 등급별·시간대별 철도차량의 운행빈도, 역수, 종사자수 등 운영현황
> ㉣ 승인신청 사유
> ㉤ 철도차량의 운행시간대 및 운행횟수
> ㉥ 대체수송수단의 이용가능성

① ㉠㉡㉢㉣
② ㉡㉢㉣㉥
③ ㉡㉢㉣㉤㉥
④ ㉠㉡㉢㉣㉤㉥

**4** 「철도산업발전기본법령」상 비상사태시 조정·명령 등 필요한 조치를 취할 수 있는 기관이 아닌 곳은?

① 철도시설투자자
② 철도운영자
③ 철도이용자
④ 철도시설관리자

**5** 다음에서 「한국철도공사법령」상 한국철도공사의 설립등기사항을 고르면?

> ㉠ 주된 사무소 및 하부조직의 소재지
> ㉢ 임원의 성명 및 주소
> ㉣ 공고의 방법
> ㉤ 자본금

① ㉠㉡㉢
② ㉠㉡㉣
③ ㉡㉢㉣
④ ㉠㉡㉢㉣

**6** 「한국철도공사법령」상 물류사업으로서 대통령령으로 정하는 사업이 아닌 것은?

① 대중교통수단과의 연계운송을 위한 사업
② 철도시설 또는 철도부지
③ 철도와 다른 교통수단과의 연계운송을 위한 사업
④ 철도운영을 위한 사업

**7** 「철도사업법령」상 여객 운임·요금신고서 또는 변경신고서 제출 시 첨부해야 하는 서류가 아닌 것은?

① 변경사유를 기재한 서류
② 여객 운임·요금표
③ 다른 교통수단과의 형평성을 기재한 서류
④ 여객 운임·요금 신·구대비표

**8** 「철도사업법령」상 국토교통부장관이 민자철도의 유지·관리 및 운영에 관한 기준에 따라 매년 소관 민자철도에 대하여 실시해야 하는 것은?

① 운영평가
② 운용계획평가
③ 약관심사
④ 사업계획심사

**9** 「철도사업법령」상 철도시설 점용허가를 받은 자에게 점용료를 감면할 수 있는 기준을 정하는 주체는?

① 대통령령
② 국토교통부장관
③ 국토교통부령
④ 국가철도공단

**10** 「철도사업법령」상 과태료금액의 부과기준이 다른 하나는?

① 여객 운임·요금의 신고를 하지 아니한 자
② 정당한 사유 없이 명령을 이행하지 아니하거나 검사를 거부·방해 또는 기피한 자
③ 철도사업약관을 신고하지 아니한 자
④ 신고한 철도사업약관을 이행하지 아니한 자

**1** 「철도산업발전기본법령」상 철도산업위원회와 실무위원회에 대한 설명으로 틀린 것은?

① 위원회는 위원장을 포함한 25인 이내의 위원으로 구성하고 실무위원회는 위원장을 포함한 20인 이내의 위원으로 구성한다.

② 실무위원회에 간사 1인을 두되, 간사는 국토교통부장관이 국가철도공단 또는 한국철도공사의 임직 원 중에서 지명한다.

③ 위원회 및 분과위원회의 구성·기능 및 운영에 관하여 필요한 사항은 대통령령으로 정한다.

④ 실무위원회 위원의 임기는 2년으로 하되, 연임할 수 있다.

**2** 「철도산업발전기본법령」상 비상사태 시 국토교통부장관이 조정·명령 등 필요한 조치를 할 수 있는 사 항 중 하나이다. 다음에 해당하는 경우가 아닌 것은?

> 그 밖에 철도서비스의 수급안정을 위하여 대통령령으로 정하는 사항

① 철도시설의 사용제한 및 접근 통제

② 철도역 및 철도차량에 대한 수색 등

③ 철도이용의 제한 또는 금지

④ 철도시설의 임시사용

**3** 「철도산업발전기본법령」상 철도시설관리자와 철도운영자가 안전하고 효율적으로 선로를 사용할 수 있도록 하기 위하여 수립·고시해야 할 선로배분지침의 포함사항으로 옳지 않은 것은?

① 지역 간 열차와 지역 내 열차에 대한 선로용량의 배분
② 철도차량의 안전운행에 관한 사항
③ 해외철도 진출을 위한 현지조사를 위한 사항
④ 선로의 효율적 활용을 위하여 필요한 사항

**4** 「철도산업발전기본법령」상 국토교통부장관은 철도산업정보센터의 설치·운영업무를 국토교통부령이 정하는 자에게 위탁하여야 하는데 위탁할 수 있는 기관은?

① 광역시장·도지사
② 지방교통관서의 장
③ 철도운영자
④ 정부출연 연구기관

**5** 다음은 「한국철도공사법」의 목적이다. 빈칸에 들어갈 수 있는 용어가 아닌 것은?

> 한국철도공사법은 한국철도공사를 설립하여 _____의 전문성과 _____을 높임으로써 _____과 _____의 발전에 이바지함을 목적으로 한다.

① 철도산업
② 효율성
③ 철도운영
④ 국가경제

**6** 「철도사업법령」상 면허에 붙인 부담을 위반한 경우의 과징금은?

① 300만 원
② 500만 원
③ 700만 원
④ 1,000만 원

**7** 「철도사업법령」상 평가결과의 공표 시 포함해야 할 사항으로 옳지 않은 것은?

① 철도사업자별 매출순위
② 철도서비스의 품질 향상도
③ 철도사업자별 평가순위
④ 평가지표별 평가결과

**8** 「철도사업법령」상 원상회복의무 면제신청절차에 대한 설명으로 옳지 않은 것은?

① 원상회복의무를 면제받고자 하는 경우에는 면제사유를 기재한 신청서에 철도시설 사용내역에 관한 서류를 첨부하여 제출해야 한다.
② 원상회복의무 면제를 받기 위해서는 점용허가기간 만료일 3개월 전까지 신청서를 제출해야 한다.
③ 국토교통부장관은 원상회복의무를 면제하는 부분을 명시하여 점용허가를 받은 자에게 서면으로 통보하여야 한다.
④ 서면통보는 점용허가 기간의 만료일 또는 점용 폐지일까지 통보하여야 한다.

**9** 「철도사업법령」상 법인의 임원에 대한 결격사유에 해당되지 않는 것은?

① 국유재산법을 위반하여 금고 이상의 실형을 선고받고 그 집행이 끝나거나 면제된 날부터 2년이 지나지 아니한 사람
② 피성년후견인 또는 피한정후견인
③ 파산선고를 받고 복권되지 아니한 사람
④ 철도사업법령을 위반하여 금고 이상의 실형을 선고받고 그 집행이 끝나거나 면제된 날부터 5년이 지나지 아니한 사람

**10** 「철도사업법령」상 철도사업자가 준수해야 할 사항으로 옳지 않은 것은?

① 철도사업자는 정당한 사유 없이 운송계약의 체결을 거부하는 등 철도운송 질서를 해치는 행위를 해서는 안된다.

② 철도사업자는 운전업무 실무수습을 이수하지 않은 사람을 운전업무에 종사하게 해서는 안된다.

③ 철도사업자는 인터넷 홈페이지에 게시된 철도사업약관은 이용자의 요구가 있는 경우라도 제시할 필요는 없다.

④ 철도사업자는 운송의 안전과 여객 및 화주의 편의를 위하여 국토교통부령으로 정한 사항을 준수해야 한다.

# 정답 및 해설

## 제 1 회

| 1 | ③ | 2 | ③ | 3 | ① | 4 | ④ | 5 | ④ |
|---|---|---|---|---|---|---|---|---|---|
| 6 | ④ | 7 | ② | 8 | ③ | 9 | ② | 10 | ① |

**1** ③

철도산업발전기본법의 목적…이 법은 철도산업의 경쟁력을 높이고 발전기반을 조성함으로써 철도산업의 효율성 및 공익성의 향상과 국민경제의 발전에 이바지함을 목적으로 한다〈철도산업발전기본법 제1조〉.

**2** ③

기본계획에 포함되어야 할 사항〈철도산업발전기본법 제5조 제2항〉
㉠ 철도산업 육성시책의 기본방향에 관한 사항
㉡ 철도산업의 여건 및 동향전망에 관한 사항
㉢ 철도시설의 투자·건설·유지보수 및 이를 위한 재원확보에 관한 사항
㉣ 각종 철도간의 연계수송 및 사업조정에 관한 사항
㉤ 철도운영체계의 개선에 관한 사항
㉥ 철도산업 전문인력의 양성에 관한 사항
㉦ 철도기술의 개발 및 활용에 관한 사항
㉧ 그 밖에 철도산업의 육성 및 발전에 관한 사항으로서 대통령령으로 정하는 사항
※ 대통령령으로 정하는 사항〈철도산업발전기본법 시행령 제3조〉
　㉠ 철도 수송 분담의 목표에 관한 사항
　㉡ 철도안전 및 철도서비스에 관한 사항
　㉢ 다른 교통수단과의 연계수송에 관한 사항

㉣ 철도산업의 국제협력 및 해외시장 진출에 관한 사항
㉤ 철도산업시책의 추진체계
㉥ 그 밖에 철도산업의 육성 및 발전에 관한 사항으로서 국토교통부장관이 필요하다고 인정하는 사항

**3** ①

철도협회의 업무〈철도산업발전기본법 제13조의2 제4항〉
㉠ 정책 및 기술개발의 지원
㉡ 정보의 관리 및 공동활용 지원
㉢ 전문인력의 양성 지원
㉣ 해외철도 진출을 위한 현지조사 및 지원
㉤ 조사·연구 및 간행물의 발간
㉥ 국가 또는 지방자치단체 위탁사업
㉦ 그 밖에 정관으로 정하는 업무

**4** ④

④는 철도산업발전기본계획의 수립 시 포함되어야 할 사항이다〈철도산업발전기본법 제5조 제2항 제1호〉.
※ 구조개혁계획에 포함되어야 할 사항〈철도산업발전기본법 제18조 제2항〉
　㉠ 철도산업구조개혁의 목표 및 기본방향에 관한 사항
　㉡ 철도산업구조개혁의 추진방안에 관한 사항
　㉢ 철도의 소유 및 경영구조의 개혁에 관한 사항
　㉣ 철도산업구조개혁에 따른 대내외 여건조성에 관한 사항
　㉤ 철도산업구조개혁에 따른 자산·부채·인력 등에 관한 사항

ⓑ 철도산업구조개혁에 따른 철도관련 기관·단체 등의 정비에 관한 사항
ⓢ 그 밖에 철도산업구조개혁을 위하여 필요한 사항으로서 대통령령으로 정하는 사항

**5** ④

역세권 및 공사의 자산을 활용한 개발·운영사업으로서 대통령령으로 정하는 사업〈한국철도공사법 시행령 제7조의2 제1항〉
㉠ 역세권 개발·운영사업 : 역세권개발사업 및 운영사업
㉡ 공사의 자산을 활용한 개발·운영사업 : 철도이용객의 편의를 증진하기 위한 시설의 개발·운영사업

**6** ④

국유재산의 전대시 승인신청서에 기재할 사항〈한국철도공사법 시행령 제21조〉
㉠ 전대재산의 표시(도면 포함)
㉡ 전대를 받을 자의 전대재산 사용목적
㉢ 전대기간
㉣ 사용료 및 그 산출근거
㉤ 전대를 받을 자의 사업계획서

**7** ②

철도사업법은 철도사업에 관한 질서를 확립하고 효율적인 운영 여건을 조성함으로써 철도사업의 건전한 발전과 철도 이용자의 편의를 도모하여 국민경제의 발전에 이바지함을 목적으로 한다〈철도사업법 제1조〉.

**8** ③

철도사업자는 사업계획을 변경하려는 경우에는 국토교통부장관에게 신고하여야 한다. 다만, 대통령령으로 정하는 중요 사항을 변경하려는 경우에는 국토교통부장관의 인가를 받아야 한다〈철도사업법 제12조 제1항〉.

**9** ②

㉠ 6월의 범위 안에서 전용철도 건설기간을 조정한 경우〈철도사업법 시행령 제12조 제1항 제6호〉
㉣ 10분의 1의 범위 안에서 철도차량 대수를 변경한 경우〈철도사업법 시행령 제12조 제1항 제3호〉

**10** ①

허가기간이 끝난 시설물에 대해서는 10년을 초과하지 아니하는 범위에서 1회에 한하여 종전의 사용허가를 갱신할 수 있다〈철도사업법 제46조의2 제2항〉.

---

### 제2회

| 1 | ④ | 2 | ④ | 3 | ② | 4 | ③ | 5 | ③ |
|---|---|---|---|---|---|---|---|---|---|
| 6 | ② | 7 | ④ | 8 | ③ | 9 | ④ | 10 | ④ |

**1** ④

철도 건설·유지보수 및 운영을 위한 시설로서 대통령령으로 정하는 시설〈철도산업발전기본법 시행령 제2조〉
㉠ 철도의 건설 및 유지보수에 필요한 자재를 가공·조립·운반 또는 보관하기 위하여 당해 사업기간 중에 사용되는 시설
㉡ 철도의 건설 및 유지보수를 위한 공사에 사용되는 진입도로·주차장·야적장·토석채취장 및 사토장과 그 설치 또는 운영에 필요한 시설
㉢ 철도의 건설 및 유지보수를 위하여 당해 사업기간 중에 사용되는 장비와 그 정비·점검 또는 수리를 위한 시설
㉣ 그 밖에 철도안전관련시설·안내시설 등 철도의 건설·유지보수 및 운영을 위하여 필요한 시설로서 국토교통부장관이 정하는 시설

**2** ④

철도의 관리청은 국토교통부장관으로 한다〈철도산업발전기본법 제19조〉.

**3** ②

국토교통부장관이 철도시설에 대하여 수립·시행해야 할 시책〈철도산업발전기본법 제20조 제2항〉
㉠ 철도시설에 대한 투자 계획수립 및 재원조달
㉡ 철도시설의 건설 및 관리
㉢ 철도시설의 유지보수 및 적정한 상태유지
㉣ 철도시설의 안전관리 및 재해대책
㉤ 그 밖에 다른 교통시설과의 연계성확보 등 철도시설의 공공성 확보에 필요한 사항

**4** ③

③ 국토교통부장관은 철도자산처리계획에 의하여 철도청의 건설 중인 시설자산은 이관 받을 수 없다〈철도산업발전기본법 제23조 제4항 제1호〉.
① 국가는 「국유재산법」에도 불구하고 철도자산처리계획에 의하여 철도공사에 운영자산을 현물 출자한다〈철도산업발전기본법 제23조 제2항〉.
② 국토교통부장관이 철도자산의 처리를 위하여 필요하다고 인정하는 사항도 철도자산처리계획에 포함되어야 한다〈철도산업발전기본법 시행령 제29조 제6호〉.
④ 철도자산의 인계·이관 등의 시기와 해당 철도자산 등의 평가방법 및 평가기준일 등에 관한 사항은 대통령령으로 정한다〈철도산업발전기본법 제23조 제7항〉.

**5** ③

공사의 사업〈한국철도공사법 제9조〉
㉠ 철도여객사업, 화물운송사업, 철도와 다른 교통수단의 연계운송사업
㉡ 철도장비와 철도용품의 제작·판매·정비 및 임대사업
㉢ 철도차량의 정비 및 임대사업

㉣ 철도시설의 유지·보수 등 국가·지방자치단체 또는 공공법인 등으로부터 위탁받은 사업
㉤ 역세권 및 공사의 자산을 활용한 개발·운영사업으로서 대통령령으로 정하는 사업
㉥ 역 시설 개발 및 운영사업으로서 대통령령으로 정하는 사업
㉦ 물류사업으로서 대통령령으로 정하는 사업
㉧ 관광사업으로서 대통령령으로 정하는 사업
㉨ ㉠부터 ㉧까지의 사업과 관련한 조사·연구, 정보화, 기술 개발 및 인력 양성에 관한 사업
㉩ ㉠부터 ㉨까지의 사업에 딸린 사업으로서 대통령령으로 정하는 사업
※ 공사는 국외에서도 공사의 사업을 동일하게 할 수 있다〈한국철도공사법 제9조 제2항〉.

**6** ②

비밀 누설·도용의 금지에 대한 벌칙 … 비밀 누설·도용의 금지를 위반한 자는 2년 이하의 징역 또는 2천만 원 이하의 벌금에 처한다〈한국철도공사법 제19조〉.

**7** ④

④ 철도사업법 제2조 제5호
② **사업용철도** : 철도사업을 목적으로 설치하거나 운영하는 철도를 말한다〈철도사업법 제2조 제4호〉.
③ **철도사업** : 다른 사람의 수요에 응하여 철도차량을 사용하여 유상으로 여객이나 화물을 운송하는 사업을 말한다〈철도사업법 제2조 제6호〉.

**8** ③

㉣은 철도사업자의 임원 중 결격사유에 해당하게 된 사람이 있는 경우로 면허를 취소하여야 한다〈철도사업법 제16조 제1항 제7호〉.
※ 면허를 취소, 사업의 정지, 사업계획의 변경을 명할 수 있는 경우〈철도사업법 제16조 제1항〉
㉠ 면허받은 사항을 정당한 사유 없이 시행하지 아니한 경우

ⓛ 사업 경영의 불확실 또는 자산상태의 현저한 불량이나 그 밖의 사유로 사업을 계속하는 것이 적합하지 아니할 경우
ⓒ 고의 또는 중대한 과실에 의한 철도사고로 대통령령으로 정하는 다수의 사상자가 발생한 경우
ⓔ 면허에 붙인 부담을 위반한 경우
ⓜ 철도사업의 면허기준에 미달하게 된 경우. 다만, 3개월 이내에 그 기준을 충족시킨 경우에는 예외로 한다.
ⓗ 운송시작의 의무를 위반하여 국토교통부장관이 지정한 날 또는 기간에 운송을 시작하지 아니한 경우
ⓢ 사업의 휴업 또는 폐업의 허가를 받지 아니하거나 신고를 하지 아니하고 영업을 하지 아니한 경우
ⓞ 철도사업자의 준수사항을 1년 이내에 3회 이상 위반한 경우
ⓩ 사업의 개선명령을 위반한 경우
ⓒ 명의 대여 금지를 위반한 경우

※ 면허를 취소하여야 하는 경우〈철도사업법 제16조 제1항 제4호 및 제7호〉
ⓐ 거짓이나 그 밖의 부정한 방법으로 제5조에 따른 철도사업의 면허를 받은 경우.
ⓛ 철도사업자의 임원 중 결격사유에 해당하게 된 사람이 있는 경우. 다만, 3개월 이내에 그 임원을 바꾸어 임명한 경우에는 예외로 한다.

**9** ④

국토교통부장관은 전용철도 운영의 양도·양수 신고를 받은 날부터 30일 이내에 신고수리 여부를 신고인에게 통지하여야 한다〈철도사업법 제36조 제3항〉.

**10** ④

수수료 납부대상〈철도사업법 제48조〉
ⓐ 면허·인가를 받으려는 자
ⓛ 등록·신고를 하려는 자
ⓒ 면허증·인가서·등록증·인증서 또는 허가서의 재발급을 신청하는 자

**제3회**

| 1 | ③ | 2 | ③ | 3 | ③ | 4 | ③ | 5 | ④ |
|---|---|---|---|---|---|---|---|---|---|
| 6 | ③ | 7 | ② | 8 | ② | 9 | ① | 10 | ④ |

**1** ③

철도시설〈철도산업발전기본법 제3조 제2호〉
ⓐ 철도의 선로(선로에 부대되는 시설을 포함한다), 역시설(물류시설·환승시설 및 편의시설 등을 포함한다) 및 철도운영을 위한 건축물·건축설비
ⓛ 선로 및 철도차량을 보수·정비하기 위한 선로보수기지, 차량정비기지 및 차량유치시설
ⓒ 철도의 전철전력설비, 정보통신설비, 신호 및 열차제어설비
ⓔ 철도노선간 또는 다른 교통수단과의 연계운영에 필요한 시설
ⓜ 철도기술의 개발·시험 및 연구를 위한 시설
ⓗ 철도경영연수 및 철도전문인력의 교육훈련을 위한 시설
ⓢ 그 밖에 철도의 건설·유지보수 및 운영을 위한 시설로서 대통령령으로 정하는 시설

**2** ③

철도부채의 구분〈철도산업발전기본법 제24조 제1항〉
ⓐ 운영부채 : 운영자산과 직접 관련된 부채
ⓛ 시설부채 : 시설자산과 직접 관련된 부채
ⓒ 기타부채 : 운영부채 및 시설부채를 제외한 부채로서 철도사업특별회계가 부담하고 있는 철도부채 중 공공자금관리기금에 대한 부채

**3** ③

지방자치단체가 직접 공용·공공용 또는 비영리 공익사업용으로 철도시설을 사용하려는 경우 사용료 면제기준〈철도산업발전기본법 시행령 제34조의2 제2항〉.
ⓐ 철도시설을 취득하는 조건으로 사용하려는 경우로서 사용허가기간이 1년 이내인 사용허가의 경우 : 사용료의 전부

    ⓛ ㉠에서 정한 사용허가 외의 사용허가의 경우 : 사
    용료의 100분의 60

## 4 ③

① 선로등사용계약을 체결하고자 하는 자(이하 "사용
    신청자"라 한다)는 선로등의 사용목적을 기재한
    선로등사용계약신청서에 시행령에서 정한 서류를
    첨부하여 철도시설관리자에게 제출하여야 한다
    〈철도산업발전기본법 시행령 제37조 제1항〉.
② 철도시설관리자는 선로등사용계약신청서를 제출
    받은 날부터 1월 이내에 사용신청자에게 선로등
    사용계약의 체결에 관한 협의일정을 통보하여야
    한다〈철도산업발전기본법 시행령 제37조 제2항〉.
④ 철도시설관리자는 선로등사용계약자가 선로등사
    용계약의 갱신을 신청한 때에는 특별한 사유가
    없는 한 그 선로등의 사용에 관하여 우선적으로
    협의하여야 한다〈철도산업발전기본법 시행령 제
    38조 제2항〉.
③ 철도시설관리자는 사용신청자와 선로등사용계약
    을 체결하고자 하는 경우에는 미리 국토교통부장
    관의 승인을 받아야 한다. 선로등사용계약의 내
    용을 변경하는 경우에도 또한 같다〈철도산업발전
    기본법 시행령 제37조 제4항〉.

## 5 ④

역 시설 개발 및 운영사업으로서 대통령령으로 정하는
사업 중 역사와 같은 건물 안에 있는 시설의 건축물〈한
국철도공사법 시행령 제7조의2 제2항 제3호〉… 제1
종 근린생활시설, 제2종 근린생활시설, 문화 및 집
회시설, 판매시설, 운수시설, 의료시설, 운동시설,
업무시설, 숙박시설, 창고시설, 자동차관련시설, 관
광휴게시설과 그 밖에 철도이용객의 편의를 증진하
기 위한 시설

## 6 ③

지정·고시할 때 구분해야하는 사업용철도노선〈철도사
업법 제4조 제2항〉

㉠ 운행지역과 운행거리에 따른 분류 : 간선철도, 지선
    철도
ⓛ 운행속도에 따른 분류 : 고속철도노선, 준고속철도
    노선, 일반철도노선

## 7 ②

국토교통부장관이 사업의 개선을 명할 수 있는 사항〈철
도사업법 제21조〉
㉠ 사업계획의 변경
ⓛ 철도차량 및 운송관련 장비·시설의 개선
㉢ 운임·요금 징수방식의 개선
㉣ 철도사업약관의 변경
㉤ 공동운수협정의 체결
㉥ 철도차량 및 철도사고에 관한 손해배상을 위한
    보험에의 가입
㉦ 안전운송의 확보 및 서비스의 향상을 위하여 필
    요한 조치
㉧ 철도운수종사자의 양성 및 자질향상을 위한 교육

## 8 ②

점용허가신청서 제출 시 첨부해야 하는 서류〈철도사업
법 시행령 제13조 제1항〉
㉠ 사업개요에 관한 서류
ⓛ 시설물의 건설계획 및 사용계획에 관한 서류
㉢ 자금조달계획에 관한 서류
㉣ 수지전망에 관한 서류
㉤ 법인의 경우 정관
㉥ 설치하고자 하는 시설물의 설계도서(시방서·위
    치도·평면도 및 주단면도를 말한다)
㉦ 그 밖에 참고사항을 기재한 서류

## 9 ①

국토교통부장관은 사업계획의 변경 신고를 받은 날
부터 3일 이내에 신고수리 여부를 신고인에게 통지
하여야 한다〈철도사업법 제12조 제4항〉.

**10** ④

개별기준에 따른 과징금의 2분의 1 범위에서 금액을 줄여 부과〈철도사업법 시행령 제10조의2 별표 1의2〉

- ㉠ 위반행위가 사소한 부주의나 오류로 인한 것으로 인정되는 경우
- ㉡ 위반행위자가 위반행위를 바로 정정하거나 시정하여 법 위반상태를 해소한 경우
- ㉢ 그 밖에 위반행위의 내용·정도, 위반행위 동기와 그 결과 등을 고려하여 과징금 금액을 줄일 필요가 있다고 인정되는 경우
- ※ 과징금을 체납하고 있는 위반행위자에 대해서는 예외로 한다.

---

### 제4회

| 1 | ② | 2 | ③ | 3 | ② | 4 | ① | 5 | ④ |
|---|---|---|---|---|---|---|---|---|---|
| 6 | ① | 7 | ③ | 8 | ① | 9 | ① | 10 | ② |

---

**1** ②

② 국토교통부장관은 철도산업의 육성과 발전을 촉진하기 위하여 5년 단위로 철도산업발전기본계획을 수립하여 시행하여야 한다〈철도산업발전기본법 제5조 제1항〉.

① 철도산업발전기본법 제5조 제1항
③ 철도산업발전기본법 제5조 제2항 제2호
④ 철도산업발전기본법 제5조 제7항

**2** ③

③ 국가부담비용을 지급받은 철도운영자는 국가부담비용정산서를 국토교통부장관에게 제출하여야 한다〈철도산업발전기본법 시행령 제42조 제1항〉.

①② 철도운영자는 국가부담비용의 지급을 신청하고자 하는 때에는 국토교통부장관이 지정하는 기간 내 국가부담비용지급신청서에 서류를 첨부하여 국토교통부장관에게 제출하여야 한다〈철도산업발전기본법 시행령 제41조 제1항〉.

④ 국토교통부장관은 제1항의 규정에 의하여 국가부담비용지급신청서를 제출받은 때에는 이를 검토하여 매 반기마다 반기 초에 국가부담비용을 지급하여야 한다〈철도산업발전기본법 시행령 제41조 제2항〉.

**3** ②

㉠은 승인신청서에 포함해야 할 내용이다〈철도산업발전기본법 제34조 제2항 제1호〉.

㉤은 선로등의 사용료를 정하는 경우에 고려할 사항이다〈철도산업발전기본법 시행령 제36조 제2항 제3호〉.

※ 특정노선 폐지 승인신청서 제출 시 첨부서류〈철도산업발전기본법 시행령 제44조〉

- ㉠ 승인신청 사유
- ㉡ 등급별·시간대별 철도차량의 운행빈도, 역수, 종사자 수 등 운영현황
- ㉢ 과거 6월 이상의 기간 동안의 1일 평균 철도서비스 수요
- ㉣ 과거 1년 이상의 기간 동안의 수입·비용 및 영업손실액에 관한 회계보고서
- ㉤ 향후 5년 동안의 1일 평균 철도서비스 수요에 대한 전망
- ㉥ 과거 5년 동안의 공익서비스비용의 전체규모 및 원인제공자가 부담한 공익서비스 비용의 규모
- ㉦ 대체수송수단의 이용가능성

**4** ①

국토교통부장관은 철도서비스에 중대한 차질이 발생하거나 발생할 우려가 있다고 인정하는 경우에는 필요한 범위 안에서 철도시설관리자·철도운영자 또는 철도이용자에게 조정·명령 그 밖의 필요한 조치를 할 수 있다〈철도산업발전기본법 제36조 제1항〉.

**5** ④

한국철도공사의 설립등기사항〈한국철도공사법 시행령 제2조〉
㉠ 설립목적
㉡ 명칭
㉢ 주된 사무소 및 하부조직의 소재지
㉣ 자본금
㉤ 임원의 성명 및 주소
㉥ 공고의 방법

**6** ①

물류사업으로서 대통령령으로 정하는 사업〈한국철도공사법 시행령 제7조의2 제3항〉
㉠ 철도운영을 위한 사업
㉡ 철도와 다른 교통수단과의 연계운송을 위한 사업
㉢ 다음의 자산을 이용하는 사업으로서 물류시설운영업 및 물류서비스업
  • 철도시설 또는 철도부지
  • 그 밖에 공사가 소유하고 있는 시설, 장비 또는 부지

**7** ③

여객 운임·요금신고서 또는 변경신고서에 첨부해야 할 서류〈철도사업법 시행령 제3조 제1항〉.
㉠ 여객 운임·요금표
㉡ 여객 운임·요금 신·구대비표 및 변경사유를 기재한 서류(여객 운임·요금을 변경하는 경우에 한정한다)

**8** ①

① 국토교통부장관은 민자철도의 유지·관리 및 운영에 관한 기준에 따라 매년 소관 민자철도에 대하여 운영평가를 실시하여야 한다〈철도사업법 제25조 제3항〉.

**9** ①

① 점용허가를 받은 자에게 감면대상이 되는 경우 대통령령으로 정하는 바에 따라 점용료를 감면할 수 있다〈철도사업법 제44조 제2항〉.

※ **점용료를 감면할 수 있는 경우**〈철도사업법 제44조 제2항〉
  ㉠ 국가에 무상으로 양도하거나 제공하기 위한 시설물을 설치하기 위하여 점용허가를 받은 경우
  ㉡ ㉠의 시설물을 설치하기 위한 경우로서 공사 기간 중에 점용허가를 받거나 임시 시설물을 설치하기 위하여 점용허가를 받은 경우
  ㉢ 공공주택을 건설하기 위하여 점용허가를 받은 경우
  ㉣ 재해, 그 밖의 특별한 사정으로 본래의 철도 점용 목적을 달성할 수 없는 경우
  ㉤ 국민경제에 중대한 영향을 미치는 공익사업으로서 대통령령으로 정하는 사업을 위하여 점용허가를 받은 경우

**10** ②

①③④는 1천만 원 이하의 과태료가 부과된다〈철도사업법 제51조 제1항〉.
② 500만 원 이하의 과태료가 부과된다〈철도사업법 제51조 제2항 제1호〉.

※ **1천만 원 이하의 과태료 부과**〈철도사업법 제51조 제1항〉
  ㉠ 여객 운임·요금의 신고를 하지 아니한 자
  ㉡ 철도사업약관을 신고하지 아니하거나 신고한 철도사업약관을 이행하지 아니한 자
  ㉢ 인가를 받지 아니하거나 신고를 하지 아니하고 사업계획을 변경한 자
  ㉣ 상습 또는 영업으로 승차권 또는 이에 준하는 증서를 자신이 구입한 가격을 초과한 금액으로 다른 사람에게 판매하거나 이를 알선한 자

| 1 | ② | 2 | ③ | 3 | ③ | 4 | ④ | 5 | ④ |
|---|---|---|---|---|---|---|---|---|---|
| 6 | ④ | 7 | ① | 8 | ① | 9 | ④ | 10 | ③ |

**1** ②

② 실무위원회에 간사 1인을 두되, 간사는 국토교통
부장관이 국토교통부소속 공무원 중에서 지명한
다〈철도산업발전기본법 시행령 제10조 제6항〉.
① 철도산업발전기본법 제6조 제3항 및 철도산업발
전기본법 시행령 제10조 제2항
③ 철도산업발전기본법 제6조 제5항
④ 철도산업발전기본법 시행령 제10조 제5항

**2** ③

그 밖에 철도서비스의 수급안정을 위하여 대통령령으로
정하는 사항〈철도산업발전기본법 시행령 제49조〉
㉠ 철도시설의 임시사용
㉡ 철도시설의 사용제한 및 접근 통제
㉢ 철도시설의 긴급복구 및 복구지원
㉣ 철도역 및 철도차량에 대한 수색 등

**3** ③

선로배분지침에 포함되어야 할 사항〈철도산업발전기본
법 시행령 제24조 제2항〉
㉠ 여객열차와 화물열차에 대한 선로용량의 배분
㉡ 지역 간 열차와 지역 내 열차에 대한 선로용량의
배분
㉢ 선로의 유지보수·개량 및 건설을 위한 작업시간
㉣ 철도차량의 안전운행에 관한 사항
㉤ 그 밖에 선로의 효율적 활용을 위하여 필요한 사항

**4** ④

국토교통부장관은 철도산업정보센터의 설치·운영업무
를 다음의 자 중에서 국토교통부령이 정하는 자에게
위탁한다〈철도산업발전기본법 시행령 제50조 제1항〉.
㉠ 정부출연연구기관등의설립·운영및육성에관한법률
또는 과학기술분야정부출연연구기관등의설립·운
영및육성에관한법률에 의한 정부출연연구기관
㉡ 국가철도공단

**5** ④

한국철도공사법의 목적 … 이 법은 한국철도공사를 설
립하여 철도운영의 전문성과 효율성을 높임으로써
철도산업과 국민경제의 발전에 이바지함을 목적으로
한다〈한국철도공사법 제1조〉.

**6** ④

1,000만 원의 과징금에 해당하는 경우〈철도사업법 시
행령 제9조 별표 1 제2호〉
㉠ 면허에 붙인 부담을 위반한 경우
㉡ 철도사업의 면허기준에 미달하게 된 때부터 3개
월이 경과된 후에도 그 기준을 충족시키지 않은
경우

**7** ①

평가결과의 공표 시 포함해야 할 사항〈철도사업법 시
행령 제11조 제1항〉
㉠ 평가지표별 평가결과
㉡ 철도서비스의 품질 향상도
㉢ 철도사업자별 평가순위
㉣ 그 밖에 철도서비스에 대한 품질평가결과 국토교
통부장관이 공표가 필요하다고 인정하는 사항

**8** ①

①② 점용허가를 받은 자가 그 점용허가기간의 만료 또는 점용의 폐지에도 불구하고 당해 철도시설의 전부 또는 일부에 대한 원상회복의무를 면제받고 자 하는 경우에는 그 점용허가기간의 만료일 또 는 점용폐지일 3월 전까지 그 사유를 기재한 신 청서를 국토교통부장관에게 제출하여야 한다〈철 도사업법 시행령 제16조 제2항〉.

③④ 국토교통부장관은 점용허가를 받은 자의 면제신 청을 받은 경우 또는 직권으로 철도시설의 일부 또는 전부에 대한 원상회복의무를 면제하고자 하 는 경우에는 원상회복의무를 면제하는 부분을 명 시하여 점용허가를 받은 자에게 점용허가 기간의 만료일 또는 점용 폐지 일까지 서면으로 통보하여 야 한다〈철도사업법 시행령 제16조 제3항〉.

**9** ④

철도사업법 또는 대통령령으로 정하는 철도 관계 법 령을 위반하여 금고 이상의 실형을 선고받고 그 집행 이 끝나거나(끝난 것으로 보는 경우를 포함한다) 면제 된 날부터 2년이 지나지 아니한 사람이다〈철도사업법 제7조 제1호 다목〉.

※ 대통령령으로 정하는 철도관계법령〈철도사업법 제7 조 제1호 다목〉
  ㉠ 철도산업발전 기본법
  ㉡ 철도안전법
  ㉢ 도시철도법
  ㉣ 국가철도공단법
  ㉤ 한국철도공사법

**10** ③

③ 철도사업자는 인터넷 홈페이지에 게시된 철도사 업약관을 이용자가 요구하는 경우에는 제시하여야 한다〈철도사업법 제20조 제3항〉.

※ 철도사업자의 준수사항〈철도사업법 제20조〉
  ㉠ 철도사업자는 「철도안전법」 제21조(운전업무 실 무수습)에 따른 요건을 갖추지 아니한 사람을 운전업무에 종사하게 하여서는 아니 된다.
  ㉡ 철도사업자는 사업계획을 성실하게 이행하여 야 하며, 부당한 운송 조건을 제시하거나 정 당한 사유 없이 운송계약의 체결을 거부하는 등 철도운송 질서를 해치는 행위를 하여서는 아니 된다.
  ㉢ 철도사업자는 여객 운임표, 여객 요금표, 감면 사항 및 철도사업약관을 인터넷 홈페이지에 게시하고 관계 역·영업소 및 사업소 등에 갖 추어 두어야 하며, 이용자가 요구하는 경우에 는 제시하여야 한다.
  ㉣ 준수사항 외에 운송의 안전과 여객 및 화주의 편의를 위하여 철도사업자가 준수하여야 할 사항은 국토교통부령으로 정한다.

PART

VI

최종점검
〈OX 문제〉

# 01 철도산업발전기본법

**1** 철도산업발전기본법은 철도산업의 경쟁력을 높이고 발전기반을 조성함으로써 철도산업의 효율성 및 공익성의 향상과 교통환경의 발전에 이바지함을 목적으로 한다. (     )

**2** 철도라 함은 여객 또는 화물을 운송하는 데 필요한 철도시설과 철도차량 및 이와 관련된 운영·지원체계가 유기적으로 구성된 운송체계를 말한다. (     )

**3** 철도산업발전기본법에서 철도차량이라 함은 선로를 운행할 목적으로 제작된 동력차·객차·화차 및 화물자동차를 말한다. (     )

**4** 철도산업이라 함은 철도운송·철도시설·철도차량 관련산업과 철도기술개발관련산업 그 밖에 철도의 개발·이용·관리와 관련된 산업을 말한다. (     )

**5** 철도운영자라 함은 한국철도공사 등 철도운영에 관한 업무를 수행하는 자를 말한다. (     )

**6** 국가는 철도산업시책을 수립하여 시행하는 경우 효율성과 대중적 기능을 고려하여야 한다. (     )

**7** 국토교통부장관은 철도산업의 육성과 발전을 촉진하기 위하여 3년 단위로 철도산업발전기본계획을 수립하여 시행하여야 한다. (     )

**8** 관계행정기관의 장은 관계행정기관의 당해 연도의 시행계획을 전년도 12월말까지 국토교통부장관에게 제출하여야 하며, 전년도 시행계획의 추진실적을 매년 3월말까지 국토교통부장관에게 제출하여야 한다. (     )

**9** 위원회는 위원장을 포함한 20인 이내의 위원으로 구성한다. (     )

**10** 국가는 각종 국가계획에 철도시설 투자의 목표치와 투자계획을 반영하여야 하며, 매년 교통시설 투자예산에서 철도시설 투자예산의 비율이 지속적으로 높아지도록 노력하여야 한다. (     )

**11** 국가 및 지방자치단체는 철도산업의 육성·발전을 촉진하기 위하여 철도산업에 대한 재정·금융·세제·행정상의 지원을 할 수 있다. (     )

---

**ANSWER** 1.× 2.○ 3.× 4.○ 5.○ 6.× 7.× 8.× 9.× 10.○ 11.○

**12** 철도산업에 종사하는 자의 자질향상과 새로운 철도기술 및 그 운영기법의 향상을 위한 교육·훈련방안은 국토교통부장관이 마련하여야 한다. (     )

**13** 위원회의 회의는 재적위원 과반수의 출석과 출석위원 과반수의 찬성으로 의결한다. (     )

**14** 실무위원회는 위원장을 포함한 25인 이내의 위원으로 구성한다. (     )

**15** 실무위원회의 간사는 국토교통부장관이 국토교통부소속 공무원 중에서 지명한다. (     )

**16** 기획단은 단장 1인과 단원으로 구성한다. (     )

**17** 국토교통부장관은 철도산업전문인력의 수급의 변화에 따라 철도산업교육과정의 확대 등 필요한 조치를 한국철도공사사장에게 요청할 수 있다. (     )

**18** 국토교통부장관은 연구 및 개발을 촉진하기 위하여 이를 전문으로 연구하는 기관 또는 단체를 지도·육성하여야 한다. (     )

**19** 철도산업에 관한 정보를 효율적으로 처리하고 원활하게 유통하기 위하여 국토교통부령으로 정하는 바에 의하여 철도산업정보화기본계획을 국토교통부장관이 수립·시행하여야 한다. (     )

**20** 국토교통부장관은 철도산업에 관한 국제적 동향을 파악하고 국제협력을 촉진하여야 한다. (     )

**21** 협회는 법인으로 하여야 하며, 국토교통부장관의 인가를 받아 주된 사무소의 소재지에 설립등기를 함으로써 성립한다. (     )

**22** 해외철도 진출을 위한 현지조사 및 지원은 협회의 업무 중에 하나에 속한다. (     )

**23** 협회에 관하여 이 법에 규정한 것 외에는 「상법」을 준용한다. (     )

**24** 국토교통부장관은 국민의 생명·신체 및 재산을 보호하기 위하여 철도안전에 필요한 법적·제도적 장치를 마련하고 이에 필요한 재원을 확보하도록 노력하여야 한다. (     )

**25** 철도서비스 품질평가의 절차 및 활용 등에 관하여 필요한 사항은 국토교통부령으로 정한다. (     )

**26** 국토교통부장관은 철도이용자의 권익보호를 위하여 철도이용자 보호와 관련된 사항 등 법에서 정하는 시책을 강구하여야 한다. (     )

---

**ANSWER**  12.○  13.○  14.×  15.○  16.○  17.×  18.○  19.×  20.○  21.○  22.○  23.×  24.×  25.○  26.×

27 국가는 철도이용자의 권익보호를 위한 홍보·교육 및 연구를 강구해야 한다. (　　)

28 철도산업의 구조개혁을 효율적으로 추진하기 위하여 국토교통부장관이 구조개혁계획을 수립하여야 한다. (　　)

29 국가는 철도산업의 경쟁력을 강화하고 발전기반을 조성하기 위하여 철도시설 부문과 철도운영 부문을 분리하는 철도산업의 구조개혁을 추진하여야 한다. (　　)

30 국토교통부장관은 철도시설관리자와 철도운영자가 상호협력이 필요한 분야에 대하여 정기적으로 합동점검할 수 있도록 지도·감독을 하여야 한다. (　　)

31 국토교통부장관은 구조개혁계획을 수립하고자 하는 때에는 미리 구조개혁계획과 관련이 있는 행정기관의 장과 협의한 후 위원회의 심의를 거쳐야 한다. (　　)

32 철도의 관리청은 국토교통부장관으로 한다. (　　)

33 철도시설관리자·철도운영자 등 선로를 관리하는 자는 선로배분지침을 준수하여야 한다. (　　)

34 국가철도공단은 국토교통부장관의 업무를 대행하는 경우에 그 대행하는 범위 안에서 철도에 관한 법률을 적용할 때에는 그 철도의 관리청으로 본다. (　　)

35 철도산업의 구조개혁을 추진하는 경우 철도시설은 국가철도공단이 소유한다. (　　)

36 철도산업구조개혁기본계획의 경미한 변경은 철도산업구조개혁기본계획 추진기간의 5년의 기간내에서의 변경을 말한다. (　　)

37 관계행정기관의 장은 당해 연도의 시행계획을 전년도 11월말까지, 전년도 시행계획의 추진실적을 매년 3월말까지 국토교통부장관에게 제출하여야 한다. (　　)

38 국토교통부장관이 국가철도공단으로 하여금 대행하게 하는 경우 그 대행업무 중에는 국가가 추진하는 철도시설 건설사업의 집행이 포함된다. (　　)

39 국가는 철도청 및 고속철도건설공단의 관련 조직을 통·폐합하여 특별법에 의하여 국가철도공단을 설립한다. (　　)

**ANSWER** 27.○ 28.○ 29.○ 30.× 31.○ 32.○ 33.○ 34.○ 35.× 36.× 37.× 38.○ 39.○

**40** 철도산업의 구조개혁을 추진하는 경우 철도운영 관련 사업은 시장경제원리에 따라 국가 외의 자가 영위하는 것을 원칙으로 한다. (        )

**41** 국토교통부장관은 철도산업의 구조개혁을 추진하는 경우 철도청과 고속철도건설공단의 철도자산을 운영자산, 시설자산, 기타자산으로 구분한다. (        )

**42** 국토교통부장관은 국토교통부령으로 정하는 바에 의하여 철도산업의 구조개혁을 추진하기 위한 철도자산처리계획을 위원회의 심의를 거쳐 수립하여야 한다. (        )

**43** 철도자산의 인계·이관 등의 시기와 해당 철도자산 등의 평가방법 및 평가기준일 등에 관한 사항은 대통령령으로 정한다. (        )

**44** 국토교통부장관은 기획재정부장관과 미리 협의하여 철도청과 고속철도건설공단의 철도부채를 운영부채, 시설부채, 재무부채로 구분하여야 한다. (        )

**45** 국토교통부장관은 철도자산의 관리업무를 민간법인에 위탁하고자 하는 때에는 위원회의 심의를 거쳐 민간위탁계획을 수립하여야 한다. (        )

**46** 운영부채는 철도공사가, 시설부채는 국가철도공단이 각각 포괄하여 승계하고, 기타부채는 일반회계가 포괄하여 승계한다. (        )

**47** 철도시설관리권의 설정을 받은 자는 국토교통부령으로 정하는 바에 따라 등록하여야 한다. (        )

**48** 철도시설관리권은 이를 물권으로 보며, 이 법에 특별한 규정이 있는 경우를 제외하고는 민법 중 부동산에 관한 규정을 준용한다. (        )

**49** 철도시설관리권의 등록에 관하여 필요한 사항은 대통령령으로 정한다. (        )

**50** 철도시설 관리대장의 기재사항 등에 관하여 필요한 사항은 국토교통부령으로 정한다. (        )

**51** 철도시설 사용료의 징수기준 및 절차 등에 관하여 필요한 사항은 대통령령으로 정한다. (        )

**52** 철도시설관리자는 철도시설을 사용하려는 자와 사용계약을 체결하여 철도시설을 사용하게 하려는 경우에는 미리 그 사실을 신고해야 한다. (        )

**53** 철도운영자의 공익서비스비용은 대통령령으로 정하는 바에 원인제공자가 부담하여야 한다. (        )

---

**ANSWER**  40.○  41.○  42.×  43.○  44.×  45.○  46.○  47.×  48.○  49.○  50.○  51.○  52.×  53.○

54 보상계약체결에 관하여 원인제공자와 철도운영자의 협의가 성립되지 아니하는 때에는 원인제공자 또는 철도운영자의 신청에 의하여 위원회가 이를 조정할 수 있다.    (    )

55 원인제공자가 공익서비스비용을 부담하지 아니한 경우 국토교통부장관의 승인을 얻어 특정노선 및 역의 폐지와 관련 철도서비스의 제한 또는 중지 등 필요한 조치를 취할 수 있다.    (    )

56 노선 폐지 등의 조치가 대체교통수단 미흡 등으로 교통서비스 제공에 중대한 지장을 초래한다고 인정하는 경우 국토교통부장관은 승인을 하지 아니할 수 있다.    (    )

57 국가철도공단은 비상사태시 지역별·노선별·수송대상별 수송 우선순위 부여 등 수송통제를 할 수 있다.    (    )

58 수익자가 부담하여야 할 비용은 철도시설관리자와 수익자가 협의하여 정한다.    (    )

59 철도시설유지보수 시행업무는 철도공사에 위탁한다.    (    )

60 선로등사용계약자는 그 선로등을 계속하여 사용하고자 하는 경우에는 사용기간이 만료되기 6월전까지 선로등사용계약의 갱신을 신청하여야 한다.    (    )

61 시설사용계약자는 사용계약을 체결한 철도시설의 일부에 대하여 제3자에게 그 사용을 승낙할 수 있다. 이 경우 철도시설관리자와 미리 협의하여야 한다.    (    )

62 철도운영자는 매년 6월말까지 국가부담비용의 추정액, 당해 공익서비스의 내용 그 밖의 필요한 사항을 기재한 국가부담비용추정서를 국토교통부장관에게 제출하여야 한다.    (    )

63 국토교통부장관은 국가부담비용지급신청서를 제출받은 때에는 이를 검토하여 매 반기마다 반기 초에 국가부담비용을 지급하여야 한다.    (    )

64 국가부담비용을 지급받은 철도운영자는 당해 반기가 끝난 후 30일 이내에 국가부담비용정산서에 관련 서류를 첨부하여 국토교통부장관에게 제출하여야 한다.    (    )

65 국가부담비용을 지급받는 철도운영자는 노선 및 역에 대한 회계를 다른 회계와 병합하여 경리하여야 한다.    (    )

66 국토교통부장관은 특정노선폐지 승인을 한 때에는 승인이 있은 날부터 1월 이내에 폐지되는 특정노선 및 역 또는 제한·중지되는 철도서비스의 내용과 사유를 공고하여야 한다.    (    )

---

**ANSWER** 54.○  55.○  56.○  57.×  58.○  59.○  60.×  61.○  62.×  63.○  64.○  65.×  66.○

## 02 한국철도공사법

**1** 한국철도공사법은 한국철도공사를 설립하여 철도 운영의 전문성과 효율성을 높임으로써 철도산업과 국민경제의 발전에 이바지함을 목적으로 한다. (　　　)

**2** 한국철도공사는 공공기관으로 하며, 공사의 주된 사무소의 소재지는 정관으로 정한다. (　　　)

**3** 공사의 자본금은 22조원으로 하고, 그 일부를 국가철도공단이 출자한다. (　　　)

**4** 자본금의 납입 시기와 방법은 국가교통부장관이 정하는 바에 따른다. (　　　)

**5** 국가가 공사에 출자를 할 때에는「국유재산의 현물출자에 관한 법률」에 따른다. (　　　)

**6** 공사는 주된 사무소의 소재지를 정함으로써 성립한다. (　　　)

**7** 정관으로 정하는 바에 따라 사장이 지정한 공사의 직원은 사장을 대신하여 공사의 업무에 관한 재판상 또는 재판을 포함한 모든 행위를 할 수 있다. (　　　)

**8** 공사는 철도여객사업, 화물운송사업, 철도와 다른 교통수단의 연계운송사업 및 철도 차량의 정비 및 임대사업 등의 사업을 할 수 있다. (　　　)

**9** 공사의 사업은 국내에서만 할 수 있다. (　　　)

**10** 공사가 주된 사무소를 이전등기를 할 때에는 구소재지에 있어서는 1주일 이내에 이전한 뜻을, 신소재지에 있어서는 3주일 이내에 설립등기사항을 각각 등기하여야 한다. (　　　)

**11** 공사는 변경등기를 할 때에는 주된 사무소의 소재지에서는 1주일 이내에, 하부조직의 소재지에서는 3주일 이내에 그 변경된 사항을 등기하여야 한다. (　　　)

**12** 공사의 사장이 대리·대행인을 선임한 때에는 2주일 이내에 대리·대행인을 둔 주된 사무소 또는 하부조직의 소재지에서 등기하여야 한다. (　　　)

**13** 공사는 이사회의 의결을 거쳐 예산의 범위에서 공사업무와 관련된 사업에 출연할 수 있다. (　　　)

---

**ANSWER** 1.○ 2.✕ 3.✕ 4.✕ 5.○ 6.✕ 7.✕ 8.○ 9.✕ 10.✕ 11.✕ 12.○ 13.○

**14** 대리·대행인을 해임한 때에는 2주일 이내에 대리·대행인을 둔 주된 사무소 또는 하부조직의 소재지에서 해임한 뜻을 등기하여야 한다.  (     )

**15** 공사는 매 사업연도 결산 결과 손실금이 생기면 사업확장적립금으로 보전하고 그 적립금으로도 부족하면 이익준비금으로 보전하되, 보전미달액은 다음 사업연도로 이월한다.  (     )

**16** 손익금의 처리에 있어서 이익준비금과 사업확장적립금은 대통령령으로 정하는 바에 따라 자본금으로 전입할 수 있다.  (     )

**17** 이익준비금 또는 사업확장적립금을 자본금으로 전입하고자 하는 때에는 이사회의 의결을 거쳐 국토교통부장관의 승인을 얻어야 한다.  (     )

**18** 공사는 이사회의 의결을 거쳐 사채를 발행할 수 있으며, 사채의 발행액은 공사의 자본금과 적립금을 합한 금액의 5배를 초과하지 못한다.  (     )

**19** 사채의 소멸시효는 원금은 5년, 이자는 2년이 지나면 완성한다.  (     )

**20** 공사는 예산이 확정되면 3개월 이내에 해당 연도에 발행할 사채의 목적·규모·용도 등이 포함된 사채발행 운용계획을 수립하여 이사회의 의결을 거쳐 국토교통부장관의 승인을 받아야 한다.  (     )

**21** 국가는 공사의 경영안정 및 철도 차량·장비의 현대화 등을 위하여 재정지원이 필요하다고 인정하면 예산의 범위에서 사업에 필요한 비용의 일부를 보조하거나 사채인수를 제외한 재정자금의 융자를 할 수 있다.  (     )

**22** 공사는 철도사업과 관련하여 일반 업무시설, 판매시설, 주차장, 여객자동차터미널 및 화물터미널 등의 역세권 개발 사업을 할 수 있다.  (     )

**23** 공사가 사채를 발행하고자 하는 때에는 모집·총액인수 또는 매출의 방법에 의한다.  (     )

**24** 공사는 사업을 효율적으로 수행하기 위하여 필요하면 대부받거나 사용·수익을 허가받은 국유재산을 재정기획재정부장관의 승인을 받아 전대할 수 있다.  (     )

**25** 사채의 모집에 응하고자 하는 자는 사채청약서 2통에 그 인수하고자 하는 사채의 수·인수가액과 청약자의 주소를 기재하고 기명날인하여야 한다.  (     )

**26** 공사의 채권은 기명식으로 한다.  (     )

---

**ANSWER**  14.○  15.○  16.○  17.×  18.○  19.○  20.×  21.×  22.○  23.○  24.×  25.○  26.×

## 03 철도사업법

**1** 철도사업법법은 철도사업에 관한 질서를 확립하고 효율적인 운영여건을 조성함으로써 철도사업의 건전한 발전과 철도 이용자의 편의를 도모하여 국민경제의 발전에 이바지함을 목적으로 한다. (　　　)

**2** 전용철도란 다른 사람의 수요에 따른 영업을 목적으로 하지 아니하고 자신의 수요에 따라 특수 목적을 수행하기 위하여 설치하거나 운영하는 철도를 말한다. (　　　)

**3** 전용철도운영자란 한국철도공사 및 철도사업 면허를 받은 자를 말한다. (　　　)

**4** 국토교통부장관은 사업용철도노선의 철도차량, 노선번호, 노선명, 기점, 종점, 중요 경과지와 그 밖에 필요한 사항을 국토교통부령으로 정하는 바에 따라 지정·고시하여야 한다. (　　　)

**5** 철도차량의 고속철도차량, 준고속철도차량, 일반철도차량의 유형으로 분류한다. (　　　)

**6** 철도사업을 경영하려는 자는 지정·고시된 사업용철도노선을 정하여 국토교통부장관의 면허를 받아야 한다. (　　　)

**7** 철도사업의 면허를 받을 수 있는 자는 법인으로 한다. (　　　)

**8** 철도사업의 면허가 취소된 후 그 취소일 부터 3년이 지나지 아니한 법인은 철도사업의 면허를 받을 수 없다. (　　　)

**9** 철도사업자는 국토교통부장관이 지정하는 날 또는 기간에 운송을 시작하여야 한다. (　　　)

**10** 철도사업자는 여객 운임·요금을 국토교통부장관에게 허가를 받아야 한다. (　　　)

**11** 철도사업자는 재해복구를 위한 긴급지원, 여객유치를 위한 기념행사, 그 밖에 철도사업의 경영상 필요하다고 인정되는 경우에는 신고한 여객 운임·요금을 감면할 수 있다. (　　　)

**12** 철도사업자는 열차를 이용하는 여객이 정당한 운임·요금을 지급하지 아니하고 열차를 이용한 경우에는 승차 구간에 해당하는 운임 외에 그의 20배의 범위에서 부가 운임을 징수할 수 있다. (　　　)

---

**ANSWER** 1.○ 2.○ 3.× 4.× 5.○ 6.○ 7.○ 8.× 9.○ 10.× 11.○ 12.×

**13** 철도사업자는 송하인이 운송장에 적은 화물의 품명·중량·용적 또는 개수에 따라 계산한 운임이 정당한 사유 없이 정상운임보다 적은 경우에는 송하인에게 그 부족운임 외에 그 부족운임의 10배의 범위에서 부가 운임을 징수할 수 있다.    (        )

**14** 국토교통부장관은 여객운임의 상한을 지정하는 때에는 물가상승률, 원가수준, 다른 교통수단과의 형평성, 사업용철도노선의 분류와 철도차량의 유형 등을 고려하여야 하며, 여객 운임의 상한을 지정한 경우에는 이를 관보에 고시하여야 한다.    (        )

**15** 국토교통부장관은 부가 운임의 징수신고를 받은 날부터 7일 이내에 신고수리 여부를 신고인에게 통지하여야 한다.    (        )

**16** 국토교통부장관은 철도사업약관을 신고 또는 변경신고를 받은 날부터 7일 이내에 신고수리 여부를 신고인에게 통지하여야 한다.    (        )

**17** 철도사업자는 사업계획을 변경하려는 경우에는 국토교통부장관의 인가를 받아야 한다.    (        )

**18** 국토교통부장관은 공동운수협정을 인가하려면 미리 공정거래위원회와 협의하여야 한다.    (        )

**19** 철도사업자는 철도사업을 양도·양수할 경우에는 국토교통부장관의 인가를 받아야 한다.    (        )

**20** 선로 또는 교량의 파괴, 철도시설의 개량, 그 밖의 정당한 사유로 휴업하는 경우에는 국토교통부령으로 정하는 바에 따라 국토교통부장관의 허가를 받아야 한다.    (        )

**21** 거짓이나 부정한 방법으로 철도사업의 면허를 받은 경우에는 면허를 취소하여야 한다.    (        )

**22** 사업정지처분이 철도서비스의 이용자에게 심한 불편을 주거나 공익을 해칠 우려가 있을 때에는 사업정지처분을 갈음하여 1억 원 이하의 과징금을 부과·징수할 수 있다.    (        )

**23** 철도사업자는 철도사업에 사용되는 철도차량에 철도사업자의 명칭과 그 밖에 국토교통부령으로 정하는 사항을 표시하여야 한다.    (        )

**24** 철도사업자는 철도사업의 휴업 또는 폐업의 허가를 받은 때에는 그 허가를 받은 날부터 7일 이내에 사업의 휴업·폐업 등에 관한 내용을 철도사업자의 인터넷 홈페이지에 게시하여야 한다.    (        )

**25** 면허취소 또는 사업정지 등의 처분대상이 되는 사상자 수란 1회 철도사고로 사망자 3명 이상이 발생하게 된 경우를 말한다.    (        )

---

**ANSWER**  13.×  14.○  15.×  16.×  17.×  18.○  19.○  20.×  21.○  22.○  23.○  24.○  25.×

26 철도사업자는 여객 또는 화물 운송에 부수하여 우편물과 신문 등을 운송할 수 있다.　　（　　　）

27 과징금의 부과 및 납부를 통지를 받은 자는 15일 이내에 과징금을 납부해야 한다.　　（　　　）

28 철도사업자는 여객 운임표, 여객 요금표, 감면사항 및 철도사업약관을 인터넷 홈페이지에 게시하고 관계 역·영업소 및 사업소 등에 갖추어 두어야 한다.　　（　　　）

29 국토교통부장관은 원활한 철도운송, 서비스의 개선 및 운송의 안전과 공공복리의 증진을 위하여 철도사업자에게 철도사업약관의 변경을 명할 수 있다.　　（　　　）

30 철도운수종사자는 안전운행과 여객 및 화주의 편의를 위하여 철도운수종사자가 준수하여야 할 사항으로서 국토교통부령으로 정하는 사항을 위반하는 행위를 하여서는 아니된다.　　（　　　）

31 철도사업자의 화물의 멸실·훼손 또는 인도의 지연에 대한 손해배상책임에 관하여는 「민법」을 준용한다.　　（　　　）

32 국토교통부장관은 철도서비스의 품질평가결과가 우수한 철도사업자 및 그 소속 종사자에게 예산의 범위 안에서 포상 등 지원시책을 시행할 수 있다.　　（　　　）

33 국토교통부장관은 민자철도의 유지·관리 및 운영에 관한 기준에 따라 매년에 2회 소관 민자철도에 대하여 운영평가를 실시하여야 한다.　　（　　　）

34 민자철도사업자는 운영평가 결과에 따라 민자철도에 관한 유지·관리 및 체계 개선 등의 명령을 이행하고 그 결과를 국토교통부장관에게 보고하여야 한다.　　（　　　）

35 국토교통부장관은 민자철도사업자가 민자철도의 유지·관리 및 운영에 관한 기준을 준수하지 아니한 경우에는 1천만 원 이하의 과징금을 부과·징수할 수 있다.　　（　　　）

36 국토교통부장관이 중대한 사정변경으로 인한 사유를 소명하거나 해소대책을 요구 받은 경우 요구한 날부터 30일 이내에 그 사유를 소명하거나 해소 대책을 수립하여야 한다.　　（　　　）

37 국토교통부장관은 민자철도에 대한 감독 업무를 효율적으로 수행하기 위하여 정부출연연구기관을 관리지원센터로 지정할 수 있다.　　（　　　）

38 국토교통부장관은 국가가 재정을 지원한 민자철도의 건설 및 유지·관리 현황에 관한 보고서를 작성하여 매년 5월 31일까지 국회 소관 상임위원회에 제출하여야 한다.　　（　　　）

---

**ANSWER** 26.○ 27.× 28.○ 29.○ 30.○ 31.× 32.○ 33.× 34.○ 35.× 36.○ 37.○ 38.○

**39** 철도서비스의 기준, 품질평가의 항목·절차 등에 필요한 사항은 국토교통부령으로 정한다. (   )

**40** 국토교통부장관은 철도서비스의 품질을 평가한 경우에는 그 평가 결과를 대통령령으로 정하는 바에 따라 인터넷 홈페이지에 게시하여야 한다. (   )

**41** 인증을 받은 철도사업자는 우수서비스마크를 철도차량, 역 시설 또는 철도용품 등에 붙이거나 인증사실을 홍보할 수 있다. (   )

**42** 국토교통부장관은 관계 전문기관 등에 철도서비스 품질에 대한 조사·평가 등의 업무와 우수 철도서비스 인증에 필요한 심사업무를 위탁할 수 있다. (   )

**43** 국토교통부장관이나 평가업무 등을 위탁받은 자는 철도서비스의 평가 등을 할 때 철도사업자에게 관련 자료 또는 의견제출 등을 요구하거나 철도서비스에 대한 실지조사를 할 수 있다. (   )

**44** 공공교통을 목적으로 하는 선로를 관리하는 자는 철도사업자가 그 시설의 공동 활용에 관한 요청을 하는 경우 협정을 체결하여 이용할 수 있게 하여야 한다. (   )

**45** 철도사업자는 철도사업 외의 사업을 경영하는 경우에는 철도사업에 관한 회계와 철도사업 외의 사업에 관한 회계를 구분하여 경리하여야 한다. (   )

**46** 전용철도를 운영하려는 자는 전용철도의 건설·운전·보안 및 운송에 관한 사항이 포함된 운영계획서를 첨부하여 국토교통부장관에게 등록을 하여야 한다. (   )

**47** 전용철도의 운영을 양도·양수하려는 자는 국토교통부령으로 정하는 바에 따라 국토교통부장관의 허가를 받아야 한다. (   )

**48** 전용철도운영자가 사망한 경우 상속인이 그 전용철도의 운영을 계속하려는 경우에는 피상속인이 사망한 날부터 3개월 이내에 국토교통부장관에게 신고하여야 한다. 국토교통부장관은 신고를 받은 날부터 15일 이내에 신고수리 여부를 신고인에게 통지하여야 한다. (   )

**49** 전용철도운영자가 그 운영의 전부 또는 일부를 휴업 또는 폐업한 경우에는 1개월 이내에 국토교통부장관에게 신고하여야 한다. (   )

**50** 국토교통부장관은 전용철도 운영의 건전한 발전을 위하여 필요하다고 인정하는 경우에는 전용철도운영자에게 사업장의 이전과 시설 또는 운영의 개선의 사항을 명할 수 있다. (   )

---

**ANSWER** 39.○  40.×  41.○  42.○  43.○  44.○  45.○  46.○  47.×  48.×  49.○  50.○

51 국토교통부장관은 국가가 소유·관리하는 철도시설에 건물이나 시설물을 설치하려는 자에게 대통령령으로 정하는 바에 따라 시설물의 종류 및 기간 등을 정하여 점용허가를 할 수 있다.    (    )

52 점용료는 점용허가를 할 철도시설의 가액과 점용허가를 받아 행하는 사업의 매출액을 기준으로 하여 산출한다.    (    )

53 점용허가를 받은 날부터 2년 이내에 해당 점용허가의 목적이 된 공사에 착수하지 아니한 경우에는 점용허가를 취소할 수 있다.    (    )

54 점용료는 매년 12월말까지 당해연도 해당분을 선납하여야 한다.    (    )

55 국토교통부장관은 점용허가를 받은 자가 설치하려는 시설물이 철도시설 관리에 관계되는 경우에는 국가철도공단으로 하여금 설치하게 할 수 있다.    (    )

56 점용허가를 받은 자가 점용료를 내지 아니하면 국세 체납처분의 예에 따라 징수한다.    (    )

57 국토교통부장관은 점용허가를 받지 아니하고 철도시설을 점용한 자에 대하여 점용료의 100분의 120에 해당하는 금액을 변상금으로 징수할 수 있다.    (    )

58 점용허가로 인하여 발생한 권리와 의무를 이전하려는 경우에는 대통령령으로 정하는 바에 따라 국토교통부장관에게 신고를 하여야 한다.    (    )

59 국토교통부장관은 원상으로 회복할 수 없거나 원상회복이 부적당하다고 인정하는 경우에는 원상회복의무를 면제할 수 있다.    (    )

60 무상 국가귀속으로 국가귀속된 시설물을 「국유재산법」에 따라 사용허가하려는 경우 허가의 기간은 15년 이내로 한다.    (    )

61 국가귀속 허가기간이 끝난 시설물에 대해서는 10년을 초과하지 아니하는 범위에서 2회에 한하여 종전의 사용허가를 갱신할 수 있다.    (    )

62 면허·인가를 받으려는 자, 등록·신고를 하려는 자, 면허증·인가서·등록증·인증서 또는 허가서의 재발급을 신청하는 자는 국토교통부령으로 정하는 수수료를 내야 한다.    (    )

63 철도사업자의 공동 활용에 관한 요청을 정당한 사유 없이 거부한 자는 2년 이하의 징역 또는 2천만 원 이하의 벌금에 처한다.    (    )

---

**ANSWER**  51.○  52.○  53.×  54.×  55.○  56.○  57.○  58.×  59.○  60.×  61.×  62.○  63.○

# 상식은 "용어사전"

## 용어사전으로 중요한 용어만 한눈에 보자

### 중요한 용어만 공부하자!

- �֍ **시사용어사전 1200**
  매일 접하는 각종 기사와 정보 속에서 현대인이
  놓치기 쉬운, 그러나 꼭 알아야 할 최신 시사상식
  을 쏙쏙 뽑아 이해하기 쉽도록 정리했다!

- ✖ **경제용어사전 1030**
  주요 경제용어는 거의 다 실었다! 경제가 쉬워지
  는 책, 경제용어사전!

- ✖ **부동산용어사전 1300**
  부동산에 대한 이해를 높이고 부동산의 개발과 활
  용, 투자 및 부동산 용어 학습에도 적극적으로 이
  용할 수 있는 부동산용어사전!

- 최신 관련 기사 수록
- 다양한 용어를 수록하여 1000개 이상의 용어 한눈에 파악
- 용어별 중요도 표시 및 꼼꼼한 용어 설명
- 파트별 TEST를 통해 실력점검

# 자격증

## 한번에 따기 위한 서원각 교재

한 권에 준비하기 시리즈 / 기출문제 정복하기 시리즈를 통해 자격증 준비하자!